풍류신학 백년

유동식 교수 상수 기념문집
풍류신학 백년

2022년 1월 17일 처음 펴냄

엮은이 | 유동식 교수 상수 기념문집 편집위원회
지은이 | 김상근 김성민 박신배 박일준 박종현 서정민
         성백걸 손원영 심광섭 이명권 이상목 허호익
펴낸이 | 김영호
펴낸곳 | 도서출판 동연
등   록 | 제1-1383호(1992. 6. 12)
주   소 | 서울시 마포구 월드컵로 163-3
전   화 | (02)335-2630
전   송 | (02)335-2640
이메일 | yh4321@gmail.com

Copyright ⓒ 유동식 교수 상수 기념문집 편집위원회, 2022

ISBN 978-89-6447-756-4 03040

유동식 교수 상수 기념문집

풍류신학 백년

유동식 교수 상수 기념문집 편집위원회 엮음

동연

소금(素琴) 유동식(柳東植)

소금(素琴) 유동식 박사 약력

| 학력 |

1922. 11. 22.	황해도 평산군 남천에서 출생
1940.	춘천고등학교 졸업
1941.	연희전문학교 수물과(중퇴)
1948.	감리교신학교 졸업
1958.	미국, 보스턴대학 신학부(신학석사)
1964.	스위스, 에큐메니칼연구원(Diploma)
1968-1969.	일본, 동경대학 문학부 대학원에서 종교학 종교사학 연구
1972.	일본, 국학원대학(문학박사)
2012. 6.	감리교신학대학교 명예신학박사학위 취득

| 경력 |

1948-1950.	공주여자사범학교 교사
1951-1953.	전주사범학교 교사
1954-1956.	배화여자고등학교 종교주임
1959-1967.	감리교신학대학 전임강사, 조교수
1962-1972.	대한기독교서회 편집부장
1971-1977.	세계신학교육기금위원회 위원
1973-1988.	연세대학교 신과대학 교수
1979. 12-1980. 6.	일본, 국제기독교대학 객원교수
1988. 2.	정년 퇴임

| 수상 |

1976.	한국출판 문화상 저작상(한국일보사)
1998.	3.1 문화상 학술상(3.1 문화재단)
2010. 12.	"신학과 예술의 만남: 유동식 교수 작품전시회" (연세대학교 백주년기념관)
2021. 11.	제27회 용재학술상 수상(연세대학교)

유동식 박사의 저서와 논문

1. 저서

『예수의 根本問題』. 심우원, 1954.

『요한서신』(주석). 대한기독교서회, 1962.

『韓國宗敎와 基督敎』. 대한기독교서회, 1965.

『예수·바울·요한』. 대한기독교서회, 1975.

『韓國巫敎의 歷史와 構造』. 연세대학교출판부, 1975.

『民俗宗敎와 韓國文化』. 현대사상사, 1977.

『道와 로고스』. 대한기독교서회, 1978.

『散花歌』(수상집). 정우사, 1978.

『韓國神學의 鑛脈』. 전망사, 1982.

『민속종교와 한국문화』. 현대사상사, 1984.

『風流神學으로의 旅路』. 전망사, 1988.

『하와이의 한인과 교회』. 그리스도연합감리교회, 1988.

『在日本韓國基督敎靑年會史』. 재일본한국 YMCA, 1990.

『정동제일교회의 역사』. 정동제일감리교회, 1992.

『風流道와 韓國神學』. 전망사, 1992.

『한국감리교회 사상사』. 전망사, 1993.

『한국감리교회의 역사』. 기독교대한감리회, 1994.

『風流道와 한국의 종교사상』. 연세대학교출판부, 1997.

『기독교와 한국역사』. 연세대학교출판부, 1997.

『종교와 예술의 뒤안길에서』. 한들출판사, 2002.

『풍류도와 예술신학』. 한들출판사, 2006.

『풍류도와 요한복음』. 한들출판사, 2007.

『신학과 예술의 만남』. 한들출판사, 2010. *전집별권

『제3시대와 요한복음』. 동연, 2014.

유동식, 최종고 공저.『화가 목사 이연호 평전』. 한들출판사, 2014.

유동식 외.『한국인 우리는 누구인가』. 21세기북스, 2016.

유동식·박영배 엮음.『소금산조』. 한들출판사, 2017.

Ryu, Tong Shik, *The History and Structure of Korean Shamanism*. Translated by Moon
   Jeong il. Seoul: Yonsei University Press, 2012.

2. 편저

『韓國の宗敎とキリスト敎』. 東京: 洋洋社, 1974.
『朝鮮のシヤ―マニズム』. 東京: 學生社, 1975.
『韓國宗敎思想史』전5권. 연세대학교출판부, 1986-1992.
『韓國キリスト敎 神學思想社』. 東京: 敎文館, 1986.
『韓國のキリスト敎』. 東京: 東京大學出版會, 1987.
『風流道とキリスト敎』. 東京: 同志社大學, 1996.
『종교와 예술의 뒤안길에서』. 한들출판사, 2002.
『영혼의 노래: 흰돌 윤정은 시집』. 한들출판사, 2005.

3. 역서

R. 불트만. 『聖書의 實存論的 理解』. 新陽社, 1958.
R. 불트만. 『예수 그리스도와 神化論』. 新陽社, 1959.
H. 크레머. 『平信徒神學』. 기독교서회, 1963.

4. 기념 문집

소석 유동식 박사 고희기념논문집 출판위원회. 『한국종교와 한국신학
     ― 소석 유동식 박사 고희 기념 논문집』. 한국신학연구소, 1993.
한국문화신학회 편. 『한국문화와 풍류신학』. 한들출판사, 2002.
소금 유동식전집 간행위원회 편. 『유동식 전집』(전10권). 한들출판사,
     2009.

머리말

　소금(素琴) 유동식 박사께서 백수(白壽)를 지나 상수(上壽)를 맞으셨
다. 아무리 100세 장수 시대라고 해도 영육 간 온전한 기체로 초고령에
이른다는 것은 매우 희귀한 일이고 신학계에서는 더욱 그러하다. 그분
의 활동 기간과 족적을 일견할 때 국내외적으로 그렇게 간단없이 창의적
능력을 발휘한 신학자를 찾기 어려운 것이 사실이다. 더욱이 소금 선생
은 한국신학의 신기원 곧 카이로스를 개진하였다는 점에서 그분의 상수
를 경하하며 은총을 베푸신 하느님께 감사드린다.

　소금 선생의 신학적 순례는 유례를 찾기 어려울 정도로 길고 그 유형
은 다양해 보인다. 1950년대에 시발한 그의 학문적 관심사와 장르는 성
서신학(독일 신학자 R. 불트만의 비신화화), 풍류신학, 종교신학, 문화신학,
예술신학 등 마치 무지개처럼 비치기 때문이다. 그러나 이 색깔들이 서
로 연계되고 융합되었으므로 그의 신학을 한마디로 풍류신학이라 하는
것이 옳을 것이고, 그 백미는 말년에 방점을 둔 예술신학이 아닌가 한다.

　한국 신학계는 20세기 후반까지 주로 서구신학을 도입하고 소개하
는 데 주력하였다. 소금 선생 이전에도 한국적 신학에 관심을 기울인 분
들이 없지 않았으나 대개 입문에 그쳤고, 심층적이고 체계적인 연구는
소금 선생에게서 비로소 시작되었다고 할 것이다. 그분의 민족 정체성
혹은 역사의식이 서구신학의 천하에서 한국적 신학이란 옥동자를 배태
하고 출산하는 씨앗이 된 것이다. 우리의 영성이라는 생명에 우리의 문
화라는 옷을 입힌 것이 바로 그의 풍류신학이다.

　소금 선생의 학문적 특징은 자기 신학을 몸소 살아내는 육화(肉化)라

고 표현하는 것이 옳을 것이다. 그분은 풍류신학자답게 여건이나 상황을 가리지 않고 멋진 삶을 한평생 멋스럽게 살려냈고, 예술신학자답게 신앙과 생활을 그림과 사랑의 행위로 아름답게 구현하는 데 혼신의 노력을 다하셨다. 이러한 그분의 신학적이고 인격적 결실과 체취는 지금 그리고 영원히 한국 및 세계 신학계와 교회에 생동적이고 창조적인 유산이 되리라 믿어 의심치 않는다.

소금 선생님을 존경하고 사랑하는 제자들과 후학들이 그분의 상수를 축하하고 학덕을 기리는 마음으로 정성 들인 글을 모아 헌정하게 된 것은 척박한 현실에서 실로 아름답고 기쁜 일이 아닐 수 없다. 이 숭고한 향연에 동참한 필자들과 편집을 맡은 손원영 박사에게 진심 어린 감사를 드린다.

2021년 12월
편집위원장 이계준

차례

제1부

유동식의 풍류신학

소금 유동식의 요한복음 이해
: 맛과 기쁨을 지닌 멋의 복음

심광섭

(예술목회연구원 원장)

소금(素琴) 유동식 선생님의 요한복음 사랑은 그의 종교신학, 풍류신학 그리고 예술신학의 여정을 견인한 성서적 근원이다. 소금은 1975년 『예수·바울·요한』[1]에서 신약성서의 사상을 예수와 바울과 요한에 초점을 맞추어 서술했는데, 연대기적으로 공관복음의 예수, 바울 그리고 시간적으로 후대에 써진 요한을 다루었다. 그런데 소금은 거의 40년 후에 요한복음만을 떼 내어 『제3시대와 요한복음』[2]으로 완전 새롭게 출간하였다. 요한복음에 대한 소금의 깊고도 끊임없는 애정을 볼 수 있을 뿐만 아니라 소금은 자신의 신학 사상의 터전과 영적 우물을 요한복음에 두고 있다고 생각한다. 나는 선생님께 헌정하는 이 글에서 소금의 예술신학의 중요한 성서적 원천이며 자양분이 되었다고 판단되는 본문을 선택해

---

1 유동식, 『예수·바울·요한』, 서울: 대한기독교서회, 1975.
2 유동식, 『제3시대와 요한복음』, 서울: 동연, 2014. 아래에서는 본문 괄호 안에 인용한 쪽의 숫자를 표기할 것이다.

거기서부터 사유를 이어 전개함으로써 예술신학의 맥을 잇고자 한다. 나는 다른 곳[3]에서 소금의 신학을 논의한 바 있기 때문에 본 글에서는 요한복음에 집중하려고 한다.

I. 삶의 공간 창조의 예술

창세기 1장의 창조 이야기가 야웨 하나님의 예술 활동이듯이 소금에게 요한복음의 성육신 사건은 제3우주의 창조 사건이다. 제1의 우주는 하나님과 로고스의 영원한 5차원의 초월적 영성우주이고, 제2우주는 하나님께서 로고스를 통해 창조하신 4차원의 시공우주인 반면, 제3의 우주는 하나님의 말씀인 로고스가 시공우주의 중심인 인간이 되어 오심으로 창조된 우주이다(38-39). 우주란 물질과 생명이 그 안에서 다사롭고 충만하게 살 수 있는 삶의 공간에 대한 가장 넓은 이름이다. 창조된 삼라만상의 형태는 아름다움을 속성으로 한다. 창조행위는 아름다움을 창출하는 사건이다. 창세기에서 말씀을 통해 창조된 모든 것들이 하나님 보시기에 좋고 아름다웠듯이 이제 예수 그리스도의 구원 사역을 통해 새롭게 창조된 만물은 흠집 난 아름다움을 온전히 되찾게 된다. 소금의 아름다움에 대한 설명은 창조신학적이다. "'아름다움'이란 '알다움'이다. '알'이란 속알이며, '다움'이란 여실(如實) 곧 속알과 같다는 뜻이다. 곧 '알'이란 하나님의 뜻이며, 그 뜻을 형상화한 것이 우주와 인간이다. 예술이 미적 이념의 형상화 작업이라고 한다면 하나님의 우주 창조는

---

3 심광섭, 『기독교 신앙의 아름다움』, 천안: 다산글방, 2003, 468-470; 『예술신학』, 서울: 대한기독교서회, 2010, 233-240.

예술이다"(37). 하나님의 아름다움이란 곧 영적인 자유와 빛의 평화 그리고 사랑의 기쁨으로 구성된 인격적 하나님 나라의 실현을 뜻한다. 그리고 그 주역은 하나님의 형상대로 창조된 인간이다. 인간이란 하나님의 피조물인 동시에 하나님의 형상을 가진 창조적 예술가이며, 인생은 예술이다(38).

성육신 사건은 영원한 아름다움 자체이신 하나님이 예수 그리스도를 통해 시간과 역사 속에서 구체화된 사건이다. 영원한 말씀이 이 표징의 세계로 탈바꿈하고 번역된다는 것이다. 이로써 말씀은 우리 가운데 거(居)할 수 있으며, 우리 가운데 거하는 예수의 모습 속에서 하나님의 영광 곧 지극한 하나님의 아름다움을 본다. 무엇보다 이 사건은 우리에게 은혜와 진리를 선사한다. "은혜란 하나님의 자비와 사랑이며, 진리란 구원의 진리요 하나님의 창조목적인 아름다움의 실현을 뜻한다(41).

요한복음 1장 14절 "말씀이 육신이 되어 우리 가운데 거하신다"(ὁ Λόγος σὰρξ ἐγένετο καὶ ἐσκήνωσεν ἐν ἡμῖν)는 말씀은 요한복음의 그리스도론을 장소론적으로 곧 우주론적으로 성격 짓는다. 우리가 그 영광을 보는 것만이 아니라 그 영광이 우리 가운데 거한다. '거한다'는 말은 헬라어로 skeneo인데 장막을 친다, 텐트를 친다는 말이다. 장막에 하나님의 영광이 가득했다(shekinah)는 출애굽기 40장 34절과 연결된다. 예수님이 우리와 같은 인간들이 살고 있는 곳에 함께 텐트를 치고 삶을 살아간다. 버림받은 죄인과 병자들과 세리들, 사회에서 소외된 모든 사람들의 틈바구니에 오셔서 그곳에 천막을 치고 함께 사시는 데서 그의 영광을 본다는 것이다. 이것보다 더 영광스러운 사건이 있을 수 없을 것이다. 요한은 이러한 영광을 은혜와 진리가 충만하다는 말로 표현한 것이다. 이것이 바로 성서가 자신의 언어와 문법을 통해 열어 보이고자 하는 세계 곧 하나님의 아름다운 영광의 세계인 것이다.

"사람들이 나를 누구라고 하느냐?"(막 8:27) 이 물음은 이른바 그리스도의 인격(person)에 대한 물음으로 그리스도론의 고전적 물음이다. 감옥에 갇힌 세례 요한이 "그리스도께서 하신 일"(마 11:2)을 전해 듣고 제자들에게 오실 그분이 당신이옵니까? 물었을 때 예수께서는 이렇게 답변하신다. "눈먼 사람이 보고, 다리 저는 사람이 걸으며, 나병 환자가 깨끗하게 되며, 듣지 못하는 사람이 들으며, 죽은 사람이 살아나며, 가난한 사람이 복음을 듣는다"(11:5). 이 답변은 그리스도의 인격에 대한 물음을 사역(works)을 나열함으로써 답변한다. 그동안 그리스도론의 역사는 그리스도의 '인격'(person)에 대한 물음과 '사역'(works)에 대한 물음으로 서술되고 해석되어 왔다. 누구(who)와 무엇(doing what)에 대한 물음이며, 존재와 행위에 대한 물음이다.

요한복음에는 "당신은 누구(who)란 말이오?"(1:22) "너희는 무엇(what)을 찾고 있느냐?"(1:38)라는 '누구'와 '무엇'에 대한 물음도 있지만, "어디(where)에 묵고 계십니까?"라는 물음이 첨가된다. 그런데 요한복음에서는 '어디'라는 이 물음이 중요하다. 예수께서 체류하고 머물고 있는 방식이 중요하다. 머문다는 것은 누구에게(by) 머물고, 누구와 함께(with) 머물고, 누구 안(in)에 머문다는 의미이다.

머무름(당신은 어디에 계십니까?), 자기 인식(당신은 누구십니까?), 내적 찾음(당신은 무엇을 찾습니까?)은 각각 하나의 총체적 경험의 한 측면들이지만, 그 물음이 적용되는 형식적 대상들을 고려하면 그 물음의 관심과 양상은 서로 구분된다. 자기 인식의 물음이 참된 자기의 인식에 초점이 모아지고, 내적 자기의 추구는 당신(그대)과의 만남, 즉 두 주체의 연합에서 보완되고 충족된다. 이 찾는 수고는 당신(그대)의 현존에서 쉼을 얻는다.

이러한 인격적 만남과 사귐은 '곁에 머무름', '안에 있음', '안에 거주함' 등으로 귀결된다. 사실 우리가 자기를 인식하기 시작해서 찾아진 자기는 '누구 안에 머물러 있음'의 경험으로부터 나온 것이다.

요한복음에서는 세례 요한을 통해 예수께서 누구와 함께 어디서 거처하는 곳을 알 때 예수가 누구인지 알게 됨을 말한다. 요한은 "성령이 어떤 사람 위에 내려와서 머무는 것을 보고"(1:33) 예수를 증언하기 시작한다. 그렇기 때문에 제자들은 예수께서 머무는 곳을 찾아간다(1:35-51). "어디에 묵고 계십니까?"(1:38) 이 물음은 그리스도론적 물음이면서 장소적 물음이다. 어디에 머문다, 어디 안에 머문다(menein, μένειν)는 용어는 요한복음에서 매우 중요한 개념이다. "예수께서 아버지 안에 계심"(14:10, 15:10), 제자들이 예수 안에 있음(15:4-7), 포도나무와 가지의 비유에서 이어지는 말씀 "내 안에 머물러 있어라. 그리하면 나도 너희 안에 머물러 있겠다"(15:4)에서 동일한 개념이 반복해 등장한다.

'누구'(인격)에 대한 물음과 '무엇'(사역)에 대한 물음이 대상에 대한 객관적 서술에 그칠 우려가 있다면 '어디서 누구와 함께 머물러 있음'에 대한 물음은 처음부터 그 공간(장소) 안에서 내적인 관계와 친밀한 사귐을 전제로 한다. 대상과의 감응(感應)을 전제로 한 것이다. "당신은 어디에 계십니까?"로 출발하는 요한복음의 그리스도론적 물음은 예수와의 진실된 심층적 만남과 사귐을 출발로 하며, 이 출발은 또한 궁극적 목표이기도 하다.

"예수께서 사랑하는 제자"(13:23)는 예수에게 가장 가까이, 심지어 예수의 품 안에 머물러 있다. 요한복음의 예수 특징은 '사랑'의 예수이다. 예수는 떠나시기 전 서로 사랑의 계명을 제자들에게 준다. "이제 나는 너희에게 새 계명을 준다. 서로 사랑하여라(ἀγαπᾶτε ἀλλήλους). 내가 너희를 사랑한 것 같이, 너희도 서로 사랑하여라. 너희가 서로 사랑하면, 모든 사람이 그것으로써 너희가 내 제자인 줄을 알게 될 것이다"(요 13:34-35). 사랑은 예수의 사랑 안에 머물러 있음에서 생긴다. "너희는 내 사랑 안에 머물러 있어라"(요 15:9).

요한복음의 사랑은 언어적 표현을 넘어선 상징적 긴밀함과 친밀함을 통해 수행된다. 신랑과 신부가 안방에서 함께 머물며 살아가는 모델을 연상케 한다. 빵을 떼는 것(성찬)은 예수와의 사귐, 제자들과의 사귐을 말하는 총체적 개념이다. 빵이 생명의 빵이 되는 것은 예수님의 사랑 안에 거할 때 생긴다. 빵이 예수님의 사랑 안에서 생명의 빵이 되어 우리 몸 안에 머문다.

예수를 아는 것은 그분이 누구인지를 잘 이해하거나 그분이 행하신 사역을 수행하거나 하는 지식과 행위의 차원을 넘어서 그분과 긴밀하고 내밀한 정서적, 심정적 관계에까지 나아가야 한다. 제자는 육체적 언어로도 표현하는 바, 사랑받는 제자처럼 예수의 가슴에 기대고 예수의 품에 안길 수 있어야 한다. 영성우주와 시공우주가 만나는 빛나는 성심(聖心)의 자리이다.

II. 창조적 자유와 사랑의 기쁨

요한복음은 상징과 '표징'(semeion, σημεῖων)의 책이다. 2장 가나의 혼인 잔치에서 '셋째 날'은 그리스도께서 부활하신 날이며 새 창조의 날이다. 창세기 창조에서 시간과 사물이 창조되었다면, 부활절의 새 창조에서 새롭게 일어나고 경험되는 '시간'과 '사물'의 의미는 무엇일까?

일상의 일(노동)에서 분주하고, 생의 최고 목표에 먼저 도달하기 위해 뛰어가야 하는 현대인들에게 시간은 궁핍하다. 가난해진 시간 속에 살기 때문에 점점 시간에 가속도가 붙는다. 마음속에 정한 사회적 사다리의 정점에 남보다 빨리 도달해야 되기 때문에 시간에 가속도가 붙는다. 가속도가 붙은 시간은 체험이 휘발된 시간, '궁핍한 시간'일 뿐이다. 그래서 우리들은 '시간 없다'고 말하면서 산다. "왜 우리는 시간이 없는가? 우리는 어째서 시간을 잃어버리지 않으려 하는가? 시간을 필요로 하고 시간을 이용하려고 하기 때문이다. 우리는 이미 오래전에 일상적인 시무의 노예가 되어 버렸다. 결국 시간이 없다는 의식은 예전처럼 시간을 미루며 낭비하는 것보다 더 큰 자아의 상실을 가져온다"(마르틴 하이데거).

목표를 정해놓고 빠른 속도로 달려가야 하기 때문에 목표가 없이 걷는 산책, 다시 집으로 되돌아오는 것이 목표인 걷기의 한가로움이나 떠도는 방랑자의 경쾌함을 찾기 힘들다. 목표를 향해 질주하면서 만들어진 생의 기질 때문에 나이가 들어서도 조급함, 부산스러움, 불안, 신경과민, 막연한 두려움이 해가 거듭될수록 마음을 더욱 무겁게 지배한다. 현재 시점에서 목표점으로 설정한 미래 사이의 시간은 가능한 빨리 지나가 버려야 할 텅 빈 사이 공간으로 경험될 뿐이다.

변화가 심한 현대 사회, 특히 서핑이나 브라우징을 통해 경험하는 공간의 순간적 변형 가능성과 동시적 공간 경험은 시간과 공간에 머무를 사이를 몽땅 앗아가 버린다. 나에 대한 기록이 매일 인터넷 공간에 부유하기도 하지만 자발적으로 알아서 스스로 기록하기 때문에 은둔할 곳도 숨을 곳도 없는 나대지다. 모든 것이 다 드러나니 아름다움도 아우라도 사라진다. 시간과 공간의 경험은 원자의 모습으로 혹은 비트의 양상으로 경험된다. 그 경험은 지속성이 결여되어 있기 때문에 시간에서 향기를 느끼지 못한다. 조급성만 증대된다. 조급성의 시대는 시간이 분산되는 산만의 시대다.

포도주와 결혼식은 메시아의 날의 상징들이다. 본문에서는 실제 신랑은 나타나지 않고 예수가 참된 신랑으로 그 자리를 대신한다. 결혼식은 신랑과 신부가 연합하는 날인 것처럼 예수 안에서 하나님과 인간이 연합한다. 본문을 보면 예수의 어머니는 혼인 잔치에 이미 와 계셨다. 머물러 계신 것이다. 어머니는 혼인식에 포도주가 떨어졌음을 인지하고 말씀한다. 예수께서는 "아직도 내 때가 오지 않았습니다"라고 대답한다. 하나님의 영이 아직 임재하지 않은 것이다. 느긋하게 기다려야 한다. 사물을 제작하기 위한 계획하는 습성을 내려놓고 영의 때에 '내어 맡기는 것'(Gelassenheit)이 상책이다. 지금이라면 포도주를 사 온다든가 만들려고 분주하게 돌아다닐 것이다.

예수께서는 다만 곁에 있는 물 항아리 여섯에 물을 가득 채우라고 일꾼들에게 말씀한다. 그리고 잠시 후에 항아리에 있는 물을 떠서 잔치를 맡은 이에게 가져다주니 그 물이 최상의 포도주로 변했음을 맛보게 된다. 요한복음 서언에서 예수께서 거주하고 머무는 곳은 하나님의 말씀(언어)이다. 예수님의 어머니와 일꾼들은 예수님의 말씀을 잘 들으면서, 즉 하나님의 말씀 안에 거주하면서 시간을 한가하게 즐긴 것이다. 창조와 새 창조의 사이 시간은 물이 포도주로 변한 사건을 통해 단절된 시간이 아니라 시간의 지속성으로 체험된다. 가득 채워진 현주(玄酒)를 품고 머물러 기다리며 존재의 연관들을 은밀하게 모아들여 포도주(葡萄酒)가 생성되는 저 여섯 개의 항아리를 보라! 항아리에는 맛있는 포도주가 찰랑거리고 결혼식장은 포도주 향으로 가득한 축제의 장이 된다. 자, 저 생기발랄해진 사람들의 얼굴을 보라.

일상의 분주함 속에서 무뎌진 감각이 부활한 것이다. 부활한 감각은 영혼을 깨워 살아 움직이게 하며 생글거리게 한다. 이미 어느 정도 취한 손님들도 더 좋은 포도주의 맛과 향기에 감각이 살아나 더 맛있는 포도주 속에서 시간의 향기를 충분히 흡입하며 사물의 정다움을 느끼게 된다. 미각과 후각은 사물에 가까이 다가가고 그 공간 안에 한가히 거주할 때 서서히 느리게 회복된다. 포도주의 맛과 향은 프루스트의 보리수 꽃잎차에 담근 마들렌의 향과 맛이다. 잃어버린 시간이 그 향과 맛에 다시 모여 향과 맛을 내는 시간으로 전환될 때 단절된 시간이 "창조적 자유와 사랑의 기쁨"(47)이 지속되는 시간으로 경험된다. 포도주의 맛과 향 속에서 처음 창조의 맛과 향(보시기에 좋았더라)이 회복된다. "물이 일상적인 생활이라고 한다면, 포도주는 맛과 기쁨을 뜻한다. 맛과 기쁨을 지닌 멋이 곧 아름다움이다"(159). 가나의 혼인 잔치 사건은 부활의 미학적 사건이다. 부활은 분주하고 공허한 시간 속에서 마비되어 죽은 감각의 부활이며, 미학은 감각이 마비되는 위협에 저항하기 위한 최상의 담론이다.

III. 물(水)과 성령의 신학

렘브란트는 성경의 동일한 주제를 에칭, 드로잉, 유화 등으로 일생토록 여러 편의 작품을 남겼다. <예수와 사마리아 여인>도 그런 경우이다. 설교로 치면 한 본문을 사뭇 다르게 보고, 강조하고, 해석하며 여러 번 설교한 것에 해당한다. 우물을 중심으로 왼쪽에 도르래를 이용하여 두레박으로 물을 기르기 위해 몸과 얼굴에 힘을 준 여인, 오른쪽에 머리가 기울 정도로 손짓을 하면서까지 무언가 현실 세계와는 다른 신비한

[도판 1] 렘브란트, <예수와 사마리아 여인>, 1659.

세계를 설명하시려는 예수님 그리고 그 사이에 이 난데없이 일어난 엉뚱한 만남을 지켜보고 있는 호기심 많은 어린아이의 얼굴이 보인다. 그림의 왼편 구석에는 음식을 구하러 나갔다가 돌아온 제자들이 크게 놀란 표정으로 서로 수군거리고 있다.

전면의 바위벽과 같은 어두운 우물과 후면의 빛으로 환하게 물들어 있는 수가성이 대조를 이룬다. 이 대조는 깊이의 신비함을 드러내면서 대조적 분위기를 자아내기도 한다. 어둠 속에서 확신 없이 예배를 드리는 너희와 밝은 대낮에 확신 속에서 예감 가득한 예배를 드리는 우리(요 4:22)의 대조일까. 한밤의 칙칙하게 어둡고 차가운 우물의 막힌 벽과 정오의 밝고 환하게 타오르는 태양의 뚫린 열기가 서로 대조된다. 여기서 대조의 요소들은 하나가 다른 하나를 배척한다기보다는 서로 껴안고 보충하면서 예수님의 메시지를 밝힌다. 그림의 화풍과 관련하여 한 마디 더하자면 16세기 베네치아의 화려한 화풍을 이어받아 빛과 공기가 창조하는 분위기 속에서 끊임없이 변화하는 정조를 시적으로 매우 잘 옮김으로써 풍성한 예술품을 만들고 있다.

본문의 키워드는 뭐니 뭐니 해도 '물'이다. 생수다. 콸콸 흐르는 영원한 생명의 샘물이다. 물은 우리의 약동하는 생명을 표시한다. 물이 갇히고 오염되어 탁류가 되어가는 현시점에서 맑은 물, 흐벅지게 흐르는 물, 풍성한 물은 우리들에게 가장 절박한 생물학적 요구가 되고 있다. 물의 맑음, 물의 흐름, 물의 음악, 물의 미소, 물의 평화에 대한 갈증은 점점 깊어진다. 물은 또한 성서신학, 조직신학, 윤리, 여성신학, 실천신학 그리고 영성의 주제가 되고 있다. 신비주의자들은 심령이 메말라 스스로 빛나는 하나님의 얼굴을 보고 싶은 갈증이 심한 사람들이다. 신비주의자들은 심령의 가장 깊디깊은 곳으로부터 솟아오르는 해가 닳도록, 달이 닳도록 영원히 마르지 않는 샘물이신 살아계신 하나님을, 요컨대 '물의 신학'(Theology of Water)을 말한다.

물의 속성이 많이 있지만 그중 빼어난 속성은 땅으로 스며들어 온갖 생명체를 살린 후 살그머니 빠져나가는 무위(無爲)의 헤적임이다. 그 자연스러운 잠적(潛跡)은 배울 만하다. 시인 김용택은 예술에 관하여 이렇게 말한다. "예술은 손에 잡힌 현실이 아니고 온몸에 스며들게 하는 / 현실이지요. 나는 스며드는 것을 좋아한답니다. / 느끼고 스며드는 것들은 떼어낼 수 없습니다"(<통영의 밤> 중에서). '물의 신학'은 예술처럼 "입술로 스며 그대 몸속 / 어루만져 속속들이 살린 후 / 마침내 그대를 빠져나가"(김선우, <한 방울> 중에서) 다시 꽃잎에 영롱하게 현신(現身)하는 이슬방울처럼 생명을 살리는 신학이다.

'물'은 요한복음에 약 20번 등장한다. 약 절반은 자연적 정화의 기능을 암시하고(요 1:26, 31, 33; 2:7, 9; 3:23; 4:46; 13:5) 나머지는 상징적 의미를 가진다. 상징은 단순한 단어 놀이거나 객관적 정보가 아니다. 상징은 초월적 신비를 드러내 보이고 신비에 대한 변형적 경험을 가능하게 하는 지각 가능한 실재이다. 상징을 통해 초월적 실재와 농밀한 만남의 경험이 있는 자는 필경 삶의 변화를 경험한다. 요한복음의 물은 예수님께서 선사하는 약속의 생수(요 4:10, 11, 14, 7:38)요 겟세마네 고뇌에 찬 간절한 기도 중에 땀이 핏방울같이 되어 얼굴을 적시고 흐르고 흘러 땅에 뚝뚝 떨어지는 한혈(汗血)이요(눅 19:44) 창에 찔린 십자가 예수님의 옆구리에서 나오는 피와 물(요 19:34)이고, 새로운 삶을 보장하는 성령과 함께 쓰인 물이다(요 3:5). 그러니 요한의 '물의 신학'은 노자의 '물의 철학'과 다르다. 노자의 '물의 철학'은 다함 없이 흐르는 물, "최고의 善은 물과 같다"(上善若水)로 집약된다.

4장의 사마리아 여인 이야기를 3장의 니고데모 이야기와 비교하여 이해하자면 남자와 여자, 유대인과 이방인, 낮과 밤의 대조가 두드러진다. 3장이 이슥한 밤에 구원의 의미를 슬어놓은 상징이라면, 4장의 초점인 한낮의 우물은 성서의 쓰임에서 남녀의 결혼이 이루어지는 장소이기도 하다. 이삭(창 24)과 야곱(창 29:1-30) 그리고 모세(출 2:15-22)는 우물에서 미래의 부인을 만난다. 따라서 요한복음 4장의 본문은 사랑의 본문이 지닌 공통 특징을 지시할 뿐만 아니라 창세기 24장의 배경에서 읽을 수 있다.

사마리아 여인의 여섯 남편은 좀처럼 수그러들지 않는 사랑에 대한 갈망이고 헤어질 수밖에 없었던 아픈 가슴에 사무쳐 길게 맺힌 한(恨)에 대한 이름이다. 무한한 이 갈망을 유한한 인간이 풀 수 없고 충족시킬 수 없다는 사실이 노출된다. 여섯 남자는 일곱 번째 남자, 우리를 사랑하시는 분, 그래서 십자가에서 당신의 가슴을 찔리게 하셨던 예수님을 가리키고 있다. 본문은 사마리아 여인이 메시아이신 예수님을 접(接)해 신랑으로 맞이하는 이야기이다(배경: 요 2:1-12, 3:27-29).

요한복음은 생명의 물을 주고자 하는 예수님의 갈증이면서 동시에 생명의 물 곧 하나님에 대한 갈애(渴愛)를 해갈하고자 나선 영생의 물을 기르고 싶은 신비주의자의 복음이다. 영생은 차안과 피안에서의 구원을 가리키는 총괄 개념이며 "유일하신 참 하나님과 그가 보내신 자 예수 그리스도"(요 17:3)와 은밀히 내통할 수 있는 지식에까지 이르는 것이다. 영원한 생명이란 새 맛이 든 구수한 삶이며, 제삶이고 참삶이며, 죽음을 통해서도 사위어질 수 없는 교부들이 말한 신적으로 변화된 삶(神化)이다. "영생이란 하나님의 생명이다"(67).

육신의 갈증을 해결하러 대낮에 야곱의 우물로 나온 여인은 예수님에게서 영원히 목마르지 않는 영생하도록 솟아나는 샘물을 만난다(요 4:13-14). 예수님에게 생수는 당장 육신의 갈증을 해결할 수 있는 물이 아니라 하나님의 지혜이며 하나님의 영이다. "목마른 사람은 다 나에게로 와서 마셔라. 나를 믿는 사람은, 성경이 말한 바와 같이, 그의 배에서 생수가 강물처럼 흘러나올 것이다. 이것은 예수를 믿은 사람이 받게 될 성령을 가리켜서 하신 말씀이다"(요 7:37-39).

그러나 세상에는 사마리아 여인처럼 육신의 긴급한 갈증이 해결되기를 원하는 사람들의 외침으로 가득하다. 물의 거룩한 상징성만을 주장함으로써 현실적으로 가난한 자들의 배고픔과 목마름의 현실을 간과할 수 없다. 마침내 예수님은 십자가에서 진리의 영의 생수가 되어 그의 제자들에게 물과 피를 쏟아붓고(요 19:34), 믿는 자들에게는 그의 말씀을 육화할 수 있는 능력을 그들의 가슴에 선사한다. 예수의 다음 말씀은 유머 감각 없이 알아들을 수 없다.

이 물을 마시는 사람은 다시 목마를 것이다.
그러나 내가 주는 물을 마시는 사람은,
영원히 목마르지 아니할 것이다.
내가 주는 물은, 그 사람 속에서,
영생에 이르게 하는 샘물이 될 것이다(요 4:13-14).

갈증이 깊어만 가는 세계 도처에서 목마르지 않는 생수에 대한 타는 가슴속 목마름의 외침이 쟁쟁하게 들려온다. 십자가상에서 예수님의 외침은 그 모든 목마른 것들을 대변한다. "내가 목이 마르다"(요 19:28). 십자가상의 예수님께서 당신 마음을 여시고 당신 옆구리에서 사랑의 물을 흘려보내신다. 오늘도 목이 말라 외치는 작디작은 자들(마 10:42, 25:35)의 음성을 듣고 우리가 물이 되어 메마른 세상에 생명의 맑은 물이 가득 채워지고 거리거리마다 여울져 흐르길 바란다. "선생님! 내게 그 물을 주셔서 내가 다시는 목이 마르지 않게 해주시고, 이 우물을 찾는 일이 없게 해주십시오"(요 4:15).

IV. 사람과 사랑

요한복음의 간음한 여인 이야기에서처럼 예수님의 자비와 용서의 마음과 성(性)에 대하여 교회가 지녀야 할 본디 태도를 말해주려는 본문도 없을 것이라 생각한다. 처음 나온 공관복음서에는 이 본문이 빠져 있지만, 요한은 이 이야기를 빼버리고 잊기에는 너무나 값지고 참으로 '예수다운' 이야기이기에 추가한 것이라고 생각하고 싶다. 특히 성과 관련된 이야기라 더욱 그렇다.

예수님은 보통 사람이 생각하지 못한 근본적인 지점으로 늘 한 걸음 더 들어가신다. 아래 그림은 가톨릭에 대하여 종교개혁의 복음을 그림을 통해 널리 전했던 루카스 크라나흐(子)의 작품이다.

[도판 2] 루카스 크라나흐, <그리스도와 간음한 여인>, 1535~40.

그림 한가운데 예수께서 여인의 손을 정다이 잡고 계신다. 예수님 좌우로 눈을 흡뜬 한 여인을 겹겹이 에워싼 율법을 대표하는 유대인들의 쇄도가 위압적으로 느껴진다. 왼편에 검은색 두건을 쓰고 스스로 확신에 차서 하늘을 바라보는 남자가 정의감으로 무장하고 한 여인의 왼팔을 포획감인 양 움켜주고 있다. 이에 반해 예수께서 파란곡절(波瀾曲折)했을 운명의 이 여인을 왼손으로 살포시 잡고 안심시키는 모습은 정말 큰 피부 감동으로 다가온다.

아무런 말도 하지 못하고 무기력하게 삶을 포기한 채로 서 있는 여인의 가녀린 용모에서 생에 대한 한 점의 푸른색 희망도 찾을 수 없다. 머리를 틀어 올리고 진분홍 치마를 입고 가슴을 드러낸 모습만이 절망과 희망, 증오와 사랑, 고통과 생명 사이를 오가며 한때 정열적으로 살았을 그의 삶을 어림짐작하게 한다. 억세고 드센 남자들은 추호도 의심의 기색 없이 응징해줄 하늘을 응시하고 있다. 그러나 그들이 바라보는 하늘은 어둡기만 한 것이다.

이 이야기에서 예수께서는 그 상황에 놓인 사건의 본질(Sache)을 보게 한다. 예수께서는 간음한 여인을 고발하는 율법학자들과 바리새인들로 하여금 자신의 성적 욕구를 여인에게 투사하여 자신들의 참된 모습을 외면하기보다는 자기 자신들에게 돌아가 정직하게 행동할 것을 요구한다. 고발자들은 어떤 동기를 가지고 여인을 고발하는가? 자신이 어떤 사람인지 돌이켜 생각하는 것이 그들에게 절요(切要)하다.

그들은 결코 율법 준수나 정의감 때문이 아니라 예수님에게 올가미를 씌우려고 하는 의도에서 고발한다. 그들이 내세우는 도덕은 실제로 빈 껍질인 허위와 위선과 허풍뿐이다. 그들은 다른 이들의 허물을 터무니없이 가혹하게 대하고 다른 사람들의 도덕적 넘어짐에 대하여 그럴

수 있느냐고 격분하는 것이 하나님의 뜻을 드높이는 것이라 믿는다. 그
들 스스로 도덕을 준수하지 않으면서 다른 사람들에게는 그것을 가혹하
게 강요한다. 칸트의 용어를 빌려 말하면 이들의 태도는 겉으로만 법에
일치하는 준칙을 정당화하는 것으로 사실 도덕의 흉내만 내는 속임수로
서 악 중의 악이며 악마적 힘이다. 이런 완악한 사람들은 윤리적 규정과
계명을 내세워 다른 사람을 판단하고 단죄할 때 비로소 자기 자신에게서
희열을 느끼는 신경증 환자들이다.

　아래의 그림은 고야가 에칭(동판화)으로 그린 전쟁의 참화(Los Caprichos,
로스 카프리초스) 연작 중 하나이다. 고야는 군중에 둘러싸인 한 여인을 보
여준다. 그 여인은 귀신에 지핀 자로 고소당하고 저주받는다. 그는 마녀
이거나 이단자이다. 이들은 악마에 붙들린 자로 분류된다. 그의 악마적

[도판 3] 프란체스코 고야,
<전쟁의 참화>(Los Caprichos,
로스 카프리초스), 에칭 #24,
1796~1798.

특성은 그를 저주하고 죽음으로 몰아가는 군중들의 공포와 불안으로 표현된다. 이것이 마녀사냥과 종교재판으로 나타났던 악마를 반대하는 박해의 특성이다. 그 상황에서 악마는 박해자에게 들어간다.

이들은 오늘날에도 악을 행하는 악마에 사로잡힌 자로서 존재한다. 경찰, 재판관, 군중의 얼굴을 보라. 이들은 모두 불안에 사로잡혀 있다. 이 불안은 그들의 불안을 기초로 여인을 박해하는 동일한 악마적 힘이다. 불안의 상태는 자주 불안을 생산한다고 추정하는 것에 대한 공격을 생산한다. 그리고 이 불안은 박해하는 자를 박해당하는 자보다 더 악마적으로 만든다. 예수께서는 박해하려는 바리새인의 마음에서 꺼낸 돌을 치움으로써 악마적 힘을 근원적으로 치유하고 제거하신다.

위선의 가림막은 교회(인간의 마음)를 먹구름처럼 덮고 있다. 미켈란젤로가 시스티나 성당의 제단 벽에 그린 <최후의 심판>은 성모를 제외한 모든 군상을 나신으로 그렸다. 교회의 미풍양속을 해친다는 교회의 고위 성직자들의 주장이 트렌토 공의회에 받아들여져 벌거벗은 몸들은 모두 덧칠되었다. 이른바 교회 안의 경건한 사람들은 온 힘을 다 바쳐 자신의 속내를 들키지 않으려고 교회 안에서 생기는 결함과 허물을 가라지로 여겨 뽑아버리고자 한다. 그들은 자신의 무기력과 마음속에 깊게 드리운 그림자를 두려워한 나머지 감추면서 다른 사람들을 죄인으로 벼랑 끝까지 몰아붙여 벼랑 아래로 밀어내야 속이 시원해지는 사람들이다. 그들은 풋풋한 생명을 자신 안에 지니고 있지 않기 때문에 다른 사람의 생명력을 지탱하고 북돋기는커녕 오히려 짓밟아 죽이지 않고서는 못 견디는 사람들이다. 그들은 남의 피눈물을 먹고 사는 사람들이다. 그들은 돌을 던져 피를 보고 싶고 살을 짓뭉개고 싶은 것이다. 그들은 결국 여인에게 던지지 못한 돌보다 더 치욕적이고 잔혹한 십자가의 죽음에 예수님을 내몬다. 돌을 맞아야 하는 자는 도덕적 위선으로 사랑을 해치는 자다. 사실 그들만이 아니라 인간이 다 그렇다. 어느 시대를 막론하고 예수님의 언어를 애써 외면한다.

화면 오른쪽에는 왼손의 바구니에 짱돌을 가득 채우고 오른손은 돌을 쥐고 여인에게 던지려는 눈을 부릅뜨고 입술을 씰룩거리는 기세등등한 율법학자들과 바리새인들, 넓은 이마에 수염을 길게 휘날리며 간사해 보이는 늙은이가 예수님 가까이 서 있다. 예수께서는 사특한 꾀를 잔뜩 품은 그들의 허위의식을 들여다보시고 그들의 선동적인 말에 흔들리지 않는다. 그들의 "혀는 불이요, 혀는 불의의 세계입니다. 혀는 우리 몸의 한 지체이지만, 온몸을 더럽히며, 인생의 수레바퀴에 불을 지르고, 결국에는 혀도 게헨나의 불에 타버릴"(약 3:6) 뿐이라고 한다. 오히려 예수께서는 그 혀를 잠시 침묵 가운데 묻고 당신의 고유한 내면에 이른다.

침묵은 가장 은밀히 울려 두루 스미는 하나님 현존의 표징이다. 함묵(緘默)의 청결한 시간, 그곳은 죄와 망상이 손상시킬 수 없는 자리, 순수한 진리의 자리이며 온전히 하나님께 속한 자리이다. 침묵은 위선의 가면을 벗어 깊고 깊은 내면의 진실과 대면하게 한다. "너희 가운데서 죄가 없는 사람이 먼저 이 여자에게 돌을 던져라"(요 8:7).

이 상황에서 죄는 제대로 된 성생활과 관련된 것이라고 보는 것이 적확하다. 예수님의 이 말씀은 두려움과 허위의식과 강박밖에 없는 이들의 응고된 관념을 해체하는 촌철살인의 한방이다. 도덕이란 명령과 금지의 체계가 아니다. 도덕이란 행동 지침을 위한 매뉴얼이 아니다. 도덕이란 무엇을 해야 하고 무엇을 하지 말아야 하는가에 대한 체크리스트가 아니다. 윤리의 근본은 계명을 준수함에 있는 것이 아니라 타자에 대한 율법의 무자비한 적용을 통해 손바닥으로 하늘을 가리려는 자기 두려움과 위선의 '거짓 초월'을 무너뜨릴 때 세워진다.

이 그림에서 예수의 이 말씀은 특히 오른쪽에 서 있는 수염 긴 늙은이를 겨냥한 말씀이다. 이 노인의 잔인한 표정에는 어느 모로 보나 만성 당뇨에 시달리는 듯한 괴로움이 묻어난다. 이마 가득한 주름은 도무지 생각할 능력이라고는 조금도 없어 보인다. 그들이 주장하는 법은 자신들의 내면을 들여다보지 못하게 할뿐더러 타자를 정죄하는 데만 사용된다.

그러나 자신의 고갱이, 자신의 자아를 만나는 사람은 해결하기가 거의 불가능한 상황에서도 창조적으로 대응할 수 있다. 예수께서는 고발하는 바리새인들의 마음속에 감추어진 불안에 벌벌 떨게 하고, 그들을 자신의 영혼에 솔직하게 직면하게 하여, 염치를 자각하고는 무색해져 그 자리를 뜨게 한다. 그들은 자신이 죽을 지경에 처했더라면 '옳으신 말씀입니다. 백번 천번 다 지당하신 말씀입니다' 하면서 아첨까지 떨었을 것이다.

이제 여인을 정죄하려던 비정한 무리는 떠나 검은 구름이 걷히고 푸른 하늘 아래 예수님과 여인 둘만 남는다. 다 떠난 것을 보면 여인을 정죄하려던 사람들 중 제대로 잘된 활력 있는 성생활을 하는 사람이 없었던 것임이 틀림없다. 성생활은 인생의 축제다. 인생은 성생활을 축제로써 향유하지 못하는 허물이 많은 죄인들이다. 죄인은 자신보다 약하게 보이는 타자를 판단하고 심판하고 정죄하는 능력밖에 없는 가련한 인간들이다. "심판은 자비를 베풀지 않는 사람에게는 무자비합니다. 그러나 자비는 심판을 이깁니다"(약 2:13). 심판의 주역들은 가고 그곳에 남은 이는 여인과 예수님 오직 두 사람, 자비의 사람, 흰색과 검은색의 모순과 대립의 반대말이 아니라 "불쌍히 여겨야 할 것과 자비를 베푸는 것(misera et misericordia), 가엾은 사람에게 따스한 마음을 가진 사람"(아우구스티누스)

이다.

예수께서는 여인을 심문하지도, 단죄하려는 고발인에게 한마디 동의도 하지 않으신다. 오히려 예수께서는 고발인의 태도를 더 깊이 성찰하도록 하심으로써 여인을 곤경과 불안의 불확실에서 건져 내신다. 예수께서 원하시는 것은 도덕적 이상주의 안으로 숨어들거나 그것을 표방하는 것이 아니다. 예수께서는 여인에게 죄를 고백하도록 강요하지 않으신다. 예수께서는 죄와 잘못을 저지른 사람이 깊이 통회하고 반성한 모습을 보이도록 그에게 죄책감을 심어주시지도 않는다. "우리에게 향하신 주님의 **인자하심**이 크고 주님의 **진실하심**은 영원하다"(시 117:2).

오히려 여인에게 고발인들의 태도에 대해 물으신다. "여자여, 사람들은 어디에 있느냐? 너를 정죄(단죄)한 사람이 한 사람도 없느냐?"(요 8:10) "주님, 한 사람도 없습니다(아무도 없습니다)"(요 8:11a). 예수님은 허물을 책하거나 까발리지 않고 허물을 숨겨주며 치유하는 복음의 숲이다. 예수님이 하시려는 말씀은 사랑이며 자비이고, 이해하는 마음이며 열린 마음이다. 누구도 여인의 과거가 현재와 미래의 삶을 결코 해칠 수 없다. 과거의 이야기가 새로운 관점에서 말해짐으로써 과거를 혁명적으로 개선하고 과거의 이야기에 새로운 의미가 부여되어야 한다.

용서는 과거를 물리적으로 변화시키기 때문이 아니라 사건을 통해 과거를 변형시키기 때문에 과거를 역전시키는 것이다. 용서는 과거에서 새로운 의미를 발견함으로써 과거의 죽음도 생명의 산실로 바꾸는 거룩한 생명의 해석학적 열쇠다. 용서는 과거로부터 나를 풀어놓음으로써 나에게 새로운 과거, 여기서는 새로운 미래를 선사한다. 사랑은 신실함에서 확인되지만, 용서에서 완성된다. 예수께서는 율법을 가르치지 않고 참 삶의 길을 가리키고 동행하신다. 예수님은 여인의 죄에 대하여 민감한 것이 아니라 그 여인의 고난에 대하여 민감하시다.

여인의 마음에 쌓인 무거운 돌이 하나하나 치워지고, 막힌 담이 서서히 헐리고 있다. 예수께서 여인의 마음 한켠에 소복 쌓이고, 쌓인 장한(長恨)을 풀고 삭일 수 있도록 훈훈한 정(情)을 주셨기 때문이다. 하나님께로부터 온 그 정(情)은 본래의 성(本來之性)을 어질(仁)게 하고 의(義)롭게 하며 아름답게(禮)하고 지혜(智)롭게 한다. 예수께서는 그녀의 사무친 죄의 한(恨)을 변명하신 것이 아니라 용서하시는 사랑의 정(情)을 베푸신다. 그리고 그녀가 더 이상 원통하게 생각하지 않고 죄를 짓지 않고, 이전과는 전혀 다른 뽀야다란 마음, 떳떳한 삶을 짓는 본디 성(本性)의 삶을 살 것이라고 믿어 주신다. 도덕이란 이런 것이다. 이러한 예수님의 마음과 행위가 진정한 도덕성이고 도덕의 능력이다.

예수께서는 속된 허물 속에서도 그녀의 높은 존엄을 눈여겨 바라보신다. 그녀는 다른 삶(여기서는 구체적으로 말해 질적으로 다른 성(性)생활)을 삶으로써 죄를 없앨 수 있다. 참된 아름다운 삶은 本性의 표현인 아름다운 성생활에서 비롯된다. 아름다운 성은 거룩한 행복이 임하는 가장 응집된 현재적 시간 체험이다. 그녀는 '성'(sexuality)을 자기 개성화 및 하나님의 사랑을 체험하는 데 통합함으로써 성과 영성이 절묘하게 결합된 삶을 살아갈 것이다. 예수께서는 여인에게 뉘우침과 자책감 혹은 수치감을 가지도록 강요하지 않으신다. 예수님은 여인을 단죄하시고 죄의 크기를 알려 주시는 것이 아니라 그녀의 미래의 삶을 신뢰해 주시고 용기를 북돋아 주신다. "나도 너를 정죄하지 않는다. 가서, 이제부터 다시는 죄를 짓지 말아라"(요 8:11b).

"그들이 나를 겹겹이 에워쌌으나, 나는 주님의 이름을 힘입어서 그들을 물리쳤다. 그들이 나를 벌떼처럼 에워싸고, 가시덤불에 붙은 불처럼 나를 삼키려고 하였지만, 나는 주님의 이름을 힘입어서 그들을 물리쳤다. 네가 나를 밀어서 넘어뜨리려고 하였어도, 주님께서 나를 도우셨다. 주님은 나의 능력, 나의 노래, 나를 구원하여 주시는 분이시다"(시 118:11-14). 예수께서는 여인이 자기 핵심을 찾게 하고 그의 자존감을 한껏 고양시킨다. 예수님은 추한 겉모습은 걷어내고 그 안에 숨은 내적 아름다움을 보게 하신다. 바울은 십자가를 보며 삶을 격려하고 해방하는 예수 체험을 이렇게 노래한다.

> 하나님께서 택하신 사람들을, 누가 감히 고발하겠습니까? 의롭다 하시는 분이 하나님이신데, 누가 감히 그들을 정죄하겠습니까? 그리스도 예수는 죽으셨지만 오히려 살아나셔서 하나님의 오른쪽에 계시며, 우리를 위하여 대신 간구하여 주십니다(롬 8:33-34).

예수님은 여인을 새로운 삶, 새로운 성으로 해방하신다. 예수님은 性을 자유와 책임을 통해 이행할 수 있는 여자, 매력 있고 욕망을 즐길 줄 아는 여자로 나아갈 수 있도록 길을 터주신다. 그는 이제 남자를 얄팍한 피부로만 만나는 것이 아니라 '피부 속', 가슴과 영혼으로 품을 수 있게 된다. 더 이상 죄를 짓지 않는 삶(=성생활)이란 성이 대상화하거나 상품화되지 않는 것이며, 성이 한 인격과 기쁘고 즐겁게 만나 상대방의 몸 안에서 춤을 추며 삽입되고 흡입되면서 삶에 활력을 불어넣고 생명의 최고점에 이르게 하는 생명의 교향악이 되는 것이다.

소금도 이렇게 말한다. "문제는 사랑이 있었느냐 없었느냐에 달려 있다. 사랑의 행위에는 죄가 없다. 사랑이신 하나님의 아들 그리스도에게는 죄인이 있을 수 없다. 그러므로 그는 정죄하지 않으신다. 그리고 이제부터 사랑이 없는 행위는 하지 말라고 말씀하실 뿐이다. 이것이 하나님의 사랑이요, 예수를 통해 나타난 아가페이다"(106). 사랑을 주고 사랑을 받는 것은 다사롭고 보드라우며 형언할 수 없는 삶을 통한 감미로운 하나님 체험이다. 사랑하는 자의 육체를 서로 즐길 수 있을 때는 한층 그 도수가 높아질 것이다. 사랑을 이행하는 성은 삶을 맑히고 존재를 빛나게 한다.

V. 빛과 아름다움

예수께서 날 때부터 맹인된 사람을 보고 이렇게 판단을 내린다. "그에게서 하나님이 하시는 일을 나타내고자 하심이라!"(요 9:3) 그러나 다른 모든 사람들은 그에게서 죄를 찾으려고 한다. 본인의 죄나 부모의 죄를 찾으려고 한다. 어떤 사물이나 사건을 보고 옳고 그름, 온당함과 온당치 못함에 대해 내리는 판단을 미의식 혹은 미적 판단이라고 한다. 한스-게오르그 가다머에 의하면 "건전한 판단을 내리는 사람이란 특수한 것을 일반적인 관점에서 판단할 능력을 가지고 있는 사람을 말하는 것이 아니라, 진정 중요한 것이 무엇인지를 알고 있는 사람이다."[4] 예수는 한 구체적인 사건을 보고 일반적인 관점에서 판단한 것이 아니라 진정 중요한 것이 무엇인지를 알고 판단을 내린다. "그에게서 하나님이 하시는 일을 나타내고자 하심이라!" 모든 사람들은 일반적인 관점, 관습, 전통, 조상이나 본인이 지은 죄 때문이라고 이렇게 일반적인 관점에서 판단한

---

4 한스-게오르그 가다머,『진리와 방법』(서울: 문학동네, 2000), 79.

다. 그러나 예수는 가장 중요한 것, 사물의 근본을 보고 판단한다. "그에게서 하나님이 하시는 일을 나타내고자 하심이라!" 이것이 예수의 미의식이고 미적 판단이다.

"하나님이 하시는 일"을 성서는, 특히 요한복음은 '영광'이라는 개념으로 표현한다. 나사로의 병을 보고도 "이 병은 죽을 병이 아니라 하나님의 영광을 위함이요…"(요 11:4)라고 했다. 영광은 요한복음의 중요한 용어이다. 요한은 명사 doxa를 18회, 동사 '영화롭게 하다'를 23회나 사용한다. '영광'은 요한 1장 14절에 처음 등장한다. "말씀이 육신이 되어 우리 가운데 거하시매 우리가 그의 영광을 보니 아버지의 독생자의 영광이요 은혜와 진리가 충만하더라" 요한은 십자가까지도 아버지 하나님의 영광이며 동시에 아들 예수의 영화로 본다. "아버지여 때가 이르렀사오니 아들을 영화롭게 하사 아들로 아버지를 영화롭게 하옵소서"(요 17:1).

영광이란 하나님이 자기를 계시하는 능력과 힘이다. 그 영광은 그와 하나가 된 아들 안에 나타나며, 아들을 통하여 교회에 전달된다. 영광은 하나님께서 예수 그리스도를 통해 보여주신 일을 드러내는 집약적인 개념이면서 동시에 미학적인 개념이다. '영광'이란 말은 찬란, 찬연, 휘황하게 빛난다는 뜻이다. 다른 말로 말하면 영광이란 '아름다움'이란 말의 성서적 표현이다. 하나님의 영광은 하나님의 아름다움이다. "하나님이 창조하신 우주 만물과 인간은 그의 뜻인 '아름다움'을 형상화하신 예술작품이다. 그러므로 우주와 인간의 존재 이유는 하나님의 뜻인 아름다움을 드러내는 데 있다. 아름다움은 빛을 통해 창조되는 것이며, 그 창조 활동이 사랑이다. 사랑은 대상을 아름답게 만든다. 아름답기 때문에 사랑하는 것이기에 앞서, 사랑하기 때문에 아름다워지는 것이다"(112).

"날 때부터 맹인된 사람을 고친" 본문(요 9:1-12)은 참 빛인 예수를 영접하는 것이 무엇이고, 오직 하나님께로서 난 자들은 어떤 자들인지를 보여준다. 문제는 빛이 없어서 못 보는 것이 아니다. 우리의 눈이 어두워서, 시력이 없어서 빛을 못 보고, 시력 상실이 세상을 어둡게 보고 어둡게 만든다는 것이다. 빛을 못 보는 사람은 두 종류이다. 하나는 맹인이다. 그는 당연히 빛을 못 본다. 그런데 둘째로 시력이 있는 제자들도 빛을 아직 지각하지 못한다. 그것은 과거로부터 내려받은 관습 때문이다. 관습의 실체는 질병의 원인을 죄로 보는 유대교의 고정관념이요 이 관습은 그들에게 하나의 우상이 되었다. '그가 소경으로 태어난 것은 자신의 죄나, 아니면 부모의 죄 때문이다'라는 고정된 사고의 틀은 관념의 우상이다. 지금 이렇게 된 것이 누구의 죄(책임)인가? 이것은 인생관, 가치관의 문제이고, 말하자면 전 세상을 바라보는 신학적인 문제이다.

누구의 죄이며 누구의 책임인가? 사태를 보는 방식이 과거 지향적이다. 맹인이 된 것은 죄의 대가라는 것이다. 맹인으로 사는 것도 분통한 일인데 그는 죄인이란 딱지까지 붙게 되어 죄의 희생양이 되고 있다. 만일 예수께서 '이 사람이 태어날 때부터 맹인인 것은 부모의 죄 때문이거나 이 사람의 죄 때문이다'라고 대답하셨더라면 문제가 확실하게 해결되었을 것이다. 인간은 주어진 현실을 고정된 이론을 갖고 읽으려는 관습, 관념의 우상에 젖어 있기 때문이다. 그래서 그 관습을 깨기도 힘들지만 깨려 드는 자는 이단으로 정죄되거나 어떤 공동체에서 축출되거나 사장되기 일쑤다.

그러나 예수는 처음부터 이러한 우상적인 인식을 부인한다. 예수는 "그 사람이나 그의 부모가 죄를 지어서가 아니"라고 대답한다. 예수는 유대인들의 고정된 종교 관념을 부정하고, 문제의 실마리를 다른 차원으로 옮겨 찾는다. 이것이 바로 예수의 깊은 심미안이고 미적 판단이며 촌철살인의 멋과 맛이다. 이 사건에서 유대인들이 원했던 것은 관습적으로 보아왔던 죄와 죄의 원인을 다시 한번 대중적으로 확인함으로써 고정된 관념의 틀을 유지하는 것이었다. 이 동일한 사건에서 예수가 밝히길 원하는 것은 질병과 죄의 원인이 아니라, 새롭게 창조하는 하나님의 일이다. 예수의 답변은 과거 지향적이 아니라, 미래에 맹인에게서 나타날 "하나님이 하시고자 하는 일"을 드러내기 위함이다.

'미의식'이란 '예쁜 것을 좋아하는 의식'이 아니다. 미의식이란 예쁜 것, 아름다운 것을 좋아하는 의식이나 즐거워하는 감정이 아니라 미적 감각 일반에 해당하는 것이며 '무엇을 미라고 하고 무엇을 추라고 할 것인가를 판정하는 의식'이다. 따라서 무언가 예쁘거나 아름답다고 느꼈을 때는 그걸 당연한 것으로 여기는 게 아니라 왜 그렇게 느끼는지, 그렇게 느껴도 좋은지 되물어야 한다. 미적 인식이란 "기계적인 우리들의 삶 속에 파묻혀 있는 세계를 관찰하고 느끼고 그것을 언어로 드러내는 일"이다(오규원). "미는 언제나 엉뚱하다"(보들레르). 러시아 형식주의자들은 미적 인식을 '낯설게 하기'라는 개념으로 설명했다. 시클롭스키 등 러시아 형식주의자들이 처음 사용한 용어인데, 관습적인 인식을 벗어나 사물을 낯설게 봄으로써 그 본래의 모습을 되찾고자 한다. 기존의 발상이나 언어 표현기법을 뛰어넘어 참신한 충격을 주는 것을 목적으로 한다. 미적 인식이란 혼돈과 암흑을 깨뜨리는 파천황(破天荒)의 정신과 별반 다르지 않다. 미적 인식이란 당신이 늘 보고 있으면서도 사실을 보지 못하는 것을 새롭게 인식하는 것이다. 소소한 것으로부터 삶의 기미를 포착하고 파악하는 것이다. 사물을 반듯하게 보지 말고 거꾸로 보라. 세상을 걸어 다니면서 보지 말고 때로는 물구나무를 서서 바라보라. 지금부터는 진실이라고 믿고 있던 것들을 의심하고, 아름답다고 여기던 것들과 끊임없이 싸우고, 익숙하고 편한 것들과 결별을 선언하라. 미적 인식은 고정관념, 구태의연한 사고, 인습적 가치관 따위를 벗어날 때 일어나는 사건이다. 맹인의 얼굴을 본 사람들의 미의식은 불편하고 누추한, 가난에 찌든 맹인의 외모에 거부감을 느낀다. 그래서 그들은 맹인의 얼굴과 차림새에서 추하다고 느껴 혐오하며, 그것을 '죄'로 판정하고 싶은 것이다. 그러나 예수는 맹인으로 살아온 한 인간의 현실과 고통에서 한없는 연민을 느끼고 그 삶을 어루만지고 보살핀다.

한 인간의 고뇌와 현실을 투영하지 못하고 예쁘기만 한 예술은 지루하다. 그러한 예술은 실제의 삶과 유리되어 있고, 뒤틀린 현실의 본질을 드러내려는 목숨 건 대결 의식도 없기 때문이다. 인상파 화가들이 그린 그림은 예쁘고 아름답다. 르누아르의 <피아노 치는 소녀>, <무도회>, <목욕하는 여인> 등의 그림은 모든 사람들이 갖고 싶고, 보면 행복을 느낀다는 것이다. 그러나 빈센트 반 고흐는 그들과 동시대인 근대 자본주의 시대를 살면서 한 인간의 고뇌를 그림에 담아냈다. 고흐는 정치적 주제를 다룬 적이 없다. 자기만의 미를 철저하게 추구했을 뿐이다. 그의 그림들은 근대를 산 인간들의 고통과 고뇌를 치열하게 반영한다. 또한 독일 표현주의 화가들은 독일의 국가주의에 저항하면서 인간의 고뇌와 현실의 모순을 그림으로 표현한다. 미의식이란 선택적 봄이요 본 것들에 대한 해석학적 인식이다. 유대인은 과거의 죄악에 무게를 두고 현재 상태를 평가한다. 그러나 예수는 똑같은 사람을 보면서 장래의 가능성에 비추어 현재의 상태를 평가한다. "그에게서 하나님의 하시는 일을 나타내고자 하심이니라"(요 9:3). 하나님의 일이란 인간의 죄를 용서하고 건강한 인간, 온전한 인간으로 만드는 일이다. 반면 인간의 일이란 죄를 짓고 죄를 정죄함으로써 죄의 악순환에 빠져드는 일이다.

예수는 세상의 모든 일에서 하나님의 일을 보는 심미감을 갖고 있다. 예수의 그 같은 미적 판단은 그의 아가페적 사랑에서 나온 것이다. 플라톤주의에서 말하는 아름다움과 선을 향한 '에로스'는 타자의 아름다움에 먼저 주목하고 그 아름다움 때문에 사랑하는 사랑이다. 반면 그리스도의 아가페적 사랑은 단지 아름다움을 발견하는 데 그치는 것이 아니라 아름다움을 창조한다. 눈먼 자를 눈뜨게 하고 죽은 자를 살린다. 아가페적 사랑이란 세상 사람들이 죄인이라고 놀려대고 싶은 맹인에게서 하나님의 일을 본다. 기독교인에게 사랑은 무엇보다도 '타자의 아름다움'이 아니라 '타자의 곤경'을 먼저 주목하는 '아가페'의 사랑이기 때문이다.[5] 아가페의 사랑이란 우리를 향한 절대적 '요구'가 아무런 매력이나 아름다움을 지니지 않고 있는 타자에 의해 만들어지는 끌림이다. 아가페적 사랑은 십자가에서 나타난 사랑이다. 십자가에 나타난 사랑은 무엇보다 '타자의 아름다움'이 아니라 '타자의 곤궁'을 먼저 주목하는 사랑이다. 일본의 가톨릭 작가 엔도 슈사쿠는 『침묵』에서 그리스도의 사랑을 이렇게 증언한다. "성경에 나오는 인간들 중 그리스도가 찾아 헤맨 것은 가버나움의 하혈병 앓는 여인이라든가, 사람들에게 돌로 얻어맞는 창녀처럼 아무 매력도 없고 아름답지도 않은 존재였다. 매력 있는 것, 아름다운 것에 마음이 끌린다면 그것은 누구나 할 수 있는 일이다. 그런 것은 사랑이 아니다. 빛이 바래 누더기가 다 된 인간과 인생을 버리지 못하는 것이 사랑이다."[6]

예수의 미의식과 미적 감각에 기초한 성서적-신학적 아름다움은 일

---

5 리차드 빌라데서, 『신학적 미학』, 손호현 옮김(한국신학연구소, 2001), 352.
6 엔도 슈사쿠, 『침묵』, 김윤성 옮김(바오로딸, 2009), 204.

반적이고 형이상학적인 미 개념에 근거할 수 없으며 신학적 미의 관념은 예수 그리스도 안에 나타난 하나님의 고유한 계시로부터 얻어져야 한다. 누구나 다 아름다움과 빼어남에 끌릴 수 있다. 하지만 그런 끌림이 아가페적 사랑이라 불릴 수는 없을 것이다. 진정한 사랑은 누더기와 넝마처럼 다 헤어진 인간성까지도 받아들이는 것이다. 이것이 빛과 사랑과 아름다움의 근원인 예수의 미적 감각이고 미의식이다.

예수 그리스도의 美의식은 성령으로 잉태된 마리아의 몸에서 자라 구유에서 싹이 튼다(누가). 예수의 美의식은 말씀이 육신이 되어 우리 가운데 거하는 성육신의 美의식이다. 바울은 예수의 美의식을 '없는 것의 미학', '아무것도 아닌 것들(τὰ μὴ ὄντα)의 미학', 'Kenosis(κένωσις)의 미학'으로 발전시켰다. 그리고 요한은 예수의 美의식을 '영광(榮光)의 미학'으로 완성했다. 근대 미학은 '미'와 '숭고'를 분리했다. 분리했을 뿐 아니라 숭고도 주체성의 영역에 가두었다. 그러나 숭고는 탈주체적이다. 영광은 탈주체적이며 신성하고 신적이다. 미와 숭고와 영광, 기독교 미학은 숭고와 영광을 미에 집어넣어 매끄럽고 예쁘고 달콤하기만 한 자기애적이고 자기동일적인 미(아름다움)를 구원하고자 한다. 나면서부터 눈먼 사람을 보고 판단하신 예수의 미적 판단은 사랑이 낳은 아름다움의 사건이다.

VI. 부활과 생명

소금은 유대 민족 문화는 계약 문화요 법치 문화인 반면 동양, 특히 한국의 문화적 전통은 심미적인 풍류 문화가 그 주류라고 본다. 인생의 도리와 문화적 기초를 하나님과의 계약관계에서 찾는 것이 아니라 신비적 또는 심미적 신인합일 관계에서 찾아왔다. 이러한 신인합일에 기초한 문화적 전통에서 보는 복음의 중심은 십자가이기보다는 부활이다. 부활이란 그리스도를 매개로 하나님과 인간이 하나가 되는 사건이다. 거기에서 우리의 이상인 자유와 평화와 사랑의 기쁨이 지배하는 인생이 전개된다. 복음의 중심을 십자가에 둔 서방의 교회가 추구하는 것이 하나님의 의라고 한다면, 복음의 중심을 부활에 둔 한국교회가 추구하는 것은 하나님의 사랑이다. 사랑을 지배하는 것은 이성이라기보다는 情이다(194-195). 중국 철학자 리쩌허우(李澤厚)도 중국과 한국인의 심성을 새긴 논어의 근본을 '정본체'(情本體)로 본다. '정 본체'란 독립된 실체가 없는 상태를 일컫는 것으로 '진실된 정서'와 '정서의 진실성' 가운데 있는 실체라고 말한다. 리쩌허우에게 情은 인생과 인성의 기초, 실체, 본원이다. 정서 본체는 칸트의 도덕이성이 아니라 그보다 훨씬 더 넓은 것을 포용하는 것이다. 리쩌허우는 정을 "정립할 때야말로 서양 기독교의 '죄책감의 문화', 일본 대화혼(大和魂)의 '부끄러움의 문화'와는 다른 중화의 '실용이성'과 '즐거움의 문화'가 실현된다"고 주장한다.[7]

　　기독교의 보편적인 상징은 십자가이다. 이것은 유대-서구적인 복음 이해의 중심이 십자가에 있었기 때문이다. 그러나 소금은 한국 문화적 전통에서 본 복음의 중심은 부활에 있다고 말한다. "부활의 상징은 그리스도를 매개로 하나님과 우리가 하나로 된 '삼태극'이다. 삼태극은 천-지-인 삼극이 서로 내재해 있는 형상이며, 한-삶-멋이 서로 내재한 풍류도의 그림이다. 그러므로 한국교회의 상징은 십자가이기보다는 삼태극이 되어야 할 것이다"(196).

---

7 리쩌허우, 『논어금독』, 서울: 북로드, 2006, 35.

1889~1890년 빈센트 반 고흐는 생 레미 정신병원에 감금되는 시기가 끝나갈 무렵, 그림을 그리지 않는 시간에 자신의 삶에 대해 돌아보고 성찰할 시간을 가졌다. 정확히 말하자면 그는 그림을 그리면서 자신의 파란곡절(波瀾曲折)한 운명을 성찰하고 싶었다.

그림 <나사로의 부활>(1890. 5.)에 이러한 생의 과정이 명백히 새겨져 있다. 나사로의 얼굴에 자신의 얼굴을 그린 것을 보면 나사로는 바로 빈센트 자신의 모습이다. 오랜 투병 생활 끝에 자신의 부활을, 새로운 삶을 목전에 그리고 있는 것이겠지. 무덤과 같은 정신병동에서 치유되어 건강한 모습으로 나올 것이라는 희망을 긴긴날 어찌 아니 품었을까. 이 희망은 빈센트가 망상에 젖어 빚어낸 꿈이 아니다. 그가 병원 근처의 올리브나무 숲속에서 그림을 그릴 때 종교적 주제를 발견한 것이라고

[도판 4] 빈센트 반 고흐, <나사로의 부활>(렘브란트를 따라), May 1890.

보아야 한다. 올리브 산은 예수님께서 최후를 맞이하시기 전 기도하시러 올라간 곳이기도 하다. 정신병을 앓고 있었던 빈센트는 그의 방을 떠나지 말라는 금령을 받았을지도 모른다. 그래서 그는 사랑하던 그의 선배 화가들, 렘브란트, 들라크루아, 밀레의 그림을 방 안에 놓고 그렸을 것이다. 앞의 그림은 렘브란트가 1632년에 그린 동판화를 앞에 놓고 그린 그림으로 밝혀졌다. <나사로의 부활>은 렘브란트의 흑백 동판화를 모사한 것이다. 빈센트는 그 그림을 생 레미 정신병원을 떠나기 몇 주 전에 완성했다. 빈센트는 이 그림에서 기적을 일으키는 주인공으로 그리스도를 그리지 않고 그 자리에 태양을 그렸다. 그렇다고 해서 빈센트가 신앙이 없다거나 이상하다고 판단해서는 안 될 것이다. 화가는 틀에 따라 그림을 그리지 않는다. 고흐의 그림에서는 실재의 깊은 차원과 실재에 대한 깊은 체험이 기존의 틀을 깨고 뒤틀려 올라온다. 이 그림과 함께 소위 말년의 종교화 3부작이라 일컫는 <피에타>와 <선한 사마리아인>에서 빈센트는 그리스도의 형상을 그려 넣기도 한다.

예술의 세계에서 꼭 그리스도의 형상을 가시적 형태로 그리지 않았어도 문자에 집착하는 근본주의자들처럼 신앙을 의심할 바는 아니다. 빈센트가 좋아했던 빅터 휴고의 "종교는 지나가지만 하나님은 머물러 계십니다"(Religions pass away, God remains)는 말이 이 경우에도 해당될 것이다. 그에게 원초적인 종교적 욕망이 없었다면 그는 그 이전의 예술사의 빛나는 많은 작품들 중에서 다른 작품을 모사했을 것이다.

빈센트가 이 그림을 시작했을 때 그는 피할 수 없었던 현실에서 출발했고, 그 현실을 가슴에 안고 갔음이 틀림없다. 그가 야외에서 그림을 그릴 수 없게 되었을 때 그 앞에 놓여 있는 그의 선배 작가들, 들라크루아, 밀레 혹은 렘브란트의 복사 작품들이 바로 그의 현실이다. 고흐가 동생 테오에게 보낸 편지에도 이런 암시가 적혀 있다. "지금은 건강도 좋지 않고 해서 나 자신에게 위로가 되고 기분이 좋아지게 하는 작업을 하고 있다. 들라크루아와 밀레가 그린 그림을 흑백으로 인쇄한 것을 놓고 모델 삼아 그림을 그리는 것이지. 그러고 나서 즉흥적으로 채색을 한다. 짐작하다시피 순전히 내 마음대로 색을 칠하는 건 아니고 완성작을 봤던 기억을 더듬어…."

렘브란트의 <나사로의 부활> 동판화는 예수님께서 늠연한 모습으로 서서 수척해진 나사로를 향해 손을 들고 계시는 장면이다. 손을 올리는 동작은 나사로를 아뜩한 절망의 어두운 무덤에서 희망의 새싹을 움틔우는 그리스도의 능력을 암시한다.

주님께서 비록 많은 재난과 불행을 나에게 내리셨으나, 주님께서는 나를 다시 살려 주시며, 땅 깊은 곳에서, 나를 다시 이끌어내어 주실 줄 믿습니다(시 71:20; 겔 37:12-13 참조).

나사로를 비롯하여 기적을 목격하고 있는 모든 등장인물들이 성스럽고 신비로운 빛을 듬뿍 받고 있는 모습은 렘브란트 종교화의 전형적인 특징이다. 빈센트는 렘브란트의 그림 왼쪽에 위치한 인물 한 장면(마리아)을 모사했다. 그러나 전체적인 인물들의 배치나 분위기는 렘브란트의 판화와 전혀 다르다. 빈센트는 그리스도의 모습조차 간단히 삭제해 버렸다. 그는 그리스도를 지우고 그 빈자리가 생겨나는 것을 막고 나사로를 다시 살린 엄청난 힘을 표현하기 위해 화면의 중앙 뒤쪽에 초록빛 언덕으로 이루어진 전원 풍경이 펼쳐지는 가운데 작열하는 지중해의 강렬한 노란 태양을 그려 넣었다. 기적을 일으킨 것이 저 태양이라는 생각은 유치하다. 그림과 시는 그 자체로 은유와 상징이다. 태양은 사람과 생명을 살리는 그리스도를 상징한다.

그림 안에는 오직 세 사람만이 있다. 아치 모양의 동굴 안에 깊은 잠에 빠져 있다가 방금 부스스 일어난 베다니의 나사로와 그의 누이들 마리아와 마르다이다. 금발의 머리를 하고 놀란 모양으로 양손을 높이 들고 동생 나사로를 일으키고 싶어 하는 것 같은 행동을 취한 마리아, 그녀는 이 기적에 정신을 송두리째 빼앗긴 모습이다. 마리아는 행위 속에 말이 발분(發憤)한 믿음 여인이다. 마리아는 나사로의 죽음의 소식을 듣고 시간 안에 갈 수 없음을 알고 눈물 흘리시는 예수님의 진실한 사랑을 느낀 사람이다. 그녀는 눈물과 헌신으로써 예수님과 일치하고 있음을 알고 있고, 목전에 다가온 예수님의 죽음을 감지하고 있다. 그림에서 그녀는 오른손에 수건을 쥐고 있다. 방금 그의 동생 나사로의 얼굴에서 벗긴 것이다. 나라로의 "손발은 천으로 감겨 있고, 얼굴은 수건으로 싸매여"(요 11:44) 있었기 때문이다.

빈센트가 모사한 자신 앞에 있는 렘브란트의 동판화는 흑백이다. 그러나 색채만큼은 빈센트의 고유한 창작이다. 색채는 빈센트 자신의 발견이면서 동시에 이 색채 안에서 그는 자신을 발견한 것이다. 색채는 천변만화를 가져온다. 색채는 강렬한 빛을 표현한다. 노란빛은 하나님의 영광의 현존을 상징한다. 노란색은 하나님의 거룩한 사랑을 표현할 때 자주 썼던 색으로 천상의 빛을 상징한다. 이 그림에서는 치유와 부활(재생)의 의미를 갖는다고 말할 수밖에 없다. 빛은 화면 전체를 가득 채우고 있다. 특히 나사로의 얼굴과 몸에 물들어 스며들고 있다. 노란색은 빈센트가 즐겨 그린 해바라기에 나타난 전용 색채이며 밝고 찬연한 빛을 의미한다. 물 대신 이 노란빛으로 삼라만상이, 나사로뿐 아니라 마리아와 마르다도 세례를 받는다. 마리아의 초록빛 옷은 노란색의 인상을 더욱 두드러지게 하기 위해 고안된 것이다. 오른쪽 한쪽 구석에 검은색 머리와 녹색과 분홍색 줄무늬가 들어간 약간 어둡게 그려진 마리아는 밝은 노란색 빛과 대조를 이루면서 노란빛을 더욱 도드라지게 만든다.

나사로에게 더욱이 빈센트에게 "이 병은 죽을병이 아니라 오히려 하나님의 영광을 드러낼 병"(요 11:4)이다. 예수님의 지체는 자매의 원망을 샀으나 나사로에게 죽을 기회를 준 것이며 그의 죽음은 하나님의 아들을 영화롭게 할 수 있었다. 빈센트는 노란색을 통해 하나님의 영광(빛)을 드러낸다. 예수님은 "부활이요 생명"(ἡ ἀνάστασις καὶ ἡ ζωή, 요 11:25)이며 영광을 받게 될 분이다. 그리스도를 믿는 자는 그리스도 안에 들어가고 그리스도 안에서 살 것이다. 형용할 수 없는 그리스도의 실재 안에서 사는 사람은 죽음이 없다. 그는 예수님을 삶에서 만나고 믿음에서 만난다. 영생은 살아 있는 믿음(living belief)과 믿는 살아 있음(believing Living) 속에 있다(요 11:26). 부활은 지금 여기서 누리는 완전히 새로운 실존 방식을 뜻한다. 나사로의 소생은 슬픔의 깊은 심연에 빠져 있던 마르다와 마리아를 구출한다.

살아 있는 신앙이란 좌절과 죽음의 어두운 무덤에서 일어나는 일, 환상의 잠에서 깨어나는 일, 깊은 슬픔과 가뭇한 절망의 늪에서 나와 기쁨과 희망의 꽃밭으로 나비가 되어 너울너울 넘놀며 춤을 추며 들어감을 의미한다. 다시 태어남과 부활은 시간을 넘어선 영원에, "마지막 날 부활 때에 그가 다시 살아나리라는 것"(요 11:24)이 아니라 지금 여기서 자신의 영혼을 덮고 있던 육중한 돌이 산들바람처럼 경쾌하게 치워지고, 자신의 손발에 감겨 있던 천이 발랄 상쾌하게 풀리고, 자신의 얼굴을 가리고 있었던 수건이 통쾌하게 벗겨짐으로써 나사로가 다시 살아나는 새로운 시간은 어질고 환하고 눈부시다.

마리아가 예수님에게 요구한 희망은 시간을 도피하기 위한 희망이 아니라 새로운 시간, 새로운 날, 새로운 탄생에 대한 희망이다. "(예수님께서) 큰 소리로 '나사로야, 나오너라' 하고 외치시니, 죽었던 사람이 나왔다. 손발은 천으로 감겨 있고, 얼굴은 수건으로 싸매어 있었다. 예수님께서 그들에게 '그를 풀어 주어서, 가게 하여라' 하고 말씀하셨다"(요 11:43-44). 구원은 천상의 기쁨 속에서가 아니라 현재의 고통 속에, 고통의 모든 순간에 일어난다. 죽음은 시간을 줄 수 없고, 미래를 줄 수 없다.

부활이란 시간으로부터 영원으로의 도피가 아니라 시간을 변형시키는 힘이며, 새로운 시간이 도착하는 사건이다. 부활은 시간으로부터의 구원이 아니라 구원의 시간이며 거듭남과 구원으로서의 시간 곧 사건으로서의 시간이다. 부활이란 묶임과 가면 없이 자유로운 몸, 열린 눈으로 사는 일이다. 하나님 나라는 부활로부터 시작된다. 그러므로 하나님 나라의 최대 관심 사안은 부활이다. 부활이란 우리를 늘 다시 살리시는 하나님의 사랑 안으로 부단히 들어가는 일, 신선한 시작, 새로운 삶이다. 야훼 하나님이 생명이 없는 혼돈과 공허 속에서 생명을 창조하셨듯이 부활의 예수님은 죽음의 세력이 지배하는 곳에서 생명을 일으킨다.

부활은 새 창조이며, 그분은 좋다(아름답다), 좋다(아름답다), 좋다(아름답다), 좋다(아름답다), 매우 좋다(아름답다)고 감탄할 것이다. 부활의 그때가 오면 우리는 거리에서 환상적인 봄꽃을 보듯 아름다움 자체이신 주님을 '얼굴과 얼굴을 마주하여 볼 것'이기 때문이다. 그리스도의 자리에 태양을 그려 넣은 고흐, 그는 그저 믿기만 하지 않고 태양 자체를 원했고, 태양을 보고 싶어 한 것처럼 참 선한 아름다움이신 "보이지 않는 하나님의 형상"(εἰκὼν τοῦ θεοῦ τοῦ ἀοράτου, 골 1:15) 그리스도를 보고 싶었던 것은 아닐까.

VII. 영광의 복음, 맛과 기쁨을 지닌 멋의 복음

복음서는 하나님의 영광에서 기독교 신앙의 아름다움의 지고의 경지를 본다. 그리스도인은 아름다움을 보고, 느끼고, 호흡하고, 말로 표현하고 또한 행위로 그 아름다움을 드러내야 한다. 요한은 주님의 영광을 이렇게 설파한다. "말씀이 육신이 되어 우리 가운데 거하시매, 우리가 그 영광을 보았다"(요 1:14). 요한은 육신이 된 말씀에서 영광을 본다.

'그리스도의 영광'하면 가장 먼저 다볼산이라고도 하는 변화산에서의 예수의 변모를 연상하게 된다. 공관복음은 모두 예수의 이 극적인 변화 곧 예수의 영광을 기록한다(마 17:1-8; 막 9:2-8; 눅 9:28-36). 그러나 공관복음에는 그리스도의 영광이 변화산 한 사건에 국한된다는 느낌을 받는다. 반면 그리스도의 영광에 가장 관심이 많은 요한은 이 변화산 사건을 기록하지 않는다. 그것은 공관복음과 달리, 요한은 그리스도의 영광을 일회적 사건이 아니라 그의 탄생과 삶과 죽음 전체가 하나님의 영광을 드러내는 것으로 보기 때문이다.

과연 예수는 제자들이 찾아오거나 제자들을 불러 그들과 가까이 있었고, 유대 의회원 니고데모뿐 아니라 사마리아 여인과도 가까이 계신다. 그는 안식일에 38년 된 병자를 고치고, 광야에서 배고픈 군중을 먹인다. 그는 간음한 여인을 용서하고 날 때부터 소경인 사람을 고치고 죽은 나사로를 살린다. 예수의 영광은 화려한 외모나 천하를 호령할 수 있는 권력이나 그 어떤 세상적인 지위에서 빛났던 것이 아니다. 예수의 영광은 그의 측은지심에서 발로한 행위에서 빛났으며, 화려하고 눈부신 찬란함에서가 아니라 겸허한 섬김에서 빛나고 있음을 말해준다. 그리고 그 영광은 마침내 십자가의 죽음에서 절정에 이르고 완성된다고 요한은 증언하고 있다. 그리스도의 영광은 한번 일어나고 끝나는 일회적 사건이 아니라, 그의 탄생과 삶과 가르침과 마지막으로 십자가의 죽음에서 가장 찬연히 빛나는 사건이라는 것이 요한복음의 증언이다.

'영광'이 신구약 성경에 '사랑'이란 단어만큼 무수히 나타나고, 교부들로부터 종교개혁자들에 이르기까지 '주님께 영광'을 교회와 그리스도인의 삶의 목표로 제시해 왔음에도, 나뿐만 아니라 다른 친구 목회자들도 특히 예배 시간에 '영광'이란 단어를 많이 언급하지만 정작 무엇을 의미하는지 잘 모르겠다는 얘기를 많이 들었다. 하나님에게 속한 '영광'을 정의하거나 파헤칠 수는 결코 없을 것이다. 하나님의 구원 신비에 속하는 영역이기 때문이다. 그러나 주님께서는 당신의 '영광'을 드러내셨고, 볼 수 있게 했고, 맛보아 알 수 있게 했다. 그러므로 우리가 경험한 영광을 주님께 영광을 돌리기 위해 고백할 뿐이다.

'영광'이 지시하는 사태, '영광'이란 어휘로 말하려는 하나님 경험을 알면 알수록 '영광'의 큰 매력에 휩싸이게 된다. 어떤 사건이 일어났기에, 어떤 신비한 경험을 했기에 성경은 그 사태를 '영광'이라는 말로 기록했을까? 성서와 신학자들은 하나님의 '아름다움'에 관하여 자주 언급한다. 아름다움에 해당하는 더 깊고 폭넓은 신학적 용어는 '영광'(榮光, 글로리아, gloria)이다. 그런데 '영광'이란 개념은 막상 신학에서 사용하기에 부담이 많은 개념으로 다가온다.

이 개념은 소수의 인간만이 누릴 수 있는 세상의 권력과 부귀영화와 연관되어 사용되어 왔고 현재도 일상적 언어사용에서 그런 뜻으로 사용되기 때문이다. 이런 세속적이고 특권적인 개념을 기독교 신학의 근본 개념으로 사용할 수 있는지 회의부터 생기는 것이 사실이다. "권력과 영광"(그레이함 그린), "군림과 영광"(조르조 아감벤) 등의 표현에서 보듯이 작가나 철학자도 영광을 세상의 귀족 계급이 누리는 권력이나 제왕의 군림과 연관하여 사용하고 있다. 용어의 사용에서만이 아니라 신학적으로도 '영광의 신학'은 몹쓸 신학, 잘못된 신학이란 인상이 개신교 신학에 짙게 깔려 있다. 루터는 하나님에 이르는 두 가지 인식 방법을 구분하였다. 하나님에 이르는 참된 길은 십자가의 신학(Theologia crucis)이며 영광의 신학(Theologia gloriae)은 그릇된 인식의 길이라는 것이다. 영광의 신학이란 하나님의 창조 세계에서 하나님의 존재를 추론하려는 죄된 인간의 오만한 업적과 허황된 노력이고, 인간의 힘으로 창조자에 대한 지식을 얻기 위하여 하나님에게까지 올라가려는 시도이며, 이로써 죄와 죽음의 운명을 피하려는 시도라는 게 루터의 주장이었다. 그러므로 루터는 영광의 신학을 단호하게 부정하고 십자가의 신학을 내세웠다.

그러나 루터와 달리 교회의 예술은 '영광의 신학'과 '십자가의 신학'을 서로 배척하지 않고 조화롭게 연결하고 있다. 사실 영광의 신학의 본래 자리는 성경적으로 요한복음의 성육신 사건(Verbum Caro Factum)이다. 하나님이 육신이 됨으로써 '우리는 그의 영광을 본다'(요 1:14). 화가들은 아기 예수의 탄생을 거룩한 아름다움으로 그리고 "높은 곳에서는 하나님께 영광이요 땅에는 평화로다" 천사가 노래하는 곳에 이미 평화와 속죄의 전조(前兆)가 나타나고 있음을 섬세하게 그림을 통해 표현하고 있다. 성화(icon)의 신학을 수립한 다마스커스의 성 요한은 이렇게 말한다. "우리가 형상으로 만드는 분은 육신으로 오시어 지상에 보이셨고, 형언할 수 없는 선하심으로 사람들 가운데서 사셨고, 육신의 본성과 두

터움과 형태와 색깔을 취하신 육신이 되신 하나님, 바로 그분이다. 이렇게 할 때 우리는 잘못을 행하는 것이 아니니, 그것은 그분의 모습을 너무나도 보고 싶어 하기 때문이다. 거룩한 사도가 '우리가 지금은 거울에 비추어 보듯이 희미하게 본다'(고전 13:12)고 말했듯이 성화는 거울이고, 우리 몸의 우둔함에 부합하는 하나의 수수께끼이니, 거룩한 그레고리오스가 말했던 것처럼 우리의 정신은 육체적인 것을 넘어서는데 이를 수 없기 때문이다."

성화가들은 예수님께서 탄생한 구유에서 수난의 징조를 이미 엿본다. 구유 탄생에서 보여준 하나님 현존의 투시와 십자가 죽음에서 이 투시의 깨어짐은 구원하는 예수님의 삶에 역설적으로 결합되어 있다. 그러므로 '영광의 신학'이 세계를 통해 하나님을 보는 세계의 성례적 투시성(sacramental transparency)을 드러낸다면, '십자가의 신학'은 하나님의 역설적 현존사건에 주목한다. 영광의 신학이 성례적·신비적이라면, 십자가의 신학은 예언자적이다. 영광의 십자가와 십자가의 영광은 기독교 신앙의 성례적·신비적·예언자적 특성을 대변한다. 성례성(성사)을 통해 나를 위해 물질이 되고, 물질 안에서 살기를 수용하였고, 물질을 통해 나의 구원을 성취하신 물질의 창조주인 그리스도 앞에 엎드려 경배한다. 신비성을 통해 그리스도인은 삼위 하나님과 사랑의 교제 안에서 하나가 된다. 예언자적 특성을 통해 그리스도인은 성물, 성사, 성인, 성지 등을 공경하고 존귀하게 여기지만 물질을 신으로 떠받들지 않는다.

구약성경에서 모세는 어려운 상황에 처했을 때 더욱 큰 능력을 얻기 위해 하나님께 이런 간청을 올린다. "저에게 주님의 영광을 보여주십시오"(출 33:18). 주님의 영광을 보여 달라는 것은 주님의 얼굴을 보게 해달라는 것이다. 그러나 주님께서는 주님의 영광이 모세 앞에 지나가게 하고 자신의 거룩한 이름을 선포하지만, 모세를 반석 틈에 숨게 하여 야훼의 얼굴은 보지 못하고 등만 보게 한다(출 33:19-23). 그러나 모세 이전에 야곱은 날이 새도록 천사와 씨름한 후 비록 허벅지 관절이 어긋나는 상처를 입었지만 하나님을 대면하는 체험을 하고 그곳 이름을 브니엘(하나님의 얼굴)이라 이름 짓는다. 그는 하나님의 얼굴을 본 것이다. 하나님의 얼굴을 보고 산 사람이 없는데 그는 새롭게 되어 하나님의 얼굴을 본 것이다. 생사의 갈림길에서 천사와 씨름해야 했던 기나긴 어두운 밤이 지나가자 야곱은 브니엘(하나님의 얼굴) 동편에서 솟는 아침 햇살을 마주하며 걸어간다. 브니엘(하나님의 얼굴)에서 빛나는 영광은 그를 새로운 삶으로 인도한다. 이스라엘이란 이름을 얻은 야곱은 돋는 해를 받으며 형을 만나기 위해 절뚝거리는 다리를 천천히 옮기기 시작한다(창 32:24-31). 야곱과 달리 예수님은 가장 가까이서 아버지와 직접적으로 접촉하면서 얼굴과 얼굴을 마주하는 대화 속에서 아버지의 품에 안겨 하나님의 영광의 얼굴을 본다(요 1:18).

'영광'이 구약에서는 'Kabod, כָּבוֹד', 신약에서는 'doxa, δόξα'라는 용어로 '빛', '광휘'(光輝), '광채'(光彩)를 의미한다. 꽃불 '榮'자에 빛 '光'자로 옮긴 '榮光'은 참 잘된 번역이라고 생각된다. 영광이 사람과 관련하여 쓰이면 한 인격의 위엄이나 무게를 뜻하며 세상을 향한 사회적 지위를 말하기도 한다. '하나님의 영광'은 경험되는 인간의 관점에서 볼 때 인간에게 미친 어마어마하게 아름다운 하나님의 감각적 인상과 크고 높고 떨리는 정서적 울림이요 실제 효과로 이해된다. 영광은 주님의 종을 비추는 "주님의 환한 얼굴"(시 31:16)이고 멧돼지들과 들짐승의 공격으로부터 우리를 보살피고 회복하며 구원받게 하는 "주님의 빛나는 얼굴"(시

80:3, 7, 19)이다.

영광의 의미를 간결하게 정의한다면 '아름다움'에 해당하는 성경적 어휘다. 그러므로 '하나님의 영광'은 하나님의 참 선한 아름다움이다. 20세기 예술신학의 거장인 한스 우어즈 폰 발타자르(Hans Urs von Balthasar)는 신학적 미학을 집대성한 주저에 『하나님의 영광』이란 제목을 붙인 이유도 매한가지이다. 우리는 '하나님의 영광'에서 기독교 신앙의 대상인 하나님의 지극한 권능과 아름다움을 본다. 기독교 신학이 하나님에 관한 학문이라면 신학의 예술성은 하나님의 참 선한 아름다움을 보고, 느끼고, 호흡하고, 언어로 표현하고, 예술적 행위로 그 아름다움을 형상화하다가 어떤 표현으로도 그 느낌을 붙잡을 수 없을 때 그 느낌을 마음껏 즐기는 데서 최고로 나타난다. 만물 안에서 살아계신 하나님의 영광을 오래오래 보는 기쁨이 기독교의 신앙과 관상이며 이것이 충만한 삶이다. 기독교의 관상은 하나님의 사랑을 기쁨으로 보는 것이며 하나님의 참 선한 아름다움에 대한 우리의 느낌이 가득한 충만한 삶의 경험이다.

예술신학에서 예술은 아름다움 자체이신 하나님의 행위에 대한 인간의 예술적 응답이다. 예술신학은 활발한 성령의 주재하에서 넘쳐흐르는 생명의 상태를 아름다운 형태로 표현한다. 도스토옙스키가 『백치』에서 미쉬킨을 통해 반복적으로 하는 말대로 '아름다움이 세상을 구원할 것이다.' 여기서 아름다움은 고전적 완벽함으로서의 이상적 아름다움이 아니라 인간의 불안, 무의미, 소외, 유한성을 취하여 표현하고 변형하여 존재하려는 힘이며 그리스도의 구원의 능력이다. 하나님의 참 선한 아름다움은 인간을 구속하고 성화하며 기쁨을 주는 사랑의 아름다움이다.

① 성령은 예수 그리스도 안에 있는 하나님의 말씀과 의미의 아름다

움을 통해 인간을 무의미성으로부터 구원할 것이다.

② 예수 그리스도 안에 드러난 하나님의 선한 진리의 아름다움은 성령의 능력 안에서 비실재와 허위를 밝힐 것이다.

③ 하나님의 기쁨의 아름다움은 성령 안에서 예수 그리스도의 탄생으로 촉발되었으며 슬픔의 외로움을 위로하고 죽음의 절망을 극복할 것이다.

① 성령은 예수 그리스도 안에서 실행되는 하나님의 사랑을 통해 미움과 증오를 극복할 것이다.

② 예수 그리스도 안에 있는 하나님의 응시의 선한 아름다움은 성령 안에서 눈먼 상태를 치유할 것이다.

③ 하나님의 음성의 참 선한 아름다움은 성령의 임재 가운데 예수 그리스도의 선포를 통해 귀머거리를 고칠 것이다.

① 성령 안에서 예수 그리스도를 통해 드러난 참 선한 하나님의 길의 아름다움은 삶의 방향을 잡아줄 것이다.

② 예수 그리스도 안에서 빛나는 하나님의 영광의 참 선한 아름다움은 성령의 지도에 따라 자기 신격화를 부인할 것이다.

③ 하나님의 빛의 아름다움은 예수 그리스도 안에서 빛나며 성령을 통해 오늘의 어둠과 소외를 물리칠 것이다.

성령 안에서 예수 그리스도를 통해 빛난 하나님의 진리의 아름다움은 풍성한 소통의 교제를 선사할 것이며 삶은 영광의 느낌으로 가득할 것이다. 이러한 것들이 영광의 형태일 것이다. "하나님께 영광이 영원무

궁하도록 있기를 빕니다"(갈 1:5). 중세의 고딕 교회 건축은 아우구스티누스가 말한 하나님의 영광 곧 참 선한 아름다움이 겉으로 드러난 양식이다. 그중에서도 12세기에 프랑스에서 최초의 고딕 교회를 설계했다는 수도원장 쉬제르(Suger)의 '생 드니' 성당이 대표적이다. 쉬제르는 황금 모자이크의 광휘에 매혹되지 말 것을 경고하고 있다. "황금과 눈부심에 이끌리지 말라. 고귀하게 빛나는 광채는 우리의 영혼을 밝히고, 또 참된 빛으로 인도하나니, 그 참된 빛으로 들어가는 문이 바로 그리스도이다"(생 드니 교회의 정문에 붙은 글).

풍류(風流) 신학의
한국기독교사에서 의의

박종현

(연세대학교 전문연구원)

I. 들어가는 말

풍류신학은 이제 이미 하나의 한국적 토착화신학 그리고 문화신학으로 자리매김하였다. 이 글은 소금 유동식 선생의 풍류신학의 한국 기독교사적 의의, 특히 문화사적 신학사적 의의를 탐구하는 글이다. 풍류신학은 독창적인 토착화신학으로서, 문화신학으로서 그리고 영성신학의 가능성으로 포함하는 풍부한 해석학적 의미를 내포하고 있다.

풍류(風流)라는 말은 글자 그대로 바람과 물이라는 뜻이지만 세속을 벗어난 예술이나 멋스러운 경지를 일컫는 용어이기도 하다. 이러한 일반적 풍류 개념과 달리 종교적으로, 미학적으로 다루는 문화사적 풍류의 개념은 최치원이 난랑비에 기록한 글을 기반으로 해석하여 왔다. 유동식은 이러한 최치원의 풍류 개념을 원용하여 풍류 사상을 체계적으로 정립하고 전통적 미학 사상인 풍류를 종교적 차원, 신학적 차원으로 이론화하여 한국 기독교 토착화신학의 새로운 가능성을 제시하였다.

이 글에서는 풍류의 개념에 대하여 전반적으로 논의하고 풍류신학의 이론적 가능성을 조명한다. 그리고 풍류신학의 한국신학적 위상을 탐구한다. 한국의 근대 기독교 수용사에서 그 수용적 관점은 크게 두 방향을 갖고 있었다. 그것은 선교사들의 선교적 태도와 연관이 있는 것으로 수동적 수용과 주체적 수용으로 나눌 수 있다. 수동적 수용은 주로 보수적 선교사들과 교단에 의해 주도된 것으로 선교지 본국의 기독교와 관습 교리를 그대로 이식하려는 태도를 말한다. 다른 하나는 수용층인 한국 기독교인의 이해와 문화적 전통의 맥락에서 기독교를 수용하여 주체적 기독교 또는 민족 문화와 융합된 토착화 기독교 또는 신앙고백으로 나타난 것을 말한다.

한국 기독교의 상당한 부분은 수동적 수용이었다. 장로교회를 중심으로 보수적 개신교회는 선교사 자국의 기독교와 그 문화적 교리적 전통을 한국에 이식하려 하였다. 이 과정에서 선교지와 피선교지 선교사와 수용층 서양과 동양은 이분화하고 기독교를 통해 한국은 문화적 제국주의에 종속되는 양상을 나타낸다. 일종의 문화적 식민주의, 종교적 식민주의 양상을 형성하게 된다는 것이다. 이에 대하여 주체적 기독교는 서양 선교사의 교리와 문화를 일방적으로 수용하는 것이 아니라 주체적 신앙고백이 드러나고, 수천 년 민족 문화와 영성을 기반으로 기독교를 수용하여 한국적 기독교, 한국적 성서 이해, 한국적 신앙과 신학을 수립하려는 의지로 귀결된다.

유동식의 풍류신학은 그가 한국과 동아시아 샤머니즘 연구의 대가이며 오랫동안 토착화신학을 추구하였고, 그 긴 여정 중에 풍류신학을 주창하였고, 그 열매로서 한국의 토착적 신학과 영성에 근거한 문화신학으로 풍류신학의 결실을 맺었다는 점에 주목할 필요가 있다.

풍류라는 개념은 오직 한국의 예술적 개념만은 아니다. 풍류는 한자 문화권이 공유하는 문화적, 미학적 개념으로서 한국의 토착화신학을 넘어서 동아시아의 영성과 동아시아의 문화신학의 가능성을 포함한다. 이 요소 또한 간과해서는 안 될 것이다.

풍류신학의 역사적 문화적 기여 중 하나는 기독교 선교, 특히 서구 기독교 안에 내장된 오리엔탈리즘을 극복하고 자유로운 영성과 주체적 신앙고백을 가능케 한다는 것이다. 기독교의 문화적 토착화를 넘어서 기독교와 제국주의의 연결 고리를 차단하고, 서구의 눈에 비친 자아가 아닌 자기 주체적 자아 이해와 기독교 이해를 추구한다는 점이다. 이것은 제국적 위계나 문화적 위계를 벗어나 모두가 전능자 앞에서 동등하고, 동등한 주체가 될 때 복음의 참된 이해의 기초가 마련되고, 이때 오리엔탈리즘의 극복은 풍류신학을 통해서 참된 기독교와 자기 이해에 도달하게 된다는 점에서 신학의 본질적 작업이다.

II. 풍류신학의 태동

풍류는 글자 그대로 바람과 물, 바람의 흐름이다. 그러나 풍류는 한국의 전통에서는 멋 또는 미학적 예술적 개념으로 사용되어 왔다. 세속적 용어로 풍류는 질펀한 놀이의 개념으로 사용되기도 하였지만, 풍류는 정화되고 고양된 미감으로써 서구의 카타르시스가 정서적 정화에 의한 고양된 미적 감정이라면 풍류는 자연과 조화를 이루는 신비적 미학을 저변에 두고 있는 미학적 감정이다.

한류의 미학은 집합적 감정에 근거하여 흥(興), 한(恨), 정(情), 무심(無心)의 범주로 일반적으로 구분되지만, 풍류는 이 모든 미학적 감정을 포괄하고 초월하는 고양된 미학을 나타낸다. 풍류도에 대한 관심은 일제에서 해방된 후 민족 정체성을 재구성하려는 시기에 등장하였다. 김범부(1897~1966)는 생전에『화랑외사』(1948)를 출간하고, 유고로『풍류정신』(1987)이 출간되어 민족 문화로서 화랑도와 풍류도에 대한 관심을 이끌어냈다.[1]

이러한 일반적 풍류 개념을 넘어서 풍류 사상을 구조화하고 사상적 체계를 확립한 것이 유동식 선생이다. 유동식 선생은 종교학자로서 학문의 여정을 시작하였다. 그의 학위 논문은 한국 무교의 역사와 문화를 집대성하여 한국화의 저변에 흐르는 무교의 정신을 학술적으로 조명하였던『한국 무교의 역사와 구조』이다. 이 연구는 조선 말기부터 현대 한국에서 무속이 하나의 민속 신앙으로 잔존하고 있으나 사실 그 문화적 원류는 아시아 북방 대초원을 잇는 천신 사상에 그 뿌리를 두고 있으며, 고대 국가부터 조선 시대까지 이 천신 사상은 국가적 민족적 제의와 축제로서 또 영성과 문화를 통해 면면히 흘러오고 있음을 밝혀내었다.

근대화의 물결 속에서 폄하되었던 무속을 무교라는 종교적 문화적 차원으로 복원하고 한국 문화의 중요한 원형임을 밝혀내었다. 이러한 한국 문화의 전통과 근원을 탐구하는데 천착한 그는 자연스럽게 기독교의 토착화 혹은 토착화신학에 관심 갖게 되었다. 그 후 한국의 신학 사상

---

1 김범부(金凡夫, 1897~1966). 본명은 정설(鼎卨)로 경북 경주 출신. 일본 유학하여 동양대학과 교토대학에서 동양 철학을 수학하였다. 귀국 후에는 불교 선사들과 만나 불교를 탐구하였으며 해방 정국에 국가 재건을 위해『화랑외사』를 저술하였다. 1987년에 유고로『풍류정신』이 출간되었다.

풍류(風流)신학의 한국기독교사에서 의의 • 박종현 | 67

사로 학문적 관심이 확대되었고 『한국신학의 광맥』과 같은 한국 기독교 사상사를 저술하게 된다. 유동식 교수의 방법론은 역사적인 것과 구조적인 것이 씨줄과 날줄로 엮인 구조를 갖고 있다. 범주적으로는 삼분법적 구조를, 서술의 양식은 역사적 흐름을 짚는 삼분구조적 역사 서술의 형태로 그의 저술들이 전개되었다.

유동식 교수는 그의 신학적 구도의 길에서 한국인의 영성 한국 문화의 정체성을 중단없이 사유하였다. 그 이유는 어느 날 한국에 툭 주어진 서양 종교로서의 기독교가 아니라 한국인의 영성, 한국인의 문화로 이해되고 고백된 기독교가 수립되어야 비로소 번역신학, 수입 종교가 아닌 참다운 한국인의 기독교가 될 것이라는 실존적 의식과 고백이 있었다. 이러한 학문적 구도의 길에서 그는 한국인의 영성의 근원으로서 풍류도를 발견하고 풍류신학의 필요성을 제창하게 된다. 풍류신학은 한국인에게 기독교가 살아 있는 종교가 되기 위해 세 가지 작업을 요청한다고 보았다.

첫째, 한국인의 영성으로서 풍류도란 무엇인가를 규명하기
둘째, 풍류도를 기초로 전개되었던 한국의 종교와 문화의 역사를 검토하기
셋째, 한국신학으로써 풍류신학의 구조와 구도를 해명하는 것[2]

유동식은 인간의 심성을 3층의 구조로 파악하였다. 외피는 감정, 둘째 층위는 이성 그리고 가장 깊은 인간의 심성을 영성이라고 보았다. 그는 이 영성이 개체의 자아를 부정하고 보편적 진리를 추구하거나 초월적

---

2 유동식, "풍류신학," 「한국문화신학회 논문집」, 한국문화신학회, 제9집, 2006년, 257.

실재를 추구하는 근원적 깨달음과 자각의 영역으로 기원전 10세기 차축 시대에 인류의 보편적 각성에 의해 나타났다고 보았다. 개인이든 공동체든 감정과 이성과 영성의 지배 정도에 따라 그 특징이 형성되며 거대한 민족 단위에서도 영성적 비전 곧 민족의 꿈을 공유하게 된다고 말한다. 유동식은 한국인의 영성을 지시하는 것이 풍류도라고 단언하였다.

그는 풍류도에 대한 한국인 최초의 묘사를 최치원의 난랑비 서문에서 근거를 찾았다.[3]

國有 玄妙之道 曰風流

說教之源 備祥仙史 實乃包含 三教 接化群生

且如入則 孝於家 出則忠於國 魯司寇之旨也

處無爲之事 行不言之教 周柱史之宗也

諸惡莫作 諸善奉行 竺乾太子之化也

우리나라에 현묘한 도가 있으니, 말하기를 풍류라 한다.

이 종교를 일으킨 연원은 선사[仙家史書]에 상세히 실려 있거니와,

근본적으로 유·불·선 삼교를 이미 자체 내에 지니어,

모든 생명을 접하여 저절로 감화시킨다.

집에 들어온즉 효도하고 나아간즉 나라에 충성하니,

그것은 노사구-魯司寇(공자)의 교지(教旨)와 같다.

---

3 난랑비는 난랑이라는 화랑을 추모하는 금석문으로 원본은 소실되고 삼국유사에 그의 글이 남아 있다.

하염없는 일에 머무르고, 말없이 가르침을 실행하는 것은
주주사-周柱史(노자)의 교지와 같다.

모든 악한 일을 짓지 않고 모든 선한 일을 받들어 실행함은
축건태자-竺乾太子(석가)의 교화(教化)와 같다.

유동식은 풍류도 포함삼교 접화군생을 체(體)·상(相)·용(用)으로 분석하였다. 풍류도는 그 자체로 얼 곧 정신으로서 본체가 되고, 포함된 삼교 유불선은 그 형상이며, 접화군생은 그 작용의 양태라고 보았다. 즉, 풍류도는 유교·불교·선도가 혼연일체가 된 신비스런 영성으로서 이 도가 사람을 접하게 되면 감화시키는 그 진리의 작용이 일어난다는 것이다.

유동식은 풍류란 원래 자연과 인생과 예술이 혼연일체가 된 미학을 지칭하는 것이지만, 한국인의 영성으로서 풍류도는 그러한 미학적 감성을 넘어서는 것으로 본다. 풍류는 한국의 고대어 부루(밝 불 하늘)로써 하느님을 섬기는 영성을 포괄적으로 지칭하는 종교적 바탕이 있는 의미라고 보았다.

그는 이 풍류도를 한 멋진 삶이라고 재정의한다. 풍류는 순우리말로 멋이다. 멋이 있어야 한다. 포함삼교는 한이다. 한은 하늘이고 하나이며 모든 것이다. 전체를 포괄하는 하나, 그것이 곧 한이다. 접화군생은 인간이고 사회이며 사람의 살림살이를 말한다. 한은 영적 존재의 범주를 의미하고 멋은 예술적 존재의 범주를 가리키며 삶은 곧 윤리성을 의미한다.

유동식은 한국의 종교 문화사를 이와 같은 세 범주의 틀에서 거시적으로 해석하여 한, 삶, 멋의 종교가 한국의 종교적 역사를 전재하였다고 이해한다. 고대로부터 중세까지는 한의 종교인 불교가 한국의 종교 세

계에 풍미하였고, 중세와 근세의 종교인 유교는 삶의 윤리적 실천을 강조하는 삶의 종교로서 그리고 현대에 전래된 기독교는 사람과 세상을 아름답게 재창조하는 예술적 종교로서 그리스도의 구원은 예술적 행위요 교회는 예술공동체라고 본다.[4]

유동식의 풍류신학에서 가장 개성적인 부분은 기독론이다. 유동식은 예수 그리스도를 풍류객이라고 한다. 풍류도의 핵심적 영성은 자기부정을 통한 신인융합의 모습인데, 예수 그리스도는 본래 하나님의 말씀이셨던 그가 인간이 되어 강림함으로써 신인융합의 풍류객의 풍모가 그에게서 뚜렷하게 나타났다는 것이다.[5]

특히 예수 그리스도의 풍류객의 풍모는 그의 생애에서 세 가지 사건 속에 드러난다고 한다. 첫째는 예수의 세례로 그가 세례를 받는 순간 성령이 비둘기같이 임함으로써 인간과 하나님의 영이 만나 한 몸을 이루는 순간이 나타났다. 둘째는 예수의 변화산 사건으로 예수가 메시아로서 그 영광의 광채가 드러나는 순간 그의 영체(靈體)의 신비가 확연히 드러난다고 보았다. 셋째는 예수의 십자가의 죽음과 부활의 사건이다. 예수는 인간으로서 십자가에서 죽고 영의 몸으로 부활함으로써 신인융합의 역사적 사건의 실체로서 궁극적으로 완성된다고 보았다. 풍류객 예수라는 유동식의 풍류신학적 기독론은 전통적 한국의 문화와 영성에 기반하여 독자적 신학 담론과 영성 신학을 열어 비로소 한국신학의 개성적이고 독창적인 기반을 구축하였다고 할 수 있다.

---

4 각주 2번의 책 참고.
5 유동식, "풍류신학," 「신학사상」, 제41집, 1983년 6월, 435.

III. 풍류신학의 한민족 문화사적 의의

풍류도의 기원은 화랑도까지 소급된다. 화랑은 삼국시대인 6세기 무렵 신라의 젊은이들을 교육하는 교육 활동의 통합적 교육 원리였다. 그것은 진흥왕이 국가의 천년대계를 위해서는 국부나 군사력이 아닌 민족의 얼을 청년에게 교육하는 것이 가장 중추적 작업이라 여겨 화랑도를 창안하였다는 것이다.[6]

화랑도의 교육 커리큘럼은 세 가지를 함축하고 있었다. 첫째는 도덕 교육으로써 유교·불교·선도의 가르침을 통해 심신을 수련하는 것이었다. 둘째는 예술교육으로써 노래와 춤을 교육하는 것이었다. 노래와 춤은 예술이자 동시에 신령한 것과 접촉하는 제의적 행위로 종교와 예술의 융합적 교육이었다. 셋째는 명산대천을 찾아 유람하며 자연과 벗하는 호연지기의 정신을 담는 것으로 이 역시 자연과의 거대한 교감이며 동시에 신성한 것과의 접촉을 지향하는 종교적 기반이 전제된 것이었다.

이것을 진흥왕은 풍월도, 최치원은 풍류도라 지칭하였던 것이다. 이 풍류도의 기원은 다시 거슬러 올라가면 단군 시대로 거슬러 올라가며, 고대 삼국의 제천의식이라는 거대한 문화적 종교적 흐름 속에 간직하여 왔다고 한다.[7]

한민족의 풍류도에 삼교가 포함되어 있다는 것은 불교와 유교와 도교가 수입되어 토착화한 형태를 의미하는 것이 아니다. 최치원의 난랑

---

6 유동식, "화랑과 풍류도," 「새가정」, 1999년 2월호, 22.
7 변찬린은 이를 선도(仙道)도 또는 선맥(僊脈)이라고 본다. 세상에서 홍익인간의 이념으로 통치하던 단군이 왕위에서 내려온 후 백두산에 들어가 신선이 된 이야기를 그 근거로 들고 있다. 불로불사의 영체가 된다는 것은 곧 신선의 경지에 들어감을 일컫는다고 보았다.

비를 해석할 때 포함삼교는 불교·도교·유교가 중국에서 수입되어 정착하여 풍류도라는 하나의 체계로 합쳐진 것이 아니라는 것이다. 유동식은 이미 단군 시대로부터 풍류도라는 한민족의 영성적 문화적 세계가 존재하고 있었고, 이것은 유불선 삼교가 갖고 있는 고유한 종교적 가치와 대응하는 내재적 영성과 문화를 갖고 있었다는 것이다. 그래서 이러한 고등 종교가 수입되었을 때 깊이 융화하고 토착화할 수 있었던 것으로 본다.

유동식의 이러한 풍류도 이해는 한국 문화와 영성의 원형으로서의 풍류도를 추출하고, 이를 통해서 한국의 종교와 문화의 역사적 전체성과 통일성 그리고 조화가 이루어진 이유를 역사적으로 문화적으로 설명하고 있다. 포함삼교는 종교 혼합의 형식이 아닌 한국적 풍류도에 의한 외래 사상의 수용과 해석이라는 과정을 거쳐 한국의 종교사가 구성되었다는 것을 밝힘으로써 민족 문화의 주체성과 포용성을 수립하고 또 기독교를 한국적 영성으로 해석하는데 상당한 토대를 제공하였다고 할 수 있다.

유동식과 동시대에 이와 비슷하게 한국적 영성을 시도한 것이 변찬린이다. 흔붉 변찬린(邊燦麟, 1934~1985)도 유동식처럼 한국의 사상을 풍류도 또는 선맥으로 이해한다.[8] 변찬린과 유동식과 차이점은 유동식은 풍류도와 기독교의 융합이라는 관점에서, 즉 두 종교와 문화의 융합이라는 관점에서 풍류신학을 제창하였고 변찬린은 성서 자체가 곧 풍류신학이라고 주장하는 점에서 차이가 있다. 변찬린의 사상은 그의 역작 『성경의 원리』 전 3권과 『요한계시록신해』 속에 잘 드러난다.

---

8 이호재, "변찬린의 풍류사상에 대한 종교적 이해," 「한국종교」, 제45집, 2019년 2월, 331.

변찬린의 성서 해석은 1970년대와 1980년대 시대 속에서 정통교회
들의 세속주의화 신흥종교의 비의적 또는 교주를 신격화하는 자기애적
성서 해석을 이중적으로 비판하며 성서의 내재적 통일성을 수립하려 하
였다. 그는 텍스트의 객관성과 한국인의 영성적 문화적 해석이라는 두
축을 원용하여 성서 해석의 원리를 제시하려 시도한 것이다.

그의 『성경의 원리』는 성경론, 도맥론, 타락론, 부활론, 하나님론, 예
수론, 성령론, 대속론, 초림 및 재림론, 성모론, 장자론, 신부론, 천사론,
하늘론, 영혼론, 윤회론, 예정론, 종말론으로 구성되어 있다. 이 구조는
통일교의 창조론, 타락론, 복귀론의 삼분 교리에 대한 대응과 더불어 정
통교회의 조직신학 10주제를 포함하여 변찬린 특유의 도맥론, 장자론,
신부론, 하늘론, 윤회론, 영혼론 등 당시 기독교계의 신학적 주제들을
포괄하여 자신의 신학 체계를 수립하려는 의도가 엿보인다.

변찬린은 성서학자가 아니었다. 그의 저술은 전통적 구약학이나 신
약학의 학술적 방법을 적용한 것은 아니다. 현대 성서학의 기초는 역사
적 해석으로 구약은 고대 근동의 고고학과 문헌학이 기본이 되며, 신약
학은 신약 문헌학과 원시 기독교 공동체에 대한 역사적 배경 연구가 항
상 기초가 된다. 변찬린의 저술은 이러한 현대적 의미의 성서학의 방법
론적 기초를 토대로 한 것은 아니다.

그가 시도한 것은 성경 전체를 일관하는 내재적 원리가 존재하는가
질문하고 그것에 대한 대답으로서 영적인 실체 또는 영적인 주체들을
텍스트에서 추출하여 그것이 성서를 통괄하는 원리라고 보고 있다. 변
찬린의 성서 해석은 역사적이거나 비평적이 아니며 본질적으로 신학적
이고 문화적이다. 특히 그가 주장하는 도맥과 선맥이라는 개념은 성서
를 관통하는 내용과 실체로서 그것의 원형을 한국인의 전통적 종교 영성

에서 찾음으로써 토착화신학의 새로운 국면을 발굴해낸다.

이 해석은 번역신학이라는 오명을 받아왔던 서구의 성서 해석과 다른 국면에서 성서의 영성을 추출하고 이해함으로써 유동식은 풍류신학과 병치되는 또 다른 풍류신학의 가능성을 열었다.

한국의 선맥은 단군설화 등 고대 건국설화에서 나타나듯이 동북아 천신 사상과 신선 사상에 널리 관계되어 형성되어 있다. 중앙아시아의 탱그리 설화처럼 천신에서 지상을 교화하는 강림신으로 그리고 그것이 인간의 보편적 본성으로 세계의 도덕적 교화의 원리가 되고 최종적으로 대자연으로 복귀하여 신선계로 귀환하는 것이 단군 신화 같은 한국 고대 설화의 원형이다. 여기에서 이 설화는 고대 사회의 정치적, 영적, 도덕적 의미를 함유하며 민족 문화의 원형으로 작동하여 왔다.

변찬린의 해석의 틀은 기존의 토착화신학의 강조점이 문화신학적 범주에 강조점이 주어졌던 것과 비교하여 영적 범주에 강조점을 둠으로써 영성적 실천의 가능성을 열어주었다는 점도 유동식의 풍류신학과 궤를 같이하는 중요한 특징이다. 변찬린의 해석은 이러한 한국의 문화적 원형을 성서의 영적 실체와 이야기를 재해석하는데 적용함으로써 성서 이야기의 한국적 이해를 시도한다.

유동식의 규범적 신학자로서 풍류신학의 역사성과 문화성을 정교한 이론적 틀에서 구성하여 풍류신학의 이론적 체계를 추구하였다면 변찬린의 성서 이해는 재야 학자로서 성서 자체를 풍류도의 문헌으로 보는 과감한 토착화의 시도가 비교된다.

유동식의 풍류신학은 서구의 종교라는 선교 역사적 시각 속에 고정되어 있었던 한국의 기독교 이해의 지평과 패러다임을 전복하고, 문화적으로는 기독교와 한국 문화의 본질적 이해를 추구하고, 영적으로는 한국인의 영성과 융합한 기독교를 가능케 한다. 이것은 기독교가 서구의 종교가 아니라는 것, 더 보편적 종교로서 가능성을 열어준다. 서구가 기독교의 본질이 아니라 서구의 기독교로 서구를 지방화하고 동시에 동일하게 한국의 기독교를 풍류신학으로 고백함으로써 기독교 신학과 문화의 다양성을 통해서 기독교의 보편성의 범주를 확장시킬 수 있다는 것이 풍류신학의 신학사적 의의이다. 또 한국인의 영성과 문화로 고백하는 신앙고백은 낯선 서구 종교의 구원이 아닌 깊고 친숙한 구원, 더 나아가 개별적 구원이 아닌 포괄적 구원이라는 기독교의 확장을 가져온다는 것이다.

IV. 동아시아 미학과 풍류신학적 미학

신은경은 그의 저서 『풍류: 동아시아 미학의 근원』을 통해서 풍류의 미학적 개념을 동아시아 삼국, 한국·중국·일본의 문학 속에 나타난 미학적 개념으로 비교 분석한 바 있다. 비슷하면서도 다른 동아시아 문학 속에서 풍류라는 개념이 어떻게 나타나는가를 다양한 문학작품을 분석하여 비교하고 있다.[9]

그는 우선 문학사적으로 풍류론이란 무엇인가를 연구하였다. 신은경은 동아시아 삼국에서 풍류의 개념이 어떻게 의미를 구성하는지 염두에 두고 그 용례와 개념을 정의하려 시도하였다. 그 결과 풍류는 놀이적 요소, 미적 요소, 자연친화적 요소, 자유로움의 추구를 하고 있다고 하였

---

9 신은경, 『풍류 - 동아시아 미학의 근원』(서울: 보고사, 1999).

고 풍류의 문학적 표현으로써 풍류심은 세 가지 종류의 미적 감정을 포괄한다고 보았다. 그것은 '흥'(興), '한'(恨), '무심'(無心)이라는 세 가지 요소이다. 즉, 풍류는 흥의 미학, 한의 미학 그리고 무심의 미학적 요소로 구분된다는 것이다.

흥의 정서는 흥기된 정서의 발산으로서 현실과의 적극적 관계 맺음을 의미하며 사회공동체 구성원 간의 갈등 혹은 개인의 내적 갈등이 해소된 상태를 의미한다고 하였다. 다음의 한의 미학은 소외와 억압의 정서적 구조를 나타낸다. 한은 특수한 사회 문화적 정황과 요인에 의해 형성되는데 그것은 고통의 장기적 내재화와 누적의 결과로써, 한의 정서의 내재적 성격은 고통을 해소하려는 것으로, 일반적으로 추론되는 피지배층의 한 체험 양상이거나 종교 또는 사상적 이단 계층의 한 체험 양상뿐 아니라 지배층의 한 체험 양상으로 나타난다고 여러 문학 텍스트를 통해 밝히고 있다.

세 번째 풍류적 미학의 감정은 무심(無心)이다. 무심은 망각, 정적, 공허, 응시 그리고 깊고 오묘한 감정을 의미한다. 무심의 원리 사상적 배경은 도가적 배경 또는 선가적 배경을 갖는 것으로 파악하며 이는 유동식의 풍류신학에서 말하는 영성적 미학과 그 연결성을 갖고 있다고 보인다.

신은경의 이러한 풍류 개념과 미학적 감정의 동아시아적 확장은 우선 풍류신학이 한국적 신학의 범주를 넘어서 동아시아 신학으로의 확장 가능성을 보여준다. 신은경이 말하듯 동아시아의 미학적 감정으로서 풍류에 흥과 한과 무심의 감성이 차이와 공통점을 갖고 있다고 할 때 풍류신학은 동아시아의 신학으로서 확장성의 잠재력을 갖는다.

특히 신은경이 분석하였듯이 미학적 감정은 역사성, 사회성 그리고 그 속에 존재하는 개인의 실존성에 기반한다는 것을 분석하여 보여주었다. 이는 한이라는 사회적 정황 속에서 한을 해소하려는 무심의 미학으로 전이와 최종적으로 무심의 상태에서 구원을 받고 흥의 미학으로 승화되고 공동체적 활기를 띠는 모습은 동아시아 미학에서 구원의 순서와 구원론의 가능성을 열어준다고 보인다.

유동식이 지적한 것처럼 기독교는 예술신학이고 풍류도의 최종적 귀결이 기독교의 미학적 완성이라고 할 때 동아시아 미학적 신학으로서의 풍류신학은 동아시아 구원론과 동아시아 미학적 기독교라는 확장성을 충분히 갖는다고 보인다. 한국의 풍류 사상에서 풍류신학의 기초가 이미 놓여 있기에 동아시아의 미학으로서의 풍류에 대해서 아시아적 구원론의 응답의 확장적 가능성이 충분히 놓여 있다고 보이기 때문이다.

V. 풍류신학과 오리엔탈리즘의 극복

에드워드 사이드의 오리엔탈리즘의 개념은 제국주의와 식민주의 사이에 존재하는 정신적 질곡의 위기를 드러낸다.[10] 이에 견줄 만한 연구가 이야나가 노부미의 『환상의 동양』이다. 사이드의 연구가 근대 제국주의에 내장된 오리엔탈리즘을 짚어간다면 노부미의 연구는 오리엔탈리즘의 장기적 계보학이다.[11]

근대 오리엔탈리즘의 서구와 반서구의 이분법적 구조는 고대 서구

---

10 에드워드 사이드, 박홍규 옮김, 『오리엔탈리즘』(서울: 교보문고, 2015).
11 이야나가 노부미 지음, 김승철 옮김, 『환상의 동양 - 오리엔탈리즘의 계보』(서울: 동연, 2019).

의 세계관 속에서 진화하였다. 그러나 오리엔탈리즘은 서구 사상이 절대적 진리라는 개념을 추구하고 확립하는 과정에서 필연적으로 생성되었다고 본다. 근대 오리엔탈리즘의 거대한 이분법적 구조가 아닌 고대의 작은 서구, 작은 유럽에서는 고대 근동이 오리엔탈리즘의 대상이었다. 서구 역사의 전개 속에서 기독교의 확장과 서구 사상이 추구하는 진리의 절대성은 그 사상과 종교가 지배하지 못하는 영역을 오리엔탈리즘의 대상으로 만들었다고 역사적으로 분석한다.

서구 신학의 기독교 절대주의는 기독교 세계 내부의 이단 논쟁을 과격화하였고 외부에서는 필연적으로 오리엔탈리즘의 영역을 지정하였다. 이러한 성향은 유럽의 구교이든 신교이든 망라하여 외부의 세계를 이교로 규정하고 정복의 대상으로 보았다.

근대 동아시아의 정치적 사상적 지형도는 복잡하다. 한국은 더욱 복잡한 양상을 띠고 있다. 식민주의와 기독교 절대주의가 근대 동아시아 오리엔탈리즘의 가장 중요한 작용 기제이다. 한국은 일본이나 중국과 달리 서구의 식민주의의 침략을 받은 것은 아니었다. 정치적으로는 일본 제국주의 침략을 받았고 기독교는 영어를 사용하는 국가들에서 파송된 선교사들에 의하여 선교가 이루어졌다.

일본 제국주의의 침략은 전근대적 국가 간의 충돌과 다른 양상을 띤다. 일본은 메이지 유신 이후 근대성의 구조를 이중화하였다. 탈아입구(脫亞入區) 화혼양재(和魂洋材)로 표현되는 일본의 근대화 공식은 아시아적인 것을 벗고 서구적인 것을 지향한다는 것이며 그 방식은 '정신은 일본적인 것으로 그러나 물질적 구조들은 서양식의 것으로 구성한다'는 논리였다. 일본 근대화 공식의 이러한 내재적 모순은 매우 괴이한 형식으로 나타났다. 특히 일본이 식민 지배하였던 동아시아에서는 그러한 모순적 현상이 선명하게 나타났다. 타이완, 한국 그리고 만주국은 그 대표적인 예였다.

한국에 대해 일본은 서구식 국가 체제와 군사 자본주의를 전면에 내세우는 한편 일본의 전통적 신사 종교를 한국에 그대로 이식하려 시도하였다. 일본의 한국 식민지 지배는 물질적으로 서구화를 지향함으로써 일본 제국주의 안에 내재한 오리엔탈리즘이 작동되었다. 특히 1931년 만주국이 수립되고 만주국의 실질적 지배자인 일본 군부는 오족협화(五族協和)라는 미명하에 만주 거주 민족을 서열화하였다. 일본인, 조선인, 만주족, 몽고족, 한족으로 그 서열을 매겨 통치 체제를 구축하였다. 일본의 식민지배 40년 동안 한국은 식민주의에 강제된 오리엔탈리즘을 내재화한다. 즉, 물질적, 문명적 서열화가 강제되어 머나먼 서구, 가까운 지배자 일본을 통해 근대화의 표준적 모델로 일본을 통해 투영된 서구화라는 개념이 내재되는 것이다.

기독교의 경우 소수의 선교사들을 제외한다면 가장 다수파인 미국 장로교 선교부는 기독교 절대주의를 지향하였다. 그리고 그 기독교는 미국적인 기독교였다. 미국식 정통 장로교 교리가 아니라면 같은 개신교라도 경원시되었다. 이러한 정통주의적 관점에서 기독교와 한국 문화의 관계는 기독교가 승인한 것에 한하여 허용되었다. 상당 기간 동안 개신교 선교부의 선교보고서는 한국의 빈곤, 불결, 무지 그리고 사회적 부패가 가장 강력한 이미지였다. 한국이 스스로 자신을 개혁할 능력과 갱생할 의지는 박약하다고 판단되었고, 그것은 개신교에 의해서 타파되고 새로이 조성되어야 하는 과제로 인식되었다.

일본 제국주의가 정치적이고 물질 문명적인 오리엔탈리즘을 강요하였다면 서구 기독교 절대주의, 특히 정통주의는 종교와 문화적 오리엔탈리즘의 토대를 만들어 내었다. 한국 기독교인들의 세계관과 구원관은 서구 기독교 절대주의와 서구 문명이 이상화된 먼 거리에 있었고, 가까이는 서구화된 일본의 체제가 실질적 지배력을 행사하고 있었다.

식민지 한국의 기독교는 문화적으로는 다수가 한국의 것을 낡고 무능한 것으로 인식하였고 서구의 것으로 대체되는 것이 이상이라는 자기 부정적 목표를 추구하게 된다. 이러한 태도에 맞서 한국의 문화적 전통과 서구의 기독교를 융합하려던 이가 탁사 최병헌이나 월남 이상재 등이다. 그러나 이러한 이들은 소수였다. 일본의 식민지배가 장기화함에 따라 다수의 한국의 문명론자들은 자기 개조를 외치게 된다. 개혁적 사상가인 도산 안창호는 기독교를 통해서 근대성과 민족주의를 재구성하는 방안을 사유하게 된다. 국제 정세에 밝았던 정치인이자 지식인인 윤치호는 일본의 근대화 정도에 비추어 볼 때 한국의 자주적 독립은 현실적으로 불가능하다고 판단한다. 그는 일본의 지배가 한국의 근대화를 도울 것으로 희망하였다. 1920년대 이광수가 주장하는 민족개조론은 일제강점기에 등장한 식민지 오리엔탈리즘의 결정판이다. 일본처럼 되지 않고는 일본으로부터 독립할 수 없다는 사상이 그의 민족개조론의 핵심이었다. 이광수의 민족개론은 지배자로부터 독립하기 위해 지배자를 추종한다는 자기모순에 빠지게 된 것이다.

이러한 오리엔탈리즘의 논거는 한국의 근대화 담론을 지배하여 왔다. 일제 식민지 지배와 만주국의 경험은, 근대성의 모델은 곧 극복해야 하는 대상이며 동시에 모방해야 할 대상으로서 일본의 근대화가 모순적으로 자리하고 있다. 일본의 배후에 있는 이상적인 근대성의 모델인 미국은 해방과 함께 등장하였다. 세계 최강대국 미국의 등장은 한국 사회와 국가 재건의 최고의 이상적 모델이 되었다. 미국적인 것은 절대적인 것이 되었다. 이는 현재 한국 개신교 주류가 절대적인 미국 편향의 모습을 보이는 역사적, 문화적 태도의 뿌리이다.

한국 사회에 강요된 오리엔탈리즘의 근본적 문제는 자아의식의 빈곤과 주체적 문화의 결여이다. 지난 반세기 동안 한국신학의 빈곤과 한국적 기독교 형성이 의심받은 이유가 거기에서 시작된다.

식민주의는 정치 군사적 종속이라는 외피와 오리엔탈리즘이라는 내면적 억압 기제로 구성된다. 식민 지배 체제의 항구적 구성은 정치적 지배가 아닌 내면적 종속에 의해 달성될 것이다. 식민 지배 체제가 요구하는 오리엔탈리즘의 증상은 자기 비하이다. 근대 한국과 한국의 기독교의 역사적 경험은 절대적인 것을 내세우는 일본 군국주의와 교리적 절대성을 강조하는 정통주의 또는 근본주의적 신학의 지배를 받았다. 이는 여전히 근대성의 완성이라는 명제하에 내면화된 오리엔탈리즘의 증상으로 작용하고 있다.

유동식의 풍류신학은 이러한 한국 기독교의 역사적 정황 속에서 한국 기독교의 자기 이해의 코페르니쿠스적 대전환의 시도이다. 가장 서구적인 기독교가 가장 보편적 진리라는 명제에 대하여 가장 한국적인 기독교가 가장 보편적인 기독교라는 고백이다. 이는 근대성의 맹목적 추종이 아니라 오랜 역사를 가진 한국 문화와 한국적 영성을 되살려 한국적 기독교 이해의 지평을 열어줌으로써 내면적 억압 기제들로부터 해방한다.

근대 한국의 오리엔탈리즘적 근대성은 식민 지배 체제에 의해 폭력적으로 강제된 것이었다. 유동식의 풍류신학은 이러한 폭력적 이념들로부터 한국 개신교회를 해방한다. 해방신학이 남미의 억압적 체제에서 저항적으로 남미를 해방하려는 시도였다면, 풍류신학은 한국 사회와 한국 기독교를 지배하는 오리엔탈리즘에서 영성적으로 그리고 문화적으로 비폭력적인 해방을 시도하는 해방신학이다.

VI. 나가는 말

유동식 선생의 풍류신학은 한국감리교회의 민족 문화와 기독교를 영적이고 문화적으로 융합하려 했던 토착화 기독교의 전통에 깊이 뿌리 박고 있다. 탁사 최병헌으로부터 시작된 이 전통은 1960년대 유동식, 윤성범, 김광식 등 감리교회 신학자들에 의해 만개하였다. 유동식 선생은 한국 문화와 기독교의 융합의 당위성을 이론적으로 주장하였던 토착화 신학에서 한 걸음 더 나아가 한국 사상의 원류인 풍류도를 재발견하고 해석하여 풍류도를 단군 시대로부터 기원하는 심원한 문화적 영성적 근원이라고 파악하고 있다.

특히 풍류도의 우주적 차원에서의 영성, 사상적 포괄성과 문화적 융합의 내적 동력에 주목하여 한국 사상으로서 풍류도의 확장성에 주목하였다. 또한 풍류도는 외래 종교의 혼합체가 아닌 한국적 사상의 원류로서 영성적, 예술적, 문화적, 윤리적 잠재성을 가지고 있는 독자적 문화 체계라는 점 역시 주목하였다. 그럼으로써 풍류신학은 한국적 신학의 틀을 구성하고, 특히 기독론에 대한 신인융합의 본체로서의 기독론의 논거를 수립하였다.

풍류신학은 한민족 고유 문화와 기독교를 융합하여 기독교 신앙고백과 기독교 영성 그리고 신앙고백의 다양성에 기여하여 기독교와 문화의 지평을 확장하였다. 또 풍류가 동아시아의 공통적 미학적 감성이라는 점에 기반하여 풍류신학은 한국적 신학이면서 동아시아의 신학으로 확장 가능성을 보여주고 있다고 평가할 수 있다. 그리고 풍류신학은 지난 한 세기 한국의 보수적 주류 기독교의 내면적 세계를 잠식하고 있고 한국 사회를 식민주의적 기억에 얽매이게 하는 오리엔탈리즘으로부터 해방하는 길을 보여준다. 풍류신학은 성서가 추구하는 참된 자유의 영성으로 가는 신학적 길을 모색하게 하고 아직도 민족사의 과제로 남아 있는 한국의 식민주의적 문화로부터 해방하는 사회사적 기여도가 큰 신학이라 평가할 수 있다.

풍류도 아리랑으로 한국인의 참 자아 지평을 열면서
: 이전에 없던 한국기독교인의 자기 정체성을 찾으니

성백걸

(백석대학교 기독교학부 교수)

I. 한 세기 인생의 빛을 찾아서

2021년에 소금(素琴) 유동식 선생님이 100세를 맞이하셨다. 어느덧 하나님의 사랑과 은혜로 한 세기를 사신 것이다. 진심으로 축하를 드리며, 계속하여 건강하게 창조적인 사랑의 길을 걸어가시며 복음적인 인생의 아름다운 빛을 발하시기를 예수 그리스도 안에서 하나님께 기도드린다.

선생님을 처음 뵌 것은 1985년 가을 신학대학 4학년 2학기 때 냉천동 감신동산에서 '한국신학사상사' 강의를 들으면서이다. 변선환 교수님은 유 선생님을 '고정식'(固定式)이 아닌 '유동식'(柳東植)이라고 위트 있게 소개하셨다. 그때 『한국신학의 광맥 - 한국신학사상사 서설』을 교재로 하여 공부를 했다.

1986년부터는 감신대학원에서 우리 신학으로 한국신학을 정립해야겠다는 생각을 가지고 한국 교회사를 전공했는데, 유 선생님은 김용

옥 교수 기념관 1층 세미나실에 오셔서 수업을 해주셨다. 그때『한국종교와 기독교』,『도와 로고스』등을 교재로 공부를 했다. 한 과목의 학기가 끝나고 텀 페이퍼를 "恨과 한신학의 시도"란 제목으로 민중신학과 토착화신학의 핵심 주제와 과제를 융합하는 차원에서 새로운 한국신학의 지평을 열어가야 한다는 요지로 써서 냈는데, 누군지 호랑이 꼬리를 잡았다고 말씀해주셨다.

1987년 가을 새문안교회에서 유 선생님의 정년은퇴 기념 강연회가 있었다. 냉천동 기숙사에서 걸어서 갔다. 낙엽이 떨어지는 가을 서정을 밟으며 강연장에 들어서니 청중들의 열기로 가득했다. 선생님은 "풍류신학으로의 여로"란 제목으로 말씀하셨다. 멋진 자유의 영으로 어느 고개를 유연히 넘어가고 있는 창조적인 사랑의 인생이란 인상을 받았던 것 같다.

다음 해 감신대 공동박사과정에 입학을 한 나는 1988년 10월 서울올림픽을 보고서 군대에 입대했다. 1990년 봄에 제대하고 냉천동 기숙사에 돌아와서는 정동교회 역사편찬실에서 일하게 되었다. 이미 박대인 교수의 소개로 인사를 마친 상태였다.

이때 놀랍게도 유 선생님이 정동교회 역사를 집필하기로 하고 사회교육관 5층 역사 자료실에 나오셔서 작업을 하셨다. 그때부터 옆에서 조교격으로 모시면서 수없이 많은 배움을 얻게 되었다. 복음과 인생과 역사와 신학과 한국과 동양과 영성과 멋과… 이루 말할 수 없는 가르침을 받았고, 지금도 '보이게 또 보이지 않게' 너무나 소중한 교육을 받고 있다.

그러면서 항상 유 선생님의 평생과 신학과 사상의 의미와 가치의 정수는 어디에 있을까라는 자연스러운 물음이 심중에 흐르고 있었다. 1922년 태어나서 일제 식민지와 해방과 분단, 전쟁과 폐허, 가난, 독재와 산업화, 민주화, 정보화 등으로 급변하고 역동한 한 세기의 한국 근현대사를 사셨다. 또한 신학과 종교학, 역사학, 예술 분야에 걸쳐 방대한 창조적인 작업의 결실을 이루어냈기에 그 전모와 핵심의 진정한 위상과 역할을 환하게 파악하기가 간단치 않다.

여기서는 어느 한 주제를 천착하여 논리적으로 다루기보다는 수십 년간 선생님과의 사귐과 배움의 과정을 통해서 얻은 한 통찰을 밝혀 보려고 한다. 곧 유 선생님이 일생의 역정과 창조적인 작업을 통해 길어 올린 역사적인 의미와 가치의 빛을 찾아가 보려고 한다. 왜 선생님께서는 그러한 인생의 길로 사셔야 했고, 거기서 진행된 창조적인 신학과 사상과 예술의 작업이 지니는 민족사적이고 세계사적인 의미와 역할의 핵심은 무엇일까?

II. 영적인 자아와 민족적인 자아로

소금의 생애와 신학 사상을 통해 확인할 수 있는 것은 인간은 '하나님의 자녀로서 영적인 자기 정체성의 자아를 지니고 동시에 건강한 민족적인 자기 정체성의 자아'를 품고 살 때 사람다운 사람으로서 이 세상을 진정하게 살아갈 수 있다는 참 인생의 길이다. 인간은 영적 존재로서 눈에 보이지는 않지만, 영적인 하나님의 자녀로 자기의 본래적인 자아를 확립하고 동시에 시공 안에서 그 문화적인 표출로 민족적인 자아를 확고하게 지니고 살아야 인간 구실을 제대로 하는 인간의 길을 걸을 수 있다.

그리고 영적인 자아와 민족적인 자아는 결국 구별은 되지만, 이분법적인 존재가 아닌 통전(統全)의 한 인간으로서 새로운 삶과 역사의 지평을 창출해나가게 된다. 소금은 이것을 '영성우주'와 '시공우주', 제3의 '통전우주'로 이해하면서 예수 그리스도 복음과 한국 그리스도인의 삶의 세계를 풀어내었다.

인류는 특히 지난 19~20세기에 근대 민족국가를 형성하여 대립하고 경쟁하고 전쟁하면서 제국주의의 세계지배로 점철된 근현대사를 살아야 했는데, 이른바 진정한 의미에서 하나의 세계국가를 형성하고 미래의 어떤 새로운 경지가 실현되기까지는 계속 강하게 경험되어질 삶의 형태이다. 그런데 소금이 태어난 식민지 조선은 바로 서구 제국주의의 전철을 밟으며 근대 민족국가로 변모하여 강해진 일제의 강제 지배에 떨어진 상태였고, 그는 우리의 건강한 민족적 자아 대신에 황국신민(皇國臣民)이라는 식민지적 자아의 강요를 받아야 했다. 여기서 망국(亡國)과 함께 망아(忘我)의 식민지 백성으로서 설움과 고난과 죽음을 처절하게 경험해야 했다. 이것은 그뿐만 아니라 당시 일제강점기의 시대를 살아야 했던 우리 민족의 공통된 슬픈 운명이었다.

그런데 중요한 핵심 대목은 소금이 일제로부터 해방 이후 천지(天地)의 창조주인 하나님의 자녀로서 영적인 자아의 주체적이고도 심원한 자기 정체성을 확립하고, 동시에 아직 그 어디에도 없는 새로운 대한민국과 한국인들의 민족적인 자아의 지평을 찾아 개척해간 선각자의 길을 걸어간 것이다. 이제 소금이 걸어온 그 풍류도 아리랑의 길을 따라 새로운 영적이고 민족적인 자아의 지평으로 들어가 보자.

III. 망국과 망아의 식민지에서
- 일제하 죽음의 자아 체험을 넘어서

소금은 1922년 황해도 남천에서 태어났다. 3대째 기독교 집안이었다. 이 세상에서 일제 식민지로 떨어진 조선의 한 사람으로 태어난 것이다. 이 단순한 현실이 이후 소금이 걸어야 했던 인생의 길을 좌우하고 있었다.

우리 민족에게 망국(亡國)은 곧 망아(忘我)를 의미했다. 일제의 강제지배와 식민지 교육은 우리 민족에게 황국신민이 되라고 강요했으며 그것은 곧 조선인으로서 자기 정체성을 버리고 일제의 식민지 백성이 되어 복종하는 노예로 살라는 주입이었다. 자기를 잃어버린 인간이 어떻게 인간답게 살 수 있겠는가.

당시 조선인들은 이미 '옛 조선'이 망하여 나라가 없는 상태에서 조선인으로 살아갈 수도 돌아갈 수도 없었다. 1919년 3.1운동의 한 성과로 상해에 '대한민국' 임시정부가 수립되고 국내외에서 민족독립운동이 전개되고 있었지만, 아직 독립을 찾지도 한반도 영토에서 국가를 수립하지도 못하고 있었다.

소금은 황해도 남천에서 춘천으로 이사하여 조부모와 생활하며 초등학교를 다녔다. 그리고 석사동에서 청소년기를 보냈으며, 1940년 춘천고등학교를 졸업했다. 이 기간 그도 당연히 일제의 식민지 교육을 받아야 했다.

당시 소금은 우리 민족의 역사도, 문화도 배우지 못했다고 한다. 그러니 어떻게 민족적인 자아를 형성할 수가 있고 조선 민족의 긍지와 사명을 지니고 살아갈 수가 있었겠는가? 건강하고 심원한 자아가 확립되지 않은 사람이 결코 주체적으로 행복한 삶을 살 수는 없다. 이것은 그와 같은 세대가 겪어야 하는 공통의 비극이요 설움이요 고통이었다.

소금에게 황국신민 강요의 끝은 결국 학도병으로 징집되어 죽음의 현장으로 끌려가는 것이었다. 그는 제2차 세계대전으로 전 세계가 죽음의 소용돌이로 빨려 들어가고 있던 1944년 1월 20일 용산역을 떠나서 일본 부대에 배속되었다. 그러니까 소금이 받은 식민지적 자아의 강요는 태평양전쟁에서 일본 천황의 군인으로 징집되어 의미 없이 죽임을 당해야 하는 죽음의 전장을 향하고 있었다.

그러나 놀랍게도 소금에게는 이것과는 전혀 다른 자아의 빛을 제공하는 기독교 복음과 신앙이 어려서부터 몸에 배어 있었다. 그는 당시로서는 드물게 3대째 기독교 집안에서 태어났는데 할아버지와 작은 숙부가 독실한 신앙인이었다. 소금은 일찍 일어나 할아버지의 아침 예배에 참여하며 일상의 신앙생활이 몸에 배었다. 그래서 세상 사람들이 모두 기독교인들인 줄 알았다고 한다. 인류 보편적인 세계 종교로서 기독교 신앙은 그에게 '천지를 창조하신 하나님의 자녀'라는 또 다른 자아 형성의 길을 제시해 주었던 것이다.

소금은 1943년 봄에 일본 동경으로 건너갔고 동부신학교에 입학했다. 그 동기에 대해 "식민지 백성으로 교육받고 자라나는 동안 어느새 정신적 억압이나 민족적 열등의식에도 익숙해진 것만 같았다. 그러나 한편, 평생을 그렇게만 살 수는 없는 것이 아닌가 하는 생각이 들었다. 타고난 운명이라지만, 그래도 이것을 극복할 길을 찾아야만 하지 않겠는가. 그러나 나에게는 그것이 정치적 민족운동 같은 것은 아니었다. 나로서는 이러한 현실을 초월할 수 있는 절대적 가치의 세계를 추구하는 것이라 생각했다. 그리하여 결정한 것이 종교적 진리를 추구하는 신학의 길이었다"[1]라고 회고했다.

일제의 강요된 식민지적 자아와 왜곡된 지배 현실을 초월하고 극복하여 새로운 삶의 지평을 열기 위한 길을 나선 것이다.

그런데 오히려 학도병으로 징집되어 전쟁터로 끌려갔다. 소금의 학도병 생활은 비인간적이고 비본래적인 죽음의 강요와 부조리를 체험하는 극치였다. 그는 "학도병들의 입대가 준 충격은 컸다. 이것은 우리 역사상 처음 있는 일일 뿐만 아니라 전세가 기울어 가는 일본의 군인으로 입대한다는 것은 곧 죽음을 뜻하는 것이기 때문이다. … 도착 다음 날부터 가차 없는 훈련이 시작되었다. 훈련이란 다름 아닌 사람 죽이는 연습이었다. 사람을 살리고 구하는 길을 공부하던 신학생이 이제는 죽이는 법을 배우고 있는 셈이다. 훈련은 육체적으로 고달팠고, 내무반 생활은 정신적으로 괴로웠다. 일종의 감옥생활이었다. 아니, 그보다도 더 괴로운 것은 출감할 수 있는 만기의 약속이 없다는 점이었다. 전쟁이 끝나든가 아니면 내가 죽든가 하기 전에는 이 지옥에서 벗어날 길이 없다는 것이 서글펐다"[2]라고 했다.

소금은 황국신민의 학도병이란 자아 껍데기를 쓰고 죽고 죽이는 어두운 죽음의 세계 전쟁 복판에서 동생 병식에게 편지를 썼다. 그는 1945년 5월 10일 "이곳은 이미 산 생활터가 아니다. 자유는 물론이고 인격도 이유도 아무것도 없는 곳이다. 사람다운 것이라고는 아무 데서도 찾아볼 수 없다. 그저 백치가 되어 복종하기만을 요구한다. 우리에게 남은 것이라고는 증오와 도피의 본능뿐이다"[3]라고 썼다. 이어 6월 7일에는 "어떤

---

1 유동식,『종교와 예술의 뒤안길에서』, 한들출판사, 2002, 15.

2 유동식,『종교와 예술의 뒤안길에서』, 한들출판사, 2002, 24-25.

3 유동식,『종교와 예술의 뒤안길에서』, 한들출판사, 2002, 25-26.

의미에서는 죽음을 찬미해야 할는지도 모른다. 시간에서 영원의 세계로 가기 위해서는 죽음의 심연을 넘어야 하는 것이기 때문이다. 하지만 죽음을 가까이 느낄수록 어두운 심정이 가시질 않는구나. 그것도 사탄들의 전쟁 틈바구니에서 무의미하게 죽는다고 생각하면 더욱 그러하다"[4]라고 했다.

그런데 놀랍게도 소금은 그 죽음의 현장에서 역으로 초월적인 신앙의 빛에 의해 새로운 생명과 자유의 세계를 지향하며 어떤 다른 길을 갈구하게 된다. 곧 그는 죽음의 자아 체험을 하면서 동시에 신앙적인 주체의식으로 새로운 자아의 지평으로 나아가고 있다.

그래서 소금은 "그래도 나 자신의 존재를 확인하게 하는 것은 하나님께 대한 신앙뿐이다. 노예의 몸이면서도 자기를 발견하고 정신적으로 자유를 누리던 에픽테투스가 생각난다"[5]라고 썼던 것이다.

여기 보면 학도병 유동식은 죽음 이외는 어떤 출구도 보이지 않는 일본 본토의 태평양 전쟁터에서 처절하게 죽음적 자아의 끝을 체험하고 있다. 그리고 바로 그때 그 너머에서 새롭게 열리고 있는 생명과 자유의 자아를 하나님 신앙의 눈으로 대망하고 있다. 여기가 소금의 생애와 사상의 본질과 특성을 이해하는 아주 중요한 지점이다.

---

4 유동식, 『종교와 예술의 뒤안길에서』, 한들출판사, 2002, 27.
5 유동식, 『종교와 예술의 뒤안길에서』, 한들출판사, 2002, 25-26.

IV. 해방과 새로운 자아의 삶을 찾아서
- 서구 기독교 문명의 이른바 오리엔탈리즘을 넘어

1945년 8월 15일 우리 민족은 일제의 식민지 지배로부터 해방을 맞이했다. 그것은 살아 있는 생명들을 비극으로 몰아넣고 있던 제국주의의 탄압과 죽음의 세력으로부터 벗어나는 자유를 경험하는 역사적인 순간이었다.

소금은 전쟁터에서 라디오를 통해 이 해방의 소식을 들었다. 그는 이른바 일제 천황의 무조건 항복이란 "발표를 듣던 일본인들은 모두 침통한 표정을 지었다. 그러나 나는 이 발표를 듣는 순간 온몸에 경련 같은 것을 느꼈다. 죽음으로부터의 해방이 선언된 것이다. '하나님, 감사합니다'하고 큰소리로 외치고 싶은 충동을 느꼈다"[6]라고 했다.

그는 10월 1일 항구도시 하카타에서 개인 소유의 어선을 빌려 타고 부산을 향해 출발했다. 그런데 이 배의 엔진에 물이 들어가 산더미 같은 파도를 넘는 표류를 하며 또 한 번 파선과 죽음의 위험을 경험해야 했다.

그런데 실로 기적이 일어나 한나절을 표류하다 지나던 큰 배 한 척에 의해 구조되어 대마도의 한 항구에 닿았다. 그리고 수리된 배를 타고 10월 5일에 부산에 도착했다.

소금은 "지난 며칠 사이에 우리는 다시 한번 죽음과 구원 체험을 한 것이다. 이제 내가 사는 것은 당연한 내 몫을 사는 것이 아니라 덤으로 사는 것이다. 내가 살게 된 것은 오로지 하나님의 은혜라는 것을 새삼 깨닫게 되면서 나는 충심으로 감사의 기도를 올렸다"[7]라고 회고했다.

---

6 유동식, 『종교와 예술의 뒤안길에서』, 한들출판사, 2002, 34.

그는 가족들과 상봉의 기쁨을 나누었다. 그런데 해방된 조국의 현실은 그의 예상과는 달리 어디서 배웠는지 좌익과 우익이라고 튀어나와 서로 싸우고 죽이는 일들을 목도하게 되었다. 하지만 소금은 "나는 무슨 일이라도 불평 없이 해낼 수 있을 것 같았다. 나에게 자유만 주어진다면 평생 거름통을 지고 다닌다 해도 여한이 없겠다고 썼던 편지 생각이 되살아났다"[8]라고 했다.

이 말은 소금이 제2차 세계대전 말기와 해방공간에서 죽음과 동시에 어떤 초월을 체험했다는 것을 의미한다. 곧 이 세상과 생사를 넘어설 수 있는 '초월의 경험'이 그의 생명 안에 각인되어졌다. 이 해방 전후의 죽음과 구원의 체험이 그의 원체험으로 작용하며 이후 그의 생애 전체에서 가장 심원하고 근원적인 작용을 하게 된다. 그는 한국전쟁의 비극과 죽음의 거대한 역사적인 재앙을 또 겪게 되지만 이미 '초월의 체험'이 내재된 상태에서 대응하고 있는 것으로 보인다.

소금은 1947년 9월 서대문 냉천동 감리교신학교 2학년에 편입했다. 그는 감신 시절에 종로 YMCA 회관에서 하는 유영모와 함석헌 선생의 노자 강의를 듣고 동양적이고 한국적인 예지를 또한 탄허 스님의 장자 강의에서 초탈한 참 사람의 경지를 배웠다. 그리고 6.25 한국전쟁 중 전주 남문 밖교회의 고득순 목사에게서 한학과 요한신학의 경지를 접하게 되었다.

소금은 본격적으로 기독교 복음의 본질을 연구하기 위해 미국감리교회의 제3세계 지도자 양성을 위한 십자군 장학생으로 선발되어 보스턴으로 유학을 떠났다. 1956년 8월 여의도에서 출발한 비행기 안 그의 가방에

---

7 유동식, 『종교와 예술의 뒤안길에서』, 한들출판사, 2002, 36.
8 유동식, 『종교와 예술의 뒤안길에서』, 한들출판사, 2002, 37.

는 성경과 노자와 영어사전이 들어 있었다. 신약성경을 전공하여 요한복음의 기록 목적을 주제로 석사학위를 받은 그는 1958년 6월 귀국했다.

여기서 중요한 것은 소금이 미국 생활 중 체험한 서구기독교 문명의 우월주의와 기독교 문화 세계에서조차 존재하고 있던 문화적인 차별감과 소외감이었다. 일제 식민지 시대의 차별과 다른 형태요 그 정도는 차이가 있었지만, 그 본질에서는 같은 맥락이었다고 할 수 있다.

그는 "또 하나 새삼스럽게 느낀 것은 경전에서부터 신학에 이르기까지 그 모든 것이 서구 문화의 틀 안에서 형성되었다는 사실이다. 따라서 우리는 그들의 언어와 개념을 통해서 성서적 진리를 이해해야만 하는 것이다. 우리를 구성하고 있는 반만년의 한국 문화사는 아무런 관련도 없었다. 다시 말해서 우리는 문화적으로 소외된 이방인인 것이다. 일제강점기에서 민족적으로 소외되었던 우리가 이제는 다시 문화적인 소외감을 맛보아야만 했다. 과연 천지를 지으신 하나님을 신봉한다는 것이 갖는 의미는 무엇일까? 신앙이란 절대자 안에서 우리의 모든 소외감과 열등의식을 극복하고 자유와 평화를 누리게 하는 것이 아닌가?"[9]라고 성찰한 것이다.

이 말은 무엇을 의미하고 있는가? 일제의 식민지 교육에서와 마찬가지로 서구기독교 문명의 신학 교육에서도 소금이 찾고 있는 민족적이고 문화적인 참 자아를 발견할 수 없었다. 이것은 어찌 보면 너무나 당연한 일이기도 하다. 그때 새로운 한국과 한국인의 자기 정체성은 어디에도 없으며, 그것은 창조적인 작업을 통해 새로 개척해내야 하는 미지의 지평이었다. 그리고 그 과정에서 일본 제국주의의 식민주의 잔재와 서구

---

9 유동식, 『종교와 예술의 뒤안길에서』, 한들출판사, 2002, 84.

기독교 문명의 이른바 오리엔탈리즘은 극복되어야 하는 이중 해체의 장애물이었다.[10]

V. 풍류도의 재발견과 한국의 자기 정체성의 지평
- 영적인 자아와 민족적인 자아의 통전의 길로!

이때 소금에게 빛을 던져 준 것이 볼트만의 『신약성서와 신화론』이었다. 그것은 문화의 상대성과 진리의 절대성을 해명할 수 있게 해석학적인 눈을 열어 주었다. 소금이 절대적인 하나님의 말씀과 기독교 복음의 진리를 담고 있는 상대적인 유대 문화를 헤쳐볼 수 있는 자유로운 눈을 지니게 된 것이다. 그리고 성서가 기록될 당시 신화적인 사고의 틀과 표현을 실존론적으로 해석하여 그 속에 들어 있는 인격적인 복음의 진리를 체화하여 성육신과 십자가와 부활에 믿음으로 동침하여 새로운 존재가 되는 구원의 길을 밝게 알게 되었다.

소금은 1959년 9월 「기독교사상」에 "도와 로고스"란 논문을 발표했다. 유대의 역사와 문화 속에서 일어난 예수 그리스도의 구원 사건을 헬레니즘 문화권에서 '로고스' 개념을 도입하여 유효하게 풀어냈듯이 동양에서는 '도'(道) 개념을 적용하여 도성인신(道成人身)하신 예수 그리스도를 전하자고 제안했다.[11] 이것은 신학적으로 표현된 동양적인 주체성의 선언이요 추구였다고 할 수 있다.

---

10 유동식, "도와 로고스," 「기독교사상」(1959. 3); 『도와 로고스』, 대한기독교출판사, 1978, 53-54.
11 한국문화신학회 엮음, 『한국문화와 풍류신학』, 한들출판사, 2002, 13-20.

계속하여 소금은 1962년 「감신학보」에 "복음의 토착화와 한국에서의 선교적 과제"란 논문을 발표했다. 보다 적극적으로 '한국교회는 한국 교회가 되어야 한다'고 주장하며 그 방향을 제시했다. 이 글은 이후 한국 신학사에서 처음으로 토착화 논쟁을 일으켰다.

그는 "기독교의 신앙은 하나님의 은혜에 대한 주체적인 응답이다. … 서구인에게는 서구인으로서의 신앙과 이에 기초한 교회가 있듯이, 한국인에게는 한국인으로서의 신앙과 교회가 있어야 한다. 한국의 기독교는 결코 서구교회의 단순한 연장이나 모방일 수 없는 것이다. 그런데 한국의 기독교는 아직도 선교사들이 전해 준 서양교회의 신앙 형식에만 연연하고 있다. 인류를 구원하는 복음의 사건은 유대의 종교 문화를 통해 나타났다. 다시 말해서 초월적인 하나님의 말씀이 유대민족 문화 속에 토착화함으로써 구체화된 것이다. 토착화론은 초월적인 복음의 진리가 어떻게 구체적인 문화적 현실 속에 뿌리를 내리고 그 창조적인 생명력을 발휘하느냐 하는 일종의 선교론이다"[12]라고 했다.

예수 그리스도의 복음 진리를 한국 기독교인으로서 주체적인 삶의 자리에서 믿고 받아들이고 이해하고 표현하여 한국적인 신앙과 한국적인 교회와 한국적인 신학을 수립하자는 토착화신학의 추구이다. 이것은 실로 신학적으로 표현된 새로운 한국의 주체성과 한국인의 참 자아의 지평을 열어가는 선각자의 길이었다고 할 수 있다.

영적으로 천지의 창조주 하나님의 자녀로서 성서에 나타난 예수 그리스도의 복음 진리를 유대 역사와 유대 문화, 헬라 문화와 서구 기독교 문화로부터 구별하여 한국 문화의 풍토 속에서 자유로운 주체성을 지니

---

12 유동식, 『종교와 예술의 뒤안길에서』, 한들출판사, 2002, 87.

고 해석할 수 있게 된 소금은 한국 문화의 실체를 본격적으로 해명하는 연구를 진행했다. 1968년 9월부터 동경대학 문학부 대학원에서 유교와 불교, 도교가 들어오기 이전 우리 민족의 본래적인 종교였던 무교를 연구하여 "조선 샤머니즘의 역사 구조적 특질"로 1972년 9월 국학원 대학에서 문학박사 학위를 받았다. 그리고 이것을 보충하여 1975년『한국 무교의 역사와 구조』를 출판했고 무교 문화론을 펼쳤다.[13]

그런데 한국 무교의 연구를 통해 한국 종교의 원형적인 영성과 보편적인 구조를 파악하는 작업을 하던 소금은 뜻밖에도 그가 내적으로 간절하게 찾고 있던 한국인의 고유한 얼을 발견하게 된다. 그것은 바로『삼국사기』에 있는 화랑제도를 말하는 곳에서 9세기에 고운 최치원이 규명한 '풍류도'(風流道)와의 역사적인 만남이었다. 소금은 이때 '바로 이거다'라며 무릎을 쳤다고 한다.

우리나라에 玄妙한 道가 있다. 이를 風流라 하는데, 이 敎를 설치한 근원은 仙史에 상세히 실려 있거니와 실로 이는 三敎를 포함하였으며 모든 민중과 접촉하여 이를 敎化하였다.[14]

그 후 소금은 풍류도에 깊게 천착하여 심원하고 다양하게 해석해내며 한국학계와 사회에 풍류도를 알리는 풍류도 전도사로 풍류도인이 되었다.[15] 그가 '한 멋진 삶'의 길로 풀이한 풍류도는 무엇보다도 먼저 우리 민족의 고유한 영성이요 얼이다. 풍류도는 불교와 유교와 도교와 기독교

---

[13] 유동식,『한국 무교의 역사와 구조』, 연세대학교출판부, 1975, 84.
[14] 유동식,『한국 무교의 역사와 구조』, 연세대학교출판부, 1975, 345-353.
[15] 유동식,『한국신학의 광맥』, 전망사, 1982.

가 들어오기 이전에 형성된 우리의 종교 예술적인 영성이요 얼로서 원시 종교인 무교의 형태로 표출되었고, 불교와 유교를 주체적으로 수용하여 '한'의 철학적 불교 문화와 '삶'의 윤리적 유교 문화를 전개했으며, 이제 기독교를 통해 '멋'의 풍류 문화 형성을 위해 역동하고 있다고 보았다.[16] 그는 풍류도에 입각한 기독교 복음 해석을 통해 한국신학으로서 풍류신학을 전개했다.[17] 또한 풍류도의 관점에서 한국의 종교 사상을 해석하여 정리해냈다.[18]

소금은 고운 최치원이 한국인의 영성을 불러 '풍류도'라고 했다고 보았다. 그리고 "풍류도는 유·불·선 삼교를 포함한 종교적 영성이며, 뭇사람을 교화하는 윤리적 영성이다. 그보다도 본질적인 것은 창조적 예술혼이다. 모든 역경 속에서도 아름다움을 창조해내는 영성이다. 한 민족의 역사는 예로부터 고달픈 길을 걸어왔다. 그럼에도 불구하고 한인들이 긍지를 가지고 살아올 수 있었던 것은 우리들의 빛나는 종교-예술적 문화를 창조해 온 풍류도 때문이다. 풍류신학은 이러한 풍류도에 접목된 복음의 전개를 모색하는 신학이다. 풍류신학은 한국인의 영성과 한국 문화에 토착화된 한국의 신학이다. 나는 우리 문화에 토착화된 한국신학을 모색해왔다. 그리고 도달한 것이 풍류신학이다. 말하자면 '나의 신학 역정은 풍류신학으로의 여로였다'"[19]라고 했다. 소금은 2천 년대에 들어와 풍류도에 접목된 복음 해석의 관점에서 한국신학으로서 예술신학을 전개하고 있다.[20]

---

16 한국문화신학회 엮음, 『한국문화와 풍류신학』, 한들출판사, 2002, 151.
17 유동식, 『풍류도와 한국신학』, 전망사, 1992; 『풍류도와 요한복음』, 한들출판사, 2007.
18 유동식, 『풍류도와 한국의 종교사상』, 연세대학교출판부, 1997.
19 유동식, 『종교와 예술의 뒤안길에서』, 한들출판사, 2002, 119.

풍류도는 소금이 인류 보편적인 기독교 복음의 진리를 포착하는 한
국인의 고유한 눈이면서 동시에 한국 종교 문화사를 주체적으로 파악하
는 한국 기독교인의 눈이고, 더 나아가 천지 만유를 이해하는 해석학적
원리이다. 그는 실로 풍류도의 인생관과 세계관을 지닌 풍류도인으로
이 땅을 살아가고 있는 것이다. 소금은 하늘 나그네로서 그 사랑과 자유
와 평화의 길을 노래했다.

하늘 나그네

고향을 그리며 바람 따라 흐르다가,

아버지를 만났으니 여기가 고향이라.

하늘 저편 가더라도 거기 또한 여기거늘,

새 봄을 노래하며 사랑 안에 살으리라.[21]

실로 풍류도에서 소금이 추구한 창조주 하나님의 자녀로서의 인류
보편적인 영적 자아와 한국인의 문화적이고 민족적인 자아가 하나로 통
전(統全)되고 있다는 아주 중요한 진실에 다다르게 된다. 이것은 일제의
강점에 따른 망국과 망아 이후 그 어디에도 없는 새로운 한국과 한국인
의 인류 보편적이고 민족적인 자기 정체성의 지평을 확립해야 하는 역사
적인 사명을 소금이 자신의 실존적인 삶을 통해 선각자의 길로 개척해낸
놀라운 역정의 결실이다. 여기 소금 유동식 선생의 한 세기 인생과 사상
의 창조적인 작업의 의미와 가치의 빛이 있다.

---

20 유동식, 『풍류도와 예술신학』, 한들출판사, 2006; 『신학과 예술의 만남』, 한들출판사, 2010.
21 박영배 엮음, 『소금산조』, 한들출판사, 2017, 364-371.

VI. 제3 동방의 등불로 인류문명의 미래를!
- 풍류도 한 생명의 길로

이제 소금의 풍류도 아리랑을 따라서 다음 시대의 과제를 찾아보려고 한다. 소금의 얼과 작업을 창조적으로 계승하기 위한 역사적인 방향을 밝혀보려는 것이다.

그는 우리 민족의 긍지와 사명을 풍류도와 복음에 입각하여 타고르의 '동방의 등불'을 들어 천명했다. 3.1운동의 좌절 등으로 우리 민족이 침울한 상태에 있을 때 동경에는 2.8 독립선언을 주도했던 한인 유학생들이 4백여 명 있었다. 그때 일본을 방문한 영국의 식민지 인도의 시성 타고르를 재일본 한인기독청년회관으로 초청했으며, 그는 헤어질 때 넉 줄의 즉흥시를 써주었다. 곧 <동방의 등불>이다.[22]

아시아의 빛나는 황금시대에

한국은 이를 밝힌 등불의 하나였다.

그리고 이 등불은

다시 점화되는 날을 기다리고 있다.

찬란히 빛날 동방을 밝히기 위하여

소금은 한국에서 다시 타오르기를 기다리는 동방의 등불은 유구한 예술적 사명을 감당하게 할 한국인의 얼인 풍류도이며, 장차 아름답고 멋진 풍류 문화를 창조해내리라고 예언하고 있다.[23] 고운 최치원이 밝힌 풍류

---

22 박영배 엮음, 『소금산조』, 한들출판사, 2017, 29-34.

도로 꽃을 피운 통일신라 문화가 아시아를 밝힌 동방의 등불의 빛들이었으며, 이제 다시 온 인류와 동방을 밝히려고 다시 점화되기를 바라고 있다는 것이다.

우리 민족이 아시아와 인류를 밝힌 첫 번째 동방의 등불은 고조선 곧 단군조선과 무교 문화였다고 할 수 있다. 그것은 단군신화와 고대 국가들의 제천의식에 나타났듯이, 널리 인간과 생명을 살리고 이롭게 하는 홍익인간의 문화로서 가무강신(歌舞降神)의 신입융합에 의한 생명력과 창조력으로 새로운 삶과 역사의 지평을 여는 역동적인 제천도(祭天道)의 문화였다.[24]

그런데 아주 놀라운 것은 1980년대부터 새롭게 발굴되어 메소포타미아문명과 이집트문명과 인더스문명과 황하문명에 이어 인류의 제5문명으로 자리 잡을 수 있는 '요하문명'의 유적과 유물은 동북아 상고사의 실상과 위상을 밝힐 수 있는 새로운 빛을 던져주고 있다.[25] 그중에서도 홍산 문화의 우하량 유적은 기원전 3,500년경 초기 문명의 단계에서 초기 국가의 단계 진입을 보여주고 있으며, 그 중심의 핵에는 삼단 원형 제천단(祭天壇)의 제천의식(祭天儀式)이 있었다. 이것은 천손(天孫)족으로 자기를 인식한 고대 단군조선의 전통과 자연스럽게 접맥되고 있다고 이해된다. 그러니까 지금으로부터 약 5,500년 전에 제천의식을 핵으로 한 단군조선의 등불이 피어올라 아시아와 인류를 밝히며 요하문명의 절정을 꽃피웠던 것이다. 이것이 제1의 동방의 등불이다.

우리가 두 번째로 동방을 밝힌 등불이 통일신라와 풍류도 문화였다.

23 유동식, 『종교와 예술의 뒤안길에서』, 한들출판사, 2002, 191-196.
24 유동식, 『한국 무교의 역사와 구조』, 연세대학교출판부, 1975, 345-353.
25 우실하, 『동북공정 너머 요하문명론』, 소나무, 2007.

무교 문화 이후 동방의 종교 문화사에서 큰 변화를 가져온 것은 불교와 유교와 도교의 도래였다. 이때 전통적인 무교 영성은 유·불·도 삼교를 매개로 그 종지를 포함하며 접화군생하는 풍류도로 새롭게 승화되었다. 이 풍류도를 품은 신라의 화랑도들에 의해 7세기에 삼국이 통일되었고, 이후 당나라 문화와 연계되면서도 독자성을 지닌 풍류도의 불교 문화가 꽃을 피웠다.[26] 이것이 제2의 동방의 등불이었다.

그 후 고려의 불교 문화와 조선의 유교 문화가 전개되었다. 왕조가 교체되었고, 문화의 실체인 종교가 바뀌고, 한글이 창제되었지만 크게 보면 여전히 유·불·도의 문화 틀에서 삶이 영위되었다고 할 수 있다.

그리고 쇠퇴기에 들어간 조선 말기부터 서양 기독교와 근대 과학 문명이 유입되었다. 19세기부터 서세동점의 세력에 의해 일어난 동양과 서양의 본격적이고 전면적인 대면은 일제의 아시아 지배라는 비극을 일으키는 한편 세계의 인류가 한 역사로 합류되어지는 새로운 전기를 마련했다. 그 와중에서 우리 민족은 망국과 식민지와 분단과 전쟁과 폐허를 겪는 가운데 산업화와 민주화를 이루어내면서 서구기독교와 근대 과학 문명을 배우고 소화하여 '우리화'시켰다.

그리고 이제 다시 한국에서 아시아와 인류를 새롭게 밝힐 세 번째 동방의 등불이 켜져 오르고 있다. 곧 남북의 평화통일을 계기로 소금이 예언한 아름답고 멋진 풍류 문화를 꽃피울 것이며, 풍류도에 입각한 무교 문화와 불교 문화와 유교 문화와 기독교 문화의 생명나무에서 풍요롭고 윤택한 사랑과 자유와 평화의 결실들이 인류의 가난한 영혼들을 윤택하게 먹이게 되리라. 풍류도의 새로운 표출로서 한류(韓流)는 그 시대적

---

26 박영배 엮음, 『소금산조』, 한들출판사, 2017, 251-255.

인 한 징조로 보인다.[27] 소금은 '하나님의 창조예술과 복음적 실존'으로 새 시대의 문화 창조를 이루어가자고 제안한다.[28]

여기서 코로나와 기후 붕괴와 초양극화가 일으키는 지구 생태계의 위기와 비인간화의 문제를 극복하며 새로운 한생명의 풍류 문화를 꽃피워 내야 한다. 그 제3동방의 등불을 점화하고자 하는 신앙수행의 시를 소개하며 부족한 글을 마무리한다.

살자, 한생명의 님으로
제3 동방의 등불 - 풍류도 한생명의 길

모심의 길 한사랑의 창조얼
지금 여기 천지인 만유를 자기 몸으로 사랑하는
그리운 하나님의 아름다운 창조 숨결 안에서
통우주 품은 나 낱생명의 깨어난 신앙얼로,
로고스의 성육화 새창조의 사랑 십자가의 예수 모셔
죽음을 향한 반생명의 옛존재로는 없이 죽고
부활의 그리스도 안에 한생명의 새사람으로 살아,
만유 위에 만유 통해 만유 안에 온생명의 예술가인
아, 공과 자비 지성과 무위자연의 천지부모 하나님을
내 안에 아바 안에 한생명의 님으로 섬기며,
새하늘땅 성령의 풍류도로 흐르는 한얼의 시인이

---

27 박영배 엮음, 『소금산조』, 한들출판사, 2017, 320-323.
28 박영배 엮음, 『소금산조』, 한들출판사, 2017, 352-356.

오늘 하루 지구의 눈물꽃 되어 해처럼 깨어
영원무한한 한생명의 님 안에 사랑의 타는 창조얼

자유의 한마음 희망의 기운
자기 즉 만유의 한마음 안에는
우리 한생명의 천지인 만유 온마음 안에는
나보다 나이신 하나님의 자비바다 일렁이고,
자기 즉 만유의 한얼굴에는
우리 한생명의 천지인 만유 온얼굴에는
자유자재한 평화얼이 해맑게 웃으니,
여기서 지금 자기 즉 만유의 한몸이
여기서 지금 우리 한생명의 천지인 만유 온몸이
통우주의 그리스도 안에서 하나님의 몸 되어,
영원의 언덕 넘어 부는 새창조의 사랑 숨쉬며
만유 품은 한생명의 님 안에 자유심의 솟는 기운

한생명의 몸 평화공생체
풍류도의 몸으로 한반도 한생명의 평화공생체를
새창조의 몸으로 아시아 한생명의 평화공생체를
새개벽의 몸으로 지구촌 한생명의 평화공생체를 키워,
가장 경이로운, 오늘 여기, 지금 즉 영원에
통우주의 핵으로 심원히 역동하는 한생명의 얼이
없이 계신 하나님의 영 안에서 이마에 땀 흘리며,
자연의 지기와 사랑노래 평화춤 일의 온몸 써서

흙 돌 들꽃 산 물고기 별 달 님 곧 나로 사랑하며
바람처럼 물처럼 한생명의 역사길 따라 걸으니,
아, 한생명의 지체들을 님으로 모신 기도의 얼이
복사꽃 산하처럼 피어 사는 부활의 새봄으로
무궁무진한 한생명의 님 안에 평화빛의 멋진 몸[29]

---

[29] 이 <살자, 한생명의 님으로>의 서설적인 해석과 풀이를 위해서는 성백걸, "개벽과 개화의
이중주 - 동학과 서학의 공명과 합생의 길,"『동서종교의 만남과 그 미래』, 모시는 사람들,
2007, 397-423.

포스트-팬데믹 시대에 풍류를 돌아보다
: 코로나 블루 시대, '흥'의 신학으로서 풍류신학

박일준

(원광대학교 연구교수)

I. 팬데믹 시대 우리가 결여한 것

팬데믹 시대로 인해 사람들 간의 직접적인 만남들이 디지털 네트워크를 통해 대치되거나 만남을 자제하는 기간이 장기화되면서 우리들의 삶이 무미건조하다는 느낌이 이어지고 있다. 사실 이 '무미건조함'이나 '답답함'은 팬데믹으로 인한 것이라기보다는 생물학적 육체를 갖고 태어난 인간이 생물학적 대면을 하지 못하고, 디지털 네트워크를 통한 가상대면을 통해 제한된 만남을 갖게 되면서 야기되는 탓이 크다. 실제로 팬데믹 환경은 사람들에게 우울증적 조건들을 생산해 내면서 "코로나 블루"를 심화시키고 있다.[1] 비록 covid-19 바이러스 자체가 우울증이나

---

[1] 이미지, "코로나만큼 무서운 '코로나 블루'," 「동아일보」 2020년 7월 9일자. https://news.v.daum.net/v/20200709030123161; 반기웅, "한국사회 잠식한 '코로나 블루'." 「경향신문」 2020년 3월 28일 자, https://news.v.daum.net/v/20200328132426125; 임선영, "억만장자 '외롭다' 극단 선택, 코로나에 '집단우울'도 번진다." 「중앙일보」 2020년 6월 27일자,

코로나 블루를 야기하는 것은 아니지만, 팬데믹의 문화적 상황 자체가 여러 요인과 맞물려 우울증의 조건들을 심화하고 악화시키고 있는 것이다. 이 우울증의 시대에 우리가 결여한 것, 그것은 바로 삶의 '흥'(興)이 아닐까? 본고는 이 우울증의 시대에 결여된 삶의 흥을 감정의 항상성이라는 관점에서 조명하면서 한국의 원초적 영성인 풍류를 되돌아보고, 이를 동아시아적 보편감정으로, 철학적으로 혹은 신학적으로 정초할 가능성을 탐색해 보고자 한다. 유동식과 심광현은 '풍류'를 한국의 고유한 정신으로 규정하는 반면, 신은경은 이를 동아시아적 미학으로 보고자 한다. 어떤 경우든 우리가 '한국'이나 '중국' 혹은 '아시아'라는 지역을 주변 지역과 구별된 혹은 어느 정도 폐쇄성을 가지는 지역으로 보려는 성향을 갖는 것은 근대 이래 주입된 서구식 '민족-국가' 체재와 서구제국주의로부터 자본주의적 체제로의 이전이 물리적 공간을 "추상화하고 표준화하여, 소유권을 통해 교환가능하고 소유할 수 있는" 것으로 만들어 버린 탓임을 잊어서는 안 된다.[2] 문화 교류와 경제적 교역의 관점에서 보자면, 국경은 언제나 전면적으로 개방되어 있던 것은 아니지만, 언제나 다공적인, 인위적인 경계였다.[3] 실로 아시아적 경제교역은 홍해와 남중국해 그리고 동해와 서해를 통해 끊임없이 유통되고 있었고, 육로도 마찬가지로 계속 교역을 지속하고 있었다는 점에서 우리는 민족적 고유성을 거론할 때 민족주의적 편견으로 인해 월경(越境)을 통한 교류 네트워크를 간과하지 말아야 할 것이다. 따라서 풍류가 우리 민족의 고유한 정신이라고 해도 그것

---

https://news.v.daum.net/v/20200627050044868.

[2] Prasenjit Duara, "Asia Redux: Conceptualizing a Region for Our Times," *The Journal of Asian Studies*, Vol. 69, No. 4 (November, 2010), 963-964.

[3] Duara, "Asian Redux," 965.

이 한반도 내에서만 유통되는 정신적 산물이라고 한정하는 오류를 저지르지 말아야 한다는 말이다. 바로 이 점에서 전 세계가 팬데믹으로 유발된 코로나 블루로 인해 우울증적 조건들의 심화로 고통을 겪고 있는 시기에 동아시아적 정서로서 풍류가 흥의 문화를 통해 우울증적 문화를 상쇄할 수 있는지를 살펴보는 것은 의미가 있을 것이다.

팬데믹 시대에 우리가 결여하는 것을 살펴보려면 팬데믹적 세계구조를 가능케 한 체제, 즉 기호자본주의 체제를 살펴볼 필요가 있다. 현재의 팬데믹 경제는 기호자본주의 경제체제를 기반으로 작동하고 있기 때문이다. 비대면과 디지털 네트워크를 통한 가상 대면의 활성화는 팬데믹으로 인해 발명된 기술들이 아니라 이미 세계화 경제를 위해 구축된 시스템이었다. 이 시기는 "1990년부터 10년 동안 인터넷의 사회적 구축과 전 지구화 과정이 민족주의와 근본주의의 인위적 부활"이 이루어진 시기와 일치한다.[4] 따라서 지역주의와 세계화는 언제나 갈등과 긴장 관계 속에서 혹은 "지속불가능한 긴장관계"(an unsustainable tension)에 의해 서로 발전하고 있다고 보아야 할 것이다.[5]

현재 우리의 세계는 디지털 네트워크에 기반한 자본주의로 구성되어 있고, 팬데믹은 이 시대를 더욱 가속화시켰다. 팬데믹이 이어지는 2년여 동안 사람들은 물건을 사러 마트를 가기보다는 인터넷으로 주문하고, 외식을 하기보다는 배달 음식을 통해 욕구를 충족했다. 하지만 이 팬데믹 풍경은 이미 오래전 기호자본주의 시대의 도래로 구조화되어 있었다. 기호자본주의 시대에 노동자들은 출근하여 나사를 조이며 조립

---

[4] 프랑코 베라르디 '비포'(Franco Berardi 'Bifo'), 『미래 이후』(After the Future), 강서진 역(서울: 난장, 2013), 89.

[5] Duara, "Asia Redux," 968.

생산 라인에서 일하기보다는 컴퓨터를 켜고, 뇌신경을 디지털 네트워크에 접속한 채 네트워크로부터 전달되는 주문을 상시 대기하며 일한다. 산업생산품이 아니라 "(금융 상품에서부터 소프트웨어, 은밀한 서비스를 제공하는 통신수단에 이르기까지) 본질적으로 기호적 · 탈영토적 성격을 띤 기술-언어 장치의 창조와 상품화에 집중"[6]하는 기호자본주의는 다른 말로 '탈산업화'된 자본주의라 표현할 수 있는데, 이를 달리 표현하자면 생산이 더 이상 물리적 상품생산에 의존하지 않고, 디지털 가상공간에서 기호의 교환과 복제를 통해 주로 이루어진다는 말이다. 이 영역에서 "자본주의적 축적과 생산적 노동은 모두 네트워크화된 과정으로 변형되고, 파편화되며, 재조합된다."[7] 간략하게 말해서 기호자본주의는 "자본주의가 우리의 두뇌에 접속"[8]하는 체제이다.

산업자본주의 시절 노동자들은 외적으로 부여되는 규율과 통제에 예속되었지만, 기호자본주의 시대에는 그 누구도 복종을 강요하지 않는다. 오히려 자유로운 결정으로 복종을 받아들이는 복종의 내면화가 진행된다. 네트워크에 참여하려면 "프로그램에 내장된 규칙을 따라야 한다."[9] 따라서 접속은 "의미나 애정 수준에서의 상호이해가 아니라 운영상의 복종을 요구한다."[10] 자유주의 시장경제는 '보이지 않는 손'을 가정했는데, 이것이 디지털 시대에는 "기술적 · 인지적 · 경제적 자동작용 시

---

6 프랑코 '비포' 베라르디 (Franco 'Bifo' Berardi), 『프레카리아트를 위한 랩소디: 기호자본주의의 불안정성과 정신노동의 정신병리』(Precarios Rhapsody: Semiocapitalism and the Pathologies of the Post-Alpha Generation), 정유리 역 (서울: 도서출판 난장, 2013), 68.

7 베라르디, 『프레카리아트를 위한 랩소디』, 68.

8 베라르디, 『프레카리아트를 위한 랩소디』, 91.

9 베라르디, 『미래 이후』, 94.

10 베라르디, 『미래 이후』, 94.

스템"으로 대치되었고, 이는 "사회적 기계에 내장된 프로그램의 자동화 단계들"을 의미하며 이 시스템이 인터넷 같은 네트워크를 기반으로 작동하면서 이제 결정은 자발적으로 이 프로그램의 자동화 단계들을 받아들이는 것으로 점점 더 대치되고 있다.[11] 결정에 참고할 데이터의 양이 점점 거대화되고 빅데이터화되면서 이제 "프로그램의 실행이 인간 운영자가 바꿀 수도, 무시할 수도 없는 자동화된 절차"[12]에 자발적으로 맡겨질 수밖에 없게 된 것이다. 하지만 디지털 네트워크의 알고리즘을 구동하는 인공지능은 결코 중립적이지 않다. 오히려 우리 "디지털 기계의 처리 과정이 사회적 이해관계, 즉 이윤·축적·경쟁의 기술적 물화"[13]의 산물일 뿐 아니라, 바로 그 이윤 축적 경쟁이 디지털 기계에 내장된 "자동화 절차 아래에 놓여 있는 기준들"을 구성하고 있기 때문에 네트워크는 자본주의를 운영하는 권력 자체로 변모해 가게 된다. 이제 인간은 정보 데이트를 수신하는 "수신기"로, 말하자면 "네트워크화된 전 지구적 기계의 단자(端子)로 변형"[14]되어 버렸다. 따라서 이제 인간의 자유로운 의지와 합리적인 이성적 판단에 근거한 자발적 결정은 허울뿐인 절차로 "환원"되었고, 의사결정이 "점점 더 지능 기계들의 손(두뇌)안에 놓"[15]이는 시대가 되었기에 우리 인간은 기계적 알고리즘이 프로그램한 이윤과 축적과 경쟁의 절차들을 명목뿐인 동의를 통해 받아들여야 하는 시대가 되었다.

---

11 베라르디, 『미래 이후』, 95.
12 베라르디, 『미래 이후』, 95.
13 베라르디, 『미래 이후』, 96.
14 베라르디, 『프레카리아트를 위한 랩소디』, 10.
15 베라르디, 『미래 이후』, 96.

1. 접촉으로부터 접속으로의 전이: 감수성(sensibility)과 감성(sen sitivity)의 분열

기호자본주의적 변화를 베라르디는 "결속(conjunction)의 왕국에서 접속(connection)의 왕국으로의 이행"[16]으로 표현한다. 만남과 관계가 신체적 접촉과 연대를 통해 이루어지던 시대에서 이제는 '접속'을 기반 하는 관계로 변화하고 있음을 꼬집어 포착한 것이다. 심지어 디지털 접 속 세대는 이제 어머니와 가족관계로부터 말을 배우는 것보다 디지털 기기를 통해 더 많은 언어를 습득하면서 인간의 인지체계를 재설정하고 있는 중이다. 본래 신체적 대면과 만남을 동반하는 결속(conjuction)은 "타자-되기"[17]를 동반하는데, 만남을 통해 각 사람의 특이성들이 타자의 차이들을 접하면서 이전과는 다른 어떤 특성들을 습득하게 되는 과정을 동반하기 때문이다. 즉, 만남은 긍정적으로든 부정적으로든 변화로 이 어지기 마련이다. 하지만 신체적 대면과 만남을 동반하지 않는 접속 (connection)을 통한 만남은 타자를 대면하면서 이루어지는 변화들에 대 하여 접속자의 주체적 선택이 더 강한 요소로 작용할 수 있다. 예를 들어 소위 '비대면 수업'이 팬데믹 시대에 이루어지면서 많은 학생들은 온라 인을 통해 수업을 접속하게 되었다. 많은 학생들이 카메라 기능을 꺼 놓 고, 수업에 접속은 하지만 참여는 거의 하지 않는 형태의 수업들이 이루 어졌다. 따라서 이런 경우 접속은 타자 되기나 변화를 만들어내기보다 는 상대방의 온라인 콘텐츠에 '좋아요'나 댓글을 통한 반응으로 표현될

---

16 베라르디, 『미래 이후』, 67.
17 베라르디, 『미래 이후』, 68.

뿐이다. 이는 타자와의 만남을 통해 나를 변화시키기보다는 오히려 내가 무엇을 좋아하고 싫어하는지를 보다 명확하게 하는 역할을 더 강화하는 것으로 여겨진다. 그 많은 반응은 '좋아요'와 '싫어요' 혹은 공유나 댓글 등의 단순한 방식으로 획일화되고 표준화된다. 말하자면 네트워크에 참여하는 수많은 인자들을 "하나의 포맷, 하나의 기준, 하나의 코드로 점차 환원"하면서 네트워크를 "확장·팽창"하는 것이다.[18] 반면, 접촉 혹은 만남과 대면은 사건이다. 다시 말해서 결속은 '온전하고 불규칙한 형태들의 만남과 융합'을 의미하며, 결속의 만남을 통한 융합은 언제나 "부정확하고 일회적이며 불완전하고 연속적인 방식"[19]을 취한다. 타자와의 만남과 대면은 언제나 나로 하여금 타자를 받아들일 것을 요구한다. 그와 달리 접속은 신체의 물리적 현존을 동반하지 않은 채 디지털 아바타나 이미지 혹은 닉네임을 통해 자신을 은폐한 채 만남을 가능케 한다. 네트워크에 접속하여 하나의 가상공간에 존재한다는 공통점 말고는 유대와 애착의 관계가 형성되지 않는 것이다. 디지털 네트워크에 기반한 소통의 형태가 점차 많아지면서 우리 시대는 접촉의 관계가 점차 접속의 관계로 전환되고 있다는 특징을 갖는데, 이는 곧 우리의 만남이 오감을 사용한 신체적 대면이 아니라 주로 시각과 청각에 의존한 디지털 가상만남으로 전이되고 있다는 것을 의미한다.

접촉으로부터 접속으로의 전이는 의식과 감수성 사이의 관계 변형을 동반한다. 소통과정이 디지털화되면서 사람들은 "통사론적 해석"에 의존하게 되는데, 이는 해석자가 메시지의 "연쇄의 순서"에 의존하여

---

18 베라르디, 『미래 이후』, 68.
19 베라르디, 『미래 이후』, 68.

"운영 체계가 요구하는 작업을 수행"하는 것을 의미하며, 이러한 통사론적 소통은 "메시지의 교환에서도 모호함을 남겨둘 여지는 없고, 뉘앙스를 통해 의도가 드러"나게 하기도 쉽지 않다.[20] 우리가 문자를 주고받는 과정에서 사람들과 감정적 오해가 빈번한 것은 바로 메시지에는 말로 표현할 수 없는 묘한 뉘앙스, 감정전달이 거의 불가능한 탓이다. 비록 대면 만남을 통해서도 오해는 빈번히 발생하지만, 접속을 통한 메시지 교환이 감정적 오해를 증폭시키는 이유는 문자 메시지는 내용을 명확히 전달한다는 역설 때문이다. 그래서 다소 애매하고 유보적인 감정의 표현들이 문자 메시지를 통해서는 명확하고 확고한 메시지로 전달되면서 도리어 우리는 감정적으로 더 큰 오해를 하게 되는 악순환이 반복될 수 있다. 이는 달리 표현하자면 접촉의 관계, 즉 대면과 만남의 관계는 의미론적 해석을 통해 소통한다는 것을 가리킨다. 두 신체 간의 만남에서는 언어로만 표현될 수는 없는 묘한 감정들과 뉘앙스가 비언어적 소통 수단을 통해 소통되기 때문에 접속의 만남보다 훨씬 풍성한 의미론적 만남이 이루어지고, 아울러 타자를 내 안에 받아들여야 하는 과정이 이루어진다. 접속의 관계에서 결여되는 것이 바로 이 의미론적 소통인 것이다.

접속 관계에서의 이 결여는 우리의 정신에 예를 들어 "난독증, 불안, 무감각, 공황, 우울 그리고 일종의 자살 전염병"의 확산과 같은 효과들과 징후들로 드러낸다.[21] 본래 변화하는 환경하에서 유기체의 정신과 신체에 변화가 생기는 것은 구조적으로 변화하고 있는 "환경에 적응하려는 의식적 유기체의 노력"이며 또한 "테크노소통적 환경에 맞춘 인지체계

---

20 베라르디, 『미래 이후』, 69.
21 베라르디, 『미래 이후』, 69.

의 재조정"으로부터 비롯된다.[22] 하지만 개인의 심리영역과 사회적 관계의 영역에서 정신병리학적인 문제가 발생한다는 것은 그 변화하는 환경에 대한 적응과 인지체계의 재조정이 무난하게 이루어지고 있지 않다는 것, 따라서 정신병리적 증상들은 단지 개인의 문제일 뿐만 아니라 사회구조적인 문제를 동시에 의미하는 것이다. 디지털 네트워크에 기반한 기호자본주의적 사회 환경하에서 정신병리학적인 증상들의 가장 큰 원인은 "접속적 환경과 효과적으로 상호작용하려고 시도하는 의식적 유기체"가 감수성(sensibility)의 능력을 "점점 더 억제"하기 때문인 것으로 여겨진다.[23] 정보처리 능력을 의미하는 감성(sensitivity)은 여전히 활발히 작동하지만, 타인이나 다른 존재의 "말로 표현되지 않았거나 표현될 수 없는 기호들을 해석할 수 있게 해주는 능력, 한정된 통사론적 형태로는 표현될 수 없는 것을 이해할 수 있는 능력"[24]을 의미하는 감수성이 디지털 네트워크 환경하에서 억제되면서 다른 존재에게 공감할 수 있는 감수성 능력이 떨어지게 된다. 디지털적으로 접속된 환경에서는 물리적으로 몸을 맞대거나 마주하는 환경이 아니기 때문에 감수성의 능력이 도리어 "쓸모없거나 심지어 해로운 것"[25]이 되기 때문이다. 이런저런 뉘앙스와 언표되지 않은 내면의 감정 상태를 상상하며 공감하는 능력이 디지털 환경에서는 경쟁력에 도리어 장애가 된다. 결국 감수성의 발휘는 억제되고 그에 따라 공감 능력이 감퇴하면서 이는 결국 "윤리의 마비, 개인과 집단의 삶을 윤리적으로 통치할 수 없는 무능"[26]으로 이어진다.

---

22 베라르디, 『미래 이후』, 69.
23 베라르디, 『미래 이후』, 70.
24 베라르디, 『미래 이후』, 70.
25 베라르디, 『미래 이후』, 70.

언어가 정동(affect)과 단절되기 때문이다. 타인이 말하지 않는 내면의 감정이나 상태를 느낄 수 있는 능력이 결여되어 가는 것이다.

우리가 가상현실에 급속히 빨려 들어가는 이유 중 하나는 바로 우리의 뇌가 세계와 실재를 경험하는 방식이 가상현실적이기 때문이다. 물론 여기에는 가상현실을 재현하는 우리의 기술이 눈부신 발전을 거듭하고 있기 때문이기도 하다. 하지만 뇌는 기본적으로 세계와 실재를 가상적으로 경험한다. 뇌 자체는 '감각'을 갖고 있지 않다. 뇌가 세계와 실재를 경험하기 위해서는 신체감각이라는 '인터페이스'가 필요하며, 그래서 뇌가 경험하는 세계와 실재는 신체감각의 한계 내에서 이루어진다. 실재는 감각 너머에 존재하겠지만, 그 실재를 우리가 '실재적으로' 경험하는 것은 감각이라는 인터페이스를 통해 소위 '필터링'을 거쳐 경험되는 것이다. 그리고 우리가 온라인 네트워크에서 재현하는 가상증강현실은 우리 신체의 감각 인터페이스에 맞추어 재현하고 있기 때문에 우리는 가상현실 네트워크 속에서 무척 현실감을 느끼며 몰입하게 된다. 가상현실과 우리가 경험하는 실재는 모두 실재 자체가 아니라 우리의 신체감각을 혹은 신체감각을 통해 걸러진 정보들을 통해 재구성한 것이다. 이 재구성된 경험을 허구나 환상으로 치부할 수도 있을 것이다. 하지만 신체감각은 그저 재구성된 환영이 아니며 그것이 우리가 세계와 실재를 경험하는 한계의 지평선일 가능성이 더 높다.

문제는 우리가 디지털 네트워크로의 접속 환경하에서 정보처리 능력을 의미하는 감성의 능력은 그대로 유지하면서, 상대방에 대한 공감능력을 의미하는 감수성이 떨어진 상태로 타인과 다른 존재들을 네트워

---

26 베라르디, 『미래 이후』, 70.

크 상에서 만나게 된다는 것이다. 사회적 공감 능력이 결여된 상태인 접속환경에서 우리는 우울한 현실적 조건으로 억눌린 감정을 SNS나 댓글을 통해 폭력적이고 공격적인 분노의 감정으로 쏟아낸다. 그러는 과정에서 우리는 타인들을 대상화시킬 뿐만 아니라 심지어 악마화시켜 버린다. 그런 감정들이 사회적으로 특정한 사회의 시류와 맞물려 유포되기 시작하면 우울증적 조건들은 폭력성의 분출이나 극단적인 선택들로 이어지는 사회적 참사가 유발되기 마련이다.

2. 기호자본주의 체제의 병리

2001년 9월 11일의 끔찍한 테러 이후 이어진 테러리즘의 시대에 참혹한 테러와 총기 난사 사건들의 배후에는 "병리학적 우울증"이 원인으로 지목되곤 했는데, 우울증이 테러나 총기 난사를 자행하도록 만든다는 것이 아니라 우울증 증세를 갖고 있는 사람들이 처방받은 항우울제가 복용한 사람으로 하여금 "폭력적 자살이나 살인 등을 저지르게 만든다"[27]는 비판이 제기됐었다. 항우울제는 우울증이 심리에 미치는 영향을 "치료하기보다는 행동 억제를 제거할 뿐"[28]이기 때문이다. 여기서 '항우울제'가 우울증으로 인한 억제 및 억압증상을 풀어주면서 그로 인해 억압된 행위들이 분출할 수 있다는 사실을 주목하는 것이 중요하다. 다시 말해서 항우울제 복용은 우울증적 증상의 원인이 치료되지 않은 이에게 우울증으로 억눌린 감정을 매우 부정적인 방식으로 혹은 극단적인

---

27 베라르디, 『미래 이후』, 100.
28 베라르디, 『미래 이후』, 100.

방식으로 분출할 계기를 열어줄 수 있다는 위험성이 상존한다는 것이다. 특별히 베라르디는 2007년 4월 20일 버지니아 주립공과대학에서 벌어진 조승희의 총기 난사 사건을 예로 들면서 이러한 이들의 행동을 심리적으로 나약한 개인들의 "신경쇠약, 정신병리적 증상, 공황, 우울 등"[29]으로 인한 극단적 행동으로 설명하는 것은 설득력이 없다고 주장한다. 오히려 이런 극단적 폭력적 사건들은 기호자본주의 시대 "정보자극과 감정적 구현 사이의 관계를 통제할 수 없을 때"[30] 벌어질 수 있는 일로 보아야 한다고 주장한다. 정보 자극에 과도하게 노출된 감정회로의 포화상태에서 정보적 과부하에 의해 야기된 신경적 '누전'과 같은 사태라는 것이다. 과도한 정보의 자극에 신경이 과부하 걸린 상태에서 항우울제는 병의 원인에는 전혀 치료적 영향력을 끼치지 못하고, 그저 억눌리고 억압된 정서를 "탈억제"[31]하는 기능을 발휘하게 된다. 항우울제를 처방받아 억눌린 감정들의 탈억제 효과가 일어나는 인간 유기체에 "하나의 기호 세계 전체가 접목"되면 "폭포수처럼 쏟아지는 기호 자극이 유기체를 통제 불능의 극단적 흥분상태"로 몰고 갈 수 있다.[32]

따라서 정신질환은 이제 개인의 질병이라기보다는 차라리 "사회적 전염병, 더 정확하게는 사회-소통적 전염병"[33]에 가깝다. 생존하려면 경쟁해야 하고 경쟁하려면 네트워크에 접속해 과잉된 정보를, 한계치를 뛰어넘어 수신하고 처리해야 하기 때문이다. 그 과정에서 주의력과 연

---

29 베라르디, 『미래 이후』, 99.
30 베라르디, 『미래 이후』, 101.
31 베라르디, 『미래 이후』, 101.
32 베라르디, 『미래 이후』, 101.
33 베라르디, 『프레카리아트를 위한 랩소디』, 87.

관된 집중력과 에너지가 소진되고, 스트레스가 발생하고, 정서를 위한 시간이 축소된다. 이 현실들이 서로 시너지효과를 발휘하는 되먹임 구조로 엮이면서 "우울증, 공황, 불안, 고독감, 존재론적 고통 등"[34]을 야기한다. 문제는 이런 문제들이 소수 개인의 내면의 문제가 아니라 시대를 살아가는 사람들의 "존재론적 고통의 문제로 항상 사회 체제의 한복판에서 폭발하는 경향"[35]이 있다는 것이다.

신경에너지의 지속적인 '동원'은 소진과 탈진을 낳을 수 있고, 지속적인 실패와 좌절은 자아를 움츠러들게 하고, 사회로부터 자신의 리비도적 에너지를 회수하도록 시도하게 하고, 스스로를 차단하고자 한다. 이러한 상태에서 약물을 통한 치료행위는 전혀 효과가 없는 것은 아니겠지만, 최소한 근본적 원인을 치료하는 데에는 근원적 한계가 있다. 항우울제 등은 "우울증의 정신적 원인이 아니라 억제적 폐쇄성에만 효력"[36]을 갖기 때문이다. 우울증의 정신적 원인을 치료함이 없이 "폐쇄성을 풀어주는 조치는 우울증을 배경으로 한 특유의 폭력 행동을 자극할 수 있다."[37] 베라르디에 따르면 오히려 우울증 치료에는 "길고도 깊이 공들인 언어적 작업이 수반되어야 한다."[38] 결국 우울증의 핵심이 되는 정신적 원인에 대한 치료는 간과한 채 "행동 억제만 제거하는 약물"이 갖는 효과는 "무모한 행동, 그야말로 자기 파괴적이거나 폭력적인 힘의 폭발"일 수밖에 없을 것이다.[39] 과잉 자극으로 인한 과잉된 흥분이 좌절되면 리

---

34 베라르디, 『프레카리아트를 위한 랩소디』, 87.
35 베라르디, 『프레카리아트를 위한 랩소디』, 87.
36 베라르디, 『미래 이후』, 102.
37 베라르디, 『미래 이후』, 102.
38 베라르디, 『미래 이후』, 102.
39 베라르디, 『미래 이후』, 103.

비도 에너지는 회수될 수밖에 없는데, 이 상태를 '우울증'이라 한다. 그런데 항우울제를 복용하거나 혹은 어떤 치명적인 충격이 가해지면 "주체는 이 우울증의 차단벽을 깨뜨릴 수 있다."[40]

첫 번째 접속 세대, 즉 인터넷 세대는 "신경에너지의 과도한 활성화, 정보 과부하, 주의집중 능력의 지속적인 압박 등"의 병리적 특징을 보였고, 이를 통해 "신체 접촉의 희귀성, 정보영역에 속한 개인들의 물리적 · 심리적 고독"이라는 결과가 나타났다.[41] 우울증은 심리학의 분야로 환원되어 치유되거나 설명될 수 있는 것이 아니다. 왜냐하면 존재의 토대 자체가 문제이기 때문이다. 통상 삶에서 무의미의 심연을 경험할 때 "우리는 친구들과 이야기하고 함께 이 심연을 건널 다리를 만든다."[42] 그런데 우울증은 바로 이 다리를 의심하도록 만들거나, 이 다리를 보지 못하도록 만든다. 말하자면 우울증은 "우정을 믿지 않거나 알아보지 못"하게 하고, 그럼으로써 우울증 환자는 "의미를 지각할 수 없"게 된다.[43] 왜냐하면 의미는 "우리가 공유하는 공간 속에서만 만들어지기 때문이다."[44] 의미는 "세상 속에서 발견되는 것이 아니라 우리가 창조할 수 있는 것 안에서 발견된다."[45] 그렇기에 "우정, 사랑, 사회적 연대의 영역에서 순환하는 것"[46]이 의미를 창출하고 발견하는데 결정적이다. 우울증이란 "의미의 결여, 즉 행동을 통해서, 소통을 통해서, 삶을 통해서 의미를 발

---

[40] 베라르디, 『미래 이후』, 104.

[41] 베라르디, 『미래 이후』, 103.

[42] 베라르디, 『미래 이후』, 104.

[43] 베라르디, 『미래 이후』, 104.

[44] 베라르디, 『미래 이후』, 104.

[45] 베라르디, 『미래 이후』, 105.

[46] 베라르디, 『미래 이후』, 105.

견할 수 없는 무능력"이며, 따라서 "의미를 창조할 수 없는 무능력"이라고 표현할 수도 있다.[47]

우울증 자체가 무조건적으로 나쁜 것은 아닐 수도 있다. 예를 들어 사랑에 실패하고 난 뒤에 찾아오는 우울증은 사랑의 대상이 상실되었기 때문에 발생한다. 대상의 상실은 "의미를 창조하는 능력"의 상실로 이어지고, "결국 모든 것이 의미 없게" 되었을 때, 우울한 정서는 비록 부정적 영향을 발휘하지만 그럼에도 불구하고 "일종의 자기애적 버팀목"을 제공하여 극단적 선택, 예를 들어 자살과 같은 행위를 방지하는 역할을 하기도 한다.[48] 이런 맥락에서 우울증은 철학적으로 "진리에 가장 가까이 다가가는 순간"[49]이기도 하다. 우울증의 주체는 "자신의 삶과 지식의 내용을 합리적으로 정교화할 능력"을 잃지 않으며, 그래서 "우리를 안심시키는 집단적 서사가 지속적으로 유통되는 가운데 우리가 보통 우리 자신에게 숨기는 것을 보게 해 준다."[50] 다시 말해서 우울증은 "공적 담론이 숨기는 것을 보게"[51] 해 준다는 말이다. 따라서 우울증은 "궁극적 진리인 공백에 접근하기 가장 좋은 조건"[52]이다.

그런데 "오늘날과 같은 고도로 경쟁적인 환경에서" 우울증은 우리의 "행동 수준과 경쟁력"의 저하로 인해 우리의 "자기애적 성향"에 상처를 입게 하여 리비도적 에너지를 감소시킨다.[53] 따라서 성과주의와 경쟁

---

47 베라르디, 『미래 이후』, 105.

48 베라르디, 『미래 이후』, 105.

49 베라르디, 『미래 이후』, 106.

50 베라르디, 『미래 이후』, 106.

51 베라르디, 『미래 이후』, 106.

52 베라르디, 『미래 이후』, 106.

53 베라르디, 『미래 이후』, 107.

이데올로기가 시대의 지배담론으로 작동하고 있는 기호자본주의 상황에서 우울증이 만연하는 것은 결코 우연이 아니다. 무한경쟁과 승자독식의 적자생존의 지배 이데올로기 구조 속에서 "내적인 공허감을 치유하기 위해 혹은 자신들의 윤리적 실패라는 우울한 진실을 없애 버리기 위해"[54] 그리고 거듭되는 실패와 좌절과 상실감을 다스리기 위해 "세르트랄린(졸로프트), 플루오렉신(프로작)" 같은 약물을 처방받지만, 이 새로운 약물류는 "수면 유발, 긴장 완화, 불안 감소 같은 효과"보다는 오히려 "행복감을 느끼게 해 주고, 우울증적 행동의 징후인 행동 억제를 풀어주는 효과"를 가질 뿐이다.[55]

II. 팬데믹 이후 시대의 신학: 풍류신학과 흥

우울증의 시대를 다른 말로 표현하자면 '흥'(興)이 실종된 시대라고 말할 수 있을 것이다. 서로를 만나 흥겹고 정겨운 시간이 우리의 삶에서 결여되었다는 말이다. 특별히 팬데믹으로 인한 비대면의 시간이 길어지면서 우리의 우울증이 심화되는 것을 경험한다.[56] 사람의 흥이란 서로가 서로를 만나 발산되는 시너지를 통해 증폭되기 마련인데, 만날 수 없거나 만나더라도 디지털 네트워크를 통한 가상 만남이나 제한된 인원의 만남을 갖다 보니, 흥의 시너지가 약화되는 것이다. '흥'의 조건들 없이 우울증의 조건들만 심화되는 상황은 언젠가 공격적이고 폭력적인 감정

---

54 베라르디, 『미래 이후』, 110.
55 베라르디, 『미래 이후』, 110.
56 본고 각주 1번 참조.

과 행동의 발산으로 이어질 수 있다. 이를 달리 표현하자면 우리 시대의 정신적 질병의 증가의 한 원인은 우리들의 사회적 감정을 조절하는 감정적 항상성 시스템이 디지털 네트워크의 도입으로 오작동을 일으키는 것이다. 물론 이 오작동의 원인이 디지털 네트워크의 사용만으로 설명되는 것은 아니다. 거기에는 디지털 네트워크와 연동된 자본주의적 경쟁 구조의 첨예화도 있을 것이고, 경쟁에서 밀려난 이들의 좌절감과 패배주의도 큰 몫을 감당할 것이다.

여기서 주목할 것은 개인의 감정이나 사회적 감정이 작동하는 방식이다. 우리의 감정은 내면으로 느낌(feeling)을 형성하여 그것을 외적인 감정(emotion)으로 표현하는 것이라는 통념을 뒤집어 안토니오 다마시오(Antonio Damasio)는 생물 유기체는 감정(emotion)을 먼저 갖고, 그 후에 내면의 느낌(feeling)을 갖게 된다고 주장한다.[57] 감정은 "유기체의 생존을 촉진할 수 있는 편리하고 단순한 반응들을 기반으로 구성"[58]된다. 즉, 감정은 유기체가 내적으로 느낀 것을 외적으로 표현하는 기제라기보다는 오히려 외적으로 주어진 자극들을 감정적 표현들로 변환하여 내적으로 체현하는 기제이다. 보다 구체적으로 말해서 감정은 유기체의 생존과 번식을 위한 기제이지, 유기체의 주체적 느낌을 감정이라는 외적 표현으로 만들어내는 것이 아니라는 말이다. 그래서 감정은 생존에 중요한 자극들을 감정으로 착색하여 주관적 체험에 각인시키는 주요 생존 도구인 셈이다. 예를 들어 먹이를 찾는 일, 에너지원을 통합하고 변환하는 일, 생명 과정과 양립할 수 있도록 내면의 화학적 균형을 유지하는

---

57 Antonio Damasio, *Looking for Spinoza: Joy, Sorrow, and the Feeling Brain* (Orlando, FL: Harcourt Books, 2003), 30.
58 Damasio, *Looking for Spinoza*, 30.

일, 손상되고 헤어진 유기체의 구조를 유지하는 일, 질병이나 물리적 상해를 끼칠 수 있는 외적 행위자들을 물리치는 일 등이 여기에 포함되는데, 이런 중요한 일들을 감정의 표현을 통해 내면의 느낌으로 각인시켜 실수를 반복하지 않도록 하거나 중요한 신호를 놓치지 않도록 하는 일에서 핵심적 역할을 감당한다. 이 생명 조절 활동을 다마시오는 한마디로 표현해서 "항상성"(homeostasis)이라고 주장한다.[59] 스피노자는 유기체의 항상성을 유지하려는 부단한 노력을 자기를 보존하려는 노력, 성향 그리고 분투라는 의미에서 "코나투스"(conatus)라는 개념을 제시했다.[60] 이 코나투스의 분투가 유기체의 항상성으로 나타나는 것인데, 여기서 항상성이란 수치상으로 획일적인 균형을 가리키지 않는다. 항상성적 균형이란 언제나 유기체와 환경 간의 상호적 변화들을 고려하며 이루어지는 균형이기 때문이다. 이 상황적 변화들에 유기체는 쾌/불쾌의 원초적 감정들로 때로는 굶주림이나 갈증으로, 때로는 번식의 배우자를 찾는 성적 욕망으로 혹은 고통의 반응들을 야기하는 상처들로 반응할 수 있다. 이 모든 감정적 표현들의 목적은 궁극적으로 유기체의 생존과 번식을 돕고 향상시키는 것이다.

1. 감정의 항상성(homeostasis) 시스템

감정이란 두뇌가 세계와 실재를 만나기 위한 '인터페이스'의 일부이다. 두뇌는 사실 세계를 직접 만나지 못한다. 두뇌가 세계와 실재를 만나

---

59 Damasio, *Looking for Spinoza*, 30.
60 Damasio, *Looking for Spinoza*, 36.

는 방식은 몸의 감각들을 '인터페이스'로 하여 간접적으로 정보를 전달받아 두뇌에서 실재를 재구성하는 방식이다. 신체 감각들은 외부 자극과 정보들을 뉴런으로 전환하면서 두뇌의 실재 재구성을 돕는데, 이 재구성은 실재 자체를 객관적으로 재구성하는 것이 아니라 유기체의 생존과 번식과 안녕을 향상하고 도모하는 데 초점을 둔다. 이러한 과정에서 생존과 번식에 매우 중요한 정보들을 두뇌는 기억에 저장하여 미래의 위험으로부터 안전을 도모한다. 사실 모든 유기체는 자신들이 마주하는 실재를 '주변 세계'(Umwelt)로 구성하는데, 이는 객관적 실재의 반영이라기보다는 오히려 각 유기체가 생존과 번식을 위해 필수적이고 중요한 정보들을 중심으로 자신의 주변 환경을 재구성해두는 것이다. 따라서 초음파를 통해 주변 환경을 탐지하는 박쥐의 주변 세계와 시각과 청각 및 후각 그리고 촉각과 미각을 통해 실재를 탐지하는 인간의 주변 세계는 비록 동일한 공간에 존재한다 하더라도 같을 수가 없다. 즉, '주변 세계'는 각 유기체가 자신의 필요성과 중요성에 따라 실재를 재구성한 것이다.

주변 세계를 구성하는 과정에서 '감정'의 역할은 매우 중요하다. 감정은 기억저장과정에서 일종의 '색인'(index) 기능을 감당한다. 말하자면 저장되는 정보의 중요성을 감정의 종류와 강도를 통해 분류해 저장하는 것이다. 그래서 다음에 똑같은 일을 겪게 되면, 저장된 감정이 소환되어 더 빠른 행동을 실행할 수 있도록 한다. 하지만 감정의 이러한 작동방식이 때로는 과도하게 작동하여 오히려 행동을 옮기는 데 장애가 되기도 한다. 하지만 감정의 작동방식은 의식적으로 조절되는 것이 아니다. 오히려 감정을 통해 유기체는 의식을 넘어 혹은 의식보다 앞서 해당 유기체의 행동을 제어 혹은 유도한다. 그러나 이는 유전자에 내장된 방식으로 결정되는 것이 아니라 주변 환경과의 끊임없는 상호작용을 통해 형성된다. 여기서 우리는 종래의 유전자 대 문화 간의 이분법이나 혹은 그들 간의 상호작용으로 단순히 이 감정의 행위적 작동방식을 이해하기를 지양해야 한다. 오히려 뇌의 가소성(neuroplasticity)이 여기서 결정적인 역할을 한다. 가소성이란 우리의 뇌가 주어진 신체적 역량들을 활용하여 주변 환경 속에서 적응하고 번식하며 살아갈 수 있도록 주변 세계를 구성하는 과정들을 포함하며, 이는 학습과 훈련의 과정들을 포괄한다. 하지만 이 학습과 훈련과정이 주로 만 2세까지의 과정에 이루어진다고 보았던 종래의 가소성 관점과는 달리, 최근의 가소성 연구는 1967년의 폴 바크-이-리타(Paul Bach-y-rita)의 '감각 대치'(sensory substitution) 실험 이후 심지어 노년에도 손상을 입은 뇌나 신체와 더불어 학습과 훈련을 통해 삶의 온전성을 구현해 나아갈 수 있음에 주목하고 있다.

하지만 주로 인지와 연관하여 언급되는 가소성 개념은 감정의 기제와 밀접한 연관성을 가지지 않을 수 없다. 만일 감정이 외부로부터 주어지는 자극들을 내적인 느낌(feeling)으로 변환하여 외적인 감정(emotion)으로 반응하는 단순 기제가 아니라 유기체의 생존과 번식을 위한 균형 메커니즘의 주요 기제라면 말이다. 안토니오 다마시오(Antonio Damasio)는 감정이 유기체의 마음과 몸을 통제 및 조절하고 유지하기 위한 "항상성"(homeostasis) 시스템의 일부라고 규정한다.[61] 즉, 극단적 감정의 흐름에 휘말려 유기체가 마음과 몸의 통제력을 상실하는 것을 방지하기 위해 감정 시스템은 균형을 유지하기 위한 반작용 기제를 갖고 있다. 다시 말하자면 너무 슬픔이라는 감정에 휘말려 비관적인 삶을 살아가지

---

[61] Antonio Damasio, *The Feeling of What Happens: Body and Emotion in the Making of Consciousness* (Orlando, FL: Harcourt, Inc., 1999), 40.

않도록 '기쁨'의 감정을 통해 삶의 흥을 회복할 수 있도록 하는 기제를 갖추고 있다는 말이다. 이를 다른 말로 표현하자면 우리가 흔히 경험하는 감정들은 홀로 작동하지 않는다. 오히려 유기체의 항상성을 유지하기 위해 각 감정은 그 반대의 감정과 짝을 이룬다. 예를 들어 슬픈 감정이 극단으로 치달을 때, 몸의 항상성 시스템은 유기체의 심리적, 생리적 균형을 유지하기 위해 그 반대 특성을 갖는 감정, 예를 들어 기쁨이나 즐거움의 감정으로 균형을 회복할 방법을 찾는다. 혹은 즐겁고 좋았던 기억을 통해 슬픈 감정들을 상쇄할 방법을 찾는다. 이 감정의 항상성 시스템이 제대로 작동하지 않을 경우, 사람은 감정의 극단적 상태로 떨어져 극단적 선택과 행동을 자행할 수 있는 상태에 놓이게 된다. 이때 결정적인 역할을 하는 것이 외적 감정(emotion)의 주체적 구성으로서 느낌(feeling)이다.[62]

> 상실의 상황들은 슬픔과 절망으로 귀결되고, 이 감정들의 현존은 공감(empathy)과 연민(compassion)을 불러일으키는데, 이는 슬픔과 절망에 맞설 대응책들을 만들어 낼 수 있는 창조적 상상력을 자극한다. … 예를 들면, 어떤 노래나 시를 떠 올리도록 하면서 말이다. 항상성 조건들의 추후 이어지는 회복 과정은―예를 들어 감사와 희망과 같은― 보다 더 복잡한 느낌의 상태들을 불러 일깨울 방법을 열어서 이 내적 감정 상태들을 극복할 추후의 합리적인 방안들을 모색하는 것이다.[63]

---

[62] Antonio Damasio, *The Strange Order of Things: Life, Feeling, and the Making of Cultures* (New York: Vintage Books, 2018), 171.

[63] Damasio, *The Strange Order of Things*, 172-173.

이렇게 인간의 감정기제들이 항상성적 균형 위에서 짝을 이루고 있다면 인간집단의 감정적 기제들도 그렇게 짝을 이루어 구성되어 있을 가능성이 높다. 우리는 사회적 감정들의 특정 측면들에만 집중하면서 이 감정들이 집단 전체적으로 맺어가는 '항상성적 측면들'을 특별히 주목해 보지 못했다. 다시 말해서 기호자본주의적 환경 속에서 사람들의 우울증적 조건들이 심화되어 가는 시대에 감정이 항상성적 균형을 유지하면서 유기체의 생존과 번식을 돕는 기제라는 사실은 우울증의 조건들을 극복해 나아갈 방향성에 대한 암시를 제공한다. 다마시오의 서술처럼 우울증에 빠져 있을 때 그 슬픔과 절망에 맞서 일어날 노래 하나 혹은 시 하나를 떠올리는 것이 중요하다면, 우리가 이 우울한 시대를 털고 일어날 방법은 바로 감사와 희망을 찾을 수 있는 행동을 실천하는 법을 찾는 것이다. 그것을 우리는 우울의 반대 감정인 '흥'을 찾는 방법이라고 말해 볼 수 있을 것이다.

그렇다면 이러한 감정의 항상성이 사회적 감정의 차원에서도 작동할까? 사회적 감정의 차원도 항상성을 바탕으로 작동한다면 우리는 한국적 감성인 풍류도가 이 사회적 감정의 항상성 기제라고 볼 수 있을까?

2. 사회적 항상성 기제로서 '풍류'

통상 '풍류' 혹은 '풍류도'는 한국적 고유의 영성이나 정신을 언급할 때 회자된다. 한국적 정신의 원형으로서 풍류도에 대한 연구는 이미 기존 연구들을 통해 여러 학자에 의해 소개된 바 있다. 본고에서 관심하는 풍류도는 그들의 서술 속에 기술되는 풍류도가 사회적 감정으로서 '항상성' 시스템과 연관이 있는지를 살펴보는 것이다. 이는 풍류도를 '한국적 감성'의 기제로 간주한다는 것을 의미한다.

심광현에 따르면 풍류성이란 "천인감응(天人感應)의 과정에서 체득되는 정경묘융의 경계를 가리킨다."[64] 여기서 정경묘융이란 "자연경물과 인간이 마치 장갑 속의 손처럼 서로를 감싸 안는 관계에 놓인 것"을 말하는데, 말하자면 풍류의 정경묘융의 지평 안에서 "자연경관은 단순히 대상이 아니라 인간의 몸과 마음의 연장"[65]이 되는 것을 가리킨다. 그렇게 인간과 자연은 "뫼비우스의 띠나 클라인의 병처럼 위상학적으로 꼬인 관계에 놓여 있어서, 끊어짐 없이 단번에 인간에서 자연으로 또 자연에서 인간으로 순환하는 관계를 맺는 것"[66]이라고 심광현은 풍류를 설명한다. 따라서 풍류는 말 그대로 '바람의 흐름'처럼 인간과 자연을 포함한 존재하는 것들이 돌고 도는 과정이며, 이 과정 속에서 불가분리하게 얽히면서 연출하는 패턴을 가리키는 것이라 말할 수 있다.

이 풍류적 심성의 핵심에는 '놀이' 개념이 자리 잡고 있다. 곧 풍류란 "자연의 삼라만상에 접해 그 본질과 진수를 경험하면서, 놀기는 노는 것이되 즐거움을 가져다주는 현상과 사물에 접해 외양만 훑고 지나가는 놀이가 아닌, 그 현상의 내면 혹은 본질까지 구극해 들어가 그 진수에 접하면서 취하는 놀이"[67]를 말한다. 하지만 풍류는 단지 '놀이'만을 가리키는 것은 아니다. 풍류도는 이 미적인 놀이를 통해서 "나라를 지킬 수 있는 강인한 무예와 가족 및 국가를 건강하게 운영할 수 있는 윤리적 태도가 체화"[68]한다는 특성을 갖는다. 다시 말해서 "풍류의 개념에 함축되

---

64 심광현, 『홍한민국: 변화된 미래를 위한 오래된 전통』(서울: 현실문화연구, 2005), 73.

64 심광현, 『홍한민국: 변화된 미래를 위한 오래된 전통』(서울: 현실문화연구, 2005), 73.
65 심광현, 『홍한민국』, 73.
66 심광현, 『홍한민국』, 73.
67 심광현, 『홍한민국』, 74.

어 있는 미적, 윤리적 패러다임은 자연과 감응하는 생태미학을 통해 정치와 윤리를 건강하게 단련한다는 의미를 내포하고"[69] 있는 것이다. 따라서 풍류는 놀이라는 요소를 넘어 도덕과 미적 감정을 포괄하지만, 이 모든 것이 생태적 미학이라는 관점 속에 포괄되는 것이다. 그래서 신은경은 풍류를 "대상이 내포하는 미적 속성…을 감지하고 깊이 이해하며 나아가서는 미적 체험을 표현하고자 하는 욕구까지를 포함하는 '주체'의 심적 작용"[70]으로 정의한다. 다시 말해서 미학적 관점에서 풍류란 "주체와 대상 간의 상호작용 및 교감"을 가리키는 것이며, 이는 미(美)라는 것을 "어떤 고정된 대상이 이미 그 안에 함축하고 있는 '정태적인 가치'로 보기보다는 미의 주체와 대상, 미의 창출과 수용 간에 이루어지는 커뮤니케이션의 과정 속에서 역동적으로 '산출되어가는' 유동성 있는 가치로 인식"[71]하는 것을 의미한다.

놀이와 미학은 감정의 게임이다. 신은경에 따르면 감정의 차원에서 풍류는 흥과 한과 무심의 차원으로 구성되지만, 심광현의 관점에서는 흥이란 한과 무심을 모두 포괄하는 미감이다. 왜냐하면 무심은 승화를 통한 상승의 감정이고, 한은 하강과 침잠을 나타내며, 심광현에게 흥은 이 양자가 작동하는 방식을 포괄하는 표현이기 때문이다. 본고의 관점에서 요점은 이 흥, 한 그리고 무심이 별도의 감정이나 작용이 아니라 상호작용하는 기제라는 점이다. 즉, 한은 "흥을 거쳐 무심에 이르거나, 또는 한에서 곧바로 무심으로 발전할 수" 있고 또한 "흥 역시 무심의 경

---

68 심광현, 『흥한민국』, 74.
69 심광현, 『흥한민국』, 74.
70 신은경, 『풍류: 동아시아 미학의 근원』 서울: 보고사, 1999), 17.
71 신은경, 『풍류』, 17.

지로 발전할 수” 있다.[72] 따라서 신은경은 “흥과 한이 풍류심의 양극을 이루고 있고, 양자는 모두 무심으로 승화될 수 있다”[73]고 보았다. 이 감정의 상호작용 속에서 우리는 집단이나 민족의 사회적 감정들이 전체 집단의 웰빙을 위한 항상성 기능을 발휘하고 있다는 단초를 발견한다:

한은 원망과 슬픔의 감정이 접히고 접혀서 오장육부까지 스며들고 곰삭은 정서다. 그것이 펼쳐지고 풀리면서 역동적으로 고양되는 기쁨의 정서가 바로 흥이다. 한과 흥은 음과 양의 관계처럼 프랙탈하게 맞물려 있다. 그 접힘과 구부러짐의 강도가 클수록 정서의 강도도 커질 수밖에 없다. 그런 연유로 한은 서서히 접혀 들어가 곰삭게 되는 점층의 과정을 필요로 한다. 역으로 흥은 많이 접었다가 풀리는 속도를 빠르게 할수록 용수철처럼 비상하는 힘을 가진다.

흥이 솟구칠 수 없는 조건이 되면 풀리지 못한 흥이 한이 되며, 억눌려 있던 한이 풀리면 엄청난 강도와 크기로 흥이 솟구친다. 이런 맞물림이 계속되면 마치 음양처럼 한이 커지면 흥이 줄고, 흥이 커지면 한이 줄어드는 식으로 뱀이 꼬리를 무는 형상을 하고 양자가 순환한다. 또 접히고 풀리는 프랙탈 차원의 다양한 층차가 흥과 한이 맞물리는 정서적 비례의 다양한 스펙트럼이 펼쳐진다.[74]

심광현이 흥과 한의 관계를 기술하는 이 대목을 읽다 보면, 다마시오가 상실의 감정을 겪고 있는 사람이 어떤 노래나 시를 통해 감사와 기쁨

---

[72] 심광현, 『흥한민국』, 76.
[73] 신은경, 『풍류: 동아시아 미학의 근원』(서울: 보고사, 1999), 589-594.
[74] 심광현, 『흥한민국』, 77.

의 감정을 떠올릴 수 있는 순간들을 찾으면서 상실과 절망의 감정이 그 사람을 압도하지 않도록 하는 대목을 연상하지 않을 수 없다. 비록 다마시오는 감정의 항상성 시스템이 사회적 감정들의 차원에서 발휘되는 것이라고 말하고 있지는 않지만, 만일 집단 자체가 하나의 유기체처럼 항상성 시스템을 기반으로 작동하고, 사회적 감정들이 그 시스템의 작동에 결정적인 역할을 감당한다면 우리가 우리 민족의 고유한 정서라 표현하는 흥(興), 한(恨), 무심(無心) 그리고 정(情)과 같은 사회적 감정들은 집단의 정신적 웰빙을 위한 항상성 시스템으로 함께 작용할 가능성이 높다. 따라서 심광현의 흥과 한의 상호작용을 기술하는 대목은 바로 이 항상성의 사회적 감정의 차원에서, 즉 사회집단의 차원에서 발휘되는 대목일 것이다. 우리가 팬데믹 시대에 우울증의 조건들이 집단적으로 심화되어 갈 때, 우리에게 결여된 것이 바로 우울증의 조건들을 극복할 '흥(興)의 조건들'이 아닐까? 실상 우리 민족 고유의 영성이라고 서술되는 풍류는 흥과 한과 무심의 정서를 담지하고 있다고 신은경과 심광현은 말한다. 이들의 서술을 다마시오의 감정에 대한 서술과 더불어 읽다 보면 이 사회적 감정들이 사회적 집단의 심리적 웰빙을 위해 작동하고 있다는 생각에 이르게 된다.

III. 유동식의 풍류신학을 팬데믹 시대에 돌아본다
: 흥(興)의 신학으로서 풍류신학에 대한 재해석

팬데믹으로 우울증의 조건들이 심화되어 가는 시대에 풍류신학은 우리에게 결여된 것을 보충할 수 있는 대안을 제시할 수 있는가? 심광현과 신은경은 풍류의 감정적 구조가 다마시오가 말하는 감정의 항상성 구조 속에서 작동하고 있을 가능성을 충분히 보여준다. 하지만 우리의 풍류신학이 감정의 항상성 구조를 통해 설득력 있는 대안을 제시할 수 있을지는 별도의 문제이다. 그러기에 여기서 우리는 풍류신학에 다시금 눈을 돌려 보게 된다. 이는 풍류신학이 우울증의 시대에 흥의 정서를 북돋워 줄 대안을 제시할 수 있는지를 감정의 항상성이라는 관점에서 살펴보는 작업이 될 것이다.

토착화신학자 유동식은 일찍이 우리 민족의 고유한 정신 혹은 영성을 '풍류도'로 표현해 왔다. 유동식에게 풍류도란 "고대의 제천의례에 나타났던 원시적인 영성이 삼교(三敎) 문화를 매개로 승화된 한국인의 영성"[75]을 가리키는 말이다. 우리 문화는 하나의 민족 종교로 구성되지 않지만, 다양한 종교 전통들을 갖고 있는 우리 문화 속에 일관된 "하나의 민족적 얼"을 찾아볼 수 있으며, 유동식은 이 하나의 민족적 얼이 문화의 중추를 이루어 다양한 종교들을 포용해 왔다고 보며 이를 "풍류도"라 이름한다.[76] 풍류도는 9세기 신라의 석학 고운 최치원의 낭랑비서에서 유래하며, 그것은 포함삼교(包含三敎)와 접화군생(接化群生)의 도를 가리킨다.[77] 최치원이 풍류도라 이름하고 있는 것을 우리 민족의 고유한 정신으로 보는 이유는 풍류도는 풍월도에서 유래하는 바, 이는 "유불선 삼교가 도입되기 이전부터 있었던 우리의 고유한 민족적 영성"[78]이기 때

---

75 유동식, 『풍류신학으로의 여로』, 『풍류신학 1: 소금 유동식 전집 제7권』(서울: 한들출판사, 2009), 28.

76 유동식, 『풍류도와 한국신학』, 『풍류신학 1: 소금 유동식 전집 제7권』(서울: 한들출판사, 2009), 238.

77 유동식, 『풍류도와 한국신학』, 238.

78 유동식, 『풍류도와 한국의 종교사상』, 『소금 유동식 전집 제8권: 풍류신학 II』(서울: 한들출판사, 2009), 66.

문이다.

풍류도는 유동식에 따르면 어떤 고대의 특정 종교나 실천을 가리키는 명칭이라기보다는 오히려 "각종 종교를 형성케 하고 외래 종교를 받아들이며 이것을 전개시키는 종교 문화의 장이며, 정신적 원리가 되는 영성이요 민족의 얼이다."[79] 여기서 유동식은 풍류도를 그 어떤 무엇으로 보기보다는 그 무엇을 가능케 하는 '장'으로 보면서 이를 정신적 원리의 영으로 규정한다. 다시 말해서 한국적 고유성으로서 풍류도는 어떤 조직화되고 체계화된 기성 종교의 원리가 아니라[80] 오히려 그 모든 것을 수용하는 한민족 집단의 심적 태도의 패턴을 가리킨다. 한국인의 고유한 것은 그 어떤 무엇으로 존재하는 것이 아니라 그 무엇들을, 즉 고등 종교의 것들을 자기의 방식으로 편집하고 배열하는 고유성, 즉 행위 '패턴'인 것이다. 이 원형적 행위 패턴이 "고등 종교 문화를 매개로 승화된다"[81]고 유동식은 표현하는데, 말하자면 "승화"(昇化)[82]를 통해 원초적 영성의 멋이 고등 종교라는 옷을 입고 드러난다는 것이다. 이런 원초적 영성의 멋과 행위 패턴을 승화된 형태로 예증하는 것이 신라 화랑이다. 유동식에 따르면 "화랑 집단은 '일종의 종교 집단'으로서 그 종교적 실천의 핵심은 '노래와 춤으로써 신령과 교제하며, 드디어는 하느님과 하나가 되어 소원 성취'하는 것인데, 여기서 핵심적인 특징은 바로 '하느님과의 교제가 윤리적 결단이나 신앙적 결단이 아니라 노래와 춤을 통한 예술적 접근이며 심미적 차원에서의 신비 체험'이라는 것이다."[83] 이런 맥

---

[79] 유동식, 『풍류도와 한국신학』, 313.
[80] 유동식, 『풍류도와 한국신학』, 305.
[81] 유동식, 『풍류도와 한국신학』, 307.
[82] 유동식, 『풍류도와 한국신학』, 307.

락에서 심광현은 한국인의 원초적 정서를 '흥'이라고 규정하는 것이다. 하지만 이미 언급했듯이 감정의 기제는 본래적이거나 원초적인 어떤 것으로 존재하거나 작동하는 것이 아니라 개인이나 집단의 웰빙을 위한 항상성 시스템으로 작동하고 있음을 전제한다면, 흥은 독자적으로 우리 민족의 고유한 정서를 형성하는 것이 아니라 그 반대의 정서인 '한'과 짝을 이루어 항상성 시스템으로 기능할 것이다. 여기서 우리가 풍류신학을 다시 되돌아보는 이유는 지금 팬데믹 시대가 우리의 웰빙을 위해 결여하고 있는 것, 바로 그 '흥'을 유동식은 자신의 독자적 언어로 기술하고 있다는 점이다. 풍류신학 속에 등장하는 흥에 대한 서술을 감정의 항상성이라는 관점에서 재발굴하고, 이를 다시 흥-한의 감정적 항상성의 관점에서 조망하면서 풍류신학을 흥의 신학으로 복구하고자 한다. 이는 곧 우리의 종교성이 이 팬데믹의 시대를 치유해 나아갈 방향성을 가늠해 보고자 하는 것이다.

IV. 가무강신(歌舞降神)을 통한 신인합일(神人合一)의 정서

풍류의 핵심은 "신과 인간이 하나가 되는 데" 있으며, 이는 곧 "내가 없어지고 내 안에 신이 들어와 계시는 상태의 '나'가 되는 것인데, 이것이 바로 "풍류의 주체"이다.[84] 기독교신학자였던 유동식에게 풍류도란

---

83 유동식, 『풍류도와 한국신학』, 309.
84 유동식, 『풍류신학으로의 여로』, 67.

"하느님을 섬기는 종교적 영성"의 한국적 원형을 의미하는데, "우리의 옛 조상들은 하느님께 제사 지낼 때 며칠씩 밤낮으로 술 마시고 노래하며 춤추었다. 여기에서 그들은 신이 내리고 이를 통해 하느님과의 직접적인 교제를 경험했다. 이른바 가무강신의 체험이다. 곧 풍류도의 핵심은 하느님과 인간이 하나로 통합되는 데 있었다."[85] 이런 맥락에서 "먹기를 탐하고 포도주를 즐기는 사람이요 세리와 죄인의 친구"(마 11:19)였던 예수의 모습에서 우리는 '풍류를 즐기는 사람'의 모습, 즉 가무강신을 통한 흥(興)으로 로마 식민지 시대의 우울한 정조를 극복하고자 나아가는 위대한 인물의 모습을 보게 된다. 더 나아가 풍류를 즐긴다는 것은 곧 홀로 거룩하게 존재하는 존재가 아니라 함께 어울려 흥취를 돋우고 함께 즐기는 존재였다는 것을 의미한다. 사회적 감정이란 언제나 나와 더불어 우리가 함께 상호작용하며 존재하는 것을 전제로 한다. 따라서 흥으로서의 구원이란 곧 나 홀로만의 일이 아니라 우리가 더불어 이루어가는 사역이라는 말이다. 그래서 우리는 하나님 나라를 꿈꾼다. 그 나라는 나 홀로 이룰 수 없는 나라이다.

풍류도에 표현된 한국인의 이상을 유동식은 "한 멋진 삶"으로 정의한다.[86] 즉, "초월적인 '한'[87]과 현실적인 '삶'의 창조적 긴장 관계인 태극적 관계에서 나오는 '멋'의 길"이다.[88] 다시 한번 주지하는 바, 이 풍류도의 뿌리는 "가무강신(歌舞降神), 신인융합(神人融合)에서 소원성취를 꿈

---

85 유동식, 『풍류도와 한국신학』, 280.
86 유동식, 『풍류신학으로의 여로』, 31.
87 여기서 '한'은 흥(興)의 반대 감정으로서 '한'(恨)과는 다른 것이다. 한국적 고유개념으로서 한은 하나이면서 전체를 가리키는 포월적 개념이다.
88 유동식, 『풍류신학으로의 여로』, 31.

꾸던 옛 제천의식"[89]인데, 여기서 "노래와 춤은 '멋'을, 하느님과 하나가 되는 것은 '한'을, 소원성취는 '삶'을 터 닦는 것"이다.[90] 여기서 핵심은 "하느님과 인간이 태극적인 관계, 곧 둘이면서 하나가 되는 데 있다."[91] 이렇게 "하나님과 하나가 된 삶은 곧 한국인의 꿈인 '한 멋진 삶'의 성취를 초래할 수 있다."[92] 이렇게 풍류도의 핵심이 하나님과 하나 되는 것이라면, 죄란 곧 "풍류도의 상실", 즉 한국인의 얼인 풍류도를 상실한 "얼 빠진 존재"가 되는 것이 바로 죄이다.[93]

이 풍류도는 바탕에 무교적 성격을 강하게 반영하고 있다. 3세기 진 (晋)나라 사가 진수(陳壽)가 저술한『삼국지』의 「위지(魏志) 동이전(東夷傳)」에는 동이족의 고대 제천행사들에 대한 기록들이 수록되어 있다. 부여의 영고, 고구려의 동맹, 무천 등의 행사들에 대한 기록이 수록되어 있는데, 이 고대 제천행사들은 무교의 원형을 담지하고 있다. 예를 들어 "옛 한인들은 신령과의 교제를 통해 그들의 힘을 빌어 풍성한 생산과 평강을 누리며 살려고 했"고, 그 교제술은 "노래와 춤에 의한 제사의식"이었다.[94] 무교는 기본적으로 "신령과의 직접 교섭을 도모하는 초월성과 현세적 이익을 추구하는 현실성이 중첩"되어 있으며, 무교의 종교 행위는 "격렬한 노래와 춤을 통한 황홀경(엑스타시) 속에서 부드러운 공수(신화)를 듣는 형식"으로 구성된다.[95] 바로 이 무교적 양극성의 구조적 긴장

---

89 유동식,『풍류신학으로의 여로』, 38.
90 유동식,『풍류신학으로의 여로』, 38.
91 유동식,『풍류신학으로의 여로』, 38.
92 유동식,『풍류신학으로의 여로』, 39.
93 유동식,『풍류신학으로의 여로』, 39.
94 유동식,『풍류신학으로의 여로』, 79.
95 유동식,『풍류신학으로의 여로』, 59.

속에서 "한국인의 역동성"이 솟아오르는데, 이는 "신앙의 양면성"으로 모습을 드러내기도 한다. 신앙의 양면성이란 "한국 크리스천의 대부분이 개인의 영적 구원에 집중된 보수 신앙의 소유자들"임에도 불구하고 "3.1운동이나 신사참배 반대의 투쟁적 운동에서 주동적 역할을 한 이들"이 바로 이들이라는 데에서 선명하게 드러난다.[96] 여기서 신앙의 양면성이란 보수와 진보를 모두 아우르는 양면성을 가리키는데, 이러한 정치적 성향조차도 감정의 항상성이라는 관점에서 조망하자면 집단의 전체적 웰빙과 건전성의 균형을 조율하는 데 기여하는 기제라고 할 수 있을 것이다. 집단에 속한 개인들은 언제나 보수와 진보, 한 극단에 치우칠 수 있지만, 집단 전체적으로는 보수와 진보가 적절한 균형을 유지하면서 집단, 즉 나라와 민족이 어떤 상황에 처했느냐에 따라 때로는 보수가, 때로는 진보가 선거와 국정을 주도하는 양상은 곧 개인이 우울증적인 슬픔과 흥적인 기쁨의 대립과 긴장을 감정의 항상성을 위해 조율하듯 민족이나 사회의 집단이 집단의 감정적 항상성을 조율하는 장면으로 볼 수 있다.

유동식은 이 무교의 에너지가 "여전히 민중 속에 그리고 한국 문화 속에 간직되어 있으며, 보이지 아니하게 작용하고 있다"라고 보았고, 이 은폐된 무교의 에너지가 "억압되는 대신에 창조적 열량으로 변환될 수 있다면 우리는 여기에서 새로운 문명의 가능성을 꿈꿀 수도 있을 것"이라고 보았다.[97] 유동식은 무교를 다음과 같이 요약한다:

---

[96] 유동식, 『풍류신학으로의 여로』, 59.
[97] 유동식, 『풍류신학으로의 여로』, 146.

무교는 가무로써 신화적 융합의 세계로 되돌아간다. 그곳은 신과 인간이, 하늘과 땅이, 삶과 죽음이, 남성과 여성이 거리도 모순도 없이 하나의 조화를 이루고 사는 세계이다. … 삶의 율동 속에서는 노동과 유희가, 낮과 밤이, 삶과 죽음이 하나의 태극으로 융합된다. 여기에 황홀이 있고, 여기에 창조가 있고, 여기에 예술이 있다. 무교문화론은 결국 엑스터시 문화론이다.

가무강신을 통한 신인합일의 체험은 천신과 지모신의 혼인 관계 혹은 천신과 승화된 인간의 관계에 대한 신화적 표현을 종교적 수행으로 체현하는 것이다. 신인합일의 체험 위에 수행되는 풍류도는 "하나님과 하나가 되는" 도를 의미하며, 이 도를 몸에 지닌 사람은 "사심 없이 일을 처리하고(도교), 들어와서는 부모에게 효도하고 나가서는 나라에 충성하고(유교), 모든 악한 일을 버리고 선을 행한다(불교)."[98]

풍류의 의미를 가장 잘 전달하는 우리 말은 "멋"[99]이다. 멋이 말하는 아름다움은 "인생이 개입된 예술적 미"를 가리키기에 자연미에 대해서는 멋이라는 말을 사용하지 않는다. 일상용어에서 멋은 "생동감과 율동성을 동반한 흥(興)의 뜻이 들어" 있는데, 흥겹게를 의미하는 멋지게는 "노래와 춤으로써 신을 내리게 하는 종교적 체험에 그 뿌리를 가진 것이어서", "신나게"라는 말로 대치되기도 한다.[100] 또한 '멋'이라는 말에는 "초월적인 자유"의 개념도 담지되어 있어서, 예를 들어 "멋대로 하라"는 말속에 그 의미가 담겨 있다. 즉, "멋을 자아내는 자유라는 것은 그 속에 어떠한 실체나 실력을 간직한 유연한 초월자의 그것"을 담고 있으며, 그

---

98 유동식, 『풍류도와 한국의 종교사상』, 71.
99 유동식, 『풍류도와 한국의 종교사상』, 72.
100 유동식, 『풍류도와 한국의 종교사상』, 72.

래서 멋은 "하나님과 하나가 되어 어떠한 처지에서도 유유자적할 수 있는 사람의 자태"를 가리킨다.[101] 아울러 멋은 "서로 호흡이 맞는다"라는 의미의 조화개념이 담겨 있다. 예를 들어 "주어진 환경에 조화되지 않을 때 사람들은 '멋쩍어' 한다"라는 말을 사용한다.[102] 남녀의 궁합을 보거나 집터의 풍수를 보는 것도 '일종의 멋의 감각'이고, 가장 이상적인 멋은 바로 "천지인 삼재의 원융무애한 경지"[103]일 것이다. 따라서 요약하자면 멋이란 "세속을 초월한 종교적 자유와 삶에 뿌리를 내린 생동감과의 조화에서 나오는 아름다움에 대한 의식"[104]이다. 우리 현대적 의미로 풍류를 재해석하자면 삶의 자유로움을 추구하려는 멋의 감각을 예술적으로 소화하면서, 삶을 흥이 나게 혹은 신나게 주체적으로 구성해 나아가는 것이 풍류이다. 이런 맥락에서 유동식은 "삶은 주어지는 것이 아니라 창조되는 것"임을 주장하면서 "성령으로 거듭난 풍류객은 자유하면서 삶을 창조해 가는 나그네"[105]라고 말할 수 있었다.

V. 풍류로 재구성하는 팬데믹 이후의 삶

1980년대 현영학은 민중의 종교로서 무교를 주목하는데, 무당의 신병은 "결코 하늘로부터의 계시나 귀신들의 장난 때문이 아니라, '일상생

---

101 유동식, 『풍류도와 한국의 종교사상』, 73.
102 유동식, 『풍류도와 한국의 종교사상』, 73.
103 유동식, 『풍류도와 한국의 종교사상』, 73.
104 유동식, 『풍류도와 한국의 종교사상』, 73.
105 유동식, 『풍류신학으로의 여로』, 42.

활에서의 지독한 고통과 고생 그리고 거기서 맺히고 쌓여진 한 때문"'이라고 보았다.[106] 그렇기에 무교는 현영학에 따르면 "저세상에서 왔거나 머리에서 짜낸 고등 종교가 아니라 한이 담겨 있는 오장육부에서 빚어진 몸의 경험에서 온 것"으로 보면서, "무당의 신병 경험"을 "원초적이고 전인적인 종교경험의 모습"으로 정의하였다.[107] 그렇기에 무당은 "한의 사제"이며, 굿을 드릴 때 그들의 작두타기는 "작두날같이 험하고 무서운 이 세상과의 싸움에서 살아남은 힘을 과시하는 것… 그것도 해학과 춤과 노래를 곁들"일 여유로운 힘을 보여주는 것이라 하였다.[108] 그래서 현영학은 예수를 "수탈당해 온 이스라엘 민족의 한과 지배자들에게 수탈당해 온 갈릴리 시골 사람들의 한을 안고 씨름하다가 신병에 걸린 분"으로 해석하기까지 한다.[109] 그래서 "세상 안에서 살면서도 세상의 것이 아닌 그리스도인의 '이상적인' 삶의 스타일을, 부활과 초월의 자유스럽고 여유 있는 삶의 스타일을 작두 위에서 가볍게 춤추는 무당의 모습과 견줄 수는 없을까" 반문한다.[110] 오늘날 기호자본주의의 억압적 체계는 힘과 무력에 의한 억압이 아니라 시대를 살아가는 사람들의 자발성을 바탕으로 발휘된다. 네트워크로 연결된 세상에서 우리는 다양한 프로그램들의 자유로운 사용을 위해 개인정보 사용 동의서를 자발적으로 제출한다. 우리 시대 권력은 사람들의 민주적 동의라는 절차를 거친 것이기에 더욱더 억압적이다. 형식적으로 민중들은 이 체제에 자발적으로 동

---

106 유동식, 『풍류신학으로의 여로』, 153.
107 유동식, 『풍류신학으로의 여로』, 153.
108 유동식, 『풍류신학으로의 여로』, 153.
109 유동식, 『풍류신학으로의 여로』, 154.
110 유동식, 『풍류신학으로의 여로』, 154.

의했다. 하지만 이 체제를 통해 그들에게 주어지는 것은 자유가 아니라 자본주의적 무한경쟁에서 탈락한 루저(loser)로서의 패배감과 우울증이다. 이렇게 우울증의 조건들이 팬데믹을 맞아 더욱더 심화되고, 기호자본주의의 네트워크화된 문화 환경은 우리가 타자와의 공감을 형성할 여지조차 소거해 버림으로써, 코로나 블루는 더욱더 악화되고 있다. 이렇게 억눌리고 악화된 우울증적 감정이 예기치 못한 때 원치 않는 방법으로 분출된다면 어떤 일이 벌어질까? 그런 일이 일어나지 않도록 하기 위해 우리는 이 억눌림을, 이 한(恨)을 풀어낼 문화적인 방법과 대안을 모색해야 할 필요성을 갖는다. 바로 이 지점에서 민중의 억눌린 한을 해학과 춤과 예술을 통한 신명과 흥으로 풀어내는 무당의 역할은 팬데믹 시대를 이겨 나갈 종교의 역할과 힘에 대해서 다시 한번 생각해 보게 한다.

그렇다면 코로나 블루로 우울증의 기운이 엄습한 팬데믹의 시대에 억눌린 민중의 한을 풀어 주던 종교적 신명이 풍류를 통해 흥(興)의 기운을 일으켜 줄 수 있을 것인가? 그리고 이 흥의 치유는 단지 대한민국이라는 민족적 경계를 넘어 이 지구적인 우울증을 치유할 힘을 가질 수 있을 것인가? 신은경은 '풍류'(風流)를 한국의 고유한 영성으로 규정하기보다는 동아시아를 관통하는 미학적 감성으로 정의하고자 시도한다는 점에서 심광현이나 유동식과는 다른 색채를 띤다. 그녀에 따르면 한·중·일 삼국에서 유통되는 풍류라는 말의 뜻은 공통적으로 "멋스럽고 품격이 높고 속세를 떠나 있는 것, 미적인 것에 관계된 의미 범주를 지칭하는 개념"[111]이다. 예를 들어 중국의 풍류는 "현실에 얽매임 없이 여유롭고 흥겹게 생을 구가하는 귀족 취미적 문화생활 및 놀이"의 의미를 가리키

---

111 신은경, 『풍류』, 20.

지만, 이 개념은 또한 선(禪)의 세계를 일컫기도 하고, 후대로 오면서 "여성의 고운 자태처럼 외면적인 아름다움을 말하거나, 경부(輕浮)함, 호색(好色), 남녀 간의 정사와 같이 다소 부정적인 면을 의미하는 말"[112]로 의미의 외연이 넓어졌다. 다른 한편으로 일본의 풍류 개념은 "섬세함, 화려함, 장식성(裝飾性)에 비중"[113]을 두고 있으며, 이는 "주어진 틀에서 벗어나는 '호방함'을 특징으로 하는 중국과는 달리, … 오히려 틀과 격식에 맞추어 섬세하게 꾸미는 쪽의 의미로 발전"[114]해 나아갔다. 따라서 일본의 풍류는 "고상한 것이건 화려하게 장식된 것이건 사람의 시선을 끌만한 요소가 내포되어 있을 때 사용되는 말"[115]로 사용되었다. 우리나라의 풍류 개념은 중국이나 일본의 개념과는 달리 "형이상학적 요소, 즉 종교성이나 사상의 측면이 강조되고 있다"는 점에서 고유성과 독자성이 있으며, 이러한 독자성은 초기의 풍류 개념에 짙게 나타나며, 게다가 이 풍류도를 "우리에게 고유한 재래의 신앙·사상으로 인식하고 있었던"[116] 것은 중국이나 일본에서는 드러나지 않는 특이성이라 할 수 있다. 그럼에도 불구하고 풍류는 한·중·일의 문화 속에서 "놀이를 포방하거나 놀이와 관계된 일종의 문화 현상"[117]이었고, 풍류라는 말로 형용하는 놀이는 "삼라만상·우주만물 모든 현상의 본질과 조우하는 것을 전제로 하는 놀이"였다.[118] 이런 맥락에서 한·중·일의 문화적 맥락에서 풍류는 "놀이

---

112 신은경,『풍류』, 29.
113 신은경,『풍류』, 32.
114 신은경,『풍류』, 37.
115 신은경,『풍류』, 40.
116 신은경,『풍류』, 65.
117 신은경,『풍류』, 65.
118 신은경,『풍류』, 66.

문화의 원형인 동시에 '예술 문화의 원형'"이었으며, 다시 말하자면 "예술적으로 (혹은 미적으로) 노는 것"으로 규정될 수 있다고 신은경은 주장한다.[119]

이렇게 풍류가 동아시아에 공통된 문화적 정서로 정의된다면 우리는 전 지구적으로 우울증이 증가하고 있는 이 시점에서 다마시오의 감정의 항상성 이론에 귀를 기울이면서 팬데믹 시대를 극복할 문화이론으로서 '풍류'의 철학 혹은 풍류의 신학을 고려해 볼 수 있을 것이다. 실제로 신은경의 풍류의 작용에 대한 기술은 다마시오의 감정의 항상성 구조를 넘어, 미적 승화의 계기까지 포함하면서 동아시아의 사회적 감정들의 항상성 구조를 보여주고 있다. 구체적으로 풍류성은 흥과 한과 무심을 통해 "표현"되는데, 말하자면 "예술의 대상으로부터 풍류성을 감지했을 때 주체는 자신의 풍류심을 '흥'의 양상으로, 때로는 '무심'의 양상이나 '한'의 양상으로 표출·표현할 수 있는 것이다."[120]

'흥'은 대상 및 현실과 적극적 관계를 맺고 긍정적 시선으로 이를 포착하는 데서 오는 밝은 느낌이 기반이 되는 풍류심 원형이고, '한'은 대상이나 현실 속에서 겪는 소외의 체험이 기반이 되므로 이에 대한 소극적·부정적 시각이 내재되어 있고 '흥'과는 달리 유암성(幽暗性)을 띤 풍류심 유형이다. '무심'은 현실 세계를 지배하는 긍정/부정, 선/악, 희/비 등의 이분적 분변작용(分辨作用)을 넘어서려는 데서 오는 초월적 미감이다. '흥'의 미가 즐거움을, '한'이 비애의 정감을 주된 정조로 하는 것이라면 '무심'은 초탈의 태도가

---

119 신은경, 『풍류』, 66.
120 신은경, 『풍류』, 89.

주조를 이룬다.[121]

다시 말해서 풍류의 기본적 정조는 '흥'이며, 현실에서 이 '흥'을 나누지 못하는 데서 오는 소외감의 감정이 '한'이며, 무심은 이 흥/한의 감정적 기복을 승화시켜 현실을 초탈하는 감성적 기제라 할 수 있다. 신은경이 서술하고 있는 풍류의 이 감성적 구조는 동아시아인의 사회적, 감성적 구조로서 풍류가 집단의 감성적 웰빙을 위해 항상성적 균형을 유지하는 방향으로 작동하고 있음을 보여준다. 더 나아가 심광현이 풍류의 기본적 정서를 '흥'으로 규정한 것은 유기체는 언제나 쾌(pleasure)를 추구하고, 불쾌(displeasure)를 피하려는 성향이 있다는 생물학적 연구 결과에 부합한다. 생물 유기체는 기본적으로 생존과 번식을 최우선의 과제로 삼으면서 각 유기체가 상쾌(pleasure)한 삶을 누릴 수 있는 방향으로 삶을 도모하며, 불쾌한 방향으로의 삶을 지양하려는 상존하는 무의식적 경향을 갖는다. 이런 면에서 생물 유기체는 기본적으로 '흥'을 지향하는 것으로 말할 수 있다. 그래서 한(恨)의 정서가 깊어지면, 우울한 기분이 깊어지면 유기체나 사회집단은 그를 극복할 흥의 정서를 찾고 추구하려는 성향을 보인다. 이런 면에서 우리 시대의 풍류철학 혹은 풍류신학을 돌아볼 필요가 있다.

시대를 살아가는 사람들의 마음에 '흥'이 넘치면 우리는 새로운 시대를 열어갈 수 있다. 예를 들어 이용범은 한국 e-스포츠의 역사를 되돌아보면서 e-Sports라는 개념조차 존재하지 않던 시절, "게이머-팬, 프로게이머, 방송관계자, 프로팀 운영 주체 등 내부"에는 "개별 주체 사이를 유

---

121 신은경, 『풍류』, 89.

동하며 흐르는 정동의 힘"이 존재하고 있었음을 주목한다.[122] e-스포츠
가 성립되던 초기 컴퓨터 게임을 즐기는 게이머는 또한 경기를 즐기는
관람자였고, "혼자 하는 게임에서 함께 하는 게임으로 주류가 변화하면
서, 게이머들은 기존의 동호회와 차별되는 길드 혹은 클랜이란 이름으로
소규모 공동체를 구성"하여, 그 안에서 "능력주의의 경쟁보다는 구성원
간의 친밀성"을 나누는 공간을 구축하였다.[123] 이 친밀감의 "정동"(affect)
을 바탕으로 소위 프로게이머들이 탄생했다.[124] 이러한 정동이 대한민국
을 e-스포츠의 종주국이자 강국으로 만들었지만, 이러한 정동을 상실하
는 순간, e-스포츠는 짧은 영광을 뒤로하고 몰락했다고 이용범은 지적한
다. 여기서 이용범이 "정동"(affect)이라는 어휘를 빌려 표현하는 것을 우
리식 표현으로 '신명' 혹은 '흥'이라고 보아도 좋을 것이다. 여러 사람이
함께 모여 친밀감을 나누면서 흥이 날 때 그 흥은 없는 분야도 만들어 낼
만큼 강력하고 창조적인 것이 되고, 그 흥 혹은 신명이 사라지면 그토록
성황을 이루던 분야도 몰락의 길을 걷는다는 것을 e-스포츠의 역사가 증
언한다.

　　코로나 팬데믹의 시대, 우리의 우울증의 조건들이 심화되고, 코로나
블루가 악화되는 이 시기가 그 어느 때보다도 흥겨운 풍류신학이 필요한
때가 아닐까?

122 이용범, "동북아시아 e스포츠 현황에 대한 기초연구 1: 정동(affect)의 실각, 한국 e스포츠
　　10년사," 「한국게임학회 논문지」, 20권 2호 (2020. 4.), 63.
123 이용범, "동북아시아 e스포츠 현황에 대한 기초연구 1," 63.
124 이용범, "동북아시아 e스포츠 현황에 대한 기초연구 1," 64.

제2부

풍류신학과 인접 학문 간의 대화

다문화 교육을 위한 풍류도 모델*

손원영

(서울기독대학교 기독교교육학 교수)

I. 서론

급속한 과학기술의 발전과 지구화 그리고 신자유주의의 흐름 속에서 한국 사회를 비롯한 전 세계는 다양한 문화의 공존을 중시하는 다문화 세계로 변화되고 있다.[1] 따라서 한국을 포함하여 각 국가들은 다양한 문화의 공존과 사회적 갈등을 예방하기 위해서 서로의 문화를 이해하고

---

* 이 논문은 「신학사상」, 184집(2019년 봄호), 351-385에 게재된 논문을 수정 보완한 것임.

1 법무부 외국인 정책 통계에 따르면, 1998년 30만 명에 불과했던 국내 체류 외국인의 수는 2004년 75만 명에서 2008년에는 116만 명으로 그리고 2012년에는 145만 명으로 증가하였다. 이것은 국내 체류 외국인이 2012년 주민등록인구통계 기준 우리나라 전체 인구(50,948,272명)의 약 3%에 해당하는 수치이다. 김지윤, 강충구, 이의철, "닫힌 대한민국: 한국인의 다문화 인식과 정책," 「이슈브리프」, 아산정책연구원, 2014. 2. http://www.asaninst.org/contents/닫힌-대한민국-한국인의-다문화-인식과-정책/(2019. 2. 10. 검색) 한편, 2018년 통계청이 다문화가족지원법에 따라 조사 발표한 '2017년 다문화가정'의 비율은 전체 혼인가구 대비 8.3%를 차지한다. 이것은 전년 대비 0.6% 증가한 것이다. 자세한 것은 통계청, 「2017년 다문화 인구동태 통계」(2018. 11. 22. 보도자료) 참조.

존중하여 문화적 차이를 극복하기 위한 노력들을 오랫동안 경주해 왔다. 특히 '차이가 차별이 되지 않도록' 하기 위해 소위 '다문화주의'(multi-culturalism)[2]의 논의는 중요한 학문적 담론이 되어 왔다. 그런데 최근 다문화주의가 한국에서뿐만 아니라 전 세계적으로 큰 도전을 받고 있다. 말하자면 세계는 '다문화주의의 위기'를 겪고 있는 상황이다.

이러한 다문화주의의 위기의 배경에는 2017년 트럼프가 미국의 대통령으로 취임하면서 표방하게 된 구호와 크게 무관하지 않다. 주지하듯이 트럼프는 소위 'America First!'로 불리는 '자국민 우선주의'를 강력하게 외치면서 미국 우선의 정책들을 펼치고 있다. 물론 트럼프의 자국민 우선주의가 곧바로 다문화주의를 포기한 채 타문화에 배타적인 '반다문화주의'(anti-multiculturalism)로 흐른다거나 혹은 하나의 문화만을 절대화하려는 '단문화주의'(mono-culturalism)를 지지하는 것은 아니다. 그럼에도 불구하고 그의 '자국민 우선주의'는 불가피하게 다문화주의에 대한 큰 도전으로서 작용하고 있다. 특히 모든 인종이나 문화를 동등하게 차별하지 않고 존중할 것을 강조하는 '다문화주의'는 이제 자국민의 이익과 권리만을 절대화하려는 구호 앞에서 하나의 관념적 이상주의가 아닌가 하는 의심과 함께 수정이 불가피하다. 그렇다면 그 수정은 어떻게 가능할 것인가? 이것이 본 논문에서 고민해야 할 주요한 이슈이다.

주지하듯이 캐슬과 밀러(Stephen Castles & Mark J. Miller)가 분류한 다문화 담론의 한 형태인 '다문화주의'는 다름의 문화를 존중하는 맥락

---

2 '다문화 담론'과 '다문화주의'는 구분될 필요가 있다. 전자는 다문화 이론에 대한 전반적인 논의를 의미하는 것이고, 후자는 그 담론 중 하나로써 모든 문화를 동등하게 차별 없이 존중해야 한다는 이론을 뜻한다. Stephen Castles & Mark J. Miller, *The Age of Migration: International Population Movements in the Modern World*, 4th ed.(New York: Guilford Press, 1998) 참조.

에서 다문화 사회의 이상적인 모델처럼 오랫동안 간주되어 왔다. 그러나 그 이론은 앞에서도 언급했듯이 자국민 우선주의를 표방하는 국가들의 정책하에서 무력한 것처럼 보인다. 특히 대한민국의 다문화 상황에서 볼 때, 다문화주의의 실현 가능성은 현실적으로 매우 낮다. 왜냐하면 한국 사회는 이민자로 세워진 미국이나 캐나다 혹은 다문화 사회가 비교적 잘 정착된 서구의 주요 국가들과는 그 궤를 달리하는 단일민족국가로 오랜 역사 동안 이어져 왔기 때문이다.[3] 따라서 캐슬과 밀러가 분류한 서구의 '다문화주의'의 개념을 그대로 한국 사회에 적용하기보다는 오히려 다문화주의를 지향하는 중간 단계의 모델 내지 한국 민족의 특수성을 반영한 새로운 모델의 필요성이 요망된다. 즉, 다문화 담론이 트럼프식의 '자국민 우선주의'와 연결되어 배타적 다문화 정책을 낳지 않기 위해서는 무엇보다 우선적으로 거주자들이 이민자에 대하여 스스로 '개방적 정체감'을 갖는 것이 중요하다. 말하자면 다문화주의가 종종 비판하는 '용광로'(melting pot) 모델로 이해될 수도 있는 소위 '민족적 동질성'(ethnic homogeneity) 교육이 개방적인 '열린 민족주의'의 차원에서 오히려 필요하다는 점이다.[4] 따라서 연구자는 그것을 '한국적 다문화주의'의 한 형태로서 '풍류도'(風流道) 모델로 제시하고자 한다. 이것은 이주민과 원주민 모두 '풍류도'를 통해 같은 한국인으로서 서로 존중하고 인격적으로 대우받을 수 있도록 하려는 것이다. 왜냐하면 풍류도는 결코 한국인의 배타적인 민족주의를 말하는 것이 아니라 오히려 열린 민족주의

---

3 외국인을 제외한 99.9% 이상 하나의 민족으로 구성된 나라는 세계에서 남한과 북한뿐이다. 다음으로 레스토 99.7%, 모로코 99.1%, 이집트 98%이다. 이완범, "21세기 세계화 시대 한국의 열린 민족주의와 동북아시아 평화," 「국제평화」, 3권 2호(2006), 63.

4 열린 민족주의와 연관된 기독교 교육에 대해서는 김정봉, "동북아시아 공동체 형성을 위한 기독교 평화 교육," 「신학사상」, 제171호(2015), 279.

로서 세계의 모든 인류를 사랑으로 포함할 수 있는 한국인의 심오한 얼을 함축하고 있기 때문이다.

따라서 필자는 한국 기독교의 다문화 교육을 위한 한 모델로서 풍류도 모델을 제안하면서, 그것을 세 가지의 주제로 더 세분하여 탐색하고자 한다. 첫째, 한국인의 영성으로 불리는 풍류도란 무엇인가? 그리고 그것이 다문화 시대에 적절한 의미로 새롭게 번역된다면 어떤 의미로 재개념화될 수 있을까? 둘째, '풍류도'가 역사적으로 어떻게 이해되어 왔는가? 셋째, 다문화 시대, 특히 통일한국시대에 요구되는 새로운 다문화 교육 모델로서 풍류도 모델이란 무엇인가?

II. 풍류도의 재개념화

신학 분야에서 '풍류도'(風流道)에 대한 관심은 소위 '풍류신학'으로 불리는 한국적 신학이 본격적으로 등장한 1980년대 초부터라고 말할 수 있다. 주지하듯이 명시적으로 '풍류신학'은 유동식 교수가 처음으로 개척한 신학 용어이지만, 현재는 '한국 문화신학'이란 이름으로 그 지평이 확대되어 신학계에서 연구되고 있다.[5] 한마디로 말해 풍류신학은 한민

---

5 '풍류신학'이란 용어의 명시적 사용은 유동식 교수(1922~)가 1982년 발표한 논문("風流道와 기독교: 韓國神學 序說,"「神學論壇」, 제16집[연세대학교 신과대학, 1982], 343-351)에서 처음으로 등장한 것으로 알려져 있다. 그러나 엄밀히 말해 미시적인 의미에서 풍류신학이란 용어는 유동식 신학의 전체를 함축적으로 표현한 것으로, 이미 1960년에 시작된 그리스도 중심적 보편주의에 기반한 토착화신학 그리고 1970년대의 무교 연구와 함께 진행된 유동식 교수의 한국적 신학 연구를 총체적으로 일컫는 의미이다. 이에 대한 자세한 설명은 김광식, "유동식 신학의 형성과정과 전개,"『韓國宗教와 韓國神學: 소석 유동식 박사 고희기념 논문집』(천안: 한국신학연구소, 1993), 33-55 참조. 한편, 거시적인 의미에서 풍류신학이란 유동

족의 얼인 '풍류도'[6]의 눈으로 삼위일체 하느님을 신앙하고 신학화하는
작업이라고 말할 수 있다.[7]

그렇다면 풍류도의 의미란 무엇인가? 이에 대하여 다양한 분야의 연
구자들이 그 의미를 연구한 것을 여기서 모두 서술하는 것은 결코 쉽지
않을 뿐만 아니라 논문의 범위를 벗어나는 일이다. 따라서 여기서는 풍
류신학의 정초를 세운 유동식의 입장과 함께 최근 풍류에 대한 미학적
연구성과들을 중심으로 그 의미를 살펴보고자 한다. 우선 유동식은 풍류
도의 정의로서 '한국인의 얼' 혹은 '한국인의 영성'이란 의미로 이해한다.
이것은 김경재도 지적했듯이 인간의 생물학적 DNA나 RNA처럼 한국인
의 고유한 문화적 유전형질 같은 것이다. 그리고 그것은 동시에 융(Karl
G. Jung) 심리학에서 말하는 인간의 집단무의식의 원형들(archetypes of the
collective unconscious)에 비유된다.[8] 좀 더 구체적으로 서술하면 풍류도

식 교수가 개척한 유동식 신학만을 의미하는 것이 아니라 '한국 문화신학' 전체를 일컫는 용
어이다. 그런 점에서 유동식 교수를 중심으로 설립된 '한국문화신학회'는 풍류신학의 계승자
라 말할 수 있다. 특히 이것은 유동식 교수 스스로도 과거의 신학자 중 김재준 박사나 정대위
박사 등의 논문을 평할 때 그들을 '풍류신학자'로 설명한 것에서 잘 드러난다. 유동식, "長空과
風流道,"「風流道와 韓國神學」(서울: 전망사, 1992), 50-74; 유동식, "그리스도교와 한국인의
세계: 정대위신학의 풍류도적 변안,"「신학연구」, 제28집(한신대학교 한신신학연구소,
1987), 25-40 참조.

6 신학 분야에서 풍류도에 대한 최초의 직접적인 연구는 유동식과 함께 변찬린(1934~1985)에
의해서도 이루어졌다. 하지만 아쉬운 것은 풍류도에 대한 변찬린의 연구가 신학계에서 거의
논의되지 못하고 소외되어온 점이다. 다행히 최근 몇몇 연구자들에 의해 변찬린에 대한 연구
가 다시 조명되고 있다. 앞으로 풍류신학의 발전을 위해 보다 종합적인 연구가 요청된다. 자
세한 것은 변찬린, "儒(仙)攷,"「甑山思想硏究」, 제5집, 1979; 변찬린,「聖經의 原理」(서울:
문암사, 1979); 변찬린,「聖經의 原理」(中)(서울: 영일문화사, 1980); 변찬린,「聖經의 原理」
(下)(서울: 도서출판 가나안, 1982) 참조. 그리고 변찬린에 대한 최근의 연구는 이호재,「흔붉
변찬린: 한국종교사상가」(서울: 도서출판문사철, 2017) 참조.

7 유동식,「풍류도와 한국신학」, 219.

8 김경재, "종교 간의 만남에서 해석학적 접목모델,"「韓國宗敎와 韓國神學: 소석 유동식 박사
고희기념 논문집」, 80.

란 통일신라 시대 최치원의 "난랑비서"(鸞浪碑序)에 등장하는 풍류도의 이해에 그 근거를 둔다.

우리나라에 현묘한 도가 있으니, 이르기를 풍류라 한다. 그 가르침을 베푼 근원은 이미 선사에 자세히 기록되어 있는데 실로 유불선 삼교의 핵심이 모두 다 포함되어 있으며 뭇 사람을 교화하는 것이다. 이를테면 집에 들어오면 부모에게 효도하고 밖에 나가면 나라에 충성하는 것은 노사구(공자)의 유교의 가르침이요, 매사에 무위로 대하고 말 없는 가르침을 행함은 노자(주주사)의 도교이며 악한 일들을 하지 말고 오로지 착한 일을 받들어 실행함은 석가모니(축건태자)의 불교와 같다(國有 玄妙之道 曰風流. 說敎之源 備詳仙史. 實乃包含 三敎 接化群生 且如入則 孝於家 出則忠於國 魯司寇之旨也. 處無爲之事 行不言之敎 周柱史之宗也 諸惡莫作 諸善奉行 竺乾太子之化也)(필자역).9

여기서 유동식은 '풍류'란 한글을 사용하지 않던 시대에 우리말에 대한 이두식 표현이었다고 주장한다. 그래서 그는 풍류란 그 음과 뜻으로 보아 우리말의 '불'(夫婁)의 표기가 아닌가 추측한다. 여기서 '불'이란 태양과 광명의 뜻을 지닌 것으로 단군의 아들을 '夫婁'라 했으며, 하늘의 빛으로써 세상을 다스린 신라의 시조를 '赫居世' 또는 '불거안'(弗距內)이라 했던 것을 그 전거로 제시한다. 그리고 불은 우랄알타이어의 'Burkhan'과 그 말 뿌리를 같이하는 것으로 밝은 하느님 신앙에서 유래한 개념이라고 말한다.10 그리고 유동식은 풍류도란 고조선과 그 이후 고대 삼한

9 김부식, 『三國史記』, 卷第四, 新羅本記.

의 제천의식(영고, 동맹, 무천)에 나타났던 원시적인 영성(종교 의식)이 중국에서 수입된 유불선 삼교 문화를 매개로 승화된 한국적인 영성으로서 현대적인 의미로 볼 때 '한 멋진 삶'으로 이해될 수 있다고 주장한다.[11] 이런 맥락에서 유동식은 풍류도를 다음과 같이 세 가지의 구체적인 의미를 내포하고 있음을 강조하였다. 첫째, 풍류도는 '풍류'(風流)라는 말에서 암시하듯이 생동감과 율동성을 동반한 흥을 지니며, 초월적 자유를 지니고 조화의 삶을 살아가는 삶의 스타일이다(멋). 풍류의 멋은 세속을 초월한 자유의 삶에 뿌리를 내린 생동감과의 조화에서 나오는 미의식이다. 둘째, 풍류도는 '포함삼교'(包含三敎)라는 말에서 암시하듯이 그 이상은 유교, 불교, 도교 등 삼교를 포함할 만큼 포용성과 초월성을 지닌 영성이다(한). 셋째, 풍류도는 접화군생(接化群生)이란 말에서 지시하듯이 무릇 사람들과 만남으로써 생명을 이롭게 그리고 풍성하게 하는 창조적 문화 활동 곧 실천적 삶을 추구한다(삶).[12] 결국 이러한 풍류도는 현대적인 의미로 번안하면 '한 멋진 삶'으로 표현된다.

이상에서 살펴본 유동식의 풍류도 이해의 독특한 점은 풍류가 단순히 미학적 개념으로 축소되지 않고 오히려 초월적인 하느님 신앙과 깊이 연관되어 있다는 점을 지적한 점이다. 말하자면 이러한 풍류도는 자기부정을 매개로 한 신인합일 사상이라고 말할 수 있다. 이와 더불어 풍류도는 동양적 사고유형인 '체·상·용'(體·相·用)의 구조에서 볼 때 '미'(멋)를 풍류도의 '본체'(體)로 보고 있다는 독특성이 있다. 김경재는 유동식

---

[10] Berthold Laufer, "Burkhan," *Journal of American Oriental Society*, vol. 36, 390-395. 유동식, "풍류도와 기독교: 한국신학서설," 346 재인용; 유동식, "그리스도교와 한국인의 세계 - 정대위신학의 풍류도적 번안," 28-29.

[11] 유동식, 『풍류도와 한국신학』, 21.

[12] 위의 책, 21-22.

의 이러한 '멋' 중심의 풍류도 이해를 일컬어 성령 중심의 이해라고 평가하였다.[13] 흥미로운 것은 유동식 자신도 풍류도의 미학을 중심을 하여 후에 풍류신학을 '예술신학'으로의 변화를 시도하였다.[14]

한편 풍류의 또 다른 연구는 미학적 연구이다. 특히 '풍류'가 한국에서만 사용되는 개념이 아니라 중국과 일본에서도 사용되는 동양적 미라는 공통점에 착안하여 최근 풍류에 대한 동아시아 미학적 연구가 주목을 끌고 있다.[15] 특히 신은경의 연구는 흥미롭다. 신은경은 한국과 중국 그리고 일본에서의 '풍류' 개념의 용례를 비교 연구한 뒤, 각 국가의 풍류의 의미를 다음과 같이 구분해 주고 있다. 우선 중국에서의 풍류는 '바람이 흐르다'라는 자구적 의미로부터 뭔가에 구속받지 않는 인품의 호방함을 뜻하는 '기풍'(氣風)이나 '유풍'(遺風)으로 그리고 다시 '풍아'(風雅), 문아(文雅)로 확대되면서 후대에 이르러서는 남녀의 애정을 일컫는 말로 다소 속화되어가는 경향을 보인다.[16] 반면에 일본에서의 풍류는 섬세함, 화려함, 장식성 등에 비중을 두고 그 의미가 전개되고 있다. 이런 경우 주로 풍류는 형태적인 아름다움이나 의장(意匠)의 세련됨이 강조된다. 이 점은 일본의 '태'(態)의 한 체(體)로써 '풍류체', '풍류태'라든가 풍류복장, 풍류솔, 풍류차 등과 같은 용례에서 발견된다.[17] 결국 일본의 풍류는 '장식성', '화려함', '기품' 등 외견상 드러나는 아름다움의 요소가 강조되

---

13 김경재, "종교 간의 만남에서 해석학적 접목모델," 82.

14 유동식, 『풍류도와 예술신학』(서울: 한들출판사, 2006), 112-140.

15 풍류도의 미학적 접근에 대한 주목할 만한 연구는 신은경, 『風流: 동아시아 美學의 근원』(서울: 보고사, 1999); 민주식, "풍류도의 미학사상," 「미학」, 제11집(1986), 3-25; 민주식, "풍류(風流) 사상의 미학적 의의," 「미학 예술학연구」 12(한국미학예술학회, 2000), 61-76을 들수 있다.

16 신은경, 『風流: 동아시아 美學의 근원』, 31.

17 위의 책, 32.

면서 감각적으로 사람의 시선을 끌 만한 요소가 내포되었을 때 사용되는 의미라고 말할 수 있다. 그런데 여기서 신은경은 한국의 풍류는 중국이나 일본과 달리 형이상학적 요소 곧 종교성이나 사상적 측면이 강한 독자성을 갖고 있음을 강조한다. 특히 한국의 풍류는 중국이나 일본처럼 '시문'(詩文, 혹은 詩書畵)이나 '춤'(무용)의 측면보다는 오히려 '음악예술'의 측면이 강조되는 특징이 있음을 지적한 것은 흥미롭다.[18] 그리고 풍류에 대한 한·중·일 삼국의 차이점에도 불구하고 공통적인 것은 모두 풍류가 '놀이성'을 갖고 있다는 점이다. 물론 여기서 놀이성은 단순히 서양적 의미의 쾌락 자체를 위한 '유희'를 의미하는 것이 아니라 삼라만상, 우주만물 모든 현상의 본질과 조우하는 것을 전제로 한 놀이란 점을 주목할 필요가 있다. 즉, 동아시아 삼국의 풍류는 궁극적으로 미적 인식에 기반을 둔 놀이 문화요 더 나아가 예술적 삶이라고 말할 수 있다. 이런 이해 위에서 신은경은 풍류에 대한 미학적 연구를 통해 풍류의 본질로써 놀이적 요소, 미적 요소, 자연 친화적 요소, 자유로움의 요소를 강조하며 풍류심의 미적 구현으로서 '흥', '한'(恨), '무심'(無心)을 탐색하였다.[19]

그렇다면 풍류도의 개념에 대한 유동식의 풍류신학적 정의와 신은경의 미학적 정의를 기초로 하여 풍류도의 의미를 풍류신학적 관점에서 어떻게 새롭게 정의할 수 있을까? 연구자는 그것을 한마디로 '하늘잔치와 예술의 어울림'으로 새롭게 재개념화하고자 한다. 그리고 이것은 다시 세 가지의 세부적인 의미를 함축한 것으로 설명하고자 한다. 첫째, 풍류도란 한국인의 얼이자 한국인의 영성으로서 '포함삼교적 하느님 신앙'을 의미

---

[18] 위의 책, 65-66.
[19] 위의 책, 67-81.

한다. 여기서 포함삼교적이라 함은 최치원이 언급한 '포함삼교'(包含三敎)의 의미를 내포한 것으로 유교와 불교와 도교의 종지(宗旨)뿐만 아니라 기독교를 포함한 세계 인류의 보편적인 종교들의 종지를 모두 포함하는 것을 뜻한다. 동시에 '하느님 신앙'이란 의미는 풍류도의 본질 그 자체로 '천'(天) 곧 초월적인 하느님과의 인격적인 만남과 교제 그리고 섬김을 의미한다. 따라서 '포함적 하느님 신앙'으로서의 풍류도는 성서를 토대로 하여 세계의 보편적인 종교들의 종지를 존중하면서 하느님과의 인격적인 만남과 친교를 추구하는 것을 핵심적 과제로 삼는다. 이런 점에서 풍류도인은 미가 선지자가 언급했듯이 "공의를 실천하고 인자를 사랑하면서 겸손히 늘 하느님과 동행하는 자"(미 6:8)라고 말할 수 있다.

둘째, 풍류도란 접화군생의 축제적 삶을 통한 '하늘잔치성'의 의미를 갖고 있다. 여기서 하늘잔치성이란 '접화군생'(接化群生)의 자리이타(自利利他)적 삶을 통해 천국의 축제적 즐거움이 향유되는 것을 뜻하는 것으로, 단군신화의 궁극적 이상인 '홍인인간'(弘益人間)이 구체적으로 구현되고 향유되는 현실을 의미한다.[20] 특히 하늘잔치성이란 말에서 '하늘'(天)이란 물리적 하늘이나 혹은 내세적 천국의 개념이라기보다는 예수 그리스도의 하느님 나라 운동에서 강조되듯이 바로 지금 여기에서 하느님의 뜻이 온전히 실현된 현실을 의미한다. 따라서 풍류도인이란 널리 사람을 이롭게 한다는 홍익인간의 삶을 통해 하늘잔치에 참여하는

---

[20] 유동식은 접화군생을 "널리 사람을 이롭게 하는 윤리적 영성"이라는 맥락에서 풍류도인의 사회적 삶을 설명하였다. 필자는 유동식의 해석에 해방신학의 '프락시스'(praxis)의 관점을 추가하여 접화군생이란 소외되고 배제된 자들의 해방과 자유를 통해 단군의 '홍인인간'의 실현이라고 주장한 바 있다. 유동식, 『종교와 예술의 뒤안길에서』(서울: 한들출판사, 2002), 119; 손원영, "풍류도의 영성과 기독교교육의 새 방향," 『문화와 신학: 유동식의 풍류신학』, vol.1(2007), 197-198.

존재를 상징한다. 특히 하늘잔치에 참여하는 사람들은 잔칫상에서 어느 하나 소외되지 않고 모두 한 형제자매로 어울리게 된다. 그리고 그들은 서로를 평등하고 인격적인 존재로 환영하면서 즐거움을 함께 나눈다. 혹 소외되거나 배제된 자가 있다면 그들을 우선적으로 선택하여(preferential option) 기꺼이 그들의 필요를 채워주고 잔치의 일원이 되게 한다. 그래서 하늘잔치가 구현되었을 때 그곳은 아름다운 유무상자(有無相資)의 공동체를 이룬다. 그러므로 풍류도는 영원한 하느님의 나라를 바로 지금 여기에서 미리 앞당겨 맛보는 하늘잔치의 선취적 경험이라고 말할 수 있다.

셋째, 풍류도는 '예술성'을 포함한다. 한민족은 단군 이후 고대 삼한의 제천행사에서 삼일주야로 음식가무(飮食歌舞)하는 전통을 갖고 있었다. 여기서 제천행사란 '천'(天) 곧 '하느님'께 예배드리는 행위로써 하늘잔치의 의미와 다름이 없다. 그런데 그 제천행사는 늘 음식가무의 예술적 특성을 늘 내포하고 있었다. 이것은 한민족이 얼마나 하느님 신앙과 예술성이 절묘하게 결합되어 있는지 잘 드러내 준 모습이다. 그런데 신은경의 연구에서 드러나듯이 풍류의 미학적 내용은 약간 상이하다 하더라도 풍류의 예술성은 동아시아의 보편적인 현상임을 알 수 있다. 따라서 예술성으로서의 풍류도는 동아시아의 범위를 뛰어넘어 세계인들에게 보편적인 공감대를 형성할 가능성이 있다고 본다. 말하자면 풍류도는 온 세계시민과 더불어 미학적 아름다움을 함께 향유할 수 있는 예술적 어울림을 뜻한다. 물론 그 속에는 중국의 시문학적 예술성과 일본의 섬세함과 외적 장식성의 아름다움 그리고 한국의 신명과 같은 예술성이 하나로 통전된 예술성이다. 말하자면 예술성으로서의 풍류도는 단지 동아시아 삼국만의 예술성을 넘어서 온 세계가 함께 향유할 수 있는 범세계적 예술성이라고 말할 수 있다. 그렇다면 풍류도를 구성하는 포함삼교적 종교성을 기반으로 한 하느님 신앙과 축제적 놀이로서의 하늘잔치성 그리고 예술성이 창조적으로 어울릴 때, 과연 한국 역사에서 어떤 일들이 일어났는가? 아래에서는 구체적으로 신라 시대와 조선 말, 각각 화랑도와 동학의 사례를 통해 풍류도가 어떻게 구현되었는지 살펴본다.

III. 풍류도의 역사적 전개

1. 최치원의 화랑풍류도

풍류도는 그 원천으로 거슬러 올라가면 단군(檀君)에게 잇닿는다.[21] 그리고 고조선 이후 고대 삼한의 제천행사를 통해 하느님께 제사 지내고 삼일주야로 음식가무했던 무교(巫敎)적 전통 및 선교(仙/僊敎)적 전통이 함께 어울리면서 풍류도는 한민족의 역사를 이끌어왔다. 특히 풍류도는 삼국시대에 이르러서 신라의 '화랑'(花郎)에 의해 크게 계승되었다. 그

---

[21] 풍류도의 본질을 연구하는 학자들은 풍류도의 본질을 '선도'(仙道 혹은 僊道)로 보는 경우와 샤머니즘(巫敎 혹은 神道)으로 보는 경우로 구분된다. 물론 전자의 선도는 중국의 도교와는 다른 맥락에서 한국 고유한 신선 사상을 의미한다. 그러나 연구자가 판단하기에 이 둘을 엄격히 구분하는 일은 현실적으로 쉽지 않고, 다만 양자는 '하느님' 신앙으로 상호 통섭되지 않은가 판단한다. 참고로 전자의 입장에서 주로 연구한 학자로는 김범부와 유동식을 들 수 있고, 후자의 입장에서 선 연구자는 변찬린과 김상일을 들 수 있다. 자세한 것은 김범부 / 김정근 풀어씀, 『풍류정신의 사람, 김범부의 생각을 찾아서』(서울: 한울아카데미, 2013), 128; 유동식, 『한국종교와 기독교』(서울: 대한기독교서회, 1969), 24-25; 유동식, 『韓國 巫敎의 歷史와 構造』(서울: 연세대학교출판부, 1975); 변찬린, "僊(仙)攷: 風流道와 甑山思想," 『증산사상연구논문집』, 제5집(1979), 179-212; 김상일, 『동학과 신서학』(서울: 지식산업사, 2000), 302-310 참조.

런데 학계의 오랜 논쟁 중 하나는 풍류도가 화랑에 의해 만들어진 것인지 아니면 그 이전부터 우리 조상들 사이에 있어 계승된 것인지에 대한 것이었다. 사실 풍류도에 대한 역사적 사료가 많지 않은 상황에서 어쩌면 그러한 논쟁은 당연한 것인지 모른다. 그럼에도 불구하고 앞서 언급한 유동식의 무교 연구를 비롯하여 신채호의 연구 등에서 풍류도는 이미 고조선 시대부터 존재했고, 특히 신라 시대에 와서 화랑에 큰 영향을 끼친 것임이 설득력을 얻고 있다.[22] 말하자면 풍류도는 최치원의 "난랑비서"(鸞浪碑序)에 반영된 것처럼 화랑도(花郞徒)들에게 영감을 주는 화랑도의 정신적인 지도 이념이었던 것이다. 그래서 화랑이란 풍월도 곧 풍류도를 터득한 젊은이요 한국의 이상적인 청년상이었다.[23] 따라서 연구자는 여기서 화랑이 주축이 된 풍류도를 일컬어 '화랑풍류도'라고 부르고자 한다.

그런데 화랑풍류도를 바르게 이해하기 위해서는 수정해야 할 사항이 하나 더 있다. 그것은 화랑의 무리들인 '화랑도'(花郞徒)와 화랑의 정신으로서의 '화랑도'(花郞道)를 구분하는 일이다. 사실 엄밀히 말해 '花郞道'는 잘못된 개념이다. 왜냐하면 '花郞道'는 풍류도(風流道) 혹은 풍월도

---

[22] 이런 점에서 풍류도에 대한 신채호의 다음과 같은 언급은 유의미하다. "화랑의 별명은 군선(國仙)이라 하며, 선랑(仙郞)이라 하고, 고구려 조의의 별명은 선인이라 하며, '삼국유사'의 화랑을 신선의 일이라 하였은즉, 신라의 화랑은 곧 고구려의 조의에서 나온 자요 고구려사의 '평양자'(平壤者) 선인왕검지택(仙人王儉之宅)은 곧 선사(仙史)의 본문이니, 단군이 곧 선인의 시조라, 선인은 곧 우리의 국교이며, 우리의 무사도이며, 우리 민족의 넋이며 정신이며, 우리 국사(國史)의 꽃이거늘, 김부식은 그 원류를 말하지 않고, 다만 당나라 사람의 '신라본기'(新羅本紀)나 '대중유사'(大中遺事)의 본문을 인용하여 진흥대왕의 화랑 세우던 말만 함은 무슨 일인가" 신채호, "朝鮮上古文化史," 신채호기념사업회편, 『단제신채호전집(상)』(1987); 김부찬, "화랑도(花郞徒)의 체육철학으로서 풍류도(風流道)," 「한국스포츠리서치」, 제16권 3호(2005), 1802 재인용.
[23] 유동식, "화랑과 풍류도," 「새가정」(1992년 2월호), 22-25.

(風月道)와 다름 아니고, 화랑은 풍류도를 따르는 사람들 곧 '화랑도'(花郎徒)이기 때문이다. 그런데 화랑도를 '花郎道'로 잘못 이해하기 시작한 것은 아마도 이선근이 오래전 저술한 책『花郎道研究』(1950)의 영향으로서, 그 이후 후학들은 무비판적으로 '花郎道'란 용어를 따른 것으로 보인다.24 게다가 박정희 군사정권이 '화랑도'(花郎徒)를 군인의 표상으로 강조하며 그 위상을 강화하는 과정에서 풍류도 대신 '花郎道'라는 용어를 의도적으로 선택한 것이 아닌가 싶다. 어쨌든 풍류도는 화랑도의 지도 이념으로서 민족의 정신적 주체성 함양을 통해 삼국통일의 큰 역할을 하게 되었다. 그렇다면 화랑풍류도의 구체적인 모습은 무엇인가?

화랑제도는 6세기 삼국시대, 특히 신라(57B.C.E.경~935)를 배경으로 한다. 그 당시 고구려(37B.C.E.경~668)는 수나라(58~619)와 당나라(618~907)로 이어지는 중국과 당당히 겨룰 만큼 군사적으로 큰 강대국이었다. 그리고 백제(18B.C.E.경~660) 역시 일찍이 중국의 문물을 적극 수용하여 문화적으로 매우 선진적인 면모를 갖고 있었고 일본에게도 큰 영향을 끼치고 있었다. 그러나 신라는 지정학적 위치상 다른 두 국가에 비해 많이 뒤진 상태였다. 그런데 6세기 중엽 진흥왕(재위 540~576) 시대에 이르러서 신라는 획기적인 국가의 발전을 이르게 된다. 그 배경에 바로 화랑풍류도가 자리 잡고 있었다.

진흥왕은 국가의 발전을 꾀하면서 고구려처럼 군사 대국화를 지향하거나 혹은 백제처럼 외국 문물의 수입에 초점을 맞춘 것이 아니라 보

---

24 이선근,『花郎道研究』(서울: 해동문화사, 1950). 한편, 배문규는 많은 사람들이 '화랑도'(花郎徒)를 '화랑도'(花郎道)로 잘못 이해하는 배경에는 잘못된 교과서의 역할이 크다고 주장한다. 이에 대한 자세한 내용은 배문규, "고등학교 교과서『윤리와 사상』에 나타난 풍류도(風流道) 서술 내용 개선 연구,"「윤리교육연구」, 제49집(한국윤리교육학회, 2018), 121-149 참조.

다 더 근본적인 문제 곧 '민족의 정신적 주체성'을 확립하는 데 노력을 기울였다. 그래서 그는 나라를 흥하게 하려면 먼저 민족의 얼인 풍월도를 왕성하게 해야 한다고 생각하여 재위 37년 되는 해, 민족정신에 투철한 인재양성을 위해 '화랑제도'를 설치했던 것이다.[25] 『삼국사기』(三國史記)에서는 화랑에 대하여 다음과 같이 기록하고 있다.

> 그들('화랑'-필자 추가)은 도의를 연마하고(相磨道義) 혹은 가락을 즐기면서(相悅歌樂) 산수를 찾아다니며 노닐었는데(遊娛山水), 먼 곳이라도 다니지 않는 데가 없었다. 이로 인하여 그 사람의 옳고 그름을 알게 되고 그중에서 좋은 사람을 가려 뽑아 이를 조정에 추천하게 되었다. 그런 까닭으로 김대문(金大問)이 화랑세기(花郎世紀)[26]에서 말하기를 어진 재상과 충성된 신하가 이로부터 선발되었고 훌륭한 장수와 병졸이 여기에서 생겨났다고 하였다(『三國史記』新羅本紀4, 眞興王條).

위 언급에서 알 수 있듯이 화랑풍류도는 신라 인재양성 제도의 정신적 가치로서 신라는 화랑에 대한 풍류도 교육을 통해 삼국통일의 초석을 이루었다.[27] 특히 삼국을 통일한 김유신 역시 화랑으로서 풍류도를 통해 통일과업에 정진하였던 것이다. 이것은 최치원의 "난랑비서"(鸞浪碑序)

---

25 유동식, "화랑과 풍류도," 22.

26 1989년 『三國史記』에서 언급된 '花郎世紀' 필사본이 발견되면서 화랑에 대한 연구는 더욱 활성화되고 있다. 물론 아직 학계에서는 花郎世紀 필사본에 대한 진위 여부는 여전히 논쟁 중이다.

27 화랑과 풍류도의 연관성에 대한 최근 주목할 만한 연구로는 신재홍, "花郎世紀에 나타난 화랑의 이념과 향가," 「겨레어문학회지」 34(2005), 197-236; 양금석, "한민족의 풍류도와 화랑사상연구," 「한국국민윤리학회지」, 38(1998), 79-96; 양언석, "화랑도의 풍류세계 고찰," 「한국국어교육학회지」, 72(2006), 559-592 참조.

에 반영된 '화랑'(花郞)들의 모습에서뿐만 아니라 풍류도를 실천하던 화랑도의 대표적인 활동들인 '상마도의'(相磨道義), '상렬가락'(相悅歌樂), '유오산수'(遊娛山水)에서 잘 찾아볼 수 있다.[28] 이것들은 각각 화랑풍류도의 구체적인 활동들을 보여주는 것으로, 우선 '상마도의'는 그들의 지적, 종교적, 도덕적 수련을 의미하였다. 이것은 포함삼교적 종교성을 기반으로 하느님께 집단적으로 제사하며 신인합일을 추구하는 '종교성' 곧 하느님 신앙을 함축한다고 볼 수 있다. 둘째로 '상열가락'은 음악을 서로 즐기면서 심성을 수양하는 것으로 '예술성'을 함양하는 과정이었다고 볼 수 있다. 셋째로 유오산수는 화랑의 호연지기를 키우기 위한 일종의 축제적 놀이로 신체의 단련과 군사훈련 그리고 그를 통한 호국정신의 함양이었다.[29]

그런데 여기서 화랑풍류도의 특성과 관련하여 간과할 수 없는 두 가지 중요한 점이 있다. 첫째로 그것은 한국의 풍류 개념이 고려 시대와 조선 시대를 거치면서 종교성은 축소되고 예술성과 놀이성만이 크게 부각된 점이다. 그 단적인 예가 조선 시대에 이르러서 풍류를 '풍류방' 곧 '한량들의 잡스런 놀이'로 이해하는 경향이 많아진 점이다. 특히 흥미로운 것은 조선 시대에 이르러서 풍류는 곧 '음악'(音樂)을 뜻하는 것으로 '풍악' 혹은 '풍월'이라는 말로 사용되는 것이 일반화되었다. 이런 전통은 오늘날 국악에서도 나타나는데 관악합주를 '대풍류'로, 현악합주를 일컬어 '줄풍류'로 부른 것에서 잘 드러난다.[30] 둘째로 화랑풍류도에 내

---

[28] 화랑의 세 가지 풍류도의 실천들을 배경 삼아 기독교 교육의 한 가능성을 탐색한 것은 손원영, 『한국문화와 영성의 기독교교육』(서울: 대한기독교서회, 2009), 138-139 참조.

[29] 신은경, 『風流: 동아시아 美學의 근원』, 41-42.

[30] 위의 책, 49-50.

재되어 있는 핵심적인 구성요소 중 지금까지 주로 군사적 요소만을 지나치게 강조한 점이다. 이것은 일찍이 김범부에 의해서 오래전부터 지적되었다. 그에 따르면 화랑풍류도는 세 가지 구성요소 곧 군사적 요소, 종교적 요소 그리고 예술적 요소로 구성되는데, 과거 화랑풍류도는 주로 군사 및 제도적 측면에 치우쳐 강조되는 약점이 있었다고 비판하였다.[31] 특히 이러한 입장은 박정희 정권에 의해 더욱 강화되었다. 따라서 향후 화랑풍류도의 바른 이해를 위해 보다 균형적인 이해가 요청된다.[32]

결국 화랑풍류도는 신라의 민족 정체성을 세우는 핵심 가치였으며, 그것을 기초로 하여 신라는 삼국통일의 위업을 달성하였다고 말할 수 있다. 말하자면 '하늘잔치와 예술의 어울림'으로서의 풍류도는 신라가 삼국을 통일하는 핵심적인 민족의 영성이었던 것이다.

2. 동학의 시천주풍류도

풍류도가 화랑을 중심으로 한 신라인들에게 민족 정체성을 심어주

---

[31] 김범부, 『화랑외사』(3판)(서울: 이문출판사, 1981), 218. 참고로 이 책의 초판은 1954년 해군 본부 정훈감실에서 발간되었다. 그리고 김범부가 화랑도와 풍류도와의 관계에 관심을 가진 것은 그가 김동리 문학에 영향을 미친 것을 고려할 때 『화랑의 후예』(1935)가 나오기 전인 1930년대 중반으로 거슬러 올라간다고 추측된다. 김범부의 풍류도론에 대한 자세한 설명은 이태우, "일제 강점기 한국철학자 연구(1): 범부 김정설의 풍류도론," 『인문과학연구』, 제12집(2009) 참조.

[32] 참고로 풍류도의 연구 범위를 넓혀 최근 풍류도의 신체활동의 측면, 특히 스포츠와 레크레이션 분야와 연결하여 연구하는 것은 흥미롭다. 자세한 것은 이진수, 『신라 화랑의 체육사상연구』(서울: 서울: 보경사, 1993); 문제민 · 정기호, "화랑체육에서 유희의 역할과 의미," 「한국체육학회지」, 40:3(2001), 287-295; 조준호, "화랑의 풍류활동 고찰을 통한 여가 역사의 이해," 「한국여가레크리에이션학회지」, 31:1(2007), 249-263; 김부찬, "화랑도(花郎徒)의 체육철학으로서 풍류도(風流道)," 「한국스포츠리서치」, 16:3(2005), 1801-1808 참조.

는 큰 중심축이 되면서 신라는 그 역량으로 삼국통일을 완수하게 되었다. 그러나 그 후 풍류도는 한민족의 무의식 속에 면면히 흐르는 한민족의 얼로 작용했지만, 고려 시대와 조선 시대를 거치면서 중국으로부터 들어온 불교와 유교가 국가 이데올로기화되어 정치 권력과 결탁되는 과정에서 점차 소외되고 결국 민간 속으로 숨어버리게 되었다. 특히 조선 말 유교 이데올로기는 풍류도의 정신에 대하여 매우 배타적인 태도를 견지하였다. 그것은 무속뿐만 아니라 초월적 '하느님 신앙'을 추구한 천주교나 동학에 대해 냉혹하게 박해한 것에서 명백히 드러난다. 그런데 오랫동안 은둔해 있던 풍류도가 부활하는 결정적인 계기를 맞이하게 된다. 그것은 바로 최제우가 시작한 '동학'(東學)에 의해서이다.[33]

　　이런 점에서 풍류도의 역사를 구분한다면 최치원과 화랑이 강조하는 풍류도를 제1풍류도 그리고 조선 말 최제우의 동학운동은 제2풍류도로 이해될 수 있다.[34] 실제로 김범부는 최제우의 동학이야말로 최치원이

---

[33] 아이러니하게도 조선 땅에서 오랫동안 잊혀졌던 인격적인 '하느님'(天主) 신앙을 결정적으로 회복시켜주고 또 그 흐름 속에서 동학을 탄생시킨 배경이 된 것은 다름 아닌 '서학' 곧 천주교이다. 이에 대한 자세한 것은 김용해, "서학 천주교에 대한 유교적 조선의 대응과 동학의 탄생," 『동서양의 만남과 인문학적 신문명의 모색: 동학/천도교의 '전일적(全一的) 주체성'을 중심으로』(인문학적 성찰연구팀, 서강대학교, 2018.8.22) 참조.

[34] 필자는 본 논문에서 풍류도를 용어의 편의상 제1풍류도(화랑풍류도)와 제2풍류도(시천주풍류도)로 구분하여 서술하였으나, 그 유사한 분류는 여러 연구자들에 의해서도 진행되었다. 예컨대 조용일과 김상일은 동학을 중심으로 명명하면서, 신라의 '풍류도'를 '옛 동학'으로 그리고 수운이 창도한 '동학'을 '새 동학'(=한국 사상)으로 구분하였다. 趙鏞一, "孤雲에서 찾아 본 水雲의 思想的 系譜-韓國 近代化의 指導理念과 東學思想 硏究를 위한 一試攷," 「韓國思想」, 제9집(한국사상연구회, 1968), 152; 김상일, 『동학과 신서학』, 302. 한편 조대현은 동학의 뿌리를 고조선시대의 '단군사상'에게까지 거슬러 올라가서 고조선의 '배달길'을 '고대동학'으로, 삼국시대의 '풍류도'를 '중세동학'으로, 수운의 동학을 '근대동학'으로 명명하여 그 연속성을 강조하였다. 그리고 그런 맥락에서 조대현은 한국(桓國), 神市, 및 檀君朝鮮 등 고대 한국 역사와 종교에 관한 기록들―예컨대 『한단고기』(桓檀古記)―과 동학의 경전인 『東經大全』의 관계를 마치 기독교의 구약성서와 신약성서의 관계처럼 간주하여 연구하

"鸞浪碑序"에서 언급한 풍류도의 재탄생 곧 "신도정신[35]의 기적적 부활" 혹은 "국풍의 재생"이라고 언급한 바 있다.[36] 이러한 김범부의 주장을 수용하여 화랑풍류도와 구분하는 의미에서 필자는 최제우의 동학을 일컬어 '시천주풍류도'(侍天主風流道)라고 부르고자 한다.

사실 최제우가 '동학'이란 이름으로 풍류도를 다시 재생시켰다는 것은 표면적으로 볼 때 '서학'(西學, 혹은 天主敎)에 대한 하나의 타자의식으로 파생된 용어임을 완전히 부정할 수는 없다. 하지만 그럼에도 불구하고 간과할 수 없는 것은 엄밀히 말해 동학은 중국의 종교와 사상으로부터 한민족이 비로소 독립 선언한 것을 의미한다. 말하자면 동학의 등장은 단순히 한 신흥종교의 탄생을 의미하거나 서세동점의 시대에 단순히 서구 세력에 대한 저항으로서만이 아니라 서양과 중국 모두에 대한 '한민족의 영성적 독립' 곧 사상사적 혹은 종교적 독립을 선언한 셈이다.[37] 그리고 그것은 한민족의 새로운 '근대적 주체 형성'의 사건이라고 말할 수 있다. 이것이 동학이 갖고 있는 매우 중요한 시대적 의미이다. 이에 대하여 최동희의 언급은 유의미하다.

기성종교를 벗어버린다는 것은 중국문화의 지배에서 벗어나는 것을 뜻한

였다. 조대현, "東學과 風流道의 關係," 「東學研究」, 제4집(한국동학학회, 1999), 73.

[35] 여기서 '신도'(神道) 정신이란 풍류도의 정신을 의미하는 것으로 '巫俗'으로서의 풍류도를 뜻한다. 자세한 것은 김범부, "최제우론," 『풍류정신의 사람, 김범부의 생각을 찾아서』, 128-130 참조.

[36] 김범부, "최제우론," 130.

[37] 동학은 오리엔탈리즘과 중화주의를 모두 극복한 경우라 할 수 있다. 특히 조선의 중국 사상 중심주의(儒佛仙)는 오리엔탈리즘 속의 오리엔탈리즘으로써 당시 조선은 이중고를 겪고 있었다. 강상중, 이경덕 역, 『오리엔탈리즘을 넘어서』(서울:이산, 1999), 77-111; 김상일, 『동학과 신서학』, 230.

다고 볼 수 있다. 동학을 내세운다는 것은 중국문화로부터 우리 한국 문화의
자립을 선언하는 것으로 된다. 동학과 민족주의는 이렇게 운명적으로 얽혀
있었다.[38]

그런데 최근 최동희와 같은 주장의 논의가 다시 '토착적 근대'란 이
름으로 한국의 근대성 논의와 연결되어 활발하게 재론되고 있는 점은
흥미롭다. 예컨대 김태창은 자신의 공공 철학적 논의를 전개하는 과정
에서 풍류도인이란 '공공(公共)하는 인간'이라고 규정한다. 여기서 공공
하는 인간이란 신라의 원효나 화랑 그리고 최제우 같은 풍류도인을 일컫
는 말이다. 즉, 그들은 모두 도덕성을 바탕으로 하면서 자연성, 자발성,
예술성이 강조되는 일종의 고대판 '노블레스 오블리주'(noblesse oblige)
를 실천한 인물들이다.[39] 따라서 새로운 공공하는 인간으로서 최제우와
최시형 그리고 손병희와 같은 풍류도인들은 동학농민혁명(1894)과 3.1
운동(1919)을 통해 이성 중심의 근대가 아닌 '영성적 근대'로서 새로운
한국의 문을 열었다고 말할 수 있다. 이런 점에서 비록 조선의 국운은
역사의 뒤안길로 스러져갔지만, 시천주풍류도의 영성혁명은 한민족에
게 중국이나 서양의 세력들로부터 독립적 존재임을 깨닫게 함으로써 진

---

38 崔東熙, "宗教와 民族主義: 東學을 중심으로," 「韓國思想」, 제9집(한국사상연구회, 1968), 131.
39 김태창, 야규 마코토, "'공공(公共)하는 철학'으로서의 한사상: 원효, 수운, 범부를 생각한
    다," 『한국사상의 원류: 동학과 동방학』(동리목월문학심포지엄, 2011), 15-17; 김태창 구술
    / 야규마코토 기록 / 정지욱역, 『일본에서 일본인들에게 들려준 한삶과 한마음과 한얼의
    공공철학 이야기』(서울: 모시는사람들, 2012). 한편, 조성환은 조선말 동학의 근대운동을
    일컬어 서구의 이성적 근대와 대비되는 '영성적 근대'라고 주장한다. 자세한 것은 조성환,
    "개벽과 개화: 근대한국사상사를 어떻게 볼 것인가?"『근대한국종교의 토착적 근대화 운동:
    한국의 근대를 다시 묻는다』(제38회 원불교사상연구 한일공동학술대회자료집, 원광대학
    교 원불교사상연구원, 2018.8.15-16), 80-81 참조.

정한 대한의 독립이 무엇인지를 보여주는 큰 기여를 했다고 말할 수 있다. 이것이 시천주풍류도 탄생의 진정한 의미이다.

그렇다면 앞서 정의한 "하늘 잔치와 예술의 어울림"으로서의 풍류도 정신이 갖고 있는 세 가지 구성요소가 시천주풍류도에서 어떻게 변용되어 구체적으로 등장하였는지 검토해 본다. 우선 풍류도의 첫 번째 구성요소인 '포함적 종교성으로서의 하느님 신앙'은 최제우의 하느님 체험에서 결정적으로 드러난다. 최제우는 경신년(1860)에 상제 곧 하느님과 만나는 체험을 하였다.[40] 그것은 '천사문답'(天師問答)으로 알려진 하느님 체험이었고 또 그와 더불어 각고의 노력 끝에 깨달은 '내 마음이 곧 네 마음'이라는 '오심즉여심'(吾心卽汝心)의 체험이었다. 그리고 그의 체험은 곧 '시천주'(侍天主) 개념으로 표현된다. 여기서 시천주란 최제우 스스로도 『東經大全』의 '論學文'에서 주석하면서 "시(侍)라는 것은 안으로 신령이 있고 밖으로 기화가 있어서 온 세상 사람이 각각 알아서 옮기지 않는 것"(侍者 內有神靈 外有氣化 一世之人 各知不移者也)이라고 말하고 있다. 이것은 동학이 초월적인 하느님과 우리 안에 계신 내재적인 하느님을 모두 섬긴다는 이중적 의미를 갖고 있다. 말하자면 최제우에게 있어서 시천주는 일종의 '범재신론'(panentheism)의 다른 표현이다.[41] 그리고 최제우를 이은 최시형은 시천주를 넘어서 '사인여천'(事人如天)으로 그리고 손병희는 사람이 곧 하늘이라는 '인내천'(人乃天) 사상으로 하느님을 새롭게 이해하였다. 그래서 동학에서의 하느님은 외부에 존재하는 초월적인

---

40 최제우의 하느님 체험에 대한 자세한 논의는 성해영, 『수운 최제우의 종교 체험과 신비주의』 (서울: 서울대학교출판부, 2017) 참조.

41 기독교와 동학의 신관으로서 '범재신론'에 대한 설명은 김상일, 『수운과 화이트헤드』(서울: 지식산업사, 2001), 381-382 참조.

분으로서뿐만 아니라 우리의 내면과 만물 속에 존재하시는 분으로서 우리가 정성껏 공경해야 할 분(侍天主)임과 동시에 잘 길러야 할 분(養天主)이시다.

그런데 조선에서 하느님 신앙은 과거 천 년 동안 잊혔던, 아니 정확하게 말하면 외부에 발설해서는 안 되는 금기 내지 미신(迷信)과도 같은 것이었다. 그런데 최제우로부터 시작된 동학이 등장하여 그 하느님 신앙을 공공연히 설파할 뿐만 아니라 누구든지 그 하느님을 인격적으로 만날 것을 권하였다. 이것은 당시 실로 엄청난 사건이라고 볼 수 있다. 왜냐하면 그것은 앞에서도 언급하였거니와 과거에 절대자(혹은 天)를 불교와 유교의 논의 속에서 인격적인 존재가 아니라 비인격적 존재 곧 '무'(無)나 이기론(理氣論)의 맥락에서 우주 운행의 형이상학적 원리 정도로 이해하였는데, 그것을 완전히 변화시키는 코페르니쿠스적인 전환을 요구하였기 때문이다. 특히 그 인격적인 하느님은 포함삼교적 특성을 갖고 있는 분이라는 데 큰 의미가 있다. 여기서 '包含三敎的' 특성이란 당연히 최치원이 "난랑비서"에서 언급한 것으로 유불선을 포함하면서도 그것을 뛰어넘어 서학까지도 품을 수 있는 분으로서의 하느님 이해이다.[42] 심지어 최제우는 과거 한국인들을 지배했던 유불도에 대하여 "유도불도(儒道佛道) 누(累) 천년에 운(運)이 역시(亦是) 다했던가"(『龍潭遺詞』, 敎訓歌)라고 노래하면서 새로운 시천주풍류도의 포함삼교적 성격을 강조하였던 것이다. 이러한 포함삼교적 시천주풍류도의 특성에 대하여 이돈화

---

[42] 수운에게 서학의 신과 동학의 상제는 궁극적인 존재의 각기 다른 표현으로, 선비들과 나눈 대화 속에서 발견된다. "대답하기를 천도이니라. 묻기를 양도와 다른 것이 없습니까? 대답하기를 양학은 우리 도와 같은 듯하나 다름이 있고 비는 것 같으나 실지가 없느니라. 그러나 운인 즉 하나요 도인 즉 같으나 이치인 즉 아니니라"(日天道也 日與洋道無異者乎 日洋學如斯而有異 如呪而無實 然而運則一 也 道則同也 理則非也). 『東經大全』, 「論學文」 8.

는 그 의미를 『천도교창건사』에서 다음과 같이 밝히고 있다.

나는 유도 아니오, 불도 아니오, 선도 아니오. 그 전체의 원리를 사랑하지요. 천도는 아니 있는 곳이 없으니 전체를 사랑할 수밖에 없지 않소. … 무슨 진리든지 그 시대 사람에게 생혼(生魂)을 넣어줄 수 없게 되고, 그 시대의 정신을 살릴 수 없게 되면 그는 죽은 송장의 도덕이지요. 이 시대는 불법이나 유법이나 기타 모든 묵은 것으로는 도저히 새 인생을 거느려 나갈 수 없는 시대이지요. 다만 필요한 것은 죽은 송장의 속에서 새로 산 혼을 불러일으킬 만한 무극대운(無極大運)을 파지하고 신천 신지 신인을 개벽(開闢)하여야 하지요.[43]

吾道는 儒佛仙 合一이라. 즉, 天道는 유불선이 아니로되 유불선은 천도의 한 부분이라. 儒의 윤리와 佛의 각성과 仙의 양기(養氣)는 사람 성의 자연한 품부(品賦)이며 천도의 고유한 부분이니 吾道는 그 無極大源을 잡은 자이다.[44]

이처럼 시천주풍류도는 화랑풍류도에서 강조되었던 포함삼교적 종교성을 적극적으로 담아내고 있다. 실제로 이러한 포함삼교적 종교성은 동학(천도교)이 기독교와 불교와 협력하여 3.1운동을 가능케 하는 원동력이 되었고 또 역으로 시천주풍류도를 배경으로 하여 한국의 신흥종교인 원불교와 증산교 등 새로운 개벽 종교가 탄생되는 원동력이 되었다고 말할 수 있다.

---

43 이돈화, 『천도교창건사』, 천도교중앙종리원, 소화8년(영인본)(서울: 경인문화사, 1982), 33-34.
44 위의 책, 47.

풍류도의 두 번째 구성요소인 '하늘잔치성'은 시천주풍류도에 와서는 '개벽'(開闢) 사상과 '평등성'(平等性) 그리고 '보국안민'(輔國安民)의 원리 등으로 변모된 것으로 보인다. 성경에서 제시하는 '하늘잔치'는 동학적인 의미로 해석할 때, 그것은 전적인 새로운 세계 곧 개벽 세계를 의미한다. 그곳에는 신분 차별이나 불평등이 없고 모두가 서로 진심으로 시천주(侍天主)로서 상대방을 하느님(天)으로 공대하는 이상향이다.[45] 따라서 그곳은 어느 누구 하나 배제되지 않는 무제약적 환대(unlimited hospitality)가 실천되는 곳이다. 사실 이러한 개벽의 세계는 다름 아닌 성서적 이미지로 할 때 '새 하늘과 새 땅' 곧 '하늘잔치'와 다름 아니다.

주지하듯이 조선말 삼정(三政: 田政, 軍政, 還政)의 문란으로 나라는 혼란스러웠고, 특히 경제적 빈곤은 매우 심각하였다. 그런데 박맹수에 의하면 당시 동학이 급속히 전국적으로 확산될 수 있었던 배경에는 누구든지 동학에만 들어가면 최제우의 포덕문의 가르침에 따라 경제적으로 넉넉한 교도가 가난한 교도를 돕는 '유무상자'(有無相資)가 실천됨으로써 굶어 죽는 사람이 없었기 때문이다.[46] 게다가 최제우는 하느님을 체험한 후 가장 먼저 실천하는 것은 다름 아닌 자신의 노비를 해방한 것이다. 두 명의 여자 노비 중 하나는 자신의 며느리 삼고 또 한 노비는 자신의 수양딸로 삼은 것은 너무나 유명한 일화이다. 이것은 천국놀이의 한 모습이다. 놀이에서는 결코 불평등이 존재하지 않는다. 오직 즐거움만이 있을 뿐이다. 바로 동학은 이러한 풍류도의 놀이성을 극단적으로 실천한 경우라 할 것이다. 뿐만 아니라 조선이 국내외의 압제적 세력에 의해

---

45 시천주의 평등성에 대한 자세한 설명은 권진관, "예수와 수운의 정의 사상 비교: 정의 사상을 통한 두 이야기의 합류," 「신학사상」, 제168호(2015), 70-104 참조.
46 박맹수, 『생명의 눈으로 보는 동학』(서울: 모시는사람들, 2014), 128.

국권이 위협을 당하자 동학교도들은 자신의 안위를 뒤로 하고 나라를 위해 분연히 일어섰다. 이것이 바로 동학농민혁명이다. 동학농민혁명은 결코 단순히 농민들의 폭도적 사건이 아니라 부패한 권력에 대한 저항의 사건이었고, 더 나아가 풍류도의 실현을 통해 모두가 하느님을 품은 사람으로 존경받는 개벽의 세계를 이 땅에서 세우기 위한 진정한 영성혁명이었다.

끝으로 풍류도의 세 번째 구성요소인 예술성은 시천주풍류도 속에서도 여전히 이어지고 있다. 가장 대표적인 예는 주문(呪文)과 영부(靈符) 그리고 검무(劍舞)를 들 수 있다. 이것들은 각각 언어적인 힘, 그림의 힘, 춤의 힘을 동학의 수도법으로 정립시킨 경우이다. 사실 인도 문화만이 만트라(mantra: 주문), 만다라(mandala), 무드라(mudra: 수인)의 주술력에 주목했을 리 없다. 그것은 모든 종교의 보편적인 현상이다. 좀 더 구체적으로 서술하면, 우선 동학은 주문의 예술성을 수련에 적극 활용하였다. 최제우는 주문을 일컬어 "천주를 지극히 위하는 언어"[47]라고 말하면서 제자들에게 주문 수련에 게을리하지 말 것을 당부하였다. 최제우가 가르친 21자 시천주 주문은 바로 "지기금지원위대강 시천주조화정 영세불망만사지"(至氣今至 願爲大降 侍天主 造化定 永世不忘 萬事知)이다. 이 주문은 강령주문 8자와 본주문 13자로 구성되어 있는데, 이 주문을 반복하여 수련함으로써 시천주(侍天主)를 체험케 하였다.

또한 최제우는 '영부'(靈符)를 그리게 한 뒤 그것을 물에 타 마시게 함으로써 그것을 치병을 위해서 뿐만 아니라 수행의 한 예술적 방법으로 제시하였다. 사실 최제우 자신도 종교 체험 이후 수차례에 걸쳐 영부를

---

[47] 『東經大全』論學文; 『동학사상자료집』 1(서울: 아세아문화사, 1979), 15.

물에 타 마심으로 몸의 치유를 경험하였음을 밝혔다(布德文). 하지만 그 것을 다른 사람의 병에 써 본 결과 차도가 모두에게 있는 것이 아님을 발견하고, 하느님을 향한 '정성'과 '공경'의 마음이 중요함을 역설하였 다. 그래서 그는 영부를 치병을 위한 '주술'이라기보다는 오히려 '위천 주'(爲天主)의 맥락에서 하느님께 정성과 공경을 기울이는 수련의 방법 으로 강조하였다.[48] 이것은 최종성도 지적하였거니와 최제우의 큰 독창 성이라고 말할 수 있다.[49] 말하자면 영부를 그리는 예술 활동은 치병을 위한 주술이 아니라 '영성수련'의 한 방법으로 적극 활용한 것이다.

뿐만 아니라 최제우는 스스로 검가(劍歌)를 곁들인 '검무'(劍舞)를 실 천하였다. 그에게 있어서 검무는 체력단련이나 여흥을 돋우는 몸짓으로 서만이 아니라 하느님의 기운을 왕성하게 내리게 하는 경건한 의례로 활 용되었다. 즉, 수운의 검무는 신성의 내적 충일과 종교적 성숙에 대한 감 흥을 외적으로 표출하는 종교적인 의례였던 셈이다. 그리고 더 나아가 검무는 개벽의 임박성과 변혁에 대한 결단을 강조하는 맥락에서 제자들 에게 강조하였다. 그런데 아쉬운 점은 비록 최제우가 화랑풍류도로부터 전승된 예술성의 전통을 계승하여 '부적'과 '검무'를 하느님을 향한 정성 과 공경의 차원에서 강조했음에도 불구하고, 그것이 시천주풍류도의 전 통에서 축소되거나 점차 사라진 점이다. 아마도 당시 일제를 중심으로 한 이성적 근대성을 중시하는 측면에서 볼 때 그것들이 미신적인 모습으 로 비춰지거나 혹은 검을 들고 난을 일으키는 불순한 무리라는 오해를 받지 않기 위해 축소된 것이 아닌가 싶다. 그럼에도 불구하고 이러한 동학

---

[48] 위의 책, 8-9.

[49] 최종성, 『동학의 테오프락시: 초기 동학 및 후기 동학의 사상과 의례』(서울: 민속원, 2009), 156-158.

풍류도의 예술성의 상실은 매우 유감스러운 일이 아닐 수 없다. 따라서 21세기 동학풍류도의 회복은 어쩌면 예술성의 회복으로부터 시작되어야 할 것이다.

IV. 한국적 다문화주의로서 하늘풍류도 모델

일찍이 통일신라의 최치원은 오랫동안 한민족 가운데 전해져 오던 한국인의 얼을 비로소 처음으로 '풍류도'라고 이름을 붙이고, 그 구체적인 내용으로서 '포함삼교'와 '접화군생'의 특성을 밝혀주었다. 그리고 삼국사기와 삼국유사 등의 문서들은 그러한 풍류도의 정신으로 살았던 대표적인 인물들로 '화랑도'를 소개해 주었다. 그들은 화랑풍류도에 근거하여 상마도의(相磨道義)의 정신으로 포함삼교의 하느님을 모셨고, 상렬가락(相悅歌樂)의 예술성을 발산하였고, 유오산수(遊娛山水)의 축제적 놀이성을 향유하였다. 이렇게 하느님 신앙을 기반으로 한 조화적 종교성과 예술성 그리고 축제적 놀이성은 화랑으로 하여금 한국인의 얼을 각성시켜줌으로써 삼국통일의 정신적인 역량을 갖추도록 하는 힘이 되었던 것이다.

그리고 조선 말 시천주풍류도는 오랫동안 중국의 종교와 사상에 의존해 있던 조선인들에게 식민성을 극복하고 한국인의 민족 정체성을 다시 회복시키는 데 결정적인 영향을 끼쳤다. 그 결과 비록 실패한 혁명이었지만 동학농민혁명을 통해 민중들은 만인이 평등하고 보국안민하는 새로운 개벽의 나라를 꿈꿀 수 있게 되었던 것이다. 뿐만 아니라 시천주풍류도는 조선이 일본식민지로부터 독립해야 하는 정신적 이유를 제공함으로써 3.1 운동과 자유와 평등의 나라인 대한민국을 탄생시키는 민족의 영적 에너지의 역할을 감당하였다. 말하자면 한국인들이 추구하는 자유와 인권 그리고 평등이란 원리는 엄밀히 말해 서구로부터 수입된 것이 아니라 오히려 한국인의 풍류도 사상 속에 오래전부터 내재해 있던 것들이라고 말할 수 있다. 특히 동학을 통해 다시 폭발한 풍류도의 에너지는 조선 말에는 동학농민혁명으로, 일제 시대에는 3.1 독립운동으로 그리고 현대에는 6.10 민주화운동과 2016년 촛불혁명으로 이어졌다고 말할 수 있다.

이제 다문화 사회를 넘어 절대타자처럼 간주되던 북한과 만나 통일 한국을 내다보면서 한국인들은 남한과 북한을 모두 하나로 묶을 수 있는 새로운 정신 혹은 민족적 영성을 고대하고 있다. 그것은 무엇일까? 연구자는 그것이 '풍류도'가 아닌가 생각한다. 말하자면 그것은 제3의 풍류도이다. 그렇다면 제3의 풍류도는 과연 어떤 모습일까? 그것은 인격적인 하늘(天) 신앙을 바탕으로 한 '하늘잔치와 예술의 어울림'으로서의 풍류도가 21세기 한반도에 구현된 풍류도이다. 그것은 과거 화랑풍류도와 시천주풍류도를 계승하면서도 동시에 새롭게 재창조된 풍류도일 수밖에 없다. 하지만 우리는 아직 그 제3의 풍류도에 대하여 무엇이라고 이름 붙일 수 없다. 다만 그것은 이 한반도에서 성서에 증언된 예수 그리스도께서 펼친 하느님 나라 운동의 맥락에서 풍류신학적 제안을 한다면 '하늘(天)풍류도'가 어떨까 상상해 본다. 그리고 그 하늘풍류도는 적어도 다음과 같은 구체적인 과제를 갖는다.

첫째, 하늘풍류도는 포함삼교적 하느님 신앙에 따라 성서에 증언된 하느님과 우리 민족이 5천 년 동안 믿어온 하느님이 결코 다른 분이 아니라 '같은 하느님'임을 고백할 과제를 갖는다. 이런 맥락에서 볼 때 앞으로

'하늘(天)신학'의 연구가 시급히 요청된다. 이러한 하느님 신앙의 가능성은 이미 최제우의 종교 체험을 통해서 증명되었다. 경신년 4월 최제우가 기도 중에 절대자이신 하느님의 소리를 듣는다. 깜짝 놀란 최제우는 당신이 누구시냐고 묻자 하늘에서 소리가 들린다. "세상 사람들이 나를 '상제'라 하는데, 너는 상제(하느님)를 알지 못하느냐?"[50] 그리고 수운은 하느님을 체험한 뒤 자신을 찾아온 선비들에게 자기가 받은 도를 '천도'라고 설명한다. 그러면서 덧붙이기를 서학과 동학은 "運인즉 하나요 道인즉 같으나 理致인즉 아니니라"[51]라고 말하였다. 말하자면 서학(기독교)이나 자신이 창도한 동학이나 모두 하느님을 섬기는 면에서는 같으나, 그 이치 곧 설명하는 신학(이론) 체계가 다르다고 설명한 것이다. 왜냐하면 "내가 동에서 태어나서 동에서 천도를 받았으니 도는 비록 천도나 학인즉 동학"[52]이라고 말하였던 것이다. 이러한 최제우의 종교 체험을 바탕으로 이해할 때 그가 만난 하느님은 그 자신도 인정하였거니와 성서에서 증언된 하느님과 다른 분이 아니다. 다만 다른 것은 한국(혹은 東)이라는 상황(context) 위에서 하느님을 믿어야 하기 때문에 동학이 된 것이다(道則同也 理則非也).

따라서 하늘풍류도는 한국인들이 수천 년 동안 믿어온 하느님은 결코 성서에서 증언된 하느님 곧 모세와 예수 그리고 바울이 만난 하느님과 다른 분이 아님을 선포하는 것이 필요하다. 이것은 하느님 신앙 위에

---

50 "不意四月 心寒身戰 疾不得執症 言不得難狀之際 有何仙語 忽入耳中 驚起探問則 曰勿懼勿恐 世人 謂我上帝 汝不知上帝耶,"『東經大全』布德文.

51 "曰天道也 曰與洋道無異者乎 曰洋學如斯而有異 如呪而無實 然而運則一 也 道則同也 理則非也,"『東經大全』論學文.

52 "曰同道言之則 名其西學也 曰不然 吾亦生於東 受於東 道雖天道 學則東學 況地分東西 西何謂東 東何謂西,"『東經大全』論學文.

서 이웃 종교에 대한 배타성을 극복하고 서로 더불어 어울리는 포함삼교적 조화의 신앙을 세우는 일이다. 동시에 이것은 통일 한국 시대에 남한과 북한을 하나로 융합시키는 영적인 에너지가 된다. 이런 점에서 한국교회는 앞으로 배타적인 근본주의적 신학 사상을 극복하고, 하늘풍류도의 맥락에서 새로운 풍류신학 곧 '하늘(天)신학'을 시급히 체계화해야 할 과제를 안고 있다. 여기서 하늘신학은 한 민족만이 선택받은 선민이라는 소위 배타적인 민족의식을 강조하는 신학이 아니라, 오히려 온 인류가 다 하느님을 모시고 있으며 그런 의미에서 온 인류는 모두 하느님의 자녀라는 '온인류신학'[53]이라는 측면에서 연구되는 신학이다.

둘째, 하늘풍류도는 '하늘잔치성'의 구현을 위해 한반도의 공동체가 '유무상자'(有無相資)의 홍익인간 공동체가 되어 하느님의 나라를 이 땅에 이루는 과제를 갖는다. 여기서 유무상자의 공동체란 부한 자도 없고 가난한 자도 없는 자본주의와 사회주의를 모두 지양하는 제3의 복지사회임과 동시에 인격적인 자발성 하에서 이웃과 아낌없이 사랑을 교류하는 나눔과 섬김의 생명공동체이다.[54] 이러한 모델은 매우 제한적이긴 하지만, 사도행전 2장에 나오는 초대교회 모델과 초기 동학의 모델에서 찾아볼 수 있다. 우선 예수 부활을 경험한 초대교회 성도들은 자발적으로 함께 모여 사랑을 나눈 유무상통의 공동체를 이루었다. 말하자면 예수 안에서 모두 함께 지내며 모든 것을 공동으로 소유하고 또 재산을 팔아서 모든 사람들이 나누며, 기쁘게 음식을 먹고 하느님을 찬양하며 매

---

53 여기서 하늘신학 곧 온인류신학은 최근 장로교(통합측)를 중심으로 논의되고 있는 '온신학'과 연결하여 이해될 수 있다. 향후 상호 검토가 요망된다.
54 이와 관련된 주목할 최근 연구로는 정종성, "동학운동의 관점에서 살펴본 누가의 청지기 비유의 공공행복 원리 연구," 「신학사상」 제167호(2014), 71-115 참조.

일매일 하늘잔치의 삶을 산 것이다(행2:43-47). 또 같은 맥락에서 조선 말 최제우가 설파한 초기 동학 공동체 역시 유무상자의 공동체였다. 초기 동학 공동체에 들어오는 자는 그 누구도 소외된 사람이 없이 굶어 죽는 사람이 하나도 없었던 것이다. 동학농민혁명이 일어날 19세기 말 조선의 인구가 대략 천만 명 정도였다고 하는데, 동학혁명에 동참한 인구가 약 삼백만 명 정도가 되었던 배경에는 동학의 유무상자의 정신과 하늘잔치로서의 개벽 사상이 있었기 때문이다. 따라서 통일 한국을 지향하는 한반도는 이러한 맥락에서 남한의 자본주의와 북한의 사회주의를 넘어서는 제3의 경제 체제를 꿈꾸며 유무상자의 공동체를 기대한다. 지금 남한과 북한과의 경제 차이는 약 40배 정도라고 한다. 심각한 빈부의 격차이다. 그리고 남한의 빈부 차이 역시 그 못지않게 심각하다. 따라서 통일 한국의 미래는 이러한 부의 불균형을 자발적인 방식으로 천국의 놀이잔치처럼 즐겁게 분배하고 서로 향유할 수 있는 공동체이어야 한다. 이런 점에서 장일순에 의해 기독교와 동학의 가치를 기반으로 하여 시작된 '한살림 운동'은 한반도 확산 모델로 긍정적으로 고려될 필요가 있다. 따라서 하늘풍류도는 한반도에 유무상자의 생명살림공동체와 진정한 홍익인간의 공동체를 이루어 하늘잔치의 이상을 실현하는 일이다.

셋째, 하늘풍류도는 '예술성'을 그 본체로 한다. 이것은 이미 유동식의 풍류신학과 신은경의 풍류미학에 의해 간파되었거니와 풍류도는 하느님 신앙과 예술의 절묘한 묘합(妙合)이다. 그 둘은 결코 분리될 수 없다. 이런 점에서 유동식이 "풍류신학은 곧 예술신학이다"라고 선언한 것은 매우 시사적이다.[55] 예술신학에 의하면 천지를 창조하신 하느님은 가장

---

55 유동식, 『풍류도와 예술신학』(서울: 한들출판사, 2006), 제III장 참조.

위대한 예술가이시고, 이 우주는 그의 예술 작품이다. 그리고 말씀 (*logos*)이 육신이 되신 예수 그리스도는 가장 위대한 예술의 실상이고, 그의 십자가와 부활은 하느님의 새로운 예술 활동이시다.[56] 이런 맥락에서 한반도에서 하늘풍류도 운동은 예술가의 구체적인 모범인 예수 그리스도를 따라 새 하늘과 새 땅을 새롭게 창조하는 행위예술가 될 것이다. 그리고 그것은 남북한의 시민들로 하여금 예술가이신 하느님과 예수 그리스도를 닮아 한 멋진 삶의 예술가가 되도록 격려하는 운동이 된다. 비록 한국의 풍류가 전통적으로 '음악'에 초점을 맞춘 것이었으나, 새 시대 풍류도의 예술은 모든 예술 활동의 조화로서 통합예술을 지향할 필요가 있다. 그래서 20세기 대표적인 풍류도인으로 평가되는 김구는 독립된 대한의 모습으로 군사 강국이 아니라 아름다운 문화의 강국을 꿈꾸었듯이, 하늘풍류도는 이 땅에 아름다운 미적 이념이 구석구석 실현되는 예술의 나라를 이루도록 하는 것이다. 이런 점에서 목회 활동은 단순히 교회에 출석하는 신자들을 돌보거나 혹은 내세 준비 기관으로 축소되지 않는다. 오히려 그것은 하늘풍류도의 정신에 근거하여 바로 지금 여기에서 하느님의 나라 곧 천국을 창조하며 모든 인류와 축제의 삶을 살도록 격려하는 '예술목회'가 된다.

---

56 위의 책, 116-118.

V. 결론

최근 다문화주의의 논의는 강대국들의 자국민 우선주의에 막혀 그 설득력을 잃어가고 있다. 특히 한국 사회가 비록 빠른 속도로 과거에 경험하지 못했던 다문화 사회로 변화되어가고는 있지만, 여전히 대한민국은 한민족 중심의 민족 공동체성을 강화하고 있다. 심지어 이것은 통일 한국을 앞둔 현실에서 더욱 강화될 전망이다. 따라서 본 논문의 목적은 이와 같은 다문화주의의 위기 상황에서 그 대안으로 '한국적 다문화주의'를 탐색하는 것이었다. 그리고 연구자는 그 대안으로 '풍류도 모델'을 제시하였다. 특히 연구자는 본 논문에서 한국적 다문화주의의 한 모델인 풍류도 모델을 제시하면서, 그것을 '하늘풍류도'의 의미로 새롭게 제시하였다. 여기서 하늘풍류도란 풍류도를 인격적인 '하늘'(天, 혹은 하느님) 신앙을 바탕으로 한 '하늘잔치와 예술의 어울림'으로 재개념화한 것으로 포함삼교적 하느님 신앙, 유무상자의 하늘잔치성 그리고 풍류미학적 예술성을 함축한 의미이다. 그리고 그것은 신라 시대의 화랑풍류도, 동학의 시천주풍류도를 넘어서는 통일 한국을 준비하기 위한 제3의 풍류도로 이해된다.

다만 본 논문에서 제시한 풍류도모델로서 '하늘풍류도'는 아직 초기적인 논의에 불과하다. 따라서 '하늘신학'의 관점에서 더욱 후속적인 논의가 필요하다. 특히 그것이 한국적 다문화주의의 한 이론으로서 그 성과를 얻기 위해서는 다문화가정과 학생들을 위한 구체적인 교육과정 개발과 실천이 요망된다.

유동식의 풍류신학과
21세기 선교신학

김상근

(연세대학교 신과대학 선교학 교수)

I. 한국신학의 광맥: 유동식과 1980년대의 신학

필자에게 유동식의 신학과 1980년대는 다시 평가받아야 할 한국신학의 광맥(鑛脈)으로 보인다. '유동식의 신학'과 '1980년대'가 병렬적으로 다루어질 수 없는 명사의 집합적 나열이라면, '1980년대의 유동식 신학'으로 표현해도 좋겠다. 1980년대에 등장한 유동식의 신학은 전혀 '1980년대적'이지 않았다. 그럼에도 불구하고 유동식의 '반(反) 시대적 신학'은 오히려 한시적인 시대의 효용을 넘어 한국신학의 모델로, 더 나아가 한국 사상사의 한 흐름으로 자리 잡고 있다. 그렇다면 우리는 다시 한번 1980년대에 완성된 유동식의 신학을 재조명해 볼 필요가 있다. '풍류신학'으로 대표되는 유동식의 신학은 1980년대에 그 이론적 골격을 갖추었음에도 불구하고 '1980년대'와 '유동식 신학'은 아직 완전하게 서로를 설명해 주지 못하고 있는 것으로 보이기 때문이다.

유동식의 풍류신학에 1980년대가 중요한 것은 그가 처음으로 '풍류'에 대한 논의를 시작했기 때문이다. 1983년 여름, 「신학사상」에 기고한 "풍류신학"이란 논문이 출발점이었다. 1983년에 시작된 『풍류신학으로의 여로』는 유동식이 연세대학교에서 은퇴(1988년)하기 전까지 계속되면서, 1980년대를 대표하는 한국신학의 한 흐름으로 발전되었다.[1] 그러니까 학자로서의 유동식을 대변하는 풍류신학은 1980년대의 산물인 것이다. 한국신학계에서 1980년대는 '민중 신학의 시대'로 알려져 왔다. 1979년 박정희 독재 정권의 갑작스러운 몰락과 1980년의 치열했던 광주 항쟁 그리고 1988년까지 계속된 전두환 정권의 군사독재는 풍류신학의 시기가 아니라 민중 신학의 백가쟁명(百家爭鳴)기라고 보았다. 더군다나 1983년은 풍류신학을 논하기에 적절하지 않은 '반(反) 풍류의 시기'였다. 모든 신학자들의 마음속에, 특별히 진보적인 신학자들이 마음속에 광주의 상처는 1980년대가 마감될 때까지 아물지 않았다. 특별히 유동식이 교수로서 활동했던 1980년대의 연세대학교에는 풍류신학과 같은 이론적 탐구를 존중하는 분위기가 조성되지 않았다. 당시 연세대학교 교정에는 민중신학 태동기의 실천이론을 제시했던 서남동 교수의 사상적 영향이 남아 있었고, 김찬국(구약학)과 같은 이른바 해직 교수가 복교하여 강의를 재개한 상태였으며, 무엇보다 1987년 이한열 열사의 죽음은 연세대학교를 한국의 민주화를 이루어가던 이념의 성지(聖地)로 만들었

---

* 이 논문은 「한국문화신학회」 Vol. 1 제10집(2007년 11월)에 발표된 것을 수정한 것이다. 원래 제목은 "1980년대의 풍류신학과 21세기 선교신학"이었다.

[1] 그 외 1980년대에 발표된 풍류신학에 관한 논문은 유동식, "풍류도와 기독교," 「신학논단」 제4집(1983년 여름); "한국의 문화와 신학사상: 풍류신학의 의미," 「신학사상」 제47집(1984년 겨울). 이 글은 한국 기독교 100주년 기념 신학자 대회에서 발표된 논문으로 「신학사상」에 다시 발표되었다; "풍류신학으로의 여로," 「신학사상」 제18집 (1988년), 55-77.

다. 당시 신학은 사회학 혹은 정치학의 하부 구조를 이루고 있었으며, 한국 사회는 이념 과잉의 시대였다. 이러한 시대의 역설을 뚫고 탄생한 것이 1980년대의 풍류신학이다.

그렇다면 무엇이 유동식으로 하여금 1980년대의 풍류신학을 배태하게 했을까? 유동식의 풍류신학은 그가 이전에 시도했던—1960년대의 토착화신학 논쟁과 1970년대의 한국 무교 연구— 학문적 탐구가 시대적 연속성에 따라 출현했던 기계론적인 인과관계에 불과한 것인가? 선교학에서 종교학으로, 다시 종교학에서 독창적인 신학으로 유동식의 사상이 '점진적으로 진보'해 나감으로써 파생된 우연의 결과일 뿐인가?

필자는 1980년대 한국신학의 수준을 한 단계 격상시켰을 뿐 아니라 한국 기독교 사상사의 한 획을 그었던 풍류신학의 학문적 배경에 대해 다시 주목하고자 한다. 유동식의 풍류신학을 선교신학적 입장에서 분석하겠다는 뜻이다. 유동식의 풍류신학은 1960년대와 1970년대를 거쳐 '진보'된 사상이 아니며, 신학과 종교학이 결합된(혹은 결별한) 형태의 토착화론도 아니다. 필자에게 유동식의 풍류신학은 복음이 '특정 문화권에서 어떤 형식으로 재해석되는지를 밝혀내려는 신학적 작업'이었으며, 유동식이 살았던 1980년대의 대한민국이 그로 하여금 이러한 선교신학적 의미를 도출해 내도록 시간적, 공간적 배경을 제공했다고 믿고 있다. 이를 논증하기 위해 우선 유동식의 학문적 위치에 대해 분석해 볼 필요가 있다.

II. 유동식의 학문적 위치에 대한 재평가

유동식의 연구 업적을 굳이 광범위한 학문의 지도 위에 올려놓고 분류한다면 종교학에 가깝다고 할 수 있다. 한국 무교에 대한 그의 탁월한 연구 업적이 이를 뒷받침할 뿐 아니라, 풍류신학의 이론적 기저(基底)에 한국 종교에 대한 학문적 분석이 광범위하게 포진되어 있기 때문이다. 그러나 유동식은 스스로를 '종교학자'로 부르지 않고, '신학자'로 자신의 학문적 정체성을 거듭 확인하고 있다. 종교학과 신학 사이의 학문적 상호 비교나 차이점에 대한 이론적 분석은 이 논문의 일차적인 목적이 아니다. 다만 여기서는 유동식의 학문에 대한 정확한 범위 설정은 아직 미완의 과제로 남아 있다는 것을 확인해 두고자 한다. 이러한 학계의 분석은 이미 유동식의 고희 기념 논문집을 출간했던 편집인들에 의해 확인된 바 있다. 이계준(출판위원장)과 서광선(편집위원장)을 비롯한 고희 기념 논문집 편집인들은 유동식의 사상을 "종교 신학의 과제와 전망"과 "선교 신학과 한국 문화"라는 두 항목으로 나누어 조망하고 있다.[2]

그러나 유동식이 이룩한 학문적 성취를 종합해 볼 때 그의 학문은 선교신학자의 전형적인 연구 목표를 견지해 왔으며 그 목표에 상응하는 선교신학적인 연구 업적을 성취했다고 평가할 수 있다. 유동식은 선교 신학자이다. 왜냐하면 유동식 신학의 결정이라고 할 수 있는 풍류신학은 결국 '복음이 특정 문화권에서 어떤 형식으로 재해석되는지를 밝혀 내려는 신학적 작업'이며 이는 곧 선교신학의 학문적 목적과 상응하기 때문이다. 유동식이 스스로를 신학자로 부를 수 있는 까닭은 그가 '복음' 의 의미가 문화권을 넘어가면서 새롭게 해석되는 과정을 인정하기 때문이며, 문화권을 이동한 복음이 조우(遭遇)하게 되는 현지인의 종교적 심성이 오히려 복음에 대한 이해를 결정한다는 것을 정확하게 파악하고

---

[2] 출판위원회 편, 素石(素琴) 유동식 박사 고희 기념 논문집『한국종교와 한국신학』(서울: 한국 신학연구소, 1993).

있기 때문이다. 이런 일련의 자격 획득은 유동식을 선교신학자로 부르기에 충분한 근거를 제공하고 있다.

필자는 이미 유동식을 '토착화신학자'로 부르는 것에 반대해 왔다.[3] 1960년대에 유동식의 주도로 진행된 일련의 '토착화 논쟁'은 오히려 그의 신학을 토착화신학에 머무르지 않게 했다. 토착화신학자들의 학문적 출발점은 복음의 외부성과 그 핵심 내용의 불변성이다. 이러한 논의의 출발점은 결국 토착화신학자들로 하여금 아래와 같은 일련의 '토착화 시나리오'를 제시하도록 조장한다. 먼저 복음은 '외부'로부터 소개, 전달되어 어떤 특정한 지역에서 충돌, 반발 혹은 수용 등의 첫 번째 반응을 일으킨다. 그러나 복음의 본질은 '불변'하는 것이기에 현지인들은 수용 과정에서 복음의 표현 양식을 일부 수정한다. 이것은 이차적인 반응이다. 그러나 이런 이차적인 반응은 외면적인 혹은 표피적인 변화일 뿐, 복음의 진리는 불변한다. "예배 의식에 징과 꽹과리가 사용되었다. 이는 토착화된 예배의 전형이다" 혹은 "포도주와 빵 대신에 수정과와 시루떡을 성만찬에 사용한 것은 혁신적인 토착화의 시도이다"라는 식의 논리가 형성된다. 외부로부터 소개된 복음이 어떤 특정 지역의 문화적 양식에 의해 표현되는 것은 당연한 과정임에도 불구하고 토착화신학자들은 이를 복음의 목표 혹은 선교의 지향점으로까지 확대하는 경향이 있다. 그러나 이러한 일련의 과정이 일어났을 때 가장 바람직한 현상은 특정 지역의 문화가 기독교적으로 변화하는 것이다. 이것이 토착화신학자가 추구하는 세 번째 반응이다.

그러나 유동식의 풍류신학은 이러한 토착화신학의 시나리오와 전

---

3 김상근, "조직 신학자를 위한 선교학: 16세기 라틴아메리카 선교가 제2 토미즘 등장에 미친 영향을 중심으로," 「신학사상」 vol. 125(2004년 여름), 145.

혀 다른 출발점 위에 서 있다. 풍류신학을 논함에 있어 유동식은 복음의 '외부성과 불변성'을 일차적 관점으로 삼지 않는다. 유동식에게 풍류신학은 "우리를 구원하는 복음의 진리는 우리들의 종교적 영성인 풍류도의 눈으로써 주체적으로 이해하지 않으면 안 된다는 것"에서 출발한다.[4] 유동식의 이러한 선언은 '풍류신학을 제창해야만 하는 이유는 무엇인가? 왜 하필이면 풍류신학인가?'라는 스스로 제기한 질문에 대한 답변으로 제시된 첫 번째 항목이다. 결국 풍류신학의 관점은 복음의 수용자에서 출발하는 것이지, 복음의 전달자나 전달되는 복음의 외부성과 불변성이 아니다. 유동식은 아랫글에서 다시 한번 풍류신학의 출발점을 분명히 밝히고 있다.

> 한국인의 영성은 유대인의 그것이나 서구인의 그것과는 다른 것이다. 곧 우리의 독자적인 풍류도이다. 그러므로 우리를 구원할 복음은 마땅히 우리의 영성인 풍류도의 눈으로써 해명되고 포착되지 않으면 안 된다. 서구의 눈을 빌어서가 아니라 우리의 눈으로써 주체적인 이해가 이루어져야 한다는 것이다.[5]

이처럼 1980년대에 등장했던 풍류신학은 이미 21세기의 선교신학을 예견하고 있다. 흔히 남반부 기독교 시대의 도래(The Rise of Southern Christianity)로 알려진 21세기 선교신학의 화두가 이미 1980년대 대한민국의 신학자에 의해 자생적으로 제기되었던 것이다. 이제 21세기의 기

---

4 유동식, 『풍류신학으로의 여로』(서울: 전망사, 1988), 27.
5 Ibid., 27-28.

독교는 더 이상 서구와 백인의 종교가 아니다. 20세기가 시작되었던 1900년을 기점으로 전 세계 기독교 인구의 약 70%는 유럽인이었다. 절대 다수의 기독교인이 유럽의 백인이었으며 당시 아프리카의 기독교인 숫자는 전체 기독교 인구의 2%에 불과했다.[6] 그러나 100년이 지난 2000년을 기준으로 볼 때, 유럽의 기독교인 숫자는 전체의 29%로 급감했다. 그러나 100년 전 미미한 숫자에 불과하던 아프리카, 라틴아메리카 그리고 아시아 기독교인의 비율은 60%를 상회하고 있다. 이런 현저한 기독교인의 비백인화(Becoming Non-White Christianity) 현상은 시간이 갈수록 심화되고 있다.[7] 종교통계학자들의 추정에 의하면 2025년 세계 기독교인 중 유럽인이 차지하는 비율은 21%까지 계속 하락하는 반면, 적도 이남의 아프리카와 라틴아메리카, 태평양 군도 그리고 일부 아시아 지역의 기독교인 비율이 전체 기독교 인구의 70%를 상회할 것이라고 한다. 적도 이남의 여러 대륙에서 전개되고 있는 기독교의 새로운 중심축 이동은 기존의 신학 체계나 복음 이해에 전면적인 수정이 불가피함을 알리는 신호탄이 되고 있다.

기독교의 중심축이 남반부로 이동함으로써 초래될 신학 체계와 복음 이해에 대한 전면적인 수정 자체를 여기서 논의할 수 없을 것이다.[8]

---

[6] David Barrett and Todd Johnson, "Annual Statistical Table on Global Mission," in *International Bulletin of Missionary Research* (January 2001), 25.

[7] Philip Jenkins, *The Next Christendom: The Coming of Global Christianity* (Oxford: Oxford University, 2002); Philip Jenkins, *The New Faces of Christianity: Believing the Bible in the Global South* (Oxford: Oxford University, 2006) 참조.

[8] 아프리카와 라틴아메리카에서 일어나고 있는 '남반부 기독교' 현상에 대한 자세한 소개는 "목회와 신학," 2005년 9월부터 2006년 4월까지 총 8회에 걸쳐 연재된 필자의 논문을 참고할 수 있다. 아프리카의 알라두나 교회(나이지리아), 캄방구 교회(콩고), IURD(브라질) 등의 교회가 소개되어 있다.

그러나 한 가지 분명한 것은 21세기 선교신학의 핵심 쟁점 중의 하나인 신학 체계와 복음 이해에 대한 전면적인 수정 작업이 이미 1980년대에 대한민국에서 제기되었으며, 그 새로운 신학운동의 중심에 유동식의 풍류신학이 자리 잡고 있다는 사실이다. 유동식의 선구자적인 메시지는 분명히 이 점을 강조하고 있다.

> 오늘의 새로운 선교적 상황이 우리로 하여금 풍류신학을 구상하게 한다. 우리는 지금 환태평양시대라는 제3의 문명을 맞이하게 되었다. 기독교 문명은 이른바 지중해 시대로부터 대서양 시대를 거쳐 환태평양 시대로 넘어오고 있다. 세계 문화의 중심이 서구로부터 점차 아시아를 포함한 태평양으로 오고 있다는 말이다. (중략) 지중해 문명이 기독교와 그레코-로만 문명과의 만남에서 이루어진 것이라면, 대서양 문명은 기독교와 과학 기술 문명과의 만남에서 이루어진 것이라 하겠다. (중략) 약육강식의 제국주의 시대와 서구 중심의 세계관의 시대는 지나가고, 지금은 새로운 태평양 시대에 접어들게 되었다. 그리고 이 새로운 문명의 전개를 위한 새로운 요인으로 나타난 것은 기독교와 동양의 종교, 특히 아시아의 보편 종교인 불교와의 만남이다. 그러므로 우리는 이제 과거의 서구 중심적 기독교 이해에 의한 선교신학에 매달려 있을 수는 없게 되었다. 그리하여 우리는 새로운 신학으로서 풍류신학을 구상하게 되는 것이다.[9]

위에 인용된 문장은 풍류신학의 시대적 배경을 정확히 밝혀 줄 뿐만 아니라 선교신학자로서 새로운 신학적 입장을 견지할 수밖에 없었던 유

---

9 유동식, 『풍류신학으로의 여로』, 28-29.

동식 본인의 학문적 입장이 분명하게 기록되어 있다. 물론 '환태평양 시대'론과 '남반부 기독교'론 사이에는 일정한 지리적, 정치적 간격이 존재한다. '환태평양 시대'론에는 아프리카라는 새로운 기독교의 중심축이 포함되어 있지 않기 때문이다. 그러나 최소한 유동식의 풍류신학이 태동하게 된 동기가 1980년대에 그가 인식했던 세계관의 변화 혹은 기독교 문명에 대한 새로운 이해에 기인했다는 점과 이러한 세계관의 변화는 선교학자로서의 관심에서 기인했다고 볼 수 있다.

이제 필자는 선교신학자로서의 유동식과 선교신학적 테마로서의 풍류신학을 좀 더 자세히 논의하기 위해 그의 1980년대 저서를 분석하고자 한다. '복음이 특정 문화권에서 어떤 형식으로 재해석되는지를 밝혀내려는 신학적 작업'이 유동식의 궁극적인 학문적 관심이었기 때문에 그의 저서에 나타난 선교신학적 관점을 도출해 낼 수 있다면, 1980년의 유동식 신학의 전말이 밝혀질 것이고 또한 선교학자로서의 그의 공헌도 자리매김할 수 있을 것이다.

1980년에 출간된 유동식의 저서는 모두 3권이다. 이 중에서 『한국신학의 광맥』(1982년)은 이전(1968년)에 「기독교사상」에 일부 기고된 내용을 다시 정리한 것이고 『풍류신학으로의 여로』(1988년)는 1980년대의 유동식의 풍류신학을 이해하는 시금석이 되는 책이다. 나머지 한 권은 『하와이의 한인과 교회: 그리스도연합감리교회 86년사』(1988년)이다.

III. 『한국신학의 광맥』에 대한 선교학적 분석

김광식이 이미 지적한 대로 신학자 유동식이 신약학에서 출발하여 토착화신학과 무교 연구를 거쳐 풍류신학의 창시자가 되었다는 평가는 너무 단편적이며 직선적인 관찰이다.[10] 김광식의 분석에 의하면 유동식의 풍류신학은 이미 1960년대의 토착화 논쟁에서부터 그 사상적 기초가 나타나기 시작했으며,『도와 로고스』와 『한국 무교의 역사와 구조』에서는 이미 구체적인 사고의 모형들이 나타났다. 이런 점에서 유동식의 사상을 1980년대의 풍류신학 이전과 그 이후로 나누는 것은 적절치 않은 것으로 보인다.[11]

그러나 선교신학적 입장에서 볼 때 유동식의『한국신학의 광맥』은 다른 모든 저서와 함께 선교신학적인 입장, 즉 '복음이 특정 문화권에서 어떤 형식으로 재해석되는지를 밝혀내려는 신학적 작업'이 지속적으로 반영되어 있는 것으로 보인다. 유동식은 우선『한국신학의 광맥』의 '머리말'에서 "한국의 신학 사상은 한국 사상사의 맥락"에서 보아야 함을 강조하고 있다.[12] 한국 기독교의 사상은 결국 한국인의 사상이지 서양 기독교 사상사의 연장이 아니라는 입장이 처음부터 강조되고 있다. 유동식은『한국신학의 광맥』의 서설 첫 번째 문장에서부터 자신의 신학적 위치를 정확하게 언급하고 있다.

신학은 선교에 봉사하는 학문으로 전개되어 왔다. 구체적으로는 교회와 선교지의 문화적 상황과의 만남 속에서 이루어지는 기독교의 진리 이해에 대한 학문적 반성의 역사였다. 교회의 생명은 선교에 있고, 선교 활동은 사회-

---

10 김광식, "유동식 신학의 형성과정과 전개,"『한국종교와 한국신학』, 33.
11 김광식은 이미『한국 무교의 역사와 구조』에 나타난 유동식의 무교 연구에서 풍류신학적 기독론이 배태되고 있음을 강조하고 있다. Ibid., 46.
12 유동식,『한국신학의 광맥』(서울: 다산글방, 2000), 7. 전망사의 1982년 본은 절판되어 2000년에 재간된 다산글방 본을 사용함.

역사적 현실 속에서 이루어진다. 그리고 그 선교의 내용을 이루고 있는 것이 기독교의 복음이다. 그런데 복음이란 수학적 공식과 같이 객관화할 수 있는 무엇이 아니라, 인간을 구원하는 인격적 진리이다. 따라서 복음은 이것을 받아들이는 사람에 따라 다양하게 이해되고 있다. 한 복음 위에 서 있는 교회들이지만 각기 그 성격을 달리하고 있는 것은 이 때문이다.[13]

따라서 유동식은 한국신학 사상사를 정리하기 위해 먼저 한국 사상의 기초이념을 분석할 것을 제안한다. 유불선(儒佛仙), 삼교의 본질을 포괄하는 풍류도를 한국 사상의 기초이념으로 소개하고 '한, 멋, 삶'의 세 개념으로 표현되었던 한국의 신학 사상을 보수적 근본주의 신학(한, 길선주와 박형룡으로 대표됨), 문화적 자유주의 신학(멋, 최병헌과 정경옥으로 대표됨) 그리고 진보적 사회참여 신학(삶, 윤치호와 김재준으로 대표됨)으로 삼분하여 설명하고 있다. 풍류신학의 입장에서 한국의 신학 사상사를 이렇게 참신하게 정리할 수 있었던 배경에는 유동식이 처음부터 철저하게 선교신학적 입장에 서 있었기 때문이라고 볼 수 있다. 다시 서설의 두 번째 문장으로 돌아가면, 이러한 유동식의 기본 입장이 잘 설명되어 있다.

선교사들에 의해 이해된 일정한 복음이 전래되지만 그것이 전달되는 과정에서 이를 받아들이는 한국인의 문화적 상황과 의식구조에 따라 재해석됨으로써 한국적 이해가 형성되는 것이다.[14]

---

13 *Ibid.*, 15.
14 *Ibid.*, 15-16.

『한국신학의 광맥』은 한국신학의 교리사(教理史)가 아니라, 21세기 선교신학의 한국적 표현이 1980년대에 이미 등장하고 있음을 보여주는 책이다. 유동식의 풍류신학에는 선교신학의 미래를 예견한 1980년대의 신학적 통찰력이 깊이 내재해 있다. 이러한 유동식의 신학적 혜안은 그의 다음 저서인 『풍류신학으로의 여로』에서 보다 명확한 모습을 드러낸다.

IV. 『풍류신학으로의 여로』에 대한 선교학적 분석

풍류신학에 대한 내용 자체는 창시자 유동식 본인과 기존 연구자들에 의해 이미 광범위하게 진행되었기 때문에 그 시종을 처음부터 소개하는 것이나 풍류신학의 의미를 총괄하는 논의는 불필요한 것으로 보인다.[15] 1980년대에 이미 '한국신학으로서의 풍류신학을 정립'하는 신학적 과제에 몰두했던 유동식은 한국인이 가지고 있는 원형의 심성 구조, 즉 풍류도에 의해 복음이 이해되고 수용되며 또 독자적으로 해석된다고 보았다. 결국 풍류도가 한국인의 원형의 심성 구조라는 것을 밝힘으로써 풍류신학의 원형에 대한 정의를 내렸을 뿐만 아니라, 1960년대(선교신학으로서의 토착화론)와 1970년대(한국인의 영성과 종교 문화)를 이어오던 유동식 개인의 신학적 여정이 완성된 것이다. 유동식은 『풍류신학으로의 여로』에서 자신의 1980년대 신학과 풍류신학을 이렇게 정리하고 있다.

한국인의 영성을 풍류도로 파악함으로써 '한' 마음을 보다 깊게 구조적으

---

[15] 풍류신학의 태동 과정에 대한 유동식의 설명은 『풍류신학으로의 여로』라는 글에 잘 나타나 있다. 유동식, 『풍류신학으로의 여로』, 9-37.

로 해명할 수 있었고 또한 우리의 영성을 통해 주체적으로 복음의 진리와
구원을 해명하는 풍류신학을 정립하려는 신학적 노력을 하게 된 것이다.[16]

다시 한번 유동식의 풍류신학이 내재하고 있는 선교신학적 관심이
분명하게 드러나 있다. "우리의 영성을 통해 주체적으로 복음의 진리와
구원을 해명"하는 것이 풍류신학의 동기였다면, 이는 '복음이 특정 문화
권에서 어떤 형식으로 재해석되는지를 밝혀내려는 신학적 작업'인 선교
신학의 학문적 과제와 일맥상통한다. 1982년『한국신학의 광맥』에서
한국신학 사상사에 나타난 한국인의 주체적 복음 해석(한, 멋, 삶)에 대해
역사적 통찰을 제시한 유동식은 1980년대 발표된 두 번째 저서『풍류신
학으로의 여로』를 통해 한국인의 주체적 복음 해석의 범위를 확장하는
작업을 전개했다. 먼저 제1부에서 풍류도에 대한 본인의 분석을 제시한
다음, 제2부에서는 한국 무교, 조상숭배(제사) 문제 그리고 타종교에 대
한 이해 문제를 분석하면서 복음이 한국적으로 재해석되는 것의 걸림돌
들에 대한 독자적인 해석을 시도한다.
    필자가 주목하는『풍류신학으로의 여로』의 백미는 제3부 "세계 속
의 한인들"이다. 신학자들에게 큰 주목을 받지 못하고 있는 제3부 "세계
속의 한인들"과 1988년에 출간된『하와이의 한인과 교회』는 사실 선교
신학자 유동식의 진면목을 보여주는 학문적 성과이다. 풍류신학을 통해
'복음이 특정 문화권에서 어떤 형식으로 재해석되는지를 밝혀내려는 신
학적 작업'을 추진했던 유동식은 같은 명제가 미국이나 일본의 한국 동
포 커뮤니티에서 동일하게 적용될 수 있을지에 대해 고민하고 있다. 한

---

16 유동식,『풍류신학으로의 여로』, 26.

국인이 주체적으로 복음을 재해석한 과정이 풍류신학의 한국적 표현이
었다면, 과연 미국이라는 기독교 문명권에서 자라나고 있는 한인 2세들
에게 복음은 어떻게 이해될 것인가에 대해 학문적 관심을 조명하고 있
다. 아쉽게도 유동식의 이 연구는 기초 자료 조사에 머물러 있다. 추가적
인 연구가 지속되었다면 1990년대 중반 이후부터 가속화되고 있는 글로
벌리제이션(Globalization) 시대의 디아스포라(Diaspora) 선교 이해에 결
정적인 영향을 미쳤을 것이다. 자본과 노동력의 자유로운 이동이 보장
되고 또 조장되고 있는 21세기에 선교신학은 이민자, 불법 이주 노동자,
정치적 유민 등이 수용 국가(Host Country)의 종교 문화와 어떤 영향을
주고받는지에 대한 연구를 요청받고 있다.[17] 유동식이 제기했던 해외
이민자들의 종교 성향에 대한 관심은 이러한 시대적 요청을 선행했던
그의 선교신학자로서의 통찰력을 드러내고 있다.

그렇다면 왜 유동식은『풍류신학으로의 여로』마지막 부분에서 그
리고『하와이의 한인과 교회』(1988년) 및『재일본한국기독교청년회사』
(1990년)에서 풍류신학의 확장을 시도했던 것일까? 풍류신학의 전제가
'복음이 특정 문화권에서 어떤 형식으로 재해석되는지를 밝혀내려는 신
학적 작업'이었음에도 불구하고 1988년 이후의 유동식은 세계 속의 한
국인, 아니 세계 속의 풍류신학에 대해 관심을 가지게 되었을까? 논의의
여지가 있지만 1988년의 시대적 배경이 중요한 작용을 했던 것으로 추
측된다. 1988년은 한국 현대사의 분수령을 이루는 해였다. 1980년대의
전두환 군사독재 정권이 1987년 민주화 항쟁을 통해 표면적으로나마 마
감되었으며, 1988년 서울올림픽의 유치와 성공적인 개최는 한국인으로

---

17 이미 필리핀에서는 이러한 노력의 결실이 보인다. Luis Pantoja, Jr., et al, ed., *Scattered: The
Filipino Global Presence* (Manila: Lifechange Publishing, 2004).

하여금 세계로 눈을 돌리도록 하는 계기가 되었다. 1989년 1월부터 시행된 외국 여행 자유화도 한국인들의 세계관을 변화시키는 데 일조하였다. 유동식의 1988년 저서인 『풍류신학으로의 여로』의 머리말에서도 이러한 변화된 세계관의 일단을 엿볼 수 있다.

> 1988년은 우리 민족사상 특기해야 할 한 해가 아닌가 한다. 우리는 이제 민족의 염원이었던 민주화의 의지를 펼쳐 볼 수 있게 되었으며, 밖으로는 온 세계를 망라한 161개국의 젊은이들이 서울에 모여 올림픽의 일대 축제를 열게 된 것이다. '세계는 한국으로, 한국은 세계로'의 표어가 현실화되고 있는 것이 88년이라 하겠다. 이제는 세계를 향해 우리의 마음을 활짝 열어야 할 때이다.[18]

1980년대 말 유동식의 고민은 '우리의 전통문화는 과연 세계 속에서 어떻게 창조적으로 적응할 수 있을까를 고찰'하는 것이었다. 이것을 필자는 '풍류신학의 수출판'이라고 부르면서 1980년대 말 유동식의 신학적 작업이 1990년 이후에 가속화될 글로벌리제이션 시대의 선교학과 일맥상통하는 것으로 본다.

---

18 유동식, 『풍류신학으로의 여로』, 3.

V. 21세기 선교신학과 1980년대의 풍류신학
  : 결론에 대신하여

유동식의 풍류신학이 인구(人口)에 회자(膾炙)되기 시작한 1980년대 이래 인류는 목하 새로운 시대를 맞이하고 있다. 1990년대 초반 소련과 동구권의 몰락과 더불어 20세기 인류를 실험대상으로 삼았던 공산주의가 몰락하면서 그 추종자들은 체제의 해체와 이념의 붕괴를 경험했다. 곧이어 새로운 자본주의의 모습으로 등장한 글로벌리제이션의 거센 물결은 전 지구를 단 한 개의 거대한 시장(Market)으로 전환시킴으로써 자본과 노동의 이동은 신자유화의 물결을 타고 아무런 제한 없이 국경선을 넘나들고 있다. 경제적인 이익이 있다면 더 이상 국경선은 의미가 사라진 지 오래다. 물론 인터넷의 보급과 대중화를 통해 정보와 통신의 새로운 가능성이 열렸지만, 또 이를 기반으로 글로벌리제이션 시대의 강자들은 어디서든지 약자들의 시장을 교란할 수 있는 힘과 정당성을 확보하고 있다.

2001년 9월 11일의 참혹한 사건은 인류에게 새로운 종류의 고뇌를 시작하게 만들었으며, 얼추 비슷한 논리를 소개한 바 있는 헌팅턴(Samuel Huntington)은 덩달아 문화 종교권 간의 충돌을 주창하고 있고,[19] 인류가 문자로 기록을 남기기 시작할 때부터 싸움판이었던 중동의 정세는 불안정한 문화 종교권 간의 갈등 구조를 고착화시키고 있다. 1980년대 초반에 처음 존재가 알려지기 시작한 에이즈는 지금도 검은 대륙 아프리카를 초토화시키고 있으며, 매년 그 강도를 더해가고 있는 자연재해와 석유 자원의 고갈과 화석 연료 에너지 가격의 급등은 21세기의 인류를 궁지로 몰아가

---

[19] Samuel Huntington, *The Clash of Civilization and the Remaking of World Order* (New York: Simon & Schuster, 1996).

고 있다.

이 와중에 기독교 세계의 판도 또한 급변하고 있다. 이제 더 이상 유럽의 신학은 우리가 강제적으로 답습해야 하거나 극복해야 할 대상으로서의 학문적 강제성을 가지고 있지 않다. 미국의 신학이 결국 유럽의 후손이라고 친다면 모를까, 이제 백인의 신학은 그 현저한 신도 수의 감소와 대륙별 세계인구 수의 급감에서 볼 때 우리와 같은 아시아의 신학자들이 지고가야 할 심각한 신학적 업보가 아니다. 오히려 아프리카와 라틴아메리카 신학을 통해 21세기 기독교는 새롭게 분석되고 조명되어야 할 것으로 보인다. 앞에서 언급했듯이 이를 선교신학자들은 '남반부 기독교의 등장'으로 설명하고 있다. 그렇다면 1980년대에 한국 사상사를 강타했던 유동식의 풍류신학은 21세기에도 그 신학적 효용성을 인정받을 수 있을 것인가? 글로벌리제이션의 시대, 9.11테러 사건 이후의 시대, 남반부 기독교의 시대에도 유동식의 신학은 세계 기독교 사상의 한 축으로 인정받을 수 있을 것인가?

먼저 유동식을 협의의 토착화신학자(Contextualization Theorist)나 종교사학자로 본다면 분명한 한계가 존재한다는 것을 밝혀 두고 싶다. 앞에서 언급한 것처럼 이미 토착화 논의는 복음에 대한 기본적인 이해에 있어서 여전히 서구중심주의를 극복하지 못하고 있다는 비판을 받고 있다. 기독교 복음의 외래성과 불변성이 극복되지 않는 한 토착화신학자로의 유동식은 21세기 남반부 기독교 시대에서 그 신학적 효용을 상실해 갈 것이다. 종교사학자로서의 유동식도 그 학문적 중립성을 유지하는 데 많은 어려움을 예상할 수 있다. 한국 무교에 대한 지속적인 연구가 발표되면서 유동식의 한국 무교 연구는 비교종교학적(Comparative Religions) 관점을 중심으로 높이 평가받고 있는 실정이다.

유동식의 학문은 결국 선교신학으로 수렴된다. 그의 신학은 신약학, 토착화론, 무교 연구, 풍류도, 예술신학으로 점진적으로 발전해 나간 것이 아니라 처음부터 끝까지 선교신학적 관심을 견지하고 있었다. 풍류신학을 통해 추구되었던 그의 학문적 노력은 '복음이 특정 문화권에서 어떤 형식으로 재해석되는지를 밝혀내려는 신학적 작업'으로 요약될 수 있으며, 이는 선교신학의 기본적 과제와 상응한다. 이러한 유동식의 학문 과제는 21세기에도 여전히 유효하며, 오히려 1980년대보다 더 시급하게 연구가 요청되고 있는 학문 분야이기도 하다.

유동식의 풍류신학은 복음이 한국 땅에서 한국인에 의해 어떤 형식으로 재해석 되었는지에 대한 분석 작업이었다. 이제 세계 2위의 선교대국으로 부상한 한국교회는 풍류신학의 교훈을 바탕으로 제2, 제3의 풍류신학을 선교 현지에서 시도해야 할 것이다. 선교 현지의 문화나 종교를 백안시하지 말고 원주민들의 문화적 토양과 종교적 심성을 먼저 분석하는 선교적 자세는 우리가 1980년대의 풍류신학으로부터 계승해야 할 21세기의 선교신학의 과제이다. 또한 『풍류신학으로의 여로』 제3부 "세계 속의 한인들"과 『하와이의 한인과 교회』(1988년)에서 시도되었던 풍류신학의 지평 확대는 21세기 선교신학의 중요한 학문적 과제로 부상하고 있다. 사하라 사막 이남의 기독교인 아프리카 노동자들이 유럽으로 이주하여 비(非)기독교화 되어가고 있는 유럽 대륙을 다시 기독교화시킬 수 있을 것인지에 대한 최근의 선교학자와 종교사회학자들의 연구는[20] 유동식이 시도했던 1980년대 후반의 신학적 작업과 동일한 측면이

---

[20] 흔히 "데비의 가설"로 알려진 이 분야에 대한 종교사회학자와 선교학자들의 논쟁에 대해서는 Grace Davie, *Predicting Religion: Christian, Secular, and Alternative Futures* (Aldershot:

있다. 21세기 글로벌리제이션(Globalization) 시대의 선교학, 그것은 1980년대 유동식이 이룩한 풍류신학의 연장선 위에 서 있다.

Ashgate Publishing, 2003).

풍류신학과 태극신학
― 성서신학의 관점에서

박신배
(KC 대학교 교수)

I. 서론

한국적 신학을 위한 작업은 기독교가 한국에 들어오면서 계속되었다. 선교사들이 한국인의 마음에 맞추어 복음을 전하려고 시도하였고, 복음을 받아들인 초기 기독교인들이 우리식의 신앙과 신학 운동을 벌였다. 신학 1세대와 2세대에 선구적 학자들이 이러한 작업의 기초석을 놓는 일을 했다. 소금 유동식 교수는 그것이 바로 풍류도에서 기원한다는 풍류신학을 제창하였다. 한국의 마음이 바로 풍류의 마음이라는 인식에서 풍류신학은 시작되었다.[1]

이 논문에서는 '풍류신학이 태극신학인가?'라는 질문을 하면서 풍류신학과 태극신학의 대화와 풍류신학의 근원과 그 시작, 전개를 살피

---

[1] 유동식, "한국 종교가 제시한 이상과 과제: 한국의 마음과 종교," 『소금 유동식 전집』 2권(서울: 한들출판사, 2009), 210. 한국인의 마음이 '한'이라는 말이 담을 수 있다고 보고 한의 의미를 규정한다. 그리고 '한·멋진·삶'의 신학의 기초를 전개한다.

면서 소금 유동식 전집을 통하여 연구하고자 한다. 이전 '풍류신학과 성서'의 글에서 풍류신학의 전개와 성서, 종교 문화와 성서, 예술신학과 성서 등으로 살피며 한국 문화신학의 좌표가 되었다고 하였다.[2] 논자는 『태극신학과 한국문화』라는 책의 서론에서 태극 사상과 태극의 영성으로 시작하며 유동식의 풍류신학이 삼태극의 신학(허호익, 천지인신학)에서 출발함을 언급하였다.[3] 그 책 일부에서 한국 문화적 성서 해석 방법론, 한국 문화신학자 김교신, 한국신학의 새로운 가능성으로서 태극신학, 토착화신학과 성서, 풍류신학과 성서 등을 다루었다. 이번에 유동식 교수님의 상수(上壽)를 기념하여 논문집을 만든다고 해서 제자로서 이 글을 쓰면서, 성서학자로서 풍류신학을 태극신학의 구도에서 다시 기억하고 기리려는 뜻에서 글을 시작하고자 한다.

이미 한국신학은 대표적으로 민중신학과 토착화신학(김광식, 언행일치의 신학, 신토불이신학)으로 세계에 알려졌고, 한국신학과 문화신학은 서구의 이분법의 구조를 극복할 수 있는 신학으로 많은 한국 학자들이 작업하였다.[4] 윤성범의 성(誠)의 신학, 허호익 교수의 천지인(天地人)신학이나 박원돈의 물(物)의 신학과 박종천의 상생의 신학 등이 연구되었다.[5] 앞으로 한국신학, 한국 문화신학적 작업이 많이 연구되고, 동서양의 신학을 통합하며, 신학의 한계를 초월하고 극복하는 신학적 대안이 많이

---

2 박신배, "풍류신학과 성서," 『태극신학과 한국문화』(서울: 동연, 2009), 178.
3 박신배, "태극신학과 태극의 영성," 『태극신학과 한국문화』, 18.
4 윤성범, 문익환, 김재준, 김정준, 변선환, 이신, 김경재, 길희성, 김흡영, 허호익, 최인식, 이정 배 등 기라성 같은 많은 한국 문화신학자들이 선구적 신학 작업을 하였다.
5 박신배, "한국문화적 성서 해석 방법론," 『태극신학과 한국문화』, 51. 서남동, 김재준, 안병무 의 민중신학, 박종천의 상생의 신학, 변선환의 다원론 신학, 유영모·김흥호의 유교적 기독교 신학 등을 언급한다. 아울러 곽노순의 동양신학과 한국 문화신학과 김경재의 한국 문화신학 과 박정세의 민담의 문화신학도 소개한다.

제시되기를 바란다.

아울러 여기서는 생존해 계시는 연세 신학의 어른들의 신학을 소개하고 선생님의 상수를 기념하면 모두 좋아하시리라 생각하며 간단히 언급만 하려고 한다. 이분들은 연세 신학의 통전적 신학으로 한국신학의 기념비적 작업을 하였던 선구자들이시다. 한태동의 인식을 넘어서는 신학, 한국 지성사의 거두로서 기독교 인식론의 개벽, 한국 교회사와 세계 교회사의 인식론적 신학을 정립하였다.[6] 민경배의 민족 교회 형성론을 통해 한국 기독 교회사의 금자탑을 이뤄놓았고, 박준서 교수는 한국 구약학자들의 아버지로서 '복음적 구약신학'을 교육하여 한국 구약학의 지형을 마련했다. 지금은 『시편 촬요』를 처음으로 구약성경으로 번역했던 피터스(A. A. Pieters) 선교사의 기념사업을 하며, 구약학의 기초를 세웠던 분의 뜻을 기리는 일을 하고 계신다.

한편 멋있는 기독교 교육학자로서 한국 기독교 교육의 현장에서 교회를 건강하게 하고, 교육의 신학이 한국 땅에서 어떻게 펼쳐져야 하는지 친히 좌표가 된 은준관 교수님의 교육신학은 오늘날 팬데믹 시대에도 봐야 할 교육신학책이다.[7] 교회와 함께 교회를 직접 개척하여 복음적 신학자로서 길을 보여주는 현장신학의 기독교 윤리학자 김중기 교수, 교목실에서 선교신학을 펼쳤던 한국 문화신학의 선비 이계준 교수 등이 상수를 기념하는 후배 연세 학자들이 아닌가 생각한다.[8]

---

6 한태동, 『사유의 흐름』(서울: 연세대학교출판부, 2003), 3-373.
7 은준관, 『교육신학』(서울: 기독교서회, 1976-1997[5쇄]), 11-468.
8 최근에 연세신학의 맥을 이어가고 있는 천명(天命) 박호용은 자신의 신학세계(天命學)를 '뿌리로서의 예수학(Jesustics)', '줄기로서의 성서학(Biblics)', '꽃잎으로서의 요한학(Johannics)', 및 '열매로서의 한국학(Coreanics)'이라고 명명하였다. 그러면서 한국학으로서 『조선의 최후와 하나님의 최선: 아빠가 아들에게 들려주는 한일근대사』(서울: 통전치유, 2021)라는 책을

이제 '풍류신학은 한국 문화신학, 태극신학인가?'라는 글을 시작하기에 앞서 풍류신학은 이 모두를 한국적 신학의 지평에서 아우르는 신학이요 동서양 신학을 융합할 수 있는 신학이라 하겠다. 풍류신학은 태극신학의 원형을 제시하며, 동서양의 신학의 융합을 말하는 신학이요 융합적이고 통합적인 신학 프레임을 제공한 신학이라는 전제를 가지고, 성서신학의 입장에서 살펴보려고 한다.

II. 본론

1. 소금 유동식 전집에 나타난 성서신학

유동식은 선교 방법론으로서 토착화신학을 말한다. 그리고 이 선교 방법론은 복음의 토착화론이라고 말한다. 예수는 일정한 역사적·문화적 상황에서 태어났다. 곧 유대의 종교, 문화, 전통 속에 태어나서 새로운 종교 문화를 창조하였다. 그는 유대교의 유월절 전통에서 그리스도의 복음의 유대를 갖고 성만찬의 종교를 창조하였다. 이처럼 한국적 기독교도 한국의 재래 종교의 전통을 이해하고, 한국의 심성을 통해 복음의 토착화 작업을 이뤄야 한다고 본다.[9]

복음의 존재 양식과 그 방법론적 의미를 물으며, 성육신의 로고스가 문화와 역사의 옷을 입고 이 땅에 거하면서 전적 타자이신 하나님께서

통해 성서신학을 바탕으로 한 한국적 신학을 전개해 가고 있다.

9 유동식, "전통문화와 복음의 토착화," 『소금 유동식 전집』 2권(서울: 한들출판사, 2009), 307-310.

인간과의 사귐을 가졌다고 말한다(빌 2:7). 그래서 유대인의 하나님이시자 이방인의 하나님이신 그분이 인류의 하나님이자 우주의 하나님으로 우리에게 오셔서 우리와 사귐을 가지셨다는 것이다(롬 3:29). 이 과정에서 토착화 작업은 초월적인 진리가 일정한 역사적 상황 속에 적용하도록 자신을 변화하였다는 것이다.

하나님께서 그리스도로 말미암아 인간과 사귐을 가지셨고, 그리스도는 하나님의 말씀이 육신이 되어 오신 하나님의 아들이시다(빌 2:6-11). 자기를 비어 종의 형체로 오신 메시아에 대한 신앙은 바로 자기를 부인하고 자기 십자가를 지는 신앙을 통해서다(막 8:34). 그리스도와 교제(코이노니아)를 갖는 것이 바로 하나님의 아들을 받아들이는 것이요 하나님의 자녀가 되는 길이다. 그래서 복음에 접촉한 사람은 "그런즉 누구든지 그리스도 안에 있으면 새로운 피조물이라. 이전 것은 지나갔으니 보라, 새것이 되었도다"(고후 5:17)라고 고백한다.

유동식은 선교와 토착화를 복음에 대한 바울과 요한의 선교적 토착화를 가지고 설명하며, 묵시문학적 희망과 종말론에서 어떻게 헬레니즘 세계에서 복음의 토착화 작업을 하였는지, 요한은 희랍적인 로고스 개념을 유대적 메시아 개념과 융합하여 복음의 토착화 작업을 하였다고 본다.[10]

복음의 한국적 이해는 한국 교회 생활의 신앙 표현에 있어서 자기의 인격과 본심의 바닥에서 나온 것이어야 하며 또 그것이면 된다. 다윗 왕은 하나님 앞에 있는 즐거움을 표현하기 위해 체면 없이 춤을 추며 뛰놀았던 것이다(삼하 6장). 따라서 서구 사회에서 그들의 생활 풍습에서 형성된 신앙생활 양식이 있는 것처럼 우리에게도 마땅히 한국인다운 표현

---

10 유동식, "복음의 토착화와 선교적 과제,"『소금 유동식 전집』2권, 280-289.

양식이 있어야 한다고 주장한다.[11]

한 학자의 세계는 우주적 연구를 한 지식의 보고(寶庫)라고 할 수 있다. 소금 유동식의 신학은 일본 유학에서부터 시작된다. 거기서 일본 역사와 재일동포의 역사, 일본 YMCA의 역사를 통해 한국신학 연구의 뿌리를 내린다. 조선기독청년회는 윤치호와 서재필, 최병헌, 이상재, 조만식, 이승만, 김정훈, 백남훈 등이 중심이 되어 일본 기독교 운동을 벌이고, 뒤에 존 모트나, 언더우드 메서, 펠프스, 클린톤, 브로크만, 벅스, 세인트 존, 아펜젤러, 피셔 등이 뒷받침을 하며 2.8 독립운동도 전개한다. 민족운동의 보루로서 YMCA라고 제목을 달고 역사를 기술한다.[12]

소금 전집 6권에서는 교회사, 재일본 한국기독교 청년회사와 한국 그리스도교(일본어)를 수록한다. 일제강점기 시대의 젊은 신학도로서 그는 한국의 독립과 주체적 한국신학을 수립할 선구적 노력을 하며 민족의 역사 속에 몸부림치는 존재와 실존이었다. 그래서 구약의 출애굽을 구약의 중심으로 보며, 이스라엘 해방이 우리 민족의 해방인 것을 태극도의 삼중 복합구도로 그려간다. 인류 해방이 그리스도의 복음에서 신약의 인격 해방으로 나타나고 그것이 교회의 자리에서 복음 신앙으로 해방되는 세계를 그린다.

복음 원리와 구원사는 우주적 해방으로서 영성우주와 삼태극도에서 하나님과 성령, 말씀(子)으로 표현하고, 그것이 더 큰 삼태극도에서는 중심이 도(道, 로고스)이고, 그것이 아래 삼태극도에서는 영과 이성, 감성, 사람과 육체로 그리며 시공우주의 세계를 말한다. 그것이 처음 육체의

---

11 유동식, "복음의 한국적 이해," 『소금 유동식 전집』 2권, 238.

12 유동식, "소금 선생 노트 중에서,"(교회사2, 재일본 한국기독교 청년사, 한국 그리스도교([일어]) 『소금 유동식 전집 6권』(서울: 한들출판사, 2009), 22-299.

인간 영성과 이성, 감성의 존재에서 기초, 발아, 발전된다는 그림을, 통전적 우주와 도(道, 그리스도)의 구조를 그린 것이다.[13]

더 나아가 김상근이 언급하듯 유동식은 세계화 신학의 관점을 견지하였다.[14] 그는 풍류신학이 세계화의 신학으로서 세계 신학의 지평에서 선교신학으로 발전되기를 바랐고, 세계화를 향한 풍류신학의 시도를 하였다. 그는 교회사와 하와이의 한인과 교회 역사를 쓰면서 독립운동과 세계화의 기치를 말하고 있다.[15]

2. 풍류신학에서 본 요한신학, 로고스신학

유동식은 초기 선교 70주년 기념 주석으로 요한서신 주석을 쓴다.[16] 그는 요한서신의 일반적인 신학 내용을 서론에서 다루고, 본문 주석을 한다. 뒤에 덧풀이 차례를 소개하여 요한서신의 중심을 다룬다. 본문 주석을 다룬 이후에 덧풀이 설명은 다시 정리하여 복음의 진수를 당신의 말로 풀어서 말씀을 다시 한번 잘 이해할 수 있도록 한다. 덧풀이를 하는 주제는 다음과 같다.

말씀 예수, 영생의 개념, 예수 피의 의미, 요한의 십자가 이해, 종말론에 대하여, 새로운 자기 이해와 종말론적 실존, 요한의 인간 이해, 하나님

---

13 유동식, "소금 선생 노트 중에서," 『소금 유동식전집 6권』(서울: 한들출판사, 2009), 8.

14 김상근, "1980년대의 풍류신학과 21세기 선교신학,"『유동식의 풍류신학』, 문화와 신학 1권 (서울: 한국문화신학회, 2007), 165-183.

15 유동식, "하와이 이민과 교회 창립, 조국 상실과 한인감리교회,"(교회사1, 하와이의 한인과 교회)『소금 유동식 전집』6권(서울: 한들출판사, 2009), 29-234.

16 선교 70주년 기념 신약성서 주석, 요한서신 주석 책으로 대한기독교서회에서 1962년 출판되었다.

의 아들 예수, 예수의 재림에 대하여, 요한의 죄 개념, 사랑의 개념, 그리스도인의 본질, 육체로 오신 예수, 그리스도인의 사명, 하나 됨의 대하여, 믿음의 본질, 세상(kosmos)의 이해 등 17가지 주제를 다룬다.

"요한일서 1:1에 사용된 '생명의 말씀'이라는 '말씀'에는 요한복음 1:1의 인격적인 말씀(로고스)과는 달리 무인격적인 일반적인 '말'의 뜻이 있다. 그러나 이것은 인격적인 말씀과 같은 관련을 가지고 있다. 이와는 반대로 요한복음 1:1 이하에서 사용하고 있는 인격적인 존재로서 '말씀'은 또한 그 배후에 일반적인 용어로서의 무인격적인 '말'의 개념이 내포되어 있다고 볼 수 있을 것이다."[17]

요한복음 1장 1절의 로고스와 요한일서 1장 1절의 로고스의 의미가 다르다고 밝히고 있다. 인격적 말씀과 무인격적인 말로 구분하고 있다. 이 인격적인 말씀, 로고스는 창세기 1장 1절과 연관되었고, 하나님이 말씀하시는 그 말씀은 하나님 자신과 분리되어 있지 않다고 한다. "하나님이 말씀하시고 자기를 나타내시는 한에 있어서 그 말씀은 곧 하나님 자신이다. 이와 같은 관계는 예수의 말씀과 예수 자신과의 관계에서도 볼 수 있다."[18] 이처럼 풍류신학이 하나님의 말씀, 로고스에 바탕을 두고 있음을 알게 된다.

"성서에서 말하는 영적 생명과 육적 생명이란 인간의 존재 구조에 따르는 개념이 아니라 신앙적 결단에 의한 존재 양식에 따르는 개념이 아니라 신앙적 결단에 의한 존재 양식에 따르는 개념이다."[19] 유동식은

---

17 유동식, 『성서학: 택함받은 나그네들에게, 예수의 근본 문제, 요한서신, 예수·바울·요한』, 소금 유동식 전집 1권(서울: 한들출판사, 2009), 151.

18 유동식, 『성서학: 택함받은 나그네들에게, 예수의 근본 문제, 요한서신, 예수·바울·요한』, 소금 유동식 전집 1권, 151-152.

19 유동식, 『성서학』, 153.

영생의 개념을 요한복음과 요한일서를 결합하여 명쾌하게 요약하여 설명한다. "영생은 본래 아버지 하나님의 생명이며 또한 아들 예수 그리스도 안에 있는 생명이다."[20]

"아버지의 생명을 아들에게 주었다(요 5:26), 예수 그리스도의 오심(요일 1:2), 그리스도의 오심은 영생을 주어 살리려 하심(요일 4:9), 영생의 떡으로 십자가에서 그의 살을 주심(요 6:51), 그의 십자가로 영생에 이름(요 12:23), 내 살을 먹고 내 피를 마시는 자는 영생을 소유(요 6:34), 그리스도 안에 거하고 그리스도를 소유하는 것은 곧 하나님 안에 거하고 하나님과 하나 되는 사람이다(요 17:21; 요일 2:24-25; 요 6:56-59), 하나님 안에 거하고 하나님이 우리 안에 거하시는 사귐이 영생이다, 하나님의 독자적인 사랑의 행위(요일 4:10), 하나님과의 사귐은 영생이다(요 3:16)." 이 사랑이 기독교 신앙의 중심이고 기독교 고전의 요체(要諦)임을 알게 된다.[21]

더 나아가 유동식은 신학자(C. H. Dodd)의 이론을 섭렵하여 시의적절하게 표현한다. "영생이란 양적인 개념이 아니라 질적인 개념이다. 목숨의 연장을 말하는 시간의 개념으로 측정할 수 있는 생명이 아니라 하나님의 영원한 현재(God's eternal Today) 안에서 사는 생명이다."[22]

또한 '예수의 피'의 의미를 다루면서 구약성경을 배경으로 이해하지 않으면 안 된다고 말한다. "구약성경에 의하면 피는 생명이 있는 곳이며(레 17:11), 피와 생명은 일체요(레 17: 14). 피는 곧 생명이다(창 9:4). 피가 육체를 떠났을 때에도 피 안에 있는 생명은 살아 있다(창 4:10). 그러므로 피를 먹는 것을 금하였다(창 9:4; 레 7:11f, 17:26f 등). 남의 생명을 자기 육신

---

[20] 유동식, 『성서학』, 154.
[21] 고광필, 『고전 속에 비친 하나님과 나』(광주: 광신대학교출판부, 1997), 21-46.
[22] 유동식, 『성서학』, 155.

을 위한 수단으로 사용할 수는 없는 것이다. 생명의 희생에는 거기 중요한 의미가 있어야 한다. 여기 희생 제사의 의미가 있다."[23] 유동식은 복음을 정확하게 설명하며 성서의 기록과 내용을 그대로 전달한다. "예수의 피가 우리를 모든 죄에서 깨끗하게 하실 것이요(요일 1:7). 십자가에 달리신 예수의 피로 말미암아 하나님은 우리 죄를 사하시며 모든 불의에서 우리를 깨끗하게 하실 것이다(요일1:9)."[24]

놀랍게도 유동식은 요한복음과 요한서신이 같은 저자라는 입장에서 요한의 종말론을 설명한다. 김교신도 같은 입장에서 "요한복음에는 신앙과 불신, 빛과 어둠, 생명과 사각(死殼)이 새끼 꼬인 것처럼 나선형으로 출몰하는데 그 강도가 층일층, 단일단으로 높아간다"[25]고 했다.

유동식은 그와 대화를 하듯 요한복음을 풀어나간다. "그러므로 바울에게 있어서나 요한에게 있어서나 그리스도인이 처하여 있는 현재는 이미 실현된 종말과 미래에 기대되는 종말 사이의 중간의 때(time-between, Bultmann)로 이해된다. 바울에게는 초대교회와 함께 그리스도의 부활과 세상의 종말에 기대되는 재림과 사이의 중간의 때이다. 그러나 요한에게는 예수의 영광된 십자가와 신앙인들이 이 세상 삶의 종말 사이에 중간의 때로 이해되어 있다. 물론 여기 중간의 때라는 것은 시간적인 의미에서가 아니라 이미(no longer)와 아직(not yet) 사이에 변증법적인 긴장 관계의 중간에 있는 그리스도인의 종말론적인 실존이라는 의미에서이다."[26] 이렇게 신학적으로 잘 실현된 종말론을 설명한 이후에 말씀

---

23 유동식, 『성서학』, 165.
24 유동식, 『성서학』, 166.
25 김교신, "신약성서 개요," 노평구 편, 『김교신 전집』 3권(서울: 부키, 2001), 335.
26 유동식, 『성서학』, 183-184.

으로 주석을 읽는 사람에게 다시 복음적으로 말씀 그 자체에서 깨닫게 한다. "요한이 그 서신에서 '하나님께로서 난 자마다 죄를 짓지 아니하나니'라고 하면서도 한편 우리가 죄 없다고 하면 거짓이요, 따라서 범죄할 때엔 고백함으로 용서를 받는다고 한 것은(요일 1:8-10, 3:9) 이러한 중간의 때에 살고 있는 그리스도인의 모습을 그리고 있는 것이다."[27] 더 나아가 유동식은 육체로 오신 예수가 구원을 주시는 분임을 확고히 말한다. "하나님이 인간을 구원하시는 길은 인간에게 도덕적인 완성을 요구하는 교훈이나 자기 해탈의 신비경을 요구하는 명령이 아니었다. 하나님이 인간을 구원하시는 길은 하나님이 육신이 되어 이 세상에 오셔서 구원의 손을 펴고 자기의 생명을 우리에게 주시는 길이었던 것이다. 육체로 오신 예수가 곧 우리 신앙의 중심이다."[28] 신앙의 중심에 예수 그리스도의 성육신 사건이 있음을 강조한다.

유동식은 논문 "복음의 입장에서 본 한국 종교의 위치와 의미"에서 우주적 그리스도 사건과 복음의 보편주의를 다루고, 다음 성속을 꿰뚫는 복음의 진리에서 그리스도인이 된다는 것은 본회퍼의 말과 같이 종교적인 인간(homo religiosus)이 아니라 단순한 보통 인간이라 말한다. 그리스도인이란 단순한 인간이 아니라 십자가와 부활을 매개로 거듭난 보통 범인(凡人)이다. 그리스도는 교회의 주인인 동시에 또한 종교와 모든 세계의 주인이시다. 그리스도가 추구한 세계는 하나님의 것인 동시에 인간의 것이 되어야 한다. 성서의 개념에서 보면 의(義)와 사랑을 요구하시는 하나님이시다.

---

27 유동식, 『성서학』, 184.
28 유동식, 『성서학』, 269-270.

하나님이 바라신 것은 희생의 제물이나 아름다운 찬미가 아니라 오직 공법을 물같이, 정의를 하수같이 흐르게 하는 것이었다(암 5:21-24). 하나님의 계명은 모두 하나님을 사랑하고 이웃을 사랑하라는 것이었다(막 12:29-31). 이 정의와 사랑이 바로 평화의 길로 가는 디딤돌이요 기둥이 되는 것이다.[29]

그래서 구약의 로고스, 하나님의 말씀이 창세기(1:3, 6, 9)와 시편(32:6, 33:6)의 창조적 말씀으로 사용되고 또한 하나님께서 자기의 뜻을 인간에게 전하는 예언자들의 메시지가 곧 로고스였다(렘 1:4). 이처럼 하나된 새로운 세계 안에서 보편적 로고스와 인간이 되신 로고스가 하나가 된다. 그래서 이 복음의 중심이 그리스도의 성육신과 십자가와 부활로 나타난다.[30]

동방교회 신학은 요한복음의 신학을 기조로 하여 인간의 성화(聖化) 가능성을 긍정한다. 하지만 하나님의 은총에 의한 '득의'를 주제로 한 바울의 신학을 도외시하는 경향이 있다.[31] 거기에 어거스틴의 신학의 기여가 있다. 아울러 슐라이어마허는 말씀이 육신이 되었다는 성육신의 신학으로서 다원주의 종교관을 거부하였다. 그리스도 안에 계신 하나님과 요한복음의 성육신 말씀을 중심으로 신학을 전개한다.[32] 이처럼 로고스는 중요한 신학적 주제가 되고 있다.

안병무는 유동식의 요한신학과 대화하며 요한 저자는 12사도 중 하나라기보다 '사랑하는 제자'라고 불린 그 목격자의 다음 세대일 것이라고 본다.[33] 요한 기자는 로고스라는 말을 사용하며 저자의 정신적 풍토

29 박신배, "구약의 평화와 샬롬신학," 『평화학』(서울: 프라미스 키퍼스, 2011), 103-114.
30 유동식, "복음의 입장에서 본 한국 종교의 위치와 의미," 『소금 유동식 전집』 2권, 154-161.
31 한스 큉, 이양호, 이명권 역, 『위대한 그리스도교 사상가들』(서울: 크리스천헤럴드, 2006), 116.
32 한스 큉, 이양호, 이명권 역, 『위대한 그리스도교 사상가들』, 240.

와 더불어 새로운 언어로 예수를 새롭게 해석해야 할 사명을 가졌다고 본다. 요한에서 예수의 부름에 응하는 사람은 낡은 세계에의 운명을 박차고 새 세계에 참여하고 결단한 것이라고 역사의 결단을 촉구한다. 그리스도는 인간의 낡은 가치관에 따라 모든 것을 결정하는 이가 아니라 인간에게 하나님에 의한 새로운 세계의 문을 열어놓은 이다. 그 문은 모든 사람에게 열려 있다. 그러나 거기로 들어갈 것을 거부하는 자는 스스로 자기를 심판하는 것이라고 말한다.[34] 안병무의 민중신학과 유동식의 풍류신학이 대화하는 장면을 살필 수 있다.

유동식은 풍류신학에서 로고스가 성육신하신 예수 그리스도이며 우리 안에 계시지만 이 세상에 속한 존재가 아니라고 한다(요 17:14). 그 로고스 예수는 인간이 되어 오셨고 그는 하나님께 속한 진리요 길이요 생명 그 자체이며(요 14:6), 부활이고 생명이라 영원히 사는 존재라고 고백된다. "나를 믿는 자는 죽어도 살겠고 살아서 믿는 자는 영원히 죽지 아니하리라"(요 11:25). 풍류도의 결론이 하나님 말씀, 육신으로 오신 예수 그리스도, 부활과 생명, 사랑의 조화라고 강조한다. 그래서 영생과 부활 생명, 부활은 평화를 주는 생명이라 하며, 풍류도가 추구하는 삶의 본질은 하나님의 자녀로서의 삶, 무애의 자유와 사랑의 기쁨과 평화 공동체로 구성된 삶이다.

이러한 생명은 끊임없는 창조 작업 속에 유지되는 것이다. 이것이 부활의 생명 세계요 그리스도가 주시는 영생의 모습이다.[35] 이를 유동식

---

33 안병무, "새로운 개벽-요한의 증언," 『역사와 해석』(서울: 대한기독교 출판사, 1981), 279, 292.

34 안병무, "새로운 개벽-요한의 증언," 『역사와 해석』, 292.

35 유동식, "한국인과 요한복음," 풍류도와 한국신학, 『소금 유동식 전집』 7권(서울: 한들출판사, 2009), 277-293.

은 삼태극도에서 부활의 구조를 부활과 새로운 존재(요 14:20)의 그림으로 부활신학을 강조한다. 이는 곧 하나님과 그리스도, 그리스도인(성령)의 삼태극도를 그리며 십자가의 유출선으로 표현해 준다.[36] 이처럼 부활과 승천은 교회의 존재를 만들어내고 교회를 위한 교회의 신학일 때 의미 있음을 가르쳐 준다.[37]

3. 태극신학과 풍류신학

논자는 한국 문화적 성서 방법론을 주창하면서 한국 문화신학이라는 거대한 거시적 담론과 조직신학적 차원을 포괄하여, 성서신학적인 성서 해석을 구조주의 방법과 그 창조적 해석을 통해 해석한다. 구조주의적 방법으로 본문 분석과 문화적 이해를 병행해서 한국 문화적 성서 방법론을 제시한다. 곧 "거시적 관점에서 성서와 신학 전반에 걸쳐 논의하는 과정에서 성서를 인용하거나 성서의 사상을 포괄적으로 사용하여 한국 문화신학적으로 성서 해석을 하는 작업을 방법론이라 말할 수 있다."[38]

이 방법론으로 성서 해석을 하고 한국 문화적 신학 작업을 하는 이유를 말했다. "한국 문화적 성서 해석은 아시아적 성서 해석과 맥을 같이하면서 한국이라는 독특한 문화가 갖고 있는 동양적 사유와 문화의 배경에서 특수하고 의미 있는 창조적 해석이 가능하다. 이 해석은 그동안 서구 신학 방법론이나 성서 해석 방법으로 풀지 못한 문제를 해결할 수 있는

---

36 유동식, "십자가와 복음원리," 풍류도와 요한복음(유동식 신학수첩 2), 『소금 유동식 전집』 9권(풍류신학 3, 영혼의 노래, 풍류도와 예술신학, 풍류도와 요한복음, 한국문화와 기독교, 봄 여름 가을 겨울)(서울: 한들출판사, 2009), 361.
37 필립 얀시, 김동완·이주엽 역, 『내가 알지 못했던 예수』(서울: 요단, 2003), 282-321.
38 박신배, "한국문화적 성서 해석 방법론," 『태극신학과 한국문화』(서울: 동연, 2009), 55-56.

가능성이 있다."[39]

그 창조적 해석은 성서 본문 이해와 해석 작업을 통해 결론부에 도출할 수 있다고 보았다. 이는 구조주의 비평, 기호학에서 설화적 구조(통사론)와 설화적 구조(의미론), 두 부분을 연구하고 나서 마지막 기호학적 사각형 도식을 통하여 마지막 단계에서 새로운 의미 생성을 한다. 그것이 바로 창조적 해석으로 구조주의 방법론에서 이 해석을 도출하는 것을 의미한다. 이러한 기초적인 작업을 통해 한국 문화 이야기와 성서 본문을 비교하며, 상통 본문 이야기들에 관한 연구를 통하여 창조적 해석을 하며 현대 문화에서 이해될 수 없는 문제를 해결할 수 있는 통찰력을 새롭게 얻을 수 있게 된다.[40]

태극신학이란 무엇인가? 이미 언급한 대로 간단하게 다시 한번 말하면 다음과 같다. "기독교 진리를 동양적 사유로 말하라고 하면 태극의 구조와 같은 9가지 단어로 표현할 수 있다. 삼위일체이신 성부 하나님과 그의 아들 예수 그리스도, 성령님, 셋을 말할 수 있다. 그리스도 자신을 표현한 말(요 14:6)로 길과 진리, 생명 등 여섯이 중심을 이루고 또 하나님이 무엇이며 진리, 생명이 무엇인가? 그것을 로고스, 아가페, 카이로스 등으로 말할 수 있다고 보았다. 이미 논자는 김광식의 신토불이신학, 언행일치의 신학에서 시작된 토착화의 신학에서 로고스 개념을 언급하였다.

"로고스는 말씀과 빛, 진리로서 인격적 하나님, 즉 하나님의 만남을 통해서 말씀이 육신이 되는 인격적 하나님과의 만남을 갖게 되고, 빛과 진리의 세계에 이르게 된다. 이 로고스는 하나님의 사랑, 아가페의 차원

---

39 박신배, "한국문화적 성서 해석 방법론," 58.
40 박신배, "한국문화적 성서 해석 방법론," 58-59.

풍류신학과 태극신학 • 박신배 | 215

과 보응의 관계를 갖게 된다. 로고스와 아가페의 중간 태극선은 카이로스(하나님의 결정적인 구원의 시간), 역사의 종말, 결정적인 사건을 가진다. 이 카이로스는 크로노스(chronos)의 일반적인 시간, 연대기적 시간 속에 사탄의 공격에 그리스도인이 모욕당하고 위협당하는 상황을 본다. 십자가 사건이 카이로스 시간에서 빛나게 된다."[41]

기독교 진리는 이 언술에서 기독교 이념을 표현할 수 있다고 보았다. 성부·성자·성령의 삼위일체 하나님과 길·진리·생명으로 말하는 기독교 가치와 로고스·아가페·카이로스의 기독교 사상과 신학적 개념이 연결되었음을 말했다. 그래서 이것이 무궁과 태극(황극, 무극)의 구조에서 9개념이 서로 통하는 세계이고, 성서가 바로 이 9가지 개념의 진리를 이야기하고 있다.[42] 이 태극신학이 통일신학과 흔의 신학, 무궁화신학(무궁, 카이로스)으로 나타날 수 있다고 제안한 바가 있다.[43]

이미 유동식은 이 문화신학을 로고스신학과 한의 신학으로 맛깔스럽게 풀어냈다. 풍류도와 신앙의 예술에서 풍류도의 한의 신학을 전개하며 시무언 이용도의 삶과 예수 유일주의 신학을 소개한다. 이용도는 한의 자리에 참을 추구한 구도자였다고 말한다. "이러한 한의 극치에 도달할 수 있는 길은 '한'님이신 하나님과 하나가 되는 데 있다. 그것은 곧 하나님과 하나이신 예수 그리스도와 하나가 되는 데 있는 것이다. 그리스도와 하나가 되는 길은 다름 아닌 예수 신앙이었다. 신앙의 참뜻은 예수를 믿고 받아들이는 것이요 영의 나라를 승인하고 받아들이는 것이

---

41 박신배, "토착화신학과 성서: 태극신학의 관점," 『영성과 신학』(청파 김광식 교수 고희기념 논총, 서울: 강남출판사, 2009), 337.

42 박신배, "태극신학, 한국신학의 새로운 모색," 『태극신학과 한국문화』(서울: 동연, 2009), 102.

43 박신배, "태극신학, 한국신학의 새로운 모색," 107-123.

다. 예수를 믿고 받아들인다는 말에는 두 가지 뜻이 들어 있다. 하나는 그의 십자가와 부활에 내가 동참한다는 뜻이요, 또 하나는 그럼으로 인해 예수와 내가 하나 된다는 뜻이다. 그와 하나 될 때 우리는 하나님과 하나 되는 것이다. 그때 우리는 하나님과 함께 이 세상을 초월하고 일체를 포용하는 한의 자리에 서게 되며 거기에서 우리는 자유와 평화와 환희를 누리며 살게 된다."[44]

이처럼 소금 유동식의 신학은 한 멋진 삶의 신학이요 태극신학이다. 화가이자 예술신학자인 유동식은 풍류도와 종교 문화에서 그림으로 태극신학, 풍류신학의 구조를 간단하게 그린다. 민족의 꿈-한 멋진 삶-풍류 문화가 연결되었고, 민족적 꿈은 집단 무의식과 보편적 영성의 태극도로 표시하고, 그것을 한 멋진 삶에서 민족적 영성의 풍류도(멋 X), 포함삼교(한 Y), 접화군생(삶 Z)으로 말하고, 마지막 풍류 문화는 우주적이고 역사적으로, 고대-중세-근대-현대 역사의 순의 태극 원추꼴로 발전한다고 도해하며 종교 문화사를 설명한다.

원시 고대 시대의 한 멋진 삶(X, Y, Z)이 무교 문화, 불교 문화, 유교 문화로 전개되어 마지막 기독교 문화가 꽃을 피우고 한국적 기독교로 거듭났다고 그린다. 고대의 멋-한-삶-멋으로 순환하는 구조를 도표로 보여준다.[45] 소금 유동식은 율곡 이이의 풍류와 다산 정약용의 실학사상, 불교의 원효 사상, 동학의 수운의 풍류도 등을 연구해서 한국 정신과 얼을 찾아서 종교신학 작업을 한 것이다.[46] 한국인의 얼을 중심으로 한 문화적

44 유동식, "풍류도와 신앙의 예술," 소금 유동식 전집 8권(풍류신학 2, 풍류도와 한국의 사상, 산화가)(서울: 한들출판사, 2009), 322.
45 유동식, "한국인의 영성 풍류도," 『소금 유동식 전집 8권』, 86.
46 유동식, "한국의 종교사상," 『소금 유동식 전집 8권』, 93-181.

선교, 선교학적 토착화 작업, 영혼의 선교를 제창한 것이다. 우주와 한국의 종교 문화에서는 한국의 종교 문화 속에서 성육신하신 하나님의 아들 예수 그리스도의 세계와 복음의 의미가 무엇인가를 설명한다. 그 그림에서는 우주 창조 137억 만 년, 삼태극도(三太極圖)의 처음(알파)에서는 영, 사랑, 빛을 그리고 있다. 이는 태초의 말씀 창조를 의미하는 것이다. 그것은 46억만 년의 지구에서 30억만 년에서 생명화를 창조의 진화론적 질서를 설명하며, 200만 년 양태극도에서 인간화를 이루고 3만 년 때에 인류의 사회화를 이뤄서 타원형의 태극도 단면에서 중심에 신·그리스도(시간)·사람이 융합되어(요 14:20), 한 멋진 삶의 삼태극도에서 자유·사랑·평화의 영화 세상을 유불도(유교·불교·도교)의 한국 종교 문화, 심성의 유전적 생태적 무의식의 종교성을 기반으로 하는 세계를 도해한다.

이미 김경재는 유동식의 문화신학이 삼태극적 구조론이라는 사실을 밝혔다. 우주론과 삼위일체론에 나타난 삼태극적 구조나 신학적 인간학에서 삼태극적 구조, 종교사 속에서 삼태극적 구조론의 발현에 대한 해석학적 제3의 눈 등을 말하며, 삼태극적 구조론을 정리하여 태극신학이라는 사실을 강조한다.[47] 유동식은 풍류신학의 의미를 언급한다. "문화 예술의 생명은 창조성에 있다. 풍류신학의 중심을 풍류도와 창조적 성령과의 만남에 두는 것은 이 때문이다. 성령은 현존하는 창조적 하나님의 영이며, 새로운 세계를 전개한 부활하신 그리스도의 영이시다. 그러므로 성령과의 만남을 기초로 한 풍류신학은 성령의 신학이며, 문화의 신학이며, 예술의 신학이다."[48]

---

[47] 김경재, "유동식의 문화신학에서 삼태극적 구조론의 의미,"『유동식의 풍류신학』, 문화와 신학 1권(서울: 한국문화신학회, 2007), 31-53.
[48] 유동식, "풍류신학의 여로,"『소금 유동식 전집』10권(소금과 그의 신학, 종교와 예술의 뒤안

그것이 타원형 태극단면도의 후반부에 한 멋진 삶의 종교 세계가 무교 문화(샤머니즘), 불교 문화로 진화되고 유교 문화, 기독교 문화가 전래되면서 역사 속에서 태극의 바람이 순환되는 그림을 보여준다. 또 그것이 자유와 평화, 사랑이라는 삼태극도의 그림으로 종말론(오메가) 신국(하나님 나라)의 도래를 상징화한다. 그 타원형의 태극도 밑에는 동양 종교 문화의 전개를, 타원형 태극도 바로 밑, 접한 부분에는 한국 종교 문화의 전개를 그리고 위에는 서구기독교 문화의 전개를 말한다.

끝으로 맨 위에 타원형 태극도 그림 위에 영화(자유·사랑·평화)의 실현과정사라고 제목을 붙인다. 이는 그리스도 예수의 메시아 역사가 가장 고귀한 가치로 실현되는 보편사의 역사 정신을 표현해 준다.[49] 이처럼 유동식은 태극신학으로서 풍류신학을 기가 막히게, 멋지게, 경이롭게 표현해내는 것이다. 왜 한국신학이 동서양을 아우르는 융합의 신학, 통합의 신학인지를 삼태극도와 타원형의 태극으로 표현해 주고 있다.

유동식은 풍류신학(태극신학)이 샤머니즘에서 기원하는 것을 포착하여 무교를 연구하며 우리의 정체성을 파악하고 "한국 문화의 실체를 이해하려면 불교·유교·기독교와 함께 무교를 이해해야 한다"고 말한다.[50] 그는 한국 무교와 화랑도와 풍류도와 한국신학을 다룬다. "화랑의 역사를 모르고 조선사를 말하려 하면 골을 빼고 그 사람의 정신을 찾음과 한가지인 우책이다(신채호, 『조선상고사』 하). 여기서 말하는 화랑이란

길에서, 한국문화와 풍류신학, 소금신학에 대한 연구 논문)(서울: 한들출판사, 2009), 173. 유동식은 이 책에서 세계적 신학자인 헨드릭 크래머, 폴 틸리히, 불트만, 칼 바르트 등을 직접 만났던 것이 풍류신학에 도움이 되었음을 밝힌다. 120-128쪽을 참조하라.

49 유동식, "우주의 신비와 종교," 『소금 유동식 전집』 8권, 89.

50 유동식, "한국 무교의 역사와 구조," 『소금 유동식 전집』 3권(종교학, 한국 무교의 역사와 구조, 그 외 논문)(서울: 한들출판사, 2009), 8.

인물을 뜻하는 것이 아니라 한인으로 하여금 한인(韓人)되게 하는 민족적 얼로서의 화랑도 곧 풍류도를 뜻한다. 그리고 이 화랑도의 뿌리는 무교에 있다."[51] 이러한 구조에서 소금 유동식은 풍류신학을 전개한다.

"풍류신학은 풍류도의 구조를 따라 포함삼교하는 종교신학과 접화군생하는 윤리적 신학 그리고 이 둘을 수렴한 풍류도적 예술신학으로 구성된다. 그리고 그 중심과제는 예술신학의 전개에 있다."[52] 유동식은 고대신앙과 무교의 원형을 설명하면서 천신강림과 산신신앙, 지모-인간의 승화와 곡신신앙, 천지융합과 창조신앙을 태극도로 설명한다. 태극도의 중앙선에서 외부로 유출, 성장하고 발전하는 그림에 생명(시조), 문화(국가), 창조를 풍년 기원, 현실 세계를 표현하고 도해한다. 이것은 유동식의 풍류신학의 구조가 태극신학임을 보여주는 것이다.

한국인의 원시 종교부터 민간에서 행하는 샤머니즘의 원형에 한국인의 심성과 문화, 종교의 뿌리가 있음을 알고 무교를 연구하며 태극도 풍류신학으로 전개한다. 그래서 무교가 외래 종교와 융합되어 하나의 새로운 종교 문화를 창조하였다고 말하며 이를 태극도로 설명한다.

고대에는 천신강림의 북면과 지모승화의 남면이 태극도의 중앙선에, 신인융합하며 신라 시대에는 위에 산천제, 중앙에 화랑도, 아래에 용신신앙으로 전개되고, 고려 시대에는 조령제, 팔관연등제로 복합전승이 이뤄지며 아래는 무격신앙으로 병용전승이 이뤄진다고 도해한다. 이조와 현대로 가면서 위에는 기우제와 부락제로 단순 전승되어 나가고, 중간선에는 동학과 신흥 종교로 나가며, 아래는 가무입신, 무당굿으로 전개된

---

[51] 유동식, "한국 무교의 역사와 구조," 9-12.
[52] 유동식, "한국 무교의 역사와 구조," 12.

다고 보았다.[53] 이러한 무교 전승의 전개는 한국인의 전통문화의 뿌리를 형성하며 민간의 신앙으로 자리 잡아서 기독교 신앙이 전래되었을 때는 크게 마찰을 빚으며 영적 전쟁, 우상숭배라는 기독교 시각에서 배척되는 결과를 가지며 대립된다. 영적 예민함을 가지고 연구해야 하는 분야임을 암시한다.

이는 전통문화와 한국의 심성 이해도 같이 사라지는 현상을 가지게 되었다. 종교적 문제를 가지고 무속신앙으로 생사화복, 장수 연명의 문제를 풀려 했던 민중들은 기복신앙으로 종교 행사를 하였던 것이다. 이러한 무격의 기능으로 무당은 사제적 기능, 의무적 기능, 예언적 기능, 오락적 기능, 사령저주의 기능, 사령공창의 기능, 신탁의 기능 등을 수행하며 한국 사회의 무형 문화재로서 민중 문화를 이끌었다. 유동식은 이 굿의 기능과 내용, 세계관과 가택신을 연결하여 태극도로 풀어 설명한다.[54] 신화에서 천신과 지모가 태극도의 위아래를 형성하고 중간은 시조로 구성되어 굿에는 대감거리(재복)와 제석거리(수복), 성주거리(평강)로 구성되며, 가택신에서는 성조(천신)와 제석(帝釋, 자손), 대감(지신)으로 도해하여 태극신학적 이해를 하고 있다.

이 무교를 다루는 부분에는 어려운 영적 문제가 있는지, 소금 유동식 전집은 영어로, "인간의 본성의 유기적 견해"라는 논문에서 1978년 내필 엘우드(Naepil and Elwood)에서 인간과 거룩-기독교 신학의 아시아적 관점의 제목으로 발표되었다. 여기서 맥콰리(John Macquarrie)의 견해로

---

53 유동식, "한국 무교의 역사와 구조," 92.
54 유동식, "민간신앙으로서의 무교," 소금 유동식 전집 3권(종교학, 한국 무교의 역사와 구조, 그 외 논문), 387. 엘리아드, 영원한 회귀의 신화, 1장 참조. 財福과 壽命과 平安을 얻는 기복의 내용은 삼대복을 주관하는 신들, 가택신으로 모시는데 집은 '우주의 모형(imago mundi)'이라고도 한다. 여기에 무교의 일관된 신통과 가치 체계가 있다.

하나님과 세계의 관계를 두 가지 개념으로 말한다. 하나는 군주적 모델, 또 하나는 유기적 모델로 설명한다. 군주적 모델은 하나님은 자기 충족성과 초월적 존재로서 세상을 당신의 의지의 행위로써 창조하신다. 창세기의 창조 이야기는 분명히 보이는 세계로서 이 개념을 보여주고, 인간은 창조의 중요한 마지막 완성 존재이다. 곧 그가 땅을 정복하게 명하였다. 이는 예언적 종교의 특성상 인류 중심적 사상이다.

그러나 또 한편 유기적 견해는 하나님과 세계는 날카롭게 분리되어 각각 서로 유기적 관계를 가진다. 이는 홍수 후에 하나님의 언약 이야기 안에서 발견되는 사상이다(창 9:10). 하나님은 노아와 인류의 관계에서 언약을 맺을 뿐만 아니라 살아 있는 모든 피조물들과도 언약을 맺으신다. 이와 같이 시편 기자는 자연 속에 하나님을 노래한다. "하늘이 하나님의 영광을 선포하고 궁창이 그의 손으로 하신 일을 나타내는도다"(시 19:1). 편재하는 자연주의는 제사장적 종교의 구체적 특성들 중에 하나가 된다.

군주적 모델이 존 칼뱅이나 칼 바르트의 신학에서도 나타난다. 서양 신학의 전통적 견해는 다음과 같다. 첫째, 초월적 존재로서 인간과 자연 속에서 양자택일의 선택으로 연결되지 않고, 하나님이 인간에게 자신을 계시해주는 것으로 말미암아 우리가 알게 된다. 둘째, 하나님이 자신을 계시해주는 것은 인격적 존재로서 보여주는 것이다. 그는 살아계신 하나님이시며 우리에게 그리스도와 예언자를 통해서 주권적 실체로서 말한다. 하나님의 인격을 가장 잘 표현하는 것이 바로 '하나님 아버지'이다. 셋째, 하나님의 인격성과 초월성이다. 그 하나님은 하늘과 땅을 창조하신 한 분이며 자연과 함께 똑같이 창조하시는 분이다. "믿음으로 모든 세계가 하나님의 말씀으로 지어진 줄을 우리가 아나니 보이는 것은 나타난 것으로 말미암아 된 것이 아니니라"(히 11:3).

하나님에 대한 신정통주의 신학의 표현으로서 하나님은 인간과 자연 둘 다 실존의 근거이시며 이 근거는 또한 창조주 하나님이라는 고백으로서 존재가 여겨질 수 있다. 유동식은 인간과 자연, 하나님의 전망에 대하여 창세기 1-2장을 통해서 설명한다. 이는 무교의 세계관과 다른 성경적 세계관을 말하고 있는 것이다. 인간과 자연의 전망은 하나님에 대한 전망의 다른 측면으로서 나타난다. 그리고 특징적으로 자연과 분리되어서 유독 인간이 피조물로서 묘사된다. 이는 분명한 표현으로, 이러한 표현이 하나님이 인간을 자신의 형상으로 창조했다는 것이다(창 1:27). 하나님은 인간을 그 자신의 생명으로 생령을 불어넣었다(창 2:7). 창세기 창조와 요한복음 1장의 빛은 연관되어 읽어져야 한다. 이 창조 세계 안에 로고스의 빛이 하나님의 자녀로 이어지는 생명 세계를 보게 된다.[55]

그리고 하나님은 인간에게 신적 생활과 형상을 주어서 자연을 다스리는 통치력(주관력)을 주었다. "하나님이 그들에게 복을 주시며 하나님이 그들에게 이르시되 생육하고 번성하여 땅에 충만하라 땅을 정복하라 바다의 물고기와 하늘의 새와 땅에 움직이는 모든 생물을 다스리라 하시니라"(창 1:28). 여기서 우리는 하나님의 초월성에 대한 신앙과 인류 중심의 세계관을 역시 발견하게 된다. 이것은 자연과학적 발전을 위한 근거를 제공하는 자연에 대한 태도이다.[56]

유동식은 한국신학의 과제로 사회·정치적 신학에 종교-우주적 신

---

55 한태동, 『성서로 본 신학』(서울: 연세대학교출판부, 2003), 55-76.

56 Tongsik Ryu, "Man in Nature: An Organic View," 소금 유동식 전집 3권(종교학, 한국 무교의 역사와 구조, 그 외 논문)(서울: 한들출판사, 2009), 500-501.

학으로 전개되고 영적 종교로 발전되어 자유와 사랑과 평화를 추구하는 신앙적 행위를 해야 한다고 본다. 언급한 유기적 자연과 우주적 역사관으로 동양의 사상과 종교 사상을 포괄한 신학 방향을 가져야 한다고 주장한다.

천병석은 토착화신학의 두 축이 윤성범과 김광식에게 있다고 말하며 동양적 사유의 본질을 밝히며 천일합일과 동양의 우주관, 동양의 인간관을 언급한다. 그 동양의 우주관은 무궁 시간, 시간의 반복(순환), 공간은 시간과 함께 움직이는 상호 협조 평등의 관계라고 본다. 결국 성육신의 개념을 통해 예수 그리스도를 수용해야 함을 역설한다.[57]

따라서 유동식은 우주적 존재와 자유·평화·사랑의 영체로의 진화, 하나님 자녀의 영광, 부활의 신앙을 강조한다. "성서에는 인간 구원이라는 지배적인 사상과 함께 이른바 우주적 본문들이 있어 우주적 견해를 가진 성숙한 인간들이 나타나기를 기다리고 있다. 그리스도는 우주적 존재이다. 만물은 그로 말미암아 창조되고, 그의 안에서 유지되고 있으며, 그의 부활로써 나타난 자유와 평화와 사랑의 영체를 향해 진화되어 가고 있다. 만물이 이제는 신의 자녀들의 영광된 자유로까지 성장되어 가기를 기다리고 있는 것이다(롬 8:18-25; 골 1:15-20; 엡 1:22 이하)."[58] 기독교 신앙은 그리스도와 함께 십자가에 죽고 그의 부활에 동참하는 것이다(롬 6:3-5). 이 신앙의 바탕에서 종교-우주적 신학을 해야 한다고 말하며 그것이 오늘의 민중신학과 종교신학이라고 역설한다.[59]

---

57 천병석, "동양적 사유와 토착화신학," 『영성과 신학』(청파 김광식 교수 고희기념 논총, 서울: 강남 출판사, 2009), 378-387.

58 유동식, "한국신학으로서의 종교·우주적 신학형성의 과제,"(신학사, 한국신학의 광맥, 그 외 논문) 『소금 유동식전집』 4권(서울: 한들출판사, 2009), 525-526.

59 유동식, "한국신학으로서의 종교·우주적 신학형성의 과제," 523-527.

III. 결론

우리는 유동식의 신학, 풍류신학이 태극신학인 것을 이 논문에서 살펴보았다. 삼태극의 신학이 '한 멋진 삶'으로 구현되어서 나중에 예술신학으로 꽃피우는 단계를 살펴보았다. 풍류신학은 신학의 기초를 닿고 동양 신학의 미래를 제시한 우리 민족의 종교신학으로 큰 이정표를 마련한 신학이 되었다.

그의 풍류신학의 여로는 소금 유동식 전집 10권에 담겨 한국신학을 연구하는 후학들에게는 너무도 훌륭한 자료가 되었다. 여기서 삼태극의 신학의 기본 내용에서 풍류신학으로 전개되는 변화의 과정을 읽을 수 있고, 태극신학이 한국신학과 동양의 신학을 담을 수 있는 도구임에 이미 충분한 연구를 제시하였다. 이제 이 풍류신학이 세계의 신학 중심에 우뚝 서게 하는 작업이 우리 세대와 후학들이 맡을 몫이다.

앞으로 유동식 교수의 풍류신학 전망은 한 멋진 삶을 어떻게 신학과 실천, 신학적 본문과 삶의 현장에서 체현해 내는가 하는 점이 문제가 된다. 한국신학의 광맥에서부터 한국신학의 흐름을 분석하였고, 그것이 보수 · 진보 · 문화 자유주의 신학 흐름으로 나타난다고 보았다.[60]

유동식은 한국신학의 세 흐름을 포괄하는 신학으로서 에큐메니컬(일치와 연합)을 강조한다. 그것이 시대마다 민족 해방의 신학으로, 자유민주주의 신학으로, 민족통일의 신학으로 발현되어 하나님 나라를 이루는 신학으로 발전되어야 할 것을 말한다. 이는 예술신학으로 인생의 후반 신학으로서 최근에 발표되고 있다.

---

[60] 유동식, "한국사상과 신학사조(서설), 한국신학의 광맥," 『소금 유동식 전집』 4권(신학사, 한국신학의 광맥, 그 외 논문)(서울: 한들출판사, 2009), 39.

이처럼 한 멋진 삶의 풍류신학은 한국신학의 중심에서 좌표가 되는 삼태극신학이며 한국인이 심성과 문화, 역사를 통해 한국신학자들의 신학 작업을 종합, 분석하고 자신의 신학으로 체화한 예술신학이며, 멋의 신학이다. 이 신학을 앞으로 태극신학으로 더 발전시켜야 하는 과제가 우리에게 있다. 이를 위해 소금 유동식 전집은 큰 역할을 하며 좋은 자료로서 한국신학자들에게 보배와 같은 역할을 할 것이다. 이제 소금 유동식의 저작은 한국신학과 문화신학의 『언지록』(言志錄)과 같은 책이 되지 않았나 본다.[61] 앞으로 소금 선생님이 110세, 요셉의 연세를 누리시기를 기원하며 글을 마친다.

---

[61] 사토 잇사이, 노만수 역, 『언지록』(서울: 알렙, 2012), 4-19, 670-710. 일본 유학의 아버지로서 양명학과 주자학의 양대 산맥을 아우르는 동양학을 연구하고 후대의 근대화를 이끈 학자이다.

유동식의 풍류신학(風流神學)과 노자의 도(道)

이명권
(코리안아쉬람 대표)

I. 서론

한국에서 풍류신학을 개창한 유동식 교수의 100세를 맞이하여 그의
가르침을 받은 제자의 한 사람으로서 기념 논문을 쓰게 된 것은 큰 기쁨
이자 영광이 아닐 수 없다. 연세 신학과 시절 '풍류신학'을 배운 후에 '풍
류'(風流)라는 개념이 나의 가슴에 늘 떠나지 않았다. 그래서인지 나는
2007년에 한국문화신학회에서 간행하는 학술지 「문화와 신학」 창간호
에서 마련한 '유동식의 풍류신학'이라는 특집에 "풍류신학과 힌두교의
만남"이라는 주제의 논문을 발표한 바 있다.[1] 그 후 2011년에는 중국 길

---

1 이명권, "유동식의 풍류신학," 「문화와 신학」 2007 Vol. 1(서울: 크리스천헤럴드, 2007), 63-91.
이 논문에서는 풍류신학과 힌두교의 배경과 구조를 각각 고찰하고, 상호 비교될 수 있는 요점
은 '포괄적 수용성', '하나(一者)에의 추구와 삼위일체적 구조' 그리고 '자기부정을 매개로 한
새로운 영성의 추구'라는 3가지 요인이 상호 텍스트 간의 대화를 가능하게 해 준 점을 밝힌
것이다.

림사범대学에서의 중문학과 석사학위 논문 제목도 "한중 풍류개념 비교연구"[2]였다. 2015년의 길림대 박사학위 논문에서도 "노자와 세계 성현들의 대화-노자의 도 개념을 중심으로"라는 연구 주제 가운데 제8장 부분 '노자의 도와 한국의 종교철학'을 다루는 장(8.1)에서 '노자의 도와 최치원의 풍류도'를 비교 검토하면서, '노자와 유동식의 풍류도'(8.2)를 다룬 적이 있다.[3] 뿐만 아니라 종교 간의 대화 모임을 위해 2003년에 설립한 '코리안아쉬람'의 정신도 풍류도와 무관하지 않다. 이처럼 유동식의 풍류도는 오랜 기간 필자에게 영향을 미치면서 학문적 과정과 삶에 '한-멋진-삶'의 지침을 주고 있다. 이제 그 연장선에서 본 고에서는 "유동식의 풍류신학과 노자의 도"라는 제목으로 비교적 시각에서 논의를 전개하고자 한다.

유동식 풍류신학의 전반적인 골격은 그가 쓴 오랜 저술들 속에 잘 나타나 있으나 2009년에 『소금 유동식 전집』이 간행됨으로써 그의 풍류신학은 제7, 8, 9권에 수록되었다. 이를 바탕으로 유동식의 풍류신학의 구조와 노자의 도의 개념에서 비교할 수 있는 부분을 선정하여 비교 분

---

2 李命權, 『韓中風流槪念比較硏究』 - 以崔致遠和杜甫的"風流"爲中心 (中國 吉林師範大學校 碩士學位論文, 2011). 이 논문은 당나라의 두보와 한국의 최치원의 '풍류 사상'을 비교한 것으로, 이는 당나라와 신라 시대의 문화적 교류가 한참이었고, 특히 유불도 삼교가 회통의 모습을 보이는 시기였다. 중국의 '풍류' 개념은 위진 남북조 시대의 명사(名士)들이 즐겼던 청아한 분위기에서 미학적 풍토와 관련이 깊었으나, 후대로 갈수록 그 의미가 퇴화되었다. 반면에 한국에서의 '풍류' 개념은 최치원 이래 오늘날까지 한국의 고유의 사상으로 자리 잡으면서 지금도 있다는 것이 큰 차이다. 두보와 최치원의 '풍류' 개념이 서로 달랐지만, '한'(恨)과 '흥'(興)과 '미'(美) 그리고 '진'(眞), '선'(善), '미'(美)의 각도에서 보면 구조적인 상통성이 있다. 여기서 한 걸음 더 나아가면 '한'(恨)의 미학적 풍류는 '진'(眞)으로, 생활적 측면의 '묘용'(妙用)은 '선'(善)으로, 대장부의 흥취는 '미'(美)로 각각 분류될 수 있다.

3 李命權, 『老子和世界聖賢們的對話』-以老子的道這一槪念爲中心(中國 吉林大學校, 2015), 168-178.

석을 시도했다. 특히 최치원이 언급한 '풍류' 개념이 유불선 삼교를 포함한다는 '한'의 포월(抱越)적 측면과 '접화군생'(接化群生)의 '삶'의 차원이 창조적 영성으로 빛나는 '멋'의 세계를, 노자의 도 개념이 지니고 있는 3가지 차원 곧 형이상학적 실존의 도와 규율성으로서의 도 그리고 생활 준칙으로서의 도가 삼위일체적 구조를 가지고 있음을 전제로 하여 풍류도와의 비교를 시도한 것이다. 그러한 비교를 더욱 심도 있게 하는 구조적 요소로 유동식은 '한-멋진-삶'을 불교적 개념 분석의 틀인 '체-상-용'의 측면에 비교하고 있고, 여기서 한 걸음 더 나아가서 '자유와 평화와 사랑'이라는 세 차원의 3.1 구조를 제시하고 있다. 이러한 구조는 삼태극의 형식으로 맞물려 돌아가는데, 노자의 도 개념이 지닌 다양한 측면 가운데 '한-멋진-삶'에 대비 될 수 있는 '한'과 '도', '멋'과 '무위자연' 그리고 '삶'과 '덕'의 차원을 비교하였으며, 이를 다시 '진-선-미'의 관점에서도 '체-용-상'이라는 측면과 대비하여 보았다. 여러 가지로 비교의 문제에 한계가 있겠지만, 풍류도와 도의 개념을 창조적인 관점에서 비교해 보는 것은 인간의 여러 가지 제약적인 위기와 한계 상황을 극복하고 초월하는 자유의 정신과 동시에 고통스런 삶의 현실을 껴안고 창조적으로 초월하는 멋진 삶을 기대하면서 '풍류'와 '도'라는 두 지평의 융합을 시도해 보고자 했다.

II. 유동식의 풍류신학의 구조

1. 유동식 신학의 변천 과정

유동식은 1943년 일본의 동부신학교(東部神學校)에서 신학을 공부한 이후 1958년 미국 보스턴대학 신학 석사를 마치고, 1960년부터 신학적 사고의 틀을 형성하기 시작했다. 60~70년대까지는 한국의 토착신학에 관여하다가 1980년대부터 그의 고유한 신학적 사고의 산물이라고 할 수 있는 '풍류신학'(風流神學)을 개창하는 여로(旅路)를 걷는다.[4]

그가 포착한 선교신학으로서의 토착화는 그로 하여금 먼저 한국의 마음으로서의 '한' 개념을 천착하게 한다. 그가 바라본 '한'은 큰마음이며, '하나인 동시에 전체'를 나타내는 개념이다. 이것은 '진속일여'(眞俗一如)일 뿐만 아니라, 이기(理氣) 일원론이기도 했다. 동시에 화랑도의 유불선 포함삼교의 정신이며, 동학이 말하는 '인내천'(人乃天) 사상이기도 했다. 이러한 '한'의 개념은 '종합지양'(綜合止揚)의 창조적 마음이다. 또한 그에게서 '한'은 현실에 대한 책임 있는 참여의 정신이다. '진속일여'의 호국정신이나 성리학의 '치국평천하'가 그러하다는 것이다. 더 나아가서 동학의 사상은 민중의 인간회복 운동이며, 3.1 독립정신도 같은 맥락에 있다는 것이다. 그러나 무엇보다도 그에게서 '한'은 곧 '풍류의 마음'이었다. 원효의 무애(無碍)의 정신이 그러했고, 화랑오계의 정신도 현묘(玄妙)한 풍류도의 발현이다.[5]

---

4 유동식, 『소금 유동식 전집』, 제7권 풍류신학 I(서울: 한들출판사, 2009), 9.
5 *Ibid.*, 20-21.

그가 말하는 신학의 복음은 요한복음 1장 14절에 기초한다. 하나님의 말씀이 인간이 되셨다는 '도성인신'(道成人身)의 사실뿐만 아니라, 하나님과 인간이 하나 된(요 14:20) 사건 또한 '사귐'으로서의 인간의 회복이며 구원이라는 점이다. 이 또한 '성속일여'(聖俗一如)요 하나님 나라의 시작이다. 이것은 자기 비움(빌 2:7)의 성육신과 십자가와 부활이 하나인 '삼즉일'(三卽一)의 구조를 지닌다. 이것이 유동식이 바라본 복음과 구원의 구조다. 하지만 이러한 복음은 인류에게 보편적인 구원의 사건으로서 기독교인과 비기독교인의 차이가 없다. 따라서 한국의 종교도 접목은 가능하지만, 다만 '그리스도 중심적인 보편주의'임을 그는 선언한다. 어쩌면 이것은 종교 다원주의 전통의 구원관보다는 다소 협의의 구원관일 수도 있다.

그럼에도 불구하고 유동식은 70년대에 이르러 한국인의 영성과 종교 문화의 구조적 문제 연구에 몰두한다. 그것은 60년대에 관심을 가진 선교 측면에서의 토착화 중심 연구에서 한 걸음 더 나아간 종교신학(宗敎神學)으로의 조직적 접근이다. 그 결과 한국인의 심층적 영성의 위치를 차지하고 있는 무교(巫敎)를 연구하여 『한국무교의 역사와 구조』(1975)라는 역작을 탄생시킨다. 연구의 성과는 60년대에 부정적으로 생각했던 '무교'가 오히려 한국인의 영성에 활력소가 되었음을 인식하게 된 긍정적 요소가 있음을 발견한 것이다. 또 하나의 인식의 변화는 60년대에는 '풍류'가 '한'의 개념 속에 들어가는 한 부분으로 이해했지만, 70년대의 연구 결과는 '풍류'가 오히려 '한'의 본체라는 것을 깨달았다는 점이다.[6]

---

6 *Ibid.*, 22-24.

2. 유동식의 풍류도의 구조

유동식의 풍류도의 구조는 1970년대에 그가 탐색한 '한국인의 영성과 종교 문화'에서 구체화되기 시작한다. 그가 몸담고 있던 종교로서의 기독교는 한국 종교의 문화사와 맥락을 같이 한다고 보았기 때문이다. 그는 앞서 언급했듯이 60년대의 무교에 대한 부정적 생각에서 70년대에는 무교가 한국 문화 형성의 활력소가 되었다는 긍정적 인식을 하게 되었다. 이른바 무교 영성의 승화가 풍류도이며, 이것이 우리의 종교적 영성이라고 본 것이다.[7]

이러한 풍류도의 기반으로서의 무교가 발전하여 풍류도의 형상은 '한'으로 나타났고, 그 '한'의 작용은 사람이 사람 되게 하는 '삶'이라는 것이다. 이른바 풍류도의 두 측면인 형이상학적 차원의 '한'과 실천적 측면인 '삶'이 드러나게 된 것이다. 이제 그는 이러한 풍류도의 정신을 한국의 신학 사상사에 적용하여 연구한 결과 『한국신학의 광맥』(1982)으로 나타났다. 그가 바라본 한국인의 영성과 종교 문화의 구조는 '민족적 영성의 원초 형태'로서 '사람다운 삶'에 대한 공통된 꿈에서 찾는다. 그것은 민족 고유의 대표적 신화인 '단군신화'와 고대 한인의 제천의례(迎鼓, 東盟, 舞天)의 구조에서 영성의 형태를 찾는 것이었다. 거기서 천신(天神)신앙, 자기부정을 통한 가무강신(歌舞降神)의 신인융합의 경지, 신인합일을 통한 부강한 문화적 창조를 보게 된다. 이른바 신과 인간이라는 양극의 교합으로 자기 부정의 결합을 통해(곰은 여인으로, 하느님은 인간으로) 새로운 양상인 창조적 태극을 형성한다는 것이다. 이른바 양극의

---

7 *Ibid.* 25-26.

교합 자체가 하나의 창조적 태극이며 문화의 창조라는 점이다.

이제 이러한 기본적 구도를 바탕으로 유동식은 풍류도의 구조를 최치원이 말한 "국유현묘지도(國有玄妙之道) 왈(曰) 풍류(風流)"라고 했던 데서 그리고 이는 "유불선(儒佛仙) 삼교를 포함 한다"(『삼국사기』)는 말에서 힌트를 얻어 민족적 영성과 풍류도의 구조를 뽑아내고 있다. 그리하여 그는 유교의 '극기복례'(克己復禮)와 불교의 '귀일심원'(歸一心源) 그리고 도교의 '무위자연'(無爲自然)이 모두 자기를 극복하고 하늘이 준 천성(天性)을 회복하는 일로서, 하느님과 하나 되는 풍류도를 그리고 있다. 특히 유동식은 인간의 윤리성을 세 종교에 배치시키는데 도교에서는 무위의 사심 없는 일 처리, 유교의 충효, 불교의 '제악막작'과 선행이 모두 사람다운 삶을 사는 풍류도의 정신을 이룬다는 것이다.[8]

이것은 3가지 차원으로 다시 구체화된다. 유동식은 풍류의 의미 내용을 담은 '멋'과 포함삼교의 포월성(包越性)을 나타내는 '한', 교화하여 사람 되게 하는 '삶'의 차원으로 풍류도를 도식화한다. 여기서 첫째, 멋은 자연미와는 다른 인간의 실존적 차원의 멋으로 흥(興)과 초월적 자유와 조화(調和)의 3가지 측면이 있다. 둘째, '한'은 다시 여러 가지 뜻을 내포한다. 우선 '크다'는 뜻과 '하나'이자 '전체'를 뜻하며, '바르고'(한글, 正音), '하늘'과 '한울' 그리고 인격화된 '한님' 곧 하느님과 연결되고 '환'한 '빛'으로 '빛의 하느님'을 믿는 '한'(韓)민족과도 결부된다. 셋째, '삶'은 생명, 살림살이, 사람의 뜻과 각각 결부된다. 이러한 3가지 차원의 풍류도는 한 마디로 '한 멋진 삶'으로 요약된다. 이를 다시 초월과 현실의 관계에서 볼 때 '한'은 초월적 속성이고, '삶'은 현실적 속성이며, 이 둘 사이의 창조

---

8 *Ibid.* 28-29.

적인 태극(太極)적 긴장 관계에서 나오는 것이 '멋'이다. 그런데 유동식은 이를 다시 '체상용'(體相用)의 관점에서도 풀이하는데 '멋'을 풍류도의 '체'(體)로 보고, '한'은 '상'(相)이며, '삶'은 '용'(用)이다. 동시에 '한'을 '체'로 본다면, '멋'은 '상'에 해당한다고 한다.[9] 필자는 오히려 후자의 측면이 동양 사상의 기본 철학적 골격과 일치한다고 본다. 그럼에도 불구하고 유동식은 '한, 삶, 멋'의 3중적 차원을 3.1적 구조로서 삼태극의 형상을 연출한다고 한다. 이들 3가지는 상호 내재적인 측면이 있어서 각각의 셋은 다른 둘을 내포하는 속성을 가진다는 것이다. 예컨대 멋은 한과 삶의 창조적 조화에서 생기는 것이고, 한은 멋과 삶을 포월하며, 삶은 한 멋진 것이어야 한다는 점이다. 이로써 풍류도의 구조는 '한, 멋진, 삶'의 3.1적인 삼태극의 구조를 가진다. 필자는 이러한 유동식 풍류도의 삼태극적 구조를 가지고 노자의 도의 사상과 어떻게 비교될 수 있으며 또 가능하다면 어떤 연관성이 있을 수 있는지 비교해 보려고 한다.

III. 유동식의 풍류도와 노자의 도

유동식의 풍류도와 노자의 도의 개념과 속성이 '풍류도'와 비교가 가능한 것인가? 이러한 문제의식을 가지고 노자의 도의 개념을 역으로 추적해 보고자 한다. 우선 그 가능하다고 생각되는 첫 번째 이유는 최치원이 '국유현묘지도'를 말하면서, 이미 '실내포함삼교'라 하였던 점에 있다. 유불선 포함삼교에서 도교의 정신이 풍류 개념 속에 들어 있고, 도교

---

[9] *Ibid.* 30-31.

의 근본정신은 곧 노자의 '도'의 개념에 그 연원을 두고 있기 때문이다.

유동식이 풍류도의 구조는 이러한 '삼교'에서 뿐만 아니라 '접화군생'(接化群生)의 측면에서 볼 때, '한 멋진 삶'이 곧 '자유와 사랑과 평화'의 속성으로 드러나게 된다.[10] 그러니까 '한'의 무한한 차원은 '자유'로 나타나고, '멋'진 사랑의 세계와 '삶'의 평화가 한데 어우러지는 것이다. 물론 이러한 3가지 차원은 각각 독립되어 분리된 형식으로 나타나는 것이 아니라, 둘 속에 하나 혹은 셋 속에 하나로 융합된 형식으로 자유와 사랑과 평화가 삼위일체적으로 나타나는 것이다. 이는 '한 멋진 삶'의 형태도 마찬가지다. 여기서 유동식은 풍류신학적 전망에서 다시 십자가와 부활 그리고 분단된 민족의 평화통일이라는 공식을 유도해 낸다.

이를테면 첫째, 예수는 십자가의 자기부정을 통해 부활의 세계로 초대하고 있고 둘째, 십자가는 악의 세력과 비인간화의 세력을 타파한 것이며 셋째, 한국적 상황에서 역사적 과제는 민주화와 민족통일이라는 것이다. 80년대의 상황에서 유동식은 '민주화'를 역사적 과제의 하나로 보고 풍류신학의 구조에 포함시킨 것이다. 이를 요약하자면 풍류도의 신학은 신인합일에 기초한 '멋의 신학', 포월적 '한의 신학', 인간화를 향한 '삶의 신학'으로 나타난다. 이러한 삼태극적 신학은 노자의 도 사상에서 어떻게 조우할 수 있을까?

1. 노자의 도의 개념과 구조

도(道)는 노자 철학의 중심 개념임은 재론의 여지가 없다. 『노자』81

---

10 *Ibid.* 42-43.

장 전체에 흐르는 사상은 '도'와 거기서 비롯되는 실천적 '덕'(德)의 개념을 둘러싼 우주론적, 인륜적 쟁점들이 담겨 있다. 그런 점에서 노자의 '도' 개념은 글자는 동일하지만, 각 장에서 전개되는 의미는 맥락에 따라 다양하게 전개된다. 어떤 경우에는 '도'가 형이상학적인 실존개념이 되고, 어떤 곳에서는 일정한 우주적 '규율'이다. 또 어떤 경우에는 인생이 지켜야 할 일종의 준칙이며 모범이다. 따라서 '도'를 논한다는 것은 각종 문맥에 따라 그 뜻이 다양하게 전개된다는 것을 염두에 두어야 한다. 그러나 상황에 따라 의미가 다양해진다 해도 전체적으로 도의 개념은 서로 상통하면서 하나로 관통되는 바도 있다. 그렇다면 하나로 관통되는 도의 다양한 측면을 몇 가지로 살펴보자. 중국 현대 최고의 노자 전문가인 쩐꾸잉(陣鼓應)은 형이상학적 실존의 도와 규율적 의미의 도 그리고 생활 준칙의 의미로서의 도라는 3가지로 크게 구분하여 설명한다. 우선 이를 고찰해 보자.

1) 형이상학적 실존의 도

도의 형이상학적 실존의 의미는 크게 두 가지로 분석된다. 하나는 도의 본체론적 이해요 다른 하나는 도의 우주적 생성과 관계가 있다. 우선 도의 본체론적 이해는 노자가 '도'를 하나의 '혼연일체'(混然一體)의 측면에서 이해하고 있다는 점이다. 이를 테면 『노자』 14장 "보아도 볼 수 없으니 '이'(夷)라 하고, 들으려고 해도 듣지 못하니 '희'(希)라고 하며, 잡으려도 잡지 못하니 '미'(微)라고 한다. 이 세 가지는 따져서 알 수 있는 것이 아니어서 '혼합되어 하나'(混而爲一)로 있는 것이다."[11] 그리고 『노

---

[11] 『老子』 14장: "視之不見, 名曰夷, 聽之不聞, 名曰希, 搏之不得, 名曰微. 此三者不可致詰, 故混而爲一." cf. 이명권, 『노자왈 예수 가라사대』 상권(서울: 열린서원, 2017), 99-105.

자』21장 "도라고 하는 것은 오로지 황홀할 뿐이다. 황홀하고 황홀하지만 그 가운데 형상이 있고, 황홀하고 황홀하지만 그 가운데 만물이 있다. 고요하고 어둡지만 그 가운데 생명의 정기가 있고, 그 정기는 아주 참되다. 그 참된 생명의 정기 가운데 미더움이 있다."[12] 그런가 하면『노자』25장에서도 노자의 우주론적 도의 모습이 언급된다. 이는 천지가 생기기 전의 도의 모습에서부터 그 존재하는 방식에 대한 설명이다. "천지가 생겨나기에 앞서서 무언가 섞여서 이루어진 것이 있었다. 고요하고 텅비어 홀로 서서 고침(변함)이 없고, 두루두루 행하지만 위태하지 않으니 가히 천하의 어머니라고 할 수 있다. 나는 그 이름을 알 수 없으니, 글자를 빌어 말하자면 도라고 할 수 있다."[13]

이와 같이 노자의 본문에서 보듯이 도는 하나의 '혼연일체'의 모습을 하고 있으면서, 황홀하여 그 모습을 형용하기 어렵지만 '도'라는 이름을 붙였다는 것이다. 그러한 모습 속에 참된 생명의 정기가 있고, 미더움이 있다는 것이다. 이른바 '진(眞), 정(精), 신(信)'이 도의 본체 속에 내재되어 있는 것이다. 도에 이름을 붙일 수 없는 것은 도의 '무형'(無形)의 성질 때문이다. 이러한 도의 우주론적이고 본체론적 측면은 유동식이 말하는 '한'의 초월적이고 우주론적 측면과도 비교될 수 있는 부분이다. 이 점은 뒤에서 좀 더 자세하게 고찰하기로 한다.

노자의 도의 개념은 우주론적 생성 전개 과정과도 관계가 있다. 이른바 도는 천지 만물의 창조적 근거다.『노자』1장에서 "무(無)는 천지의

---

[12]『老子』21장: "道之爲物, 惟恍惟惚. 惚兮恍兮, 其中有象. 恍兮惚兮, 其中有物. 窈兮冥兮, 其中有精. 其精甚眞, 其中有信." *Ibid.*, 151-156.

[13]『老子』25장: "有物混成, 先天地生. 寂兮寥兮, 獨立而不改, 周行而不殆, 可以爲天下母. 吾不知其名, 强字之曰道." *Ibid.*, 175-182.

시작이요, 유(有)는 만물의 어머니다"라는 표현과 4장에서 "만물의 으뜸"(萬物之宗), 40장에서 "천하 만물은 유(有)에서 비롯되며, 유는 무에서 생겨난다"라고 했고, 42장에서 "도가 하나를 낳고 하나는 둘을, 둘은 셋을, 셋은 만물을 생성시킨다"라는 표현들이 도에서 만물이 생성되는 우주적 전개 과정을 뜻하고 있다. 결국 도는 일체만물의 존재의 근거(萬物之宗)가 된다는 것이다.

2) 규율(規律)성으로서의 도

도는 형태가 없어서 눈으로 볼 수는 없는 것이지만, 만물이 작용하는 원리를 보면 어떤 규율이 작용하고 있음을 보게 된다. 이러한 도의 작용의 원리는 인류의 행위에 대한 효율적인 준거가 된다고 보는 것이다. 『노자』 40장에 "되돌아가는 것이 도의 움직임이다"(反者道之動)라는 표현이 있다. 이러한 도의 작용의 원칙은 모든 만물에 적용되는 규율성을 지니게 된다. 그러한 규율성은 '되돌아감'(反)이다. 모든 사물은 상반(相反)적으로 작용한다. 그러면서 처음의 상태로 되돌아간다(返回)는 뜻도 있다. 마치 봄, 여름, 가을, 겨울의 순환과도 같다. 도의 작용은 이처럼 상반적인 변증법적 측면과 되돌아간다는 순환론의 규율성을 동시에 지닌다. 이러한 두 가지 측면을 좀 더 자세히 살펴보겠다.

우선 대립하는 상반적 규율로서의 도에 대해 살펴보자. 『노자』 2장은 "유무상생(有無相生), 난이상성(難易相成), 장단상형(長短相形), 고하상경(高下相傾), 음성상화(音聲相和), 전후상수(前後相隨)"을 말한다. 노자는 이처럼 모든 사물이 상호 대립적인 측면이 있음을 강조하고 있다. 이에 비추어 인간의 존재 가치이고, 이러한 도의 작용 원리와 결코 분리되어 있지 않다는 것이 노자의 지론이다. 따라서 노자는 같은 본문에서 이어서 설명한다. "천하 사람들이 다 아름다운 것을 아름답다 하지만 이는 다 흉한 것이다. 모두가 선하다는 것을 선하다고 하지만 이는 선하지 못한 것이다."[14] 이렇게 노자가 말하는 까닭은 어떤 사물 사건에도 모두 대립적인 측면이 있다는 것이며, 동시에 그것으로 인하여 서로 그 반대적 의미가 형성된다는 것이다. 이것을 일컬어 상반상생(相反相成)의 작용이라 할 수 있다. 이것이 사물 발전과 변화의 추동력이 된다. 이른바 노자의 변증법인 셈이다. 바로 이런 점에서 노자는 "화(禍) 속에도 복이 있고, 복(福) 속에도 화가 있다"[15]고 했다. 이러한 노자의 변증법적 상반성은 『노자』 22장의 "굽으면 온전하게 되고(曲則全), 구부리게 되면 곧아지는 (枉則直)" 이치와 마찬가지다. 이러한 상반적 작용은 다시 "사물이 극에 달하면 반드시 되돌아간다"(物極必反)는 도리를 말하는 것이다. 이러한 도의 기능은 다시 '순환운동'의 규율성을 보여주는 것이다.

순환운동의 규율로서의 도에 대해 노자는 어떻게 말하고 있는가? 앞서 도의 상반대립성(相反對立性)을 말했는데, 이것이 동시에 대립전화(對立轉化)의 양상을 지니고 있다는 것이다. 노자에게서 도의 순환운동을 말해주는 대표적인 표현으로는 '반(反) 혹은 반(返)', '복'(復), '주행'(周行)과 같은 표현이다. 앞서 언급한 '반자도지동'외에 『노자』 16장에서 "만물이 함께 일어나는데, 내가 그 돌아감을 보니(吾以觀復), 만물이 무성하지만, 각기 그 뿌리로 돌아간다(各復歸其根)"고 했다. 여기서 '돌아감'의 의미인 '복'(復)과 '복귀'(復歸)가 언급되고 있다. 앞서 본 『노자』 25장에서는 "무언가 혼성되어 있어 천지보다 먼저 생겨났으니, … 두루 행하지만 위

---

14 『노자』 2장: "天下皆知美之爲美, 斯惡已. 皆之善之爲善, 斯不善已."

15 『노자』 58장: "禍兮! 福之所倚. 福兮! 禍之所福."

태롭지 아니하다"고 할 때 '두루 행한다'(周行)는 것도 도의 순환작용을 말하고 있다. 같은 장에서 이어지는 "억지로 이름하여 '도'라 하고 도는 크고, 크니 가고, 가니 되돌아온다"는 표현에서도 도의 순환 움직임을 잘 말해 주고 있다.

3) 생활 준칙으로서의 도

도의 여러 측면 중에서 도의 본체론은 형이상학적 요소가 있어 눈으로 볼 수도 만질 수도 없다. 그러나 도의 우주론적 기능을 보면 앞서 본 바와 같이 상반상성(相反相成)하면서도 순환작용을 하는 측면이 있었다. 이를 다시 인간도 하나의 자연에 입각해 있다고 볼 때, 우주적 지배 원리와 규율성인 상반성과 순환성의 도리를 인간도 실생활에 적용할 준칙으로 삼아야 한다는 것이다. 이러한 3가지 차원의 모습은 도의 본체론(體), 도의 규율론(相), 도의 적용론(用)으로 구분 지어 설명할 수도 있다.

이는 다시 도의 우주론과 인식론 그리고 가치론으로 정리할 수도 있을 것이다. 도의 우주론적 전개는 도의 '혼성되어 있지만 하나'(混而爲一)라는 형이상학적 본체론에서 출발하는 것이며, 도의 인식론은 인간의 감각기관으로서는 파악 불가능하지만 도의 상반적이고 순환적인 운동성은 자연의 움직임을 관찰한 결과로서 유추해 볼 수 있는 것이다. 이러한 결과 인간이 살아가야 하는 도리로서 도의 움직임에 순행하는 이른바 도의 실천적 적용이 필요한 것이다. 이것이 이른바 도가 인간이 살아가는 생활의 준칙이 된다는 점이다.

도가 인간의 생활 준칙이 된다는 것은 도의 형이상학적 측면이 인간 현실 생활에 적용됨으로써 나타나는 자연스러운 귀결이며, 그것을 일러 덕(德)의 실현이라 할 수 있다. 그리하여 도와 덕의 관계는 둘이 아니라 하나가 된다.[16] 이는 노자의 사상 체계에서 도와 덕은 체(體)와 용(用)의 관계다. 덕은 본체론적인 도의 작용인 것이다. '혼성되어 하나로 있는'(混成爲一) 도가 창조적인 활동 작용 가운데 만물 속에 스며들고 각각 사물의 속성으로 작용하는데, 이것이 덕이다. 이를테면 도가 경험 세계 속에 드러나는 것으로서, 형이상학적인 원리로서의 도가 인간의 경험 세계 속에 나타난 것이 덕이다. 그리하여 '도덕'(道德)은 '스스로 그러한 원리(자연)에 맡겨진 삶'(順任自然) 그 자체다. 이는 유가(儒家)에서 강조하는 윤리적 삶과는 완전히 다르다.

노자의 도 사상이 인간의 윤리적 실천의 덕목으로 가장 잘 표현되는 개념은 '무위자연'(無爲自然)이다. 일체의 인간적인 사사로운 욕망의 결과에 따라 행하는 것이 아니라 무위에 입각한 자연의 원리에 순응하는 삶을 말한다. 무위자연의 그러한 자세는 '비움과 고요함'(虛靜), '낳아 주지만 소유하지 않음'(生而不有), '공을 세워 주지만 거기에 기대지 않음'(爲而不恃)과 '유약'(柔弱), '부쟁'(不爭), '겸하'(謙下), '자애로움'(慈), '검소함'(儉), '소박함'(樸) 등으로서, 도의 성질을 잘 나타내는 노자의 대표적인 덕목들이다. 이런 모든 덕목들은 외부의 강제력이 동원되지 않고 사물의 자연적 상황에 따라 스스로 발전해 가는 것이다.

2. 유동식의 풍류도와 노자의 도의 비교

1) '한'과 '도'

유동식은 '한'의 세계를 한국인의 영성에서 찾는다. 그에게서 영성

---

16 陳鼓應, 『老子註釋及評介』(北京: 中華書局, 1984), 12.

은 '얼'을 담는 그릇이며 종교적 바탕이기도 하다. 그리하여 영성은 하느님의 우주 창조와 관련하여 영으로서의 하느님이 인간을 창조하면서 상호 교통이 가능한 영성을 창조했다고 보는 것이다. 이것은 하느님의 영이 인간에게 내재화될 때 나타나는 창조적 영성으로서 '로고스'로 나타난 그리스도 사건에서 더욱 분명해진다고 하였다. '십자가와 부활'의 사건도 그러한 맥락에서 이해한다. 이러한 관점은 노자의 '도'의 개념과 동일한 차원은 아니다. 노자는 '도'의 사상에 인격적인 '신'을 가정하지 않기 때문이다. 다만 노자의 도는 우주와 인간의 관계 속에서 구조적으로 기독교의 여러 측면과 유비될 수 있는 유사성을 지니고 있다. 그런 점에서 노자의 도는 그리스도교의 '로고스'와 비교될 수 있는 여러 측면이 있다. 이러한 관점에 대해서는 유동식뿐만 아니라 최근의 김흡영 교수도 그의 책『도의 신학』에서 연구에 큰 진전을 보인 바 있다. 다만 여기서는 노자의 도가 유동식이 말하는 풍류도의 관점에서 '한'을 말할 때, 어떤 측면과 대비될 수 있는지를 검토해 보고자 한다.

유동식이 영성을 말할 때 그것은 3가지 차원으로 구분된다. 첫째, 자기부정을 매개로 한 새로운 세계의 열림. 둘째, 신인합일의 세계. 셋째, 새로운 영적 존재의 탄생이다.[17] 이러한 각도에서 보면 노자의 도의 사상은 도를 지닌 '득도'(得道)의 사람과 도를 지니지 못한 '비도'(非道)의 사람으로 구분하여 새로운 존재의 탄생 곧 '도인'(道人)의 세계를 연다는 점에서 유사성을 지닌다고 할 수 있다. 이른바 도인과 풍류도인의 비교인 셈이다.

유동식에게서 '한'은 크게 두 가지 개념적 함의를 지니고 있다. 첫째로 '크다'는 뜻이고 둘째는 '하나'를 뜻한다. 유동식은 "접화군생하는 풍

---

17 유동식,『소금 유동식 전집』, 제7권 풍류신학 I, 277.

류도가 '하나'요, 이 '하나'를 지녔을 때, 사람다운 사람이 된다"라고 하면서 한국 고유의 사상인『천부경』을 인용한다. "'하나'(로고스)로 비롯하되 비롯됨이 없는 하나요, 천지인 삼극(三極)으로 나누이되 그 근본은 다함이 없느니라. 한울은 이 하나를 얻어 한울이 되고, 땅은 이 하나를 얻어 땅이 되며, 사람은 이 하나를 얻어 사람이 된다"[18]라고 하여 천지 만물의 근본인 하나를 중시한다.

노자의 도의 사상에서 아주 중요한 개념이 '하나'(一)다.『노자』42장에 의하면 "도는 일(一)을 낳고, 일은 이(二)를 낳으며, 이는 삼(三)을 낳고 삼은 만물을 낳는다"[19]고 했다. 이때 '일'(一)은 도를 뜻기도 하지만, 크다는 뜻도 있고 또 다른 해석으로는 '태극'(太極)을 뜻하기도 한다. 송나라의 임희일(林希逸)은 "일은 태극(太極)이다. 이는 천지(天地)다. 삼은 삼재(三才)다"[20]라고 해석했다. 바로 이 점은 유동식도 풍류도의 구조를 언급하면서 "풍류도의 기본 구조는 초월적인 '한'과 현실적인 '삶'의 창조적인 긴장 관계인 태극(太極)적 관계에서 나오는 '멋'의 길이다"[21]라고 했다.

이외에도 노자에게서 '일'(一)은 모든 만물이 갖추어야 할 하나의 준칙 곧 도의 기능을 한다.『노자』39장에 예부터 '일'을 얻게 되면 만물이 어떻게 되는지 다음과 같이 설명한다. "하늘은 '일'을 얻어서 맑아지고, 땅은 '일'을 얻어서 안정되며, 신은 '일'을 얻어서 영험하게 되며, 만물은 '일'을 얻어서 생겨나고, 후왕은 '일'을 얻어서 천하의 준칙이 된다."[22] 바

---

18 *Ibid.*, 280-281.

19『노자』 42장: "道生一, 一生二, 二生三, 三生萬物."

20 (宋) 林希逸,『老子鬳齋口義』(上海: 華東師範大學出版社, 2009), 47.

21 유동식,『소금 유동식 전집』제7권 풍류신학 I, op., cit., 31.

22『노자』 39장: "天得一以清, 地得一以寧, 神得一以靈, 谷得一以盈, 萬物得一以生, 侯王得一以爲天下貞."

로 이러한 노자의 도의 특징은 유동식이 풍류도에서 말하는 무한한 크기와 동시에 '하나'의 세계임을 말해 주는 것과 비교된다.

여기서 유동식은 '하나'의 문제를 유불도의 관계 속에서 조명하면서 불교의 기본 신념 중에 하나인 의상(義湘)의 <화엄일승법계도>를 언급한다. "하나 안에 일체요, 여럿 안에 하나, 하나가 곧 일체, 여럿이 곧 하나, 한 티끌 안에 우주가 들어 있고, 모든 티끌이 또한 그러하다"(一中一切 多中一, 一卽一切多卽一, 一微塵中含十方, 一切塵中亦如是)라고 했을 때의 '하나'가 곧 '한'이라고 설명했던 것과도 맥락을 같이 한다.[23] 이처럼 유동식에게서 '한'은 불교뿐 아니라 도가에서의 도와도 비교된다는 점이다. 이러한 '크기'와 '하나'의 도, 즉 '한'은 다시 '진'(眞)으로서의 '체'(體)로 설명이 가능하다.

(1) '진'(眞)으로서의 '체'(體)

유동식의 풍류도를 '한, 삶, 멋'으로 구조화시켜 볼 때, 이는 다시 '진, 선, 미'의 차원으로 구분하여 설명하기도 한다. 이를 유동식은 '체(體)-상(相)-용(用)'의 구조와도 비교했다. 이때 그는 [24]고 했다. 그런데 흥미로운 것은 그도 이러한 '체-상-용'의 관계가 "위치를 바꿀 수도 있는 것이어서 '한'을 '체'로 한다면 '멋'이 '상'을 이룬다"[25]고 했다. 이는 곧 '한(體)-멋진(相)-삶(用)'인 것이다. 여기서 필자는 이 후자의 입장을 택하여 '한'을 '체'로 보고 논의를 전개하려고 한다.

이제 그러면 풍류도의 구조에서 '한'은 '체'이면서도 '진'이 될 수 있

---

23 유동식, 『소금 유동식 전집』 제9권 풍류신학 III(서울: 한들 출판사, 2009), .162.

23 유동식, 『소금 유동식 전집』 제9권 풍류신학 III(서울: 한들 출판사, 2009), .162.
24 유동식, 『소금 유동식 전집』 제7권 풍류신학 I, op., cit., 31.
25 *Ibid.*, 31.

다고 본다. '한-체-진'의 일체를 보는 것이다. 이러한 풍류도의 한 측면은
노자의 도의 측면과 비교해 볼 수 있다. 노자는 도를 여러 가지 각도에서
비유하는데, 그중에서도 특히 '박'(樸)에 자주 비유한다. '박'은 쪼개지지
않은 상태의 통나무를 뜻한다. 이것은 다시 소박(素樸)하고 순수한 원형
적 질박(質朴)함을 말하기도 한다. 『노자』 15장에서 도에 대해 이렇게 비
유한다. "진실(돈독)하여라. 마치 통나무처럼"(敦兮其若樸)이라고 했다.
여기서 '돈'(敦)은 두터움(厚)을 뜻하는 것이고, 박(樸)은 아직 그릇으로
조탁(彫琢)되지 않은 원목의 상태이며,[26] 혼연(混然)히 섞여 있는 하나(混
而爲一)를 뜻한다. 또한 『노자』 19장에서 "소박함을 간직하라"(見素抱樸)
고 말할 때도 '박'으로서의 통나무를 언급하고 있다. 이러한 소박한 상태
가 통나무의 본질이자 도의 성질이라는 것이다. 이는 '박'이 가공되지
않은 소재(素材)[27]로서 본디 그대로의 세계 곧 '체'의 측면을 지니고 있다
는 점이다. 유동식의 '한'은 진(眞)으로서의 '체'(體)이기도 하지만, 동시
에 분리와 차별을 넘어선 포월성의 개념을 지니고 있다.

(2) 비분리로서의 포월(抱越): 초월과 내재

노자의 도의 정신은 이미 앞에서 보았듯이 '일'(一)과 '박'(樸)의 개념
외에도 풍류도에서 '한'의 이미지를 잘 설명해 주는 '포월'성이 노자의 도
사상에도 잘 나타나 있다. 『노자』 10장에서 노자는 "혼백이 하나를 안고(載
營魄抱一), 이 상태를 떠나지 않을 수 있겠는가?"(能無離乎)라고 질문한다.
이때의 하나를 감싸 안는 '포일'(抱一)의 정신은 음양을 초월하면서 동시에

---

26 陳劍 譯注, 『老子』(上海: 上海古籍出版社, 2016), 54.
27 湯漳平, 王朝華 譯註, 『老子』(北京: 中華書局, 2014), 58.

하나로 껴안는 내재적 정신이다.『노자』통행본의 본문은 '영백'(營魄)이라고 되어 있지만, 하상공(河上公)의 주석에 의하면 '혼백'(魂魄)이다.[28]

'혼백'을 하나로 껴안는다고 했을 때『회남자』(淮南子)「설산훈」(說山訓)에 대한 고유(高誘)의 주석에 의하면 '혼'(魂)은 사람의 '양신'(陽神)을 말하고, '백'(魄)은 사람의 '음신'(陰神)을 뜻한다. 또한『초사』(楚辭)「대초」(大招)에 대한 왕일(王逸)의 주석에서도 "혼(魂)은 양(陽)의 정기(精氣)요, 백(魄)은 음(陰)의 모양(形)이다"라고 했다.[29] 주겸지(朱謙之) 또한 "백(魄)은 형체(形体)다. 혼과는 다르다"라고 했다. 이렇게 볼 때, 혼과 백은 정신과 형기(形氣) 혹은 영혼과 체백(體魄)이라고 볼 수 있다. 결국 노자는 영혼과 육체 혹은 양과 음의 기운을 하나로 합하여 능히 그 상태에서 떠나지 않을 수 있겠는가라고 반문하고 있는 것이다.

더 나아가서 노자의 '포일' 정신은 음양의 포월뿐만 아니라 '득일'(得一) 사상과도 연결된다. 하상공의 주석에 의하면 "'일'(一)은 도와 덕으로 말미암아 생겨난 것으로(一者, 道德所生) 태화의 정기다(太和之精氣也)"[30]라고 했다. 이와 같이 '일'을 얻는다는 것은 태화(太和) 곧 큰 조화와 평화로운 정기를 얻고 사는 일이 된다. 이상과 같은 노자의 '포일' 정신은 풍류도에서 말하는 '포월' 정신과도 맥락을 같이한다. 유동식이 유불선 삼교를 다 포괄하고 있는 '포월'적 정신이 곧 우리말로 '한'이라는 것이다.[31]

---

28 [漢] 河上公,『道德經集釋』(北京: 中國書店, 2015), 12.

29 羅義俊,『老子』(上海: 上海古籍出版社, 2012), 24.

30 [漢] 河上公,『道德經集釋』, op., cit., 13.

31 유동식,『소금 유동식 전집』제9권 풍류신학 III, op., cit., 62; 제7권, 30.

2) '멋'과 '무위자연'

유동식은 앞서 본 바와 같이 풍류도의 구조를 말하면서 풍류도는 유, 불, 선, 삼교를 포함하는 것으로, 그 가운데 도교는 "사심 없이 자연의 법도에 순응하는 것"(無爲自然)이라고 했다. 이러한 도교의 무위자연은 노자가 말하는 도의 가장 핵심적인 원리다. 사마천의 『사기』(史記) 「태사공자서」(太史公自序)에 의하면 노자의 주장은 "무위자화(無爲自化), 청정자정(淸靜自正)"³²이라고 개괄할 수 있다고 말한다. 노자의 무위자화는 한마디로 당시의 춘추 전국 시대의 열국의 전쟁 상황 속에서 전쟁의 참상을 목격하고 참된 평화의 세계를 열기 위해서는 무위자화의 길밖에 없다고 생각한 것이다. 그렇다면 그 무위자화의 길은 어디서 오는 것인가? '도'의 속성에서 비롯된다는 것이다. 무위자화는 곧 무위자연의 결과다. 이러한 노자의 무위자연의 도를 풍류도의 '멋'과 비교해 본다면 '미'(美)와 '화'(和)의 관점에서 비교적으로 이해해 볼 수도 있다.

(1) '미'(美)로서의 '상'(相)

유동식은 풍류도의 구조인 '한-멋진-삶'에서 '멋'을 '체'로도 보았지만 '한'을 '체'로도 볼 수 있다 하여 필자는 이것을 따랐고, '멋'은 '상'으로 구별하여 논의를 전개하고자 한다. 유동식은 '멋'과 '한'을 '체'와 '상'의 관점에서 각각 상호 교체적으로 이해할 수 있다고 보았던 것이다. 유동식이 파악한 멋은 어디까지나 초월적 세계의 '한'이 현실적 차원의 '삶'과의 상호 긴장 관계 속에서 창조적인 '멋'이 창출된다고 보았기에 '한'은 본체론적 우주론에 가까운 것이라면, '멋'은 그러한 본체론적 혹은 초월

---

32 楊義, 『老子還原』(北京: 中華書局, 2011), 8.

적이고 형이상학적인 '한'의 속성에서 생성되는 현상으로서의 멋이다. 이를테면 노자가 말하는 본체론적이고 우주론적인 도를 인간이 잘 품고 실천할 때 덕스러움이 '멋'있게 나타나는 모양(相)으로서의 '상'(相)이라고 이해해도 좋을 것이다. 이른바 '도덕일체'(道德一體) 혹은 '신인합일'(神人合一)의 경지에서 보이는 '멋'일 수도 있다.

'멋'을 체상용의 관점에서 보면 '상'에 해당되지만, 진선미의 관점에서 바라보면 '미'(美)에 해당할 것이다. 이른바 예술적 경지다. 유동식이 말하는 '멋'은 "외국어로 번역할 수 없는 특유의 미의식"을 표현한다고 했다. 이러한 멋으로 표현되는 아름다움은 "인생이 개입된 예술적 미에 속한다"라고 정의했다. 따라서 그는 "자연미에 대해서는 사용하지 않는다"고 했다. 이 지점에서 노자가 말하는 '미'의 개념과는 차이가 있다. 노자는 『노자』 2장에서 '선악(善惡), 미추(美醜), 고하(高下), 장단(長短), 전후(前後)'도 모두 상대적인 것으로 말하고 있다.[33] 이러한 노자의 상대적 미학의 입장은 노자의 무위자연 사상에 기초한 것이지만, 유동식은 '멋'의 문제를 인간의 예술적이면서 실존적인 차원으로 해석하고 있다는 점에서 노자와는 구별된다. 하지만 노자도 '자연스러움의 미학' 그 자체를 무시한다고 볼 수 없기 때문에 유동식이 말하는 인간의 '멋'도 '자연스러움'이 전제된 경우에는 서로 상통하는 '멋'의 '상'이 있을 것이다. 이른바 도덕일체 혹은 신인합일의 경지가 그러할 것이다.

유동식은 멋의 개념을 일상용어의 문맥에서 다음과 같이 몇 가지로 찾는다. 첫째, 생동감과 율동성을 동반한 '멋지게' 혹은 '흥겹게'라는 뜻을 지닌다. 이것은 일종의 종교적 체험에서 우러나오는 신명(神明)과도

---

33 『노자』 2장: "天下皆知美之爲美, 斯惡已. 皆知善之爲善, 斯不善已. 故有無相生, 難易相成, 長短相形, 高下相傾, 音聲相和, 前後相隨."

같은 것이다. 둘째, 초월적 자유(自由)의 개념이다. '멋대로 하다' 혹은 '멋도 모른다'고 할 때의 멋이다. 이는 유연한 초월자의 멋을 자아내는 자유다. 이는 또 어떤 환경도 초월할 수 있는 유유자적의 자태다. 셋째, 호흡이 맞는다는 뜻의 조화(調和)성이다. 환경에 적응이 안 될 때 '멋쩍어한다'는 것과 같다. 조화 중에서도 최고의 경지는 '천지인(天地人) 삼재(三才)의 원융무애(圓融無碍)한 경지'다.[34] 이렇게 '멋'의 차원은 크게 흥겨운 생동감, 초월적 자유 그리고 조화였다. 이 가운데서 유동식이 언급한 조화는 다시 더욱 현실적 삶의 거시적 차원에 혹은 사회와 국가적 차원에 적용해 보면 갈등과 폭력이 없는 반전평화의 조화(調和) 곧 사회학적 조화를 생각해 볼 수도 있다. 다음에서 '화'(和)를 '평화'의 관점에서 좀 더 고찰해 보자.

(2) '평화'와 '화(和)-부쟁(不爭)'

노자는 전쟁을 반대하는 반전평화주의자였다.『노자』 30장에서는 이렇게 말하고 있다.

> 도를 가지고 임금을 보좌하려는 자는 무력으로 천하를 강압하지 않는다. 무력을 사용하는 일은 곧장 대가가 되돌아온다. 군대가 머문 곳에는 가시덤불만 무성해지고 큰 전쟁을 치른 후에는 반드시 평화가 온다.[35]

이는 노자가 당시의 전쟁이 난무하던 시대의 비극적인 상황을 잘 묘

---

34 유동식,『소금 유동식 전집』제9권 풍류신학 III, op., cit., 161-162.
35 『노자』 30장: "以道佐人主者, 不以兵强天下. 其事好還, 師之所處, 荊棘生焉. 大軍之後, 必有凶年." cf. 이명권, op., cit., 215.

사해 주는 것으로서 그가 반전평화 사상을 어떻게 말하고 있는지는 『노자』 46장에서도 잘 보인다. "천하에 도가 있으면 전쟁의 군마를 되돌려 밭의 분뇨를 끌게 하고, 천하에 도가 없으면 전쟁의 군마가 성 밖에 서성인다."[36] 이것은 당시의 빈번한 전쟁 상황을 잘 묘사하는 것임과 동시에 "전쟁의 무기는 상서로운 것이 못 된다(兵者不祥之器). 사람들이 그것을 싫어하니(物或惡之) 그러므로 도의 사람은 이런 것을 취하지 않는다(故有道者不處)"(31장)라고 하는 노자의 반전평화 사상을 잘 보여주고 있다.

춘추 전국 시대에 3명의 선구자인 노자와 공자 그리고 손무자(孫武子)는 각각 나름대로의 방식대로 전쟁관을 논했다. 노자와 공자는 모두 반전(反戰) 사상을 펼치면서 노자는 '병'(兵)과 '도'를 대립적으로 보았고, 공자는 '병'과 '예'(禮)를 대립적인 시각으로 보았다. 반면에 손무자는 '존망지도'(存亡之道)를 병사의 관점에서 병사의 문제를 논한 '이병논병'(以兵論兵)이었다. 하지만 노자는 역사의 관점에서 병사를 논한 '이사논병'(以史論兵)의 차원이었다.[37]

노자가 평화를 말하는 대목은 여전히 '비움'(虛)의 원리에서 출발한다. 『노자』 42장에 의하면 "만물은 음을 지고 양을 품으며 충기(沖氣)로써 조화를 이룬다"[38]라고 했다. 이때 만물이 조화를 이루는 모습은 평화를 이루는 것과 같다. 그 평화를 이루는 방법은 '충기' 곧 '비움의 기운'으로 '충허(沖虛)의 기운'이다. 충허의 기운은 '비움의 정신'이다. 평화로 가는 조화의 길은 텅 빈 기운이다. 비어 있다는 것은 상호 간의 탐욕을 배제한 상태로, 이 '충허의 원리'[39]에 따라 상호 간에 행동할 때 조화로운 사회를

---

36 『노자』 46장: "天下有道, 却走馬以糞, 天下無道, 戎馬生於郊." *Ibid.*, 57.

37 楊義, 『老子還原』, 9.

38 『노자』 2장: "萬物負陰而抱陽, 沖氣以爲和."

이룰 수 있을 것이다.

3) '삶'과 '덕'

유동식은 풍류객으로서의 창조적 '삶'을 다음과 같이 이야기한다. "'삶'은 주어지는 것이 아니라, 창조되는 것이다. 성령으로 영체화된 풍류객은 부활의 삶 곧 자유와 사랑과 평화의 삶을 창조하면서 살아간다. 그리고 이것은 전 우주를 향한 사랑의 공동체를 확충하는 운동이다. 접화군생(接化群生)을 목적한 풍류도는 이러한 창조적 부활의 삶 속에 그 완성을 본다."[40] 여기서 유동식은 "성령으로 영체화 된 풍류객"이라는 표현을 쓴다. 풍류도를 간직한 사람으로서의 풍류객이 다시 그리스도교의 "성령으로 영체화된" 사람이라는 융합적인 표현을 한 것이다. 이른바 그리스도교의 토착화가 풍류도에서 이루어지고 있다.

"성령으로 영체화" 되었다는 것은 성령의 지배를 따라서 사는 것을 말한다. 이것을 노자의 사상에 비교하면 도의 원리에 따라 사는 삶이다. 도의 원리 가운데 하나는 창조적 생성력이다. "도는 하나를 낳고 하나는 둘을 낳고, 둘은 셋을 낳고 셋은 만물을 낳는다"는 생성적 원리가 그렇다. 이러한 도의 생성적 원리는 그리스도교의 성령의 창조적 기운과 대비된다. 하느님의 창조적 행위에 삼위일체 성령이 함께할 뿐만 아니라 인간의 삶에도 성령이 작용한다는 것은 노자가 말하는 도의 우주론적인 창조적 특성이 인간의 삶에도 적용되어 '덕'(德)으로 나타난다는 것과 비교된다. 다만 노자는 하느님과 같은 창조행위를 하지 않지만, 도의 '생산적'

---

39 (宋) 林希逸,『老子鬳齋口義』(上海: 華東師範大學出版社, 2009), 47.
40 유동식,『소금 유동식 전집』제7권(서울: 한들출판사, 2009), 267.

기능은 우주적 원리로서 작용한다. 그러한 도의 기능이 인간의 행위와 품격에 관계되면서 '덕'(德)으로 나타난다는 측면은 풍류객으로서의 창조적 행위와 비교될 수 있다는 뜻이다.

(1) '선'(善)으로서의 '용'(用)

풍류도에서 '한-멋진-삶'의 구조가 '체-상-용'의 차원과 대비되는 것임을 고려해 볼 때, '삶'의 차원은 '용'(用)에 해당한다. 크고 밝은 초월적인 형이상학적 '한'의 원리가 현실적 '삶'에 적용되는 단계다. 이른바 진리(眞)의 세계가 '선'(善)의 차원으로 나타나는 결과라고 할 수 있다. 유동식은 "'한'이 영적 종교적 존재를 뜻한다면, '멋'은 창조, 예술적 존재이고, '삶'은 사회 윤리적 존재를 뜻한다"라고 했다. 이를 다시 큰 틀에서 분류하면 '한'은 종교성으로 '포함삼교'(包含三教)라고 한다면, '삶'은 '접화군생'(接化群生)의 윤리적 차원이다.[41]

노자에게서 '선'(善)은 선과 악의 이원적 대립의 구조에서 설명되기보다는 도에 가까운 '훌륭한(善) 삶'의 차원에서 논의된다. 『노자』 8장의 '상선약수'(上善若水)가 그 대표적이다. "훌륭한 삶은 물과 같다"라고 해석할 수 있는 것이다. 하지만 이를 다시 "최고의 선(善)은 물과 같다"라고도 해석할 수 있다. 그 이유는 "물은 만물을 이롭게 해주면서도 다투지 않고(水善利萬物而不爭), 뭇 사람들이 싫어하는 곳에 처한다(處衆人之所惡)"는 점이다. 그리하여 물과 같이 사는 사람은 "땅처럼 낮은 곳에 거하고(居善地), 마음은 심연처럼 깊으며(心善淵), 더불어 살면서 인자하고(與善仁), 말은 아주 미더우며(言善信), 바르게 잘 다스리고(正善治), 일은 매우 능숙

---

[41] 유동식, 『소금 유동식 전집』 제9권, 163.

하며(事善能), 움직임에 있어서는 때를 잘 맞춘다(動善時). 대저 오로지 다투지 않으니 허물이 없다(夫唯不爭故無尤)"고 했다.[42]

　　도를 체득하고 있는 사람은 물의 속성처럼 겸허하고 만물을 이롭게 하면서도 다투지 않는 부드러운 속성을 가지고 있다. 이러한 훌륭한 삶의 모습을 도에 비유한 것이다. 필자는 이러한 삶의 모습을 지닌 대표적인 사람으로 예수를 비유한 바 있다. 그리하여 『노자』 8장의 제목을 "상선약수와 예수의 길"로 정하고 노자 본문을 해석한 후 비교한 것이다. 마찬가지로 유동식 또한 풍류객으로서 화랑도를 들고 있으면서도 성령으로 체화된 사람의 윤리적 차원을 말하기도 했다. 이러한 것이 모두 '한-멋진-삶'을 사는 '선의 적용'이라 할 것이다.

(2) '사랑'과 '자'(慈)

　　'삶'의 윤리적 차원은 무엇보다 사랑의 정신과 실천에 있다. 유동식은 풍류도의 정신을 세 가지 차원으로 구분하면서 '한-멋진-삶'을 다시 '자유-평화-사랑'의 도식으로 관철시켰다. 그가 전개하는 풍류도의 과정은 유불선 포함삼교의 정신인 '한-멋진-삶'이 신령한 영적 변화(靈化)의 과정을 거치게 되는데, 여기서 자유-평화-사랑의 삼태극적 도식이 형성된다는 것이다. 특히 고대의 풍류 정신이 한국사에서 불교 문화와 유교 문화 그리고 기독교 문화를 거치는 가운데 '자유-평화-사랑'의 정신은 더욱 구체화되고 있다고 보았다. 따라서 한국 문화의 전개는 유불선을 포함한 풍류 정신이 전통적으로 내려오던 동양 종교 문화의 바탕 위에 기독교 문화의 수용과 전개 과정에서 토착화를 거치며 종말론적인 신국

---

[42] 이명권, 『노자왈 예수 가라사대』 상권(서울: 열린서원, 2017), 59-61. 노자의 이 본문에서 필자는 "상선약수와 예수의 길"을 비교하고 있다.

(神國)을 향하여 자유와 평화와 사랑의 실현 과정이 진행되고 있다고 보았다.[43]

노자에게서 사랑에 해당하는 구절은 사랑할 '자'(慈)라는 글자에 담겨 있다. 노자는 스스로 자기에게 3가지 보물이 있다고 했다. 그 가운데 첫 번째가 사랑 곧 '자'(慈)였다. 『노자』 67장을 보자. "나에게는 세 가지 보물이 있으니, 그것을 보존하고 있다. 첫째는 자애로움이며, 둘째는 검소함이고, 셋째는 감히 천하보다 앞서려고 하지 않는 것이다."[44] 이 노자의 본문에 대하여 하상공은 '자'(慈)를 주석하기를 "갓난아이와 같은 백성을 사랑하는 것"(愛百姓如赤子)[45]이라고 했다. 이에 비해 왕필은 주석하기를 "저 자애로움으로 진을 치면 이길 것이고, 또 자애로움으로 지키면 견고하므로 용맹스러울 수 있다"[46]라고 했다. 노자는 전쟁이 한창이던 당시의 시대 상황에서 '자애로움'(慈)이 없고 용기만 날뛰는 시대를 비판하면서 자신이 진정으로 아끼는 보물은 검소한 것과 더불어 남보다 천하에 앞서서 용기를 다투지 않는 겸허하고 절제된 마음이 중요하다면서도 '자애로움'을 가장 먼저 내세웠다. 이러한 노자의 '자애로움'은 예수의 아가페와 같은 사랑의 정신에 비교될 수도 있고, 공자가 가장 중시한 '인'(仁)의 측면과도 맥락을 같이 하는 바가 있다. 그런데 유동식 또한 풍류도에서 가장 중요한 3가지 정신으로 '자유와 평화와 사랑'을 꼽았으니 '한-멋진-삶'의 구도와 관련하여 '삶'의 차원에서 사랑이 차지하는 중요

---

43 유동식, 『소금 유동식 전집』 제7권(서울: 한들출판사, 2009), .41.

44 『노자』 67: "我有三寶, 持而保之; 一曰慈, 二曰儉, 三曰不敢爲天下先." 이명권, 『노자왈 예수 가라사대』 하권, 157.

45 河上公, 『道德經集釋』, op., cit., 92.

46 王弼, 『老子道德注』(北京: 中華書局, 2014), 6. "夫慈, 以陳則勝, 以守則固, 故能勇也."

한 덕목을 노자에게도 비교해 볼 수 있었던 것이다.

IV. 결론

'도'(道)의 세계는 '하나'(一)로 통하는 것인가? 적어도 유동식의 풍류도는 '한-멋진-삶'의 3.1 구조를 지니고 있다. 이를 삼태극의 구조라고도 한다. 중국 철학에서 태극 사상은 유가경전뿐 아니라 노자의 『도덕경』에서도 나온다. 도라고 하는 태극에서 전개되는 음양과 거기서 또 삼(三)으로 이어지고 다시 만물이 생성되는 과정을 노자는 우주론적으로 혹은 생성론적 차원에서 설명하고 있다. 풍류도에서 '한'이 크고 무한하다는 의미를 지닌다면 노자의 도 개념도 그러하다. 도는 모든 것을 생성하는 뿌리이자 다시 그곳으로 회귀하는 근원이기도 하다. 그런 점에서 노자의 도는 "되돌아가는 것이 도", 즉 '반자도지동'(反者道之動)의 순환적 측면이 있다. 유동식이 말하는 풍류도도 유불선 삼교가 상호 하나로 포섭되고 융합되는 과정을 거치는 순환론적 구조를 지니고 있다. 그것이 구조적으로는 '체-상-용'의 모습을 띠지만, 현실 속에서는 '자유-평화-사랑'의 실천적 측면을 지니기도 한다. 초월적이고 포월적인 '한'의 세계가 현실적인 '삶'의 차원에서는 창조적인 평화와 사랑의 실천적 장이 된다는 것이다. 초월과 내재의 상호 변증법은 노자의 도의 개념에서도 여실히 드러나며, 하나(抱一)이며 진실 소박하고(樸) 투쟁이 없는 평화와 자애(慈愛)로 나타난다는 점이다. 유동식이 '한(體)-멋진(相)-삶(用)'을 '자유와 평화와 사랑'으로 요약한 것처럼, 노자의 도에서도 '체-상-용'의 구조를 '박(樸, 포월)-무위자연(도덕일체)-자(慈)'의 구조로 대비시켜 보았다. 이는 다시 '진(眞)-미(美)-선(善)'의 삼위일체적 구조를 가진다. 이러한 삼위일체의 구조 속에서 풍류도의 신학과 노자의 도는 비록 개념적 차별성을 가진다 해도 큰 틀에서 천지인(天地人) 합일(合一)의 완성을 보게 된다.

제3부

풍류신학의 새 지평

한국 문화와
천지인 조화론

허호익

(대전신학대학교 퇴임교수)

I. 머리말

입학원서를 내려고 생전 처음으로 연세대학교 교정에 들어섰을 때 가장 인상적이었던 것은 대강당 전면의 ·ㅡㅣ 를 조합해 놓은 이상한 모양의 십자가였다. 나중에 그것이 한글 기본 모음이 상징하는 천지인 문양의 십자가라는 것을 알게 되었다. 필자가 졸업한 후 새로 만들어진 연세대학교 심볼에 대한 해설에는 연세대학교의 교육 대본(大本)이 천지인 삼재라고 명시하고 있다.

방패 속의 'ㅇ'은 원만무애한 이상의 세계를 목표로 한 인격의 완성을 뜻하며 'ㅅ'은 튼튼한 기초를 닦아 박학의 기반 위에 전공을 세우려는 학문적 태도를 나타낸다. 또한 'ㅇ'은 하늘(天)을 뜻하고 'ㅡ'은 땅(地)을 의미하며, 'ㅅ'은 사람(人)을 가리키는 것인데, 이는 연세대학교 교육의 대본(大本)인천, 지, 인 (天, 地, 人)의 삼재(三才)를 상징하고 있다.

입학 당시는 토착화신학에 관한 논쟁이 한창이었다. 이즈음 '나는 한국인이며 동시에 기독교인이다'라는 자각이 생겨 한국 문화의 통시적, 공시적, 통전적인 특성에 대한 관심이 생겨났다.

한국의 경우 지리적, 기후적 특성상 논농사를 지어야 했고, 논농사는 하늘과 땅과 사람의 조화를 통해서만 풍작을 기대할 수 있었다. 지리적으로 산림의 면적이 국토의 2/3 이상이어서 농사를 지을 만한 토지는 적었기 때문에 농사를 지을 만한 땅을 얻기가 매우 어려웠다. 땅이 있어도 하늘의 도움이 필요하였다. 여름철에는 주기적으로 태풍이나 한발이나 홍수가 거쳐 갔다. 따라서 단군신화에 등장하듯이 태풍을 다스리는 풍백(風伯)과 구름을 몰고 와서 한발을 막는 운사(雲師)와 홍수를 막아주는 우사(雨師)의 도움이 요청된다. 그러므로 한국의 경우는 일본이나 중국과도 달리 지리 기후학적으로 하늘 신의 도움(天佑)과 지모신의 도움(神助)이 불가피하였다. 그리고 또한 벼농사는 일시에 파종하고 일시에 수확하여야 하므로 사람들의 협업이 필수적인 요소였다. 사람의 도움 없이는 농경이 불가능한 것이었다. 좋은 토지와 순조로운 천후(天候)가 주어졌더라도 여기에는 인간의 파종과 경작, 수확과 저장 같은 노동집약적 협업 없이는 풍요를 기대할 수 없었다. 그러므로 한국에서의 농경을 통한 생존은 하늘과 땅의 도움과 사람들의 협력이라는 천지인 삼재의 조화가 불가피한 것이었다.[1]

---

* 이 글은 줌으로 시행된 제11회 예술신학콜로키움 특강(2021.07.26.)에서 발표한 내용을 바탕으로 『한국문화와 천지인 조화론』(서울: 동연, 2020)의 내용 일부를 재정리한 것임.

[1] 허호익, 『단군신화와 기독교』(서울: 대한기독교서회, 2003), 123.

요컨대, 천과 지 그리고 노동하는 인간, 이 삼자야말로 자신의 생존에 있어서 불가결, 불가분의 기초가 아닐 수 없다는 지혜를 터득하게 한다. 이것이 동양사상에 있어서 기본이 되는 삼재 사상이다.[2]

기우제나 지신밟기나 두레 등은 이러한 천지인의 조화를 통해 생존하려는 삶의 지혜를 반영하는 것이다. 천지인 삼재 사상은 이러한 한반도의 생존의 조건과 밀접한 관련이 있었기 때문에 여러 형태로 지속적으로 계승, 전승되었던 것이다. 그래서 외래 사상이 많이 유입되었지만, 그 골간으로서 삼재 사상은 면면히 흘러오고 있는 것이다.

아울러 우리 한국인들은 예부터 한 인간이 태어나기 위해서는 하늘이 점지(點指)해 주어야 잉태가 되고, 땅이 갓난아이를 받아 주어야 순산하여 출생(出生)하고, 일곱 칠과 백일과 첫 돌이 지나 성인이 될 때까지 사람들이 잘 키우고 잘 가르쳐(養育)야 인간다운 인간이 될 수 있다고 믿었다.

이러한 천지인 조화의 직관적 관념이 단군신화로 전승되었다. 유동식에 의하면 단군신화의 전체 요지는 하느님의 아들 단군이 고조선을 세우고 이를 다스렸으며 은퇴한 후에는 산신이 되었다는 것인데, 그 구성요소를 의미 표상의 단위에 따라 다음 셋으로 나눈다.[3]

첫째는 환인의 아들 환웅이 태백산 신단수에 내려와 신시를 세웠다는 것은 "하느님과 그의 아들의 강림 신앙이다"[4]라고 분석한다.

둘째는 곰이 쑥과 마늘을 먹고 동굴 속에 머물기를 삼칠일 동안 했더니 여자의 몸이 되었다는 것은 "지모신에 대한 신앙과 종교적 이니시에

2 이남영, "단군신화와 한국인의 사유," 「한국사상」 13집(1975), 18.
3 유동식, 『한국 무교의 역사와 구조』(서울: 연세대학교출판부, 1975), 30-35.
4 같은 책, 30.

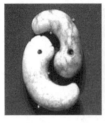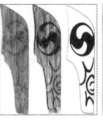

청동기시대 곡옥　　　신라 미추왕릉 보검　　　백제목각(538~660)　　　신라 감은사 기단석

이션(initiation)의 표현이다"[5]라고 분석한다.

　　셋째로 천신 환웅과 지모신 웅녀가 혼인하여 단군왕검이 태어나 고조선의 시조가 되었다는 것은 "천지융합과 창조 신앙이다"[6]라고 분석한다. 후기에는 이를 "하늘과 땅과 인간의 창조적 관계구조"[7]라 하였다. 여러 학자들에 따르면 단군신화가 말하려고 한 것은 단군은 환웅(天子神)과 웅녀(地母神) 사이에서 태어난 인신(人神)으로서 '天地人 三才의 조화'를 이룬 이상적인 통치자이며 이상적인 인간(仙人)이라는 것이다.[8]

　　이러한 천지인 조화론은 가장 시원적인 한국 사상이면서 동시에 지난 5000년 동안 다양한 문화 형태로 전승, 발전되어 왔다. 삼국시대에도 천신, 지신, 인신을 섬긴 기록이 등장하고, 신라 미추왕릉(262~284)의 금장보검과 감은사지(682년 창건) 기단석과 최근 발견된 백제 목각(538~660)을 비롯한 신라 시대에 창건한 통도사(646년), 장안사(674), 법주사(736년), 상계사(854년) 등에도 무수한 이태극 및 삼태극 문양이 등장한다. 도교의 삼청각을 수용하여 불교 사원에서도 삼청각 또는 삼신각을 세우

---

5 같은 책, 31.

6 같은 책, 33.

7 유동식, 『풍류도와 한국의 종교사상』(서울: 연세대학교출판부, 1999), 34.

8 허호익, 『단군신화와 기독교』, 245-243.

기도 하였다. 이러한 직관적인 세계관이 삼족오와 이태극 또는 삼태극 문양으로 전승되어 오다가 단군신화로 기록되었다고 할 수 있다.

최근 고구려를 비롯한 삼국시대의 삼족오에 관한 연구를 통해 김주미는 삼족오의 다리 셋은 구체적으로 천(天)을 상징하는 '천자와 천명의 사자', 지(地)를 상징하는 '곡령의 전달자와 풍요', 인(人)을 상징하는 '영혼의 운반자와 불사'를 의미한다고 하였다.

> 삼족오의 다리 셋은 天地人 사상을 반영하는 것으로 풀이되는데, 이 때 天
> 은 영의 세계인 하늘을, 地는 육체와 죽음의 세계인 땅을, 人은 하늘과 땅을
> 매개하고 이어주는 영적 능력을 지닌 샤먼을 의미한다. 따라서 천지인 사상
> 은 영의 세계인 하늘 세계와 죽음의 세계인 지하 세계를 샤먼을 매개로 하여
> 인간 세계와 연결하는 무필의 세계관을 말한다.[9]

삼족오는 태양에 살면서 태양의 불을 먹고 사는 태양의 전령으로 여겨졌다. 스스로 하늘에서 내려온 천손족(天孫族)임을 자처하던 고대의 조상들은 하느님의 아들이 이 땅에 내려와서 인간사를 다스렸다는 근원적인 의식을 갖고 있었으며, 그것이 단군신화의 천신, 지신, 인신의 삼신 신앙으로 신화화되었다. 이와 더불어 하늘과 땅과 사람을 연결시켜 주는 매체를 '새'라고 생각하였고, 하늘과 땅과 사람을 이 특별한 새를 '세 발이 달린 삼족오'로 형상한 것이다.

따라서 한국 또는 한국 문화를 상징하는 보편적 문양은 대한민국 국기인 박영효의 이태극기와 대한민국행정부의 마크인 삼태극기로 대표

---

9 김주미, 『한민족과 해 속의 삼족오』(서울: 학연문화사, 2010), 435-436.

되는 태극 문양이다. 이 글에서 직관적으로 상징과 문양으로 전승된 이 태극 또는 삼태극의 철학적, 미학적 의미를 살펴보고, 한국 문화의 독특성과 고유성과 함께 살펴보려고 한다.

II. 한국, 한국 문화의 상징적 문양: 이태극과 삼태극

우실하는 서양 문화와 구별되는 동양 문화의 구성원리를 음양론, 삼재론, 오행론, 세 가지로 보았다. 그리고 동양 삼국의 문화 중에서 한국 문화의 구성 원리는 삼재론 중심의 음양이원론이라고 하였다. 삼신 사상(三神思想) 또는 삼재론(三才論)은 우리 민족의 가장 깊은 사상의 뿌리인 동북방 샤머니즘과 태양 숭배 사상과 연결된 것으로서 수렵 문화를 토대로 하는 3수 분화(0=無→1=道→3=三神·三才→9=3×3→81=9×9)를 특징으로 한다고 하였다.

한국의 경우 북방 샤머니즘의 전통에 기반한 '3수 분화의 세계관'은 단군신화를 통해 신화적으로 전승되고, 삼태극 문양을 통해 미학적으로 수용되어 오면서 삼재론(三才論), 삼신 사상(三神思想), 풍류도(風流徒) 등을 통해 천지인의 조화를 중시하는 특성을 지니게 되었다고 본 것이다.[10]

조선왕조의 건국을 설계한 정도전은 삼문론(天文, 地文, 人文)에 입각하여 궁전 좌우에 종묘와 사직(땅 社, 곡식 稷)을 배치하여 조상 신위와 지모신을 각각 섬기도록 배치하고, 첨성단에서는 천신을 제사하도록 하였다. 그리고 왕궁 정전과 침전의 계단석, 종묘 문지방, 왕릉의 홍살문, 4대

---

10 우실하, 『전통문화의 구성원리』(서울: 솔, 1999), 18-19.

문의 대창, 각종 왕실 악기의 삼태극 문양을 공식 문양으로 사용하였다. 특히 세종대왕은 천지인 삼재를 한글의 모음(• ㅡ ㅣ)과 자음(ㅇ ㅁ △)으로 표기하여 훈민정음을 창제하였다. 『훈민정음』을 반포하면서 정인지가 서문에 훈민정음의 창제 원리가 삼극(三極, 천지인)의 뜻을 담는 것이라고 밝혔다.[11]

> 천지(天地) 자연의 소리가 있으면 반드시 천지자연의 글이 있게 되니, 옛날
> 사람이 소리로 인하여 글자를 만들어 만물(萬物)의 정(情)을 통하여서, 삼
> 재(三才)의 도리를 기재하여 뒷세상에서 변경할 수 없게 한 까닭이다.[12]

아울러 근대 민족 종교는 단군 신앙을 되살려 천도교에서는 '천지인 삼경론(三經論)'을 통해 천지인 조화의 실천적인 삶의 자세를 제시하였다. 동학 또는 천도교는 1대 교주 수운 최제우(1824~1864)의 시천주(侍天主) 사상에서 시작하여 2대 교주 해월 최시형(1827~1898)의 양천주(養天主) 사상을 거쳐 3대 교주 의암 손병희(1860~1920)의 인내천(人乃天) 사상으로 전개되어 온 것으로 알려져 있다. 그러나 해월이 수운의 시천주론을 심화하여 동학의 체계로 완성한 것이 경천, 경물, 경인의 '천지인 삼경론(三敬論)'이다.

경천론은 양천주(養天主)와 십무천(十毋天)으로 구체화 되었음을 밝힌다. 전자는 내 속의 한울을 키우는 것이고, 후자는 내 속에 한울이 아닌 것을 배제하는 것이다. 전자는 적극적이고 긍정적인 경천의 실천이라

---

11 허호익, 『한국문화와 천지인 조화론』(서울: 동연, 2010), 360.
12 『세종실록』 113권.

면, 후자는 소극적이고 부정적인 의미의 경천의 실천 강목이다.

경인론은 나와 나 자신과의 관계인 '아심아경 향아설위'(我心我敬 向我設位)와 부부관계의 원리인 '부부화순'(夫婦和順) 그리고 대인관계의 척도인 '인오동포 사인여천'(人吾同胞 事人如天)으로 전개되었다.

경물론은 만물이 한울이며 만사가 한울이라는 '물오동포 물물천 사사천'(物吾同胞 物物天 事事天)의 가르침과 만물이 천이므로 '이천식천'(以天食天)하라는 가르침이다.

이러한 천지인 조화론은 단군교와 천도교의 전례를 따라 그 후에 등장한 대표적인 근대 민족 종교인 증산교[13]와 원불교 등에도 큰 영향을 끼쳤다. 증산교와 원불교의 사상 체계에도 천지인 삼재론이 다양한 형태로 재해석되어 수용되고 있는 것이다. 단군교에서는 『천부경』 등을 통해 천지인 조화의 철학적, 종교적 원리를 제시하였다. 민간인들도 생활용품에 태극 문양을 즐겨 사용하면서 이러한 천지인 조화를 삶 속에서 구현하려고 하였다. 1988년 서울올림픽에서는 삼태극을 엠블럼으로 채택하였고, 2016년 대한민국 정부도 삼태극을 모든 정부 부처의 심볼로 채택하였다. 그리고 무수한 현대적 디자인에도 삼태극 문양이 응용되었다.

대한민국임시정부는 조선왕조의 봉건주의, 일본의 제국주의 그리고 이념적 좌우대립을 극복하기 위해 균권, 균부, 균학의 삼균주의를 국가의 이상으로 삼았다. 홍익인간의 이념을 실현하려면, 하늘을 잘 섬기기 위해서는 모든 사람이 균등한 교육을 받을 수 있도록 교육을 제도화하

---

[13] 증산도도전편찬위원회 편, 『도전』(道典)(서울: 대원출판사, 1992), 제1편 1장 1-4절: "태시(太始)에 하늘과 땅이 '문득' 열리니라. 홀연히 열린 우주의 대광명 가운데 삼신이 계시니, 삼신(三神)은 곧 일신(一神)이요 우주의 조화신이니라. 삼신께서 천지만물을 낳으시니라. 이 삼신과 하나 되어 온 우주를 다스리시는 통치자 하느님을 동방의 땅에 살아온 조선의 백성들은 아득한 예로부터 삼신상제(三神上帝), 삼신하느님, 상제님이라 불러오니라."

박영효 태극기(1882)　　　서울올림픽 엠블린　　　한국방문의해(2011)　　　행정부 마크(2016)

여야 하며, 물질을 소수가 독점하거나 착취하지 않게 하기 위해서는 부를
가능한 모든 사람에게 균등하게 하는 경제 제도를 세워야 하며, 사람을
지배의 대상이 아니라 섬김의 대상으로 삼게 하기 위해서 모든 사람의
권리를 가능한 균등하게 하는 정치제도를 마련해야 한다는 것이었다.

　이처럼 좌우를 아우르는 새로운 대한민국 건국의 이상으로 채택된
삼균주의 이념은 '정치의 균등'(참정권), '경제의 균등'(수익권), '교육의 균
등'(수학권)으로 구성되어 있는데, "삼균제도라는 것은 정치적으로 인민
이 균등히 참정권을 가지는 일이며, 경제적으로는 인민이 균등히 수익
권을 가지는 일이며, 교육적으로는 인민이 균등히 수학권을 가지는 일"
이라고 하였다.[14] 그리고 이 삼균의 각 항목을 하나의 축으로 삼고 개인
과 개인 사이의 평등, 민족과 민족 간의 평등, 국가와 국가 간의 균등을
다른 축으로 삼아 두 가지 이상의 차원에서의 삼균을 강조하였다. 즉,
정치·경제·교육에 있어서의 균권(均權)·균부(均富)·균학(均學)이라는
축과 인균(人均)·족균(族均)·국균(國均)이라는 축을 통합한 이중적 삼균
사상이 반영된 것이 '대한민국건국강령'이다. 이러한 삼균주의는 현재
의 헌법 전문에도 반영되어 "자율과 조화를 바탕으로 자유민주적 기본

---

14 "대한민국건국강령," http://www.gcomin.co.kr/static/426/F425392.html.

질서를 더욱 확고히 하여 정치·경제·사회·문화의 모든 영역에 있어서 각인의 기회를 균등히 하고"라고 명시하고 있다.

무엇보다도 해월 최시형(1827~1898)의 삼경론(敬天, 敬人, 敬物)은 개인 종교적 차원의 천지인의 조화를 설파하였으나, 대한민국임시정부 강령의 삼균론(均富, 均權, 均學)은 사회적, 제도적 천지인 조화를 건국이념으로 삼았다.

III. 태극과 우주의 궁극적 원리

소크라테스가 설파하고 칸트가 인식론적 체계로 확립한 것처럼 인간의 지식은 직관적인 것과 이성적인 것으로 나뉜다. 태극에 대해서도 직관적으로는 '태극이 태극인 것'을 잘 알고 있다. 그러나 태극의 개념에 대해서는 잘 알지 못하는 경우가 대부분이다. 고대인들은 밤과 낮의 교차를 우주의 궁극적 원리로 여겨 이를 음(--)양(—)으로 기호화하였다. 이 음과 양의 관계를 직관적으로 상징한 것이 태극도이다. 태극(太極)을 영어로 'Ultimate Principle of Universe'(우주의 궁극적 원리)로 번역하는 이유이다.

직관적 상징으로 표현된 태극이라는 단어는 기원전 3세기 주나라 문왕이 편찬한 것으로 알려진 『주역』「계사상전」에 처음으로 등장한다. "역에는 태극이 있어, 여기서 양의(음양)가 생겨나고, 양의에서 사상이 생겨나고, 사상에서 팔괘가 생겨났다"(易有太極, 是生兩儀, 兩儀生四象, 四象生八卦)고 하였다. 우주는 궁극적으로 대립하는 둘, 즉 음과 양의 분화로 삼라만상이 생겨났다는 뜻이다. 『주역』을 전후로 여러 팔괘도를 거쳐 두 종류의 태극도가 등장하였으니 '대립대칭'(☯)의 태극도와 '순환대칭'(☯)의 태극도이다.

대립대칭의 태극도의 개념적 이해를 시도한 이는 염계 주돈이(1017~1073)의 『태극도설』이다. 그는 『주역』의 태극음양설과 오행설을 종합하여 만물 생성의 과정이 '무극=태극→음양=동정→오행=만물'로 전개된다고 하였다. 무극과 태극이 둘이면서 하나이고, 음과 양 역시 일정(一靜) 일동(一動)에 따라 '둘이면서 하나'라는 음양동정관(陰陽動靜觀)을 내놓았다.

한대(漢代) 『건착도』(乾鑿度)는 순환대칭의 태극, 즉 역의 개념을 더욱 보충하여 변역(變易), 불역(不易), 간역(簡易)이라 하였다. 만물은 변화한다(變易). 변화한다는 것은 영원히 변하지 않는다(不易). 변화의 양상을 간단히 하니(簡易) "양의(陰陽, 靜動)→4상(四象)→8효(六爻)→64괘(卦)"라는 것이다. 여기에 주희(朱熹, 1130~200)가 교역(交易)을 추가하였다. 정동에 따라 음이 양이 되고, 양이 다시 음이 되어 음양은 번갈아 가며 변화한다는 것이다.

1. 대립대칭과 순환대칭

헬무트(W. Helmut)는 주염계의 태극도(307쪽 그림 참조)가 기본적으로 '대립대칭'의 구조를 띠고 있다고 하였다.[15] 카프라(F. Kapra)가 잘 지적한 것처럼 우리나라에서 박영효가 그린 최초의 태극도(307쪽 그림 참조)를 계승한 한국의 국기인 태극기는 두 곡옥이 한 곡옥의 머리가 다른

---

15 W. Helmut, "Heaven, Earth, and Man in the Book of Change," *Seven Eranos Lectures*, Publications on Asia of the School of International Studies(1977), No.28, 4.

곡옥(曲玉)의 꼬리에 이어져 있어 '순환대칭'에 해당하는 구조라고 하였다.[16] 따라서 순환대칭의 곡옥형 태극도는 흑백의 우열과 선후가 나타나지 않는다. 아른하임도 이점을 분명히 하였다.

> 지고의 하나와 그것을 구성하는 음과 양이 동일한 것으로 이해되며, 이 두 원리에 대해서 어느 것이 더 우세하거나 열등하거나 하지 않는 또 전체도 부분도 지배적이 아닌 것이어야 하는 것이다.[17]

2. 위계적 분화와 비시원성

아른하임은 주염계의 태극도는 위계적 분화를 형상화한 것이라고 하였다. 하나는 양(陽)과 음(陰)의 두 개의 원리로 분화되고, 이 둘은 각각 다시 음과 양이 더해져 네 개의 형태로 분화된다. 네 개의 형태는 다시 각기 음과 양이 차례로 더해져 3자를 이루는 8개의 형(八卦)으로 분화된다.[18] 이러한 위계적 분화는 선후와 우열과 상하가 존재할 수밖에 없다. 주염계의 태극도는 왼쪽에서는 백이, 오른쪽에서는 흑이 우세하기에 좌우에 따라 우열이 나뉜다. 안에서 밖으로 분화할 때마다 원의 크기가 달라지니 이 역사 선후에 따른 우월이 불가피하다. 이러한 위계적 분화는 완전한 조화를 이룰 수 없다. 반면에 순환대칭 태극도는 음과 양 어느 쪽이든 한쪽이 다른 쪽에 종속시킬 수 없다. "어떤 순간에는 전체가 우위를 보이며, 다음 순간에는 부분이 우세해진다."[19] 양자 간에 본질적인

---

16 F. Kapra / 이성범 역, 『현대문리학과 동양사상』(서울: 범양사, 1982), 295.

17 Rudolf Arnhein / 이재은 역, 『예술심리학』(서울: 이화여대출판부, 1984), 336.

18 최미현, "태극문양의 조형적 구조에 관한 연구," 조선대학교 대학원 석사학위논문(1994), 34.

위계가 있을 수 없는 것이다. 다시 말하면 음과 양은 본체적으로 "둘이 둘이면서 하나"이며, 따라서 둘 사이의 주종과 대립을 따질 수 없으니 완전한 조화가 가능하다.

3. 수직 분할의 정태성과 순환적 역동성

주염계의 태극도는 아돌프 아른하임(A. Arnheim)이 잘 지적한 것처럼 수직으로 분할되어 있고 흑백이 교차되어 있는 태극도(◐)에 발전한 형태로서, 가운데 원을 제외하고 세 개의 겹쳐진 원이 모두 엄격하게 수직으로 분할되어 있고 흑백이 교차되어 있는 '정지적(靜止的)인 도형(圖形)의 변형'이라 하였다. 이러한 주염계의 태극도가 유가의 음양이기론으로 채택되었으나 두 곡옥의 순환 대칭의 태극도(☯)가 등장함으로써 사라지게 되었다고 한다.

순환 대칭의 태극도는 두 곡옥의 마주 보는 "이 대립은 갈등이 아니고 오히려 생산적인 긴장을 만들어"내고 "그것들은 순환 모멘트를 만들어 내며, 따라서 순환 속에서 결합된다."[20] "음양 동정이 서로의 뿌리가 되어 순환운동"[21]을 표상하기 때문이다.

모든 운동에 있어 동일한 시간마다 동일한 상태가 되풀이되는 경우 이를 순환적 주기 운동이라 한다. 이러한 주기적인 반복은 근본적으로 변화의 규칙성에 의한 변하지 않는 항구성으로도 이해된다. 순환 질서의 운동 자체는 태양의 운행 방향에 따른 우주적인 회전 운동 관념에서

[19] Rudolf Arnhein / 이재은 역, 『예술심리학』, 337.
[20] 같은 책, 337.
[21] 같은 책, 381.

우주관에 근원을 두고 있다.[22] 따라서 순환대칭의 태극도를 통해 드러내려고 한 것은 모든 것이 변화하지만 변화하는 것, 그 자체의 역동성은 변화하지 않는다는 사실을 드러낸다.

앞에서 살펴본 것처럼 이 두 가지 형태의 태극도는 대칭 구조의 그 형태가 판이한 것처럼 그 사상적 의미로 전혀 다르다.

동서 문화의 차이를 가르는 존재론과 생성론의 골자에 대해 서양은 이원론적 본체론과 시원적 위계론이 주류이고, 동양은 비이원론적 비본체론과 비시원적 순환론이라고 할 수 있다. 이런 관점에서 보면 주염계의 대립대칭의 태극도는 서양 문화의 이원론과 시원론을 완전히 극복하지 못한 것으로 평가된다. 한국의 이태극도나 삼태극도는 비대립적인 곡옥이 하나의 원안에 비시원적으로 조화를 이루는 일체로 그려져 있기 때문이다. 따라서 한국의 태극도가 주염계의 태극도보다는 비대립적이고 따라서 비이원적이고 비시원적인 특징을 분명히 드러내고 있다.

본체론이냐 비본체론이냐, 시원론이냐 비시원론이냐에 따라 신과 인간, 영과 육, 남과 여, 정신과 물질, 인간과 자연의 관계에 대한 이해가 달라진다. 주염계의 대립대칭의 태극도에 함축된 음양이태극론은 음양이원론의 철학적 기초가 된다. 이러한 성리학의 음양이원적 태극론을 적극 수용한 조선 왕조의 유교 문화에서는 남존여비 사상이 내재화될 수밖에 없었다. 그리하여 여필종부(女必從夫), 삼종지도(三從之道), 남녀칠세부동석, 칠거지악의 남아선호사상이 끈질기게 이어져 왔다.

---

22 최미현, "태극 문양의 조형적 구조에 관한 연구," 조선대학교 석사학위논문, 1994, 35.

IV. 동양의 태극론과 서양의 이데아론

동서 철학의 비교 자체가 광범위한 작업이지만, 화이트헤드는 "유럽의 철학적 전통을 확실하게 일반적으로 특징짓는다면, 그것은 그 전통이 플라톤에 대한 일련의 각주로 이루어졌다는 것이다"[23]라고 하였다. 이에 견주어 볼 때 '동양 철학은 태극론에 대한 일련의 각주로 이루어졌다'고 할 수 있다. 대만 문화대학의 철학 교수인 고회민(高懷民)은 동양과 서양의 문화의 차이의 '근원적 기준'을 태극론과 이데아론의 차이로 분석한다. 플라톤나 아리스토텔레스의 이데아론은 만물의 불변하는 작용을 전제한다. 태극론에서는 만물이 생성 변화하는 것은 우주의 대유행의 작용이라고 본다. "이른바 태극은 플라톤의 관념(Idea)과도 다르고 아리스토텔레스의 제일형식과도 다르다"[24]는 것이다. 플라톤의 이데아론에는 저 유명한 '동굴의 비유'와 신플라톤주의의 유출설(일자→Nous→Pshych→물질)은 이러한 위계적 차별, 소외, 적대의 철학적 근거가 된다.

1. 이데아론의 본체론과 시원론

플라톤의 이데론은 『이상국가론』에서 제시한 '동굴의 비유'에서 가장 잘 함축되어 있다. 동굴에 갇혀 있는 사람은 동굴 밖 나무의 실체를 보지 못하고 나무의 그림자만 바라볼 수밖에 없다. 동굴 밖 빛은 불변

---

23 A. N. Whitehead, *Process and Reality: An Essay in Cosmology*(Cambridge University Press: Corrected edition, New York: The Free Press, 1978), 39.

24 高懷民, "易經哲學的人類文明之道," 『易學應用之硏究』(臺灣中華書局) 第 二集(1982); 廖名春・康學偉・梁韋弦 / 심경호 역, 『주역철학사』(서울: 예문서원, 1998), 749 재인용.

영원하고, 동굴 안 그림자는 변화무상하다. 따라서 공간적으로 전자는 이데아의 세계이고 후자는 현상 세계이며, 둘은 본체론적으로 서로 다르다는 이원론에 이르게 된다. 아울러 시간적으로는 빛의 움직임에 따라 그림자의 변화가 생겨나는 선후 관계로 보아 시원적 위계론에 귀결하였다. 이데아의 세계와 현상 세계는 빛과 어두움처럼 절대적으로 구분되는 것이기 때문에 이데아론은 존재론적으로 이원론적 본체론(substantialism)인 것이다.[25] 그는 이데아의 세계와 현상 세계를 본체론적으로 나누고, 전자에서 후자가 기원했다고 보았다. 공간 인식에 드러난 본체론적 이원론과 시간 인식에 드러난 시원론적 위계론이 함축되어 있다.

이러한 이원론적 본체론은 근대에 와서 데카르트에 의해 재정립되었다. 데카르트는 정신과 물체의 본성에 대한 탐구에 집중하였다. 정신은 사유하는 것만으로, 다시 말하면 신체 없이도 존재할 수 있기 때문에 정신과 물체 본체론적으로 구별되는 독립된 실체라는 본체론적 이원론에 이르게 된 것이다. 인간은 공간에서 연장을 지니는 물질과 유한하고 불완전하게 사유하는 정신을 지닌 존재이고, 자연은 전적으로 연장만을 지니는 물질이고, 이에 반해 신은 무한히 완전한 사유를 지닌 정신의 존재라고 하였다. 정신(사유)과 물질(연장)뿐만 아니라 신과 인간, 인간과 자연, 자연과 신은 본체론적으로 다른 것으로 이해되어 왔다.

뉴턴은 이러한 본체론적 이원론을 시간과 공간 이해에 적용시켰다. 시간과 공간은 전적으로 다른 실체라는 주장이다. 시간과 공간의 실제적인 대상으로 존재하며, 절대 시간과 절대 공간이 존재한다고 보았다.

플라톤의 이데아론적 세계관에서 유래되는 이러한 본체론적 사고

---

25 H. J. Störig / 임석진 역, 『서양철학사』(왜관: 분도출판사, 1989), 209.

의 경향은 서구 기독교신학에도 그대로 반영되어 예수 그리스도가 본질적으로 인간이냐 신이냐는 양성론 논쟁, 성부와 성자와 성령이 동일본질(homoousios)인지 아니면 유사본질(homoiousios)인지에 관한 삼위일체론 논쟁, 성찬론에 있어서 화체설(transubstantialism)과 동재설(consubstantialism) 같은 신학적 논쟁에도 그대로 적용되어 왔다. 키에르케고르와 칼 바르트와 같은 현대 신학자들조차 하나님과 인간 그리고 하나님과 자연 사이에 '무한한 질적 차이'가 있으며, 인간과 자연 사이에도 이러한 질적 차이가 있다는 변증법적 신학을 전개한 것이다.

이데아론의 빛과 그림자의 비유는 빛이 있기에 그림자가 따른다는 시원적인 인식을 함축하고 있다. 이데아론적 시간 이해에 있어서 서양 문화는 본래적이고 근원적인 것에서 비본래적인 것이 생성되었다는 시원론적 사고를 기본으로 하고 있다. 이러한 시원성이 서양 문화의 생성론의 골자이며, 신플라톤니즘의 유출설(Emanation)은 그 전형이라 할 수 있다. 유출설에 의하면 만물은 존재 자체인 일자(一者)에서 정신(Nous), 정신에서 영혼(Psyche), 영혼에서 물질(Matter)의 순으로 방출되어 생성하였다는 것이다.[26]

아리스토텔레스도 모든 운동에는 동인(動因)이 있고, 동인을 무한히 소급할 때 최초의 동인인 '부동(不動)의 동자(動者)'가 존재한다고 하였다. 이러한 유시유종(有始有終)의 직선적인 사고를 아리스토텔레스는 위계적(hierachical)이라고 하였다. 다른 말로 표현하면 시원적(orientable)이라는 뜻이다. 시원적이라는 말은 "이쪽에서 저쪽 혹은 저쪽에서 이쪽으로 어느 한쪽에 근원을 두고 거기서 출발하여 사고를 전개한다는 뜻이다."[27]

---

26 J. Hirschberger, 『서양철학사 상권』(서울: 이문문화사, 1987), 363-372.

서양의 시원적인 사고는 원연합-분리-재결합의 소외론적인 도식과 차별과 적대를 제도화한 위계적(hierachical)인 구조를 띠고 있다. 아레오바고의 디오니시우스는 시원적인 위계론을 천상의 계급과 교회의 계급에 적용하기도 하였다. 토마스 아퀴나스는『신학대전』에서 천상의 계급은 그 위계에 따라 스랍(Saraphim), 그룹(Cherubim), 보좌(Thrones), 주관자(Dominations), 능력(Virtues), 권세(Powers), 정사(Principalites), 천사장(Archangel), 천사(Angel), 일곱 단계의 계급적 차별로 구분된다. 교회의 계급은 감독, 사제, 부제, 수사, 평신도, 입문자로 차별화된다.

근대에 와서 시원적인 생성론이 라이프니츠와 쇼펜하우어에 의해 모든 것은 이유를 가진다는 충족 이유율(Principle of Sufficient Reason)로 전개되었다. 생성에 있어서는 원인과 결과가 있고, 인식에 있어서는 이유와 귀결이 있으며, 존재에 있어서는 선후, 상하, 좌우가 있으며, 행위에 있어서는 동기와 목적이 있어야 한다고 설명하였다.[28]

2. 태극론의 비본체론과 비시원론

실존 철학에서도 이러한 시원적인 개념이 소외도식으로 드러나 있다. 본래적인 것과 비본래적인 것의 구분이 바로 그것이다. 본래성과 비본래성의 구분은 생성론적 이원론으로서 소외동기가 내재된 위계적인 사고가 현대적인 행태로 나타난 것이다. 마르크스는 서양 문화의 기저에 깔린 소외동기를 자본과 노동의 생산 관계에 있어서 발생하는 사회적

---

27 김상일, 『한철학』(서울: 지식산업사, 1983), 46.
28 박종홍, 『일반논리학』(서울: 박영사, 1975), 19-20.

소외와 계급 갈등의 개념으로 발전시킨 것이다.

　이러한 이데아론에 견주어 보면 태극론의 음양의 비유에는 비본체론과 비시원론이 두드러진다는 것이 필자의 주장이다. 태극은 음양, 즉 밤과 낮의 두 원리의 관계를 상징한다. 한밤과 한낮은 달라도 아주 다르다. 그러나 한낮이 움직여 그 극에 달하면 초저녁이 되고, 초저녁에는 낮과 밤이 둘이면서 하나이다. 초저녁이 동(動)하여 그 극에 달하면 한밤이 되고, 한밤은 한낮과 본체론적으로 달라 보인다. 그러나 한밤이 다시 움직여 그 극에 달하면 새벽이 되며, 밤과 낮은 둘이 둘이면서 다시 하나가 되는 것이다. 이러한 우주의 궁극적 원리를 상징한 것이 태극도이다. 이처럼 태극은 본체론적으로, 음과 양은 둘이 둘이면서 하나라는 비본체론적 일원론과 생성론적으로, 낮과 밤이 무시무종(無始無終)으로 번갈아 변화하는 비시원적 순환론을 함축하고 있다. 성리학의 이기론 논쟁, 양명학의 지행론 논쟁, 불교의 성속, 돈오점수 논쟁 등은 '공간적으로 둘이 둘이면서 하나인가 아닌가', '시간적으로 둘 사이에 선후가 있는가' 하는 논쟁으로 집약된다. '둘이 둘이면서 하나이고, 둘 사이에 선후가 없다'는 태극의 원리를 적용하면 쉽게 해결될 논쟁이다.

　화이트헤드는 『과정철학』에서 자신의 철학을 유기체 철학이라고 하였다. 그는 공간 이해에 있어서 비본체론적 공재(togetherness)와 결합(nexus)의 유기체론을 주장하였고, 시간 이해에서는 비시원적 합생(concrescence)과 추이(transition)의 과정을 역설하였다. 따라서 동양 사상의 주류인 태극론은 서양 사상의 비주류인 과정 철학 또는 유기체 철학과 상응하는 것으로 보인다.

　주염계의 이태극과 한국의 이태극의 차이를 살펴보면, 한국의 이태극도는 역동적 곡옥의 '회전 순환대칭'(☯)이다. 음과 양이 꼬리를 물고 이어져 있어 음과 양이 본체론적으로 비이원적이고(둘이 둘이면서 하나) 음양이 회전하며 순환하니 생성론적으로는 비시원적이다. 무시무종(無始無終)의 상징이다. 반면에 주염계의 이태극도는 정태적 삼원의 수직 '분할 대립대칭'(◑)이기 때문에 음과 양의 좌우로 대립되어 있어, 음과 양이 본체론적으로 이원론이며 생성론적으로 시원론이라는 의미를 완전히 극복하지 못하였다.

박영효의 태극기 회전 순환대칭 · 주염계의 태극도 분할 대립대칭

이러한 분할 대립대칭과 회전 순환대칭의 차이는 분명하다. 양자는 서로 맞물려 돌아가는 조화와 수직 분할적 대립의 차이이며, 정태성과 역동성의 차이이며, 음양의 선후와 우열에 따르는 위계적 차별과 비위계적 무차별의 차이이다. 어쨌든 한국 태극기의 이태극도는 주염계의 태극도보다 진일보한 것으로 평가한다.

현대는 모든 차별이 극대화된 사회이다. 인종차별, 성차별, 빈부차별, 문화차별 등으로 인해 세계가 분열되어 있다는 지적이다. 여기에서 인간과 동식물을 차별하는 세계관은 인간의 생태계마저 위협하고 있다. 따라서 대립하는 둘의 관계가 '둘이면서 하나'라는 비본체론적 일원론과 그리고 이 둘 사이에는 선후와 우열이 없다는 비위계론적 비시원론을 함축하고 있는 태극론이 대안으로 요청되는 이유이다.

V. 한국의 삼태극론과 천지인 조화론

한국 문화는 삼족오와 단군신화와 삼태극으로 전승된 삼수분화의 세계관을 바탕으로 하는 천지인 조화론의 특징을 지닌다고 하였다. 삼태극이라는 단어 자체는 『주역』에 등장하지 않지만, 삼극(三極), 삼재(三才), 천도·지도·인도 그리고 삼재(三才之道)라는 용어가 등장한다. 『주역』에서 실제로 괘를 이루는 효(爻)는 셋(☰, ☷)으로 나누었다. 상효가 하늘, 중효가 인간, 하효가 땅을 나타낸다. 삼태극의 표상이다.

주염계가 태극도설에서 태극의 원리를 철학적으로 해명한 이후 이에 대한 후속 논의가 중국과 한국의 성리학자들 사이에 활발하게 전개되었으나, 삼태극에 관한 논의는 주역 이후 공자와 맹자 등에 의해 단편적으로 언급되었다. 한국에서도 정도전, 이퇴계, 정약용 등에 의해 단편적으로 언급된 삼태극이 단군교의 3대 경전에서 비로소 체계적으로 전개되었다. 『천부경』에는 "하나의 시작은 하나로 시작하는 것이 아니다. 쪼개보면 삼극이다. 다함이 없는 근본원리이다"(一始無始一 析三極 無盡本)라고 하였으니, 천지인 삼태극의 비본체론과 비시원성을 밝힌 것이다. 『삼일신고』는 천지인 삼태극의 상호관계를 "하나를 취하면 셋이 포함되어 있고, 셋을 합하면 하나로 돌아간다"(執一含三, 會三歸一)고 했으니 셋이 셋이면서 하나라는 원리 비본체성의 원리와 셋 사이에 우열과 선후와 위계가 없다는 비시원성의 원리를 밝힌 것이다. 『참전계경』(參佺戒經)은 환인,

환웅, 단군을 각각 조화, 교화, 치화(造化, 敎化, 治化)로 원리로 설정하였는데, 조부자(祖父子)의 가부장적 체제의 영향으로 지모신 웅녀가 배제된 것 같다.

이처럼 삼태극으로 상정되는 '3수 분화의 세계관'은 한국 문화 전통에서 가장 깊이 있게 발전하였기 때문에 '하나를 잡아서 셋을 포함하고, 셋을 모아 하나로 돌아간다'(執一舍三 會三歸)[29]는 논리와 '셋에서 하나로 돌아가는 것을 체(體)로 삼고, 하나에서 셋으로 나뉘어지는 것을 용(用)으로 삼는다'(三一其體 一三其用)는 자신의 고유한 논리를 지니게 되었다는 것이다.[30] 이러한 논리가 비록 후대의 천도교 문서에 나타나긴 하지만 음양이태극론의 '둘이 둘이면서 하나'라는 불이론적(不二論的) 이원 일치의 논리에서 '셋이 셋이면서 하나'라는 삼원 일치의 논리로 발전된 것임에 분명하다.

이러한 천지인 조화론을 상징하는 삼태극 문양은 따라서 세 가지 주요한 미학적, 철학적 의미를 담고 있다.

1. 온전한 조화성(total harmony)

음양의 두 가지 대립되는 관계만 존재하는 것이 아니라 중재의 역할을 통한 온전한 조화를 상징하는 것이 삼태극의 요체이다. 음양 사상의 기원의 문제를 처음으로 다룬 뒤르켕(Durkheim)은 천지, 고저, 우좌로 나누고 후자가 전자보다 열등하다고 표상한 것은 실제로 한 집단이 다른

---

[29] 임승국 역주, 『한단고기』(서울: 정신세계사, 1987), 230.
[30] 우실하, "3수 분화의 세계관과 홍익인간의 이념," 『홍익인간 이념과 21세기 한국』(단군학회 홍익인간 교육이념 제정 50주년 기념학술대회 자료집 1), 22.

집단에 비해 지배적인 관계에 있을 때 우세한 집단과 열세한 집단이 생기는 것과 밀접한 관계가 있다는 사회적 기원설을 주장하였다. 리버스(Rivers)는 말레이시아 사회의 사례로 사회적 이분법 조직이 존재하는 경우, 즉 두 개의 다른 부족이 있을 경우 그중 하나는 승리를 거둔 침략자요 또 하나의 원주부족은 피지배자로 전락했을 때 침략자는 신성족이 되고 피지배자는 속(俗)된 부족이 된다는 역사적 기원설을 제시하였다. 이에 반해 레비스트로스는 좌우나 고저와 같은 공간구조의 분극성은 오른손과 왼손을 등가적으로 보지 않은 원시적 사고 구조의 보편적 현상이라고 보았다. 그리고 시간적으로 밤낮과 계절의 변화를 통해 모든 시간이 균질하지 않으며 길일과 흉일이 구분된다고 본다. 시간 구조의 분극성이 성과 속의 구분과 양과 음의 구분으로 구조화되었다는 것이다. 이러한 음과 양의 대립은 그 자체가 불완전한 것이기 때문에 음양의 대립을 넘어서는 동서남북과 천정(天頂) 지저(地底)에서 중심을 가진 삼분(三分) 구조를 통해 천지와 음양의 대립과 부조화를 극복할 수 있는 '조화'를 추구하였다고 한다.[31]

대종교의 『신리대전』(神理大全)에서도 다음과 같이 3의 이러한 특징을 암시하고 있다.

둘이란 것은 다함이 있으되 셋은 다함이 없느니라. 무릇 셈법의 하나로써 나누는 것은 그 본수에 변함이 없고, 둘로써 나누는 것은 남음이 없고, 셋으로써 나누는 것은 돌고 돌아 끝이 없는지라. 그러므로 천지의 이치는 하나로서 원칙이 되고, 셋으로서 변함이 되나니, 대개 조화와 교화와 치화의 세 가

---

31 이은봉, 『중국고대사의 원형을 찾아서』(서울: 소나무, 2003), 55-56.

지에 하나만 모자라도 한얼님의 공적이 이루지 못할 것이며, 통달하고 알고 보전함의 세 가지에 하나만 모자라도 '밝은 이'의 공적이 다 마치지 못할지니, 그러므로 둘을 쓰지 않고 셋을 씀이니라.[32]

2. 순환적 역동성(dynamic circulation)

태극은 소용돌이를 뜻하는 파형(波形)의 역동성을 상징한 것이다. 음양이태극의 역동성은 두 곡옥의 파형이 이루는 '2중회전으로 순환'을 표현하지만, 삼태극의 경우는 세 곡옥이 서로 맞물려 소용돌이치는 파형이 '3중회전으로 순환'하는 가장 역동적인 모습을 함축적으로 표현하는 상징이다. 삼원론으로 표상하는 여러 문양을 비교해 보면 삼태극이 지니는 파동적 역동성의 면모가 유감없이 드러난다.

『천부경』의 첫 구절(一始無始一)과 마지막 구절(一終無終一)은 생성론적으로 '비시원적성'(nonorientable)을 드러낸다는 것이다. 일에는 처음도 끝도 없다는 것은 '일자와 다자의 순환적 역동적 과정'을 의미한다.

일은 무시무종(無始無終)이다. 일자와 다자 어느 한 군데에 시원점을 두고 생각할 수 없다는 뜻이다. 일자가 시작되어 다시 일자에로 되돌아오는 과정이 바로 "일"이 "다"로 확산되고(expansion) 수렴되는(conversion) 과정인 것이다. 일자가 다자로 확산되었다가 다시 일자로 수렴되는, 즉 일

---

[32] 二는 有盡이로 而三은 則無盡也라. 凡數法이 以一除者는 不變原數하고 以二除者는 分析無餘하고 以三除者는 循環無窮이라. 故로 天地之理는 以一爲常이오 而以三爲變야니 蓋造教治三者에 缺一이면 則神功이 不可以成하며 通知保三者에 缺一이면 則哲功이 不可以完하나니 所以로 不用二而用三也니라.

자와 다자의 역동적 과정(dynamic process)으로 실체를 파악하려고 한 것이다.[33]

한국 문화의 특징 중에 하나를 역동성이라고 주장하는 이들이 많으며 한국을 '다이나믹 코리아'라고 소개하기도 하였다.

3. 자연친화성(natiral affinity)

우리 한국인의 자연관은 자연을 거역하지 않고 자연을 수용하거나 자연 속에 동화되는 형태로 자연을 이용한다. 자연과 싸우고 자연을 점령하며 또 자연을 완전히 차단하는 형태로 자연을 이용하는 서양 사람과는 근본적으로 다르다.[34] 천지인 삼태극론에서는 그 순서를 하늘 다음에 인간이 아니라 자연이 위치한다. 서양에서는 자연은 인간과 대립, 주종 관계에 있는 것으로 파악했다. 반면에 동양에서는 인간은 자연의 일부로 간주되었으며, 대자연 자체가 신성의 현현이요 신앙의 대상으로 여겨졌다.

이런 자연관이 가장 잘 드러나는 것은 한옥이다. 건축학에서는 조경과 차경을 구분한다. 조경(造景)은 경치를 아름답게 꾸미는 활동을 의미한다. 현대에는 이것을 외부환경을 꾸미는 'exterior'적 개념으로, 'interior'와 반대되는 대지 디자인과 수목 식재 등을 모두 포함하고 있다.[35] 반면

---

33 김상일, 『세계철학과 한 - 일과 다의 문제로 본 동서철학의 비교』(서울: 전망사, 1989), 209.
34 이규태, 『우리의 집 이야기』(서울: 기린원, 1991), 56.
35 오소미, "옛 그림에서 찾는 전통조경(傳統造景)-조경(造景)과 그림(圖, 畵)," 「문화유산채널」 2012.01.06.

에 '차경'(借景)은 '경치를 빌린다'는 뜻으로, 주변 경관과 정원을 조화롭게 배치함으로써 자기 정원의 일부인 것처럼 풍경을 빌려 쓴다는 의미이다.

한국의 한옥, 한복, 한식이라는 의식주 문화를 통해서도 전승되어 왔으며 이는 최근 각광을 받고 있는 케이 팝(K Pop)을 비롯한 한류의 문화적 기초라고 여겨진다. 서로 다른 복장을 하고, 따로따로 춤추고, 서로 다른 장르의 노래를 번갈아 부르는 '온전한 조화와 순환적 역동성'으로 인해 세계의 젊은이들이 환호하는 것으로 보인다.

VI. 끝말

'천지인 조화론'에서 시도한 새로운 관점을 요약하면, 서양의 이데아론과 동양의 태극론의 철학적 원리를 비교하고, 양자의 차이를 본체론적 이원론과 비본체론적 일원론, 시원적 위계론과 비시원적 비위계론의 차이라고 주장하였다. 주염계의 『태극도설』의 '대립대칭'과 한국 태극도의 '회전대칭'을 비교하여 한국의 태극기가 훨씬 전진된 철학적 개념을 표상한다는 점을 밝혔다. 특히 한국 문화는 3수 분화의 세계관을 바탕으로 이태극의 음양조화론와 삼태극의 천지인 조화론이 주류를 이루고 있다는 점을 천지인 조화론의 문화전승사 개괄을 통해 제시하였다. 무엇보다도 한글의 제자 원리와 한국의 국기인 태극기와 대한민국 정부의 상징인 이태극과 삼태극 문양은 음양의 조화와 천지인의 조화라는 우주의 근원적 원리를 담고 있다는 점이다.

그리고 삼태극의 철학적, 미학적 특징으로 조화, 역동, 자연 친화라는 점을 새롭게 주장하였다. 무엇보다도 해월 최시형(1827~1898)의 삼경론(敬天, 敬人, 敬物)은 개인 종교적 차원의 천지인의 조화를 설파하였으나, 대한민국임시정부 강령의 삼균론(均富, 均權, 均學)은 사회적, 제도적 천지인 조화를 건국이념으로 삼았다는 것을 자세히 다루었다.

천지인의 조화라는 너무나 한국적인 한국 문화의 구성 원리는 서구 중심의 인류 문명이 안고 있는 심각한 현안들의 대안적인 사상이 될 수 있기 때문이다. 전통적인 서구의 이원론적 실체론으로 인해 신과 인간, 자연과 인간, 몸과 마음, 정신과 물질이 대립적인 실체로 분열되어 신성(神聖)의 포기와 자연의 파괴와 인격의 파탄이라는 인류 문명의 생존과 관련되는 심각한 결과를 초래하였다. 그러므로 수직적 대신관계, 수평적 대인관계, 순환적 대물관계를 개인적, 종교적으로 그리고 사회적, 정치적으로 실현하여 천지인 조화의 원리를 회복하는 것이 가장 구체적이고 현실성 있는 대안이 될 수 있다.

아울러 천지인 조화를 해석학적 원리로 『천지인신학-한국신학의 새로운 모색』을 저술한 것도 밝혀 둔다. 브루지만(W. Brueggemann)은 "성서는 하나님의 백성과 하나님의 땅 사이의 관계에 대한 이야기"라고 하였고, 스텍(John H. Steck) 역시 "하나님, 인간, 땅의 셋은 성경의 위대한 삼중적 조화를 이룬다"고 하였다. 하벨(Norman Habel)의 말대로 구약성서에서는 '하나님과 사람과 땅은 서로 공생 관계(symbilsis)'를 지닌다고 했으니, 이는 천지인 조화론과 상응하는 것이라 할 수 있다.[36]

---

36 허호익, 『천지인신학-한국신학의 새로운 모색』(서울: 동연, 2020), 5-6.

분석심리학과 예술
: 프로이트와 융의 태도의 차이

김성민
(C.G. 융학파 정신분석가, 월정분석심리학연구원 원장)

I. 서론: S. 프로이트, C. G. 융과 유동식

유동식은 매우 특이한 신학자이다. 그의 신학의 출발점은 신약학으로 특히 요한복음에 흥미를 느껴서 요한복음을 연구하였다. 나중에는 종교학에 관심을 가지고 연구하다가 한국 무교에 대한 연구로 박사학위를 취득하였고, 한국 무교 연구의 대표적 저서『한국 무교의 역사와 구조』를 발표하였다. 그러나 그는 사상이 어느 정도 성숙한 다음에는 예술신학에 관심을 가지면서『풍류도와 요한복음』,『종교와 예술의 뒤안길에서』,『풍류도와 예술신학』등을 저술하는데, 그의 이런 정신적 여정은 어쩌면 처음부터 같은 뿌리에서 나왔는지도 모른다. 왜냐하면 그가 평생을 추구하면서 살았던 그의 세계관인 '한 멋진 삶'은 종교와 예술로 펼쳐지는데, 그는 한국 그리스도인으로서 그것을 한국 종교적 뿌리인 무교(巫敎)와 그의 신앙적 토대인 기독교 특히 요한복음에서 찾았고, 그것을 어떻게 예술적인 삶, 즉 '하나의 멋진 삶'으로 녹여낼 것인가를 규명하려고 했기 때문이다.

정말 그의 삶은 '하나의 멋진 삶'을 구현하려는 삶이었던 듯하다. 그는 이 세상을 살면서도 모든 사람들을 고통에 몰아넣는 세속적인 욕망에 휩쓸리지 않고 종교적 영성(한, 하나)을 추구하였고, 그것을 아름답게(멋지게) 예술적으로 승화시키면서 살려고 하였다. 그래서 그의 삶을 보면 세상에서 살지만, 세상을 벗어나는 듯한 풍류객 같은 풍모가 느껴진다. 그는 신학자로서 추구했던 가치를 이론으로만 주장한 것이 아니라 그의 삶을 통해서 육화시키려고 했던 것이다. 그것이 그의 무의식에 뿌리 박고 있었기 때문이다. 우리는 이와 같은 모습을 현대 사회에서 정신분석학을 창시한 프로이트와 융에서도 찾아볼 수 있다. 그들은 20세기 초반 인간에게는 정신의 표면에 떠오른 의식뿐만 아니라 의식적 활동의 기반이 되는 무의식이 작용하는 것을 깨닫고, 그 존재와 작용에 대해서 깊이 있게 고찰했다. 그때 도구가 되었던 것은 그들이 만났던 정신과 환자들뿐만이 아니라 그들 자신이었다. 그들은 정신분석학의 특성상 이론적 토대를 그들의 삶에 두었던 것이다. 우리는 다음에서 프로이트와 융의 심층심리학 이론을 살펴보면서 그것들이 특히 예술에서 어떻게 전개되는지에 대해서 살펴보려고 한다.

프로이트와 융은 똑같이 인간의 정신 현상에 대해서 고찰했지만, 무의식에 대한 두 사람의 생각은 매우 달랐다. 프로이트는 정신 현상을 고찰할 때 무의식의 작용을 살펴보면서 무의식과 신경증 증상 사이를 인과론적 관점에서 설명하려고 했던 데 반해서, 융은 의식과 무의식 사이의 관계를 살펴보면서 정신질환의 증상에는 의식과 무의식 사이의 일방성을 보상하려는 의미가 있다고 목적론적으로 살펴보려고 했기 때문이다.

정신 현상을 보는 초점이 하나였던 프로이트에 반해, 융은 두 개였다. 따라서 두 사람은 같은 정신 현상을 보고 설명하였지만, 서로 다르게 설명할 수밖에 없었다.[1] 융 자신도 처음에는 그와 프로이트가 똑같은 삶의 현상을 살펴보는데 그들이 왜 그렇게 다르게 설명하는지 궁금하였다. 그래서 그는 고대와 중세의 신학 사상사, 서양 철학사 등을 살펴보면서 같은 현상을 보면서도 다르게 생각하는 이유는 사람들의 심리학적 유형이 다르기 때문이라는 것을 발견하였다. 즉, 외향적인 사람과 내향적인 사람은 세상을 다르게 보고, 다르게 행동할 수밖에 없다는 것이다. 그는 그런 발견을 토대로 하여 1921년 『심리학적 유형』을 발표하였는데, 그것은 그가 나중에 정신 증상, 종교, 예술 등에 대한 두 사람의 견해뿐만 아니라 세상에 존재하는 모든 사람들의 차이로까지 이어지게 된다: "내가 프로이트와 어떻게 다르고, 아들러와는 어떻게 다른가? 우리들 사이의 차이점이란 도대체 무엇인가? 내가 그 유형의 문제에 관심을 가지게 된 것은 이 같은 점을 심사숙고하면서부터였다."[2]

그들의 생각이 그렇게 다르게 된 결정적인 계기는 그들이 인간 행동의 원천이 되는 리비도(libido)에 대한 견해 차이 때문이었다. 프로이트는 모든 행위의 원천이 되는 리비도(libido)를 성욕이라는 질적(質的) 개념으로 파악하였던 반면, 융은 그것을 양적(量的) 개념으로 파악하였던 것이다.[3] 따라서 프로이트는 인간의 모든 행동의 밑바탕에는 성욕이 자

---

[1] Anthony Stevens, *Jung: L'Oeuvre-Vie* (Paris: Edition du Felin, 1994), 256-8. 융도 프로이트의 인과론적 관점을 모두 부정하지는 않았다. 특히 꿈 해석에서 객관적 수준에서는 프로이트의 인과론적 관점을 어느 정도 받아들이고 있다.

[2] C. G. Jung, *Ma Vie: Souvenirs Reves et Pensee* (Paris: Gallimard, 1973), 241; cf. C. G. Jung, *Types Psychologiques* (Paris: Buchet-Chastel, 1967).

[3] cf. "나는 리비도라는 것이 생리적인 에너지와 비슷한 정신에너지라는 생각을 가지고 있었다.

리 잡고 있으며 정신질환의 증상은 '억압된 성욕' 때문이라고 생각했지만, 융은 반드시 그렇지만은 않다고 생각하였다. 그에 따라서 프로이트의 맥락에서 보면 종교, 예술, 학문 등은 모두 성욕을 억압하면서 승화시키려는 행위들인데, 융은 그렇게만 볼 수는 없고 각각의 것들은 그 나름대로 고유한 역동이 있다고 강조하였다. "그의 논지대로 한다면 문명이란 단지 하나의 웃음거리의 표현에 불과하며, 따라서 억압된 성욕의 병적 외현에 지나지 않는 것이다."[4] 그래서 융은 1912년 프로이트와 결별하면서 그의 독자적인 심리학을 발전시켰다.

또한 무의식에 대한 생각에서도 두 사람은 달랐다. 프로이트는 인간의 무의식은 의식이 억압한 것들로 이루어져 있다고 주장하면서 그때 의식이 억압하는 것은 유아성욕과 관계되는 고통스러운 것, 허용되지 않은 소망, 숨겨진 복수심 등 검열기관을 통해서 걸러지는 비밀스럽고 부당한 내용들이라고 주장하였다. 그러나 융은 무의식에는 프로이트가 주장하는 개인적인 부분도 있지만, 그 이외에 인류가 그동안 살면서 경험했던 모든 자료들이 축적되어 있는 집단적인 부분이 있다고 생각하였다. 개인 무의식보다 더 깊은 층에서 개인적인 존재와 상관없이 여러 세대에 걸쳐서 전수된 정신기능의 잠재적 체계로 존재하는 집단적인 부분이 있다는 것이다. 융은 그것을 가리켜서 집단적 무의식(collective unconscious)이라고 불렀는데, 집단적 무의식은 원형들로 이루어져서 사람들이 삶의 여러 가지 상황에서 그 상황에 알맞게 행동하도록 한다.[5]

따라서 그것은 다소 양적인 개념을 가진 것이기 때문에 질적인 개념으로 정의되어서는 안 되는 것이었다. … 다시 말해서 리비도를 가지고서 식욕, 공격욕, 성욕 등으로 말해서는 안 되고, 그 모든 표상을 정신에너지의 다양한 표현이라는 것이 나의 생각이었다." C. G. Jung, *Ma Vie: Souvenirs Reves et Pensee*, 242.

[4] C. G. Jung, *Ma Vie: Souvenirs Reves et Pensee*, 177.

융은 집단적 무의식은 수많은 신화와 민담의 모태가 되고, 예술 창작의 원천이 될 뿐만 아니라 사람들이 일상생활을 하는데도 영향을 미치는 정신의 근원적인 층이라고 주장하였다. 집단적 무의식을 구성하는 원형들은 때때로 이미지의 형태로 의식을 뚫고 나와서 그들을 사로잡으며 그들로 하여금 그것을 표현하지 않을 수 없게 한다. 이 층은 예술가들에게 영감을 주고, 예술작업을 하게 한다는 것이다: "집단적 무의식은 그 속에 여전히 옛날부터 진화해 온 뚜렷한 흔적을 지니고 있으며, 그 나름대로 하나의 목적을 가지고 작동하는 하나의 전체이다."[6]

예술가들에게 무의식은 상상력이나 몽상의 형태로 전해지는데, 융은 인간의 사고에는 두 가지 양식이 있다고 주장하였다. 하나는 목표지향적 사고(pensée dirigée)인데, 그것은 언어와 언어적 개념을 도구로 사용하면서 외적 대상을 향해서 이루어지는 의식(意識)에서 하는 사고이다. 따라서 목표지향적 사고는 논리를 따라서 이루어지고, 현실을 정확하게 포착하여 현실에 적응하려는데 목적이 있다.[7] 그와 반대편에 상상적 사고(pensée imaginative)가 있는데, 그것은 우리가 꿈과 환상, 상상 속에서 찾아볼 수 있는 사고이다. 사람들에게 목표지향적 사고가 형성되기 이전이나 그것이 불가능할 때 사고의 자극원이 퇴행하여 전의식이나 무의식에서 이루어지는 사고인 것이다. 고대의 신화적 사고, 어린아이

---

[5] cf. "더구나 집단적 무의식은 개인적인 것처럼 보이지 않는다. 오히려 끊이지 않는 흐름 또는 꿈이나 마음의 비정상적인 상태 속에서 의식에 들어오는 이미지와 형상들의 바다 같은 것이다." C. G. Jung, *Modern Man In Search of a Soul*, 186.

[6] C. G. Jung, *Modern Man In Search of a Soul*, 187.

[7] cf. "목표지향적 사고 혹은 언어적 사고는 문화의 공공연한 도구이다. … 오늘날 목표지향적 사고를 가장 뚜렷하게 표현하고 있는 것은 학문과 그로 인해 양성된 기술이다." C. G. 융, 『상징과 리비도』, C. G. 융저작번역위원회 옮김(서울: 솔출판사, 2005). 39, 41.

나 원시인의 사고, 꿈과 환상의 사고 등이 이에 속한다. 상상적 사고에서 사고의 진행은 논리에 의해서 이루어지지 않고 이미지에 의해서 이루어진다: "이때 언어의 형태를 지닌 사고는 중단된다. 상(像)은 상을 촉구하고, 감정은 감정을 촉구하여 모든 것을 현실 그대로가 아니라 아마도 소망하는 대로 만들어내고 내세우는 과감한 성향이 점점 더 뚜렷해진다."[8]

이제 우리는 예술 작품에 대한 프로이트와 융의 입장 차이에 대해서 고찰할 텐데 먼저 두 사람의 예술론에 대해서 살펴보고, 그다음에 두 사람이 레오나르도 다 빈치가 그린 <성모와 아기 예수와 성 안나>에 대해서 언급한 것을 중심으로 하여 그 차이를 살펴보게 될 것이다. 두 사람이 같은 문학작품에 대해서 언급한 것을 고찰하면 더 좋겠지만, 그런 것이 없기 때문이다. 두 사람은 모두 그들의 저작에서 셰익스피어, 횔덜린, 괴테 등에 대해서 언급하였지만 같은 작품을 상세하게 고찰하지는 않았던 것이다.

II. 프로이트의 예술론과 작품 해석

1. 예술가의 개인사와 무의식적 욕구의 충족

프로이트는 시와 예술 창작에서 펼쳐지는 무의식의 작용에 많은 관심을 가지고 있었다.[9] 그래서 그의 저작에는 셰익스피어, 레오나르도 다

---

8 *Ibid.*, 40. 그런데 융은 목표지향적 사고가 상상적 사고보다 더 우월한 것은 아니라고 강조하였다. 신화 속에서 살았던 사람들은 성숙한 실재였지 어린아이가 아니었기 때문이고, 현대인들에게 지식의 양은 늘어났지만, 현대인들이 더 지성적이지는 않기 때문이다. 오히려 현대인들은 고대인들이 지녔던 생명력이나 신화적 풍요를 잃어버리고 빈약한 삶을 살고 있다.

9 조두영은 프로이트가 예술에 대해 관심을 가지고 언급한 것은 초기, 특히 그가 이드의 작용에

빈치, 미켈란젤로 등의 작품에 대한 정신분석학적 해석이 많이 나온다. 그런데 그가 그 작품들에서 읽어내는 것은 언제나 작가들이 현실 생활에서 충족시키지 못했던 무의식적 욕구의 충족이다. 예술가들은 현실 생활이나 유아 시절에 다 충족시키지 못했던 본능적 욕구들을 예술 작품을 통해서 충족시킨다는 것이다.[10] 그러나 그들은 그들이 그렇게 하는 것을 알지 못할 수 있다. 왜냐하면 그것은 무의식적으로 이루어지기 때문이다. 그래서 프로이트는 "문학을 창작하는 사람들이 어디서 소재를 가져오는지, 설사 문인들에게 질문을 한다 해도 그들은 아무 정보도 줄 수 없거나 혹은 불충분한 정보들밖에 줄 수 없을 것이다"[11]라고 하였다.

그러면 예술가들이 자신도 모르게 충족시키려고 하는 욕구의 원천은 무엇일까? 프로이트는 그것을 억압된 유아성욕이라고 하였다. 사람들은 유아 시절 어머니의 가슴 속에서 지극한 희열의 순간을 맛보다가 동생의 탄생과 같은 외적 변화로 자기중심적 상황이 위협받을 때 그 욕구를 억압하면서 상처받지만, 그것은 무의식에 남아서 계속해서 충족되려고 한다는 것이다. "이것은 단지 우리가 어머니의 젖을 입에 물고 요람에서 지냈던 아주 안락하게 지냈던 상황을 다른 형태로 반복해서 보여주는 것이다. 우리 삶에서 최초로 느꼈던 체험의 원천이 되는 이 경험은 우리의 신체 기관들 속에 인상을 남기고, 지울 수 없는 자국으로 남아

관심을 기울였던 1900~17년에 집중된다고 주장하였다. 프로이트가 본능적 욕구에 초점을 둔 시기라는 것이다. 조두영, 『프로이트와 한국문학』(서울: 일조각, 1999), 52.

10 cf. "(나는) 상상의 나라는 현실 생활에서 포기해야 했던 본능충족에 대한 대체물을 얻기 위해 쾌락원칙에서 현실원칙으로 넘어가는 고통스러운 이행에 만들어지는 하나의 '보호구역'임을 알게 되었다. 예술가는 신경증 환자와 마찬가지로 충족되지 않은 현실에서 이 상상의 세계로 후퇴했던 것이다." S. Freud, 『나의 이력서』, 한승완 옮김(서울: 열린책들, 1998), 82.

11 S. Freud, "Creative Writers and Day-Dreaming," *Jensen's 'Gradiva' and Other Works* (London: Hogarth Press, 1973), GW. IX. 143.

있을 것이다."12 그래서 그것은 어린아이들의 놀이나 유아적 공상, 성인의 꿈과 환상을 통해서 나타나거나 심한 경우 신경증, 정신병 증상으로 나타나기도 한다. 하지만 예술가들은 그 욕구를 예술 작품을 통해서 승화시킨다.13

프로이트는 사람들에게서 유아성욕의 억압은 세 가지 형태로 전개된다고 주장하였다. 첫 번째는 신경증적 자기 억제이다. 아이들이 환경의 변화 때문에 성적 욕구의 추구가 금지될 때 그 추구는 금기시되고, 뒤이어 시작되는 교육과 종교적 가르침들은 성적 억압을 더 강화시킨다. 그러면 아이들은 성적 관심을 더 억제해야 하는데 그런 억제는 아이들을 유약하게 만들고, 심한 경우 신경증을 유발하기도 한다. 두 번째는 성욕에 대한 신경증적 사고강박이다. 이 경우 아이들은 지적 발달이 어느 정도 이루어져서 성적 억압에 저항하는데 강화된 지력(智力)은 성적 억압을 피해갈 수 있는 도움을 제공한다. 그러나 그렇게 억압된 성적 탐구는 반복강박의 형태로 의식에 다시 떠오르게 된다. 그래서 아이들은 성과 관계되는 생각들을 하면서 성욕을 해소하기도 하지만, 그것은 완전한 해소가 될 수 없다. 자연히 사람들은 성인이 되어서도 신경증적인 사고강박에서 벗어날 수 없게 된다. 세 번째는 억압된 성욕이 지적 탐구의 형태로 대치되는 것이다. 이 경우 아이들은 사고의 자기 억제나 신경증적 사고강박에서는 벗어났지만, 그렇다고 해서 자신의 성욕을 자연스

---

12 S. Freud, *Five Lectures on Psycho-Analysis: Leonarso da Vinci and Other Works* (London: Hogarth Press, 1973), GW. XI. 87.

13 cf. "… 몽상과 낮에 꾸는 꿈과 마찬가지로 밤에 꾸는 꿈 역시 욕망의 완성이라는 사실을 어렵지 않게 인정할 수 있을 것이다. … 문학 창조자와 '대낮에 꿈꾸는 자'를 아무 주저 없이 비교할 수 있고 또 그의 창조를 낮에 꾸는 꿈과 견주어 볼 수 있지 않을까?" S. Freud, "Creative Writers and Day-Dreaming," *Jensen's 'Gradiva' and Other Works*, 149.

럽게 인정하고 만족을 얻는 데까지는 이르지 못한다. 아이들은 리비도의 억압에서 벗어났지만, 그것을 지적 탐구 등으로 승화시켜서 성적 충동이 지적 작업으로 치환(置換)되는 것이다. 그때 그 탐구는 강박적 형태를 띠게 되고, 성적 행위의 대리물이 된다. 그 사람은 여전히 성적 억압의 영향권에서 벗어나지 못한 것이다. 그런 사람들 가운데는 지적인 면에서 뛰어난 성과를 보이기도 하는데, 그것은 예술의 경우에서도 마찬가지다. 예술가들 역시 성인이 된 다음 리비도를 예술로 승화시키는 것이다.[14]

그렇다고 해서 프로이트가 예술을 신경증, 예술가들을 신경증 환자와 동일시만 한 것은 아니다. 오히려 예술가들은 신경증을 극복해야 좋은 예술 작품을 만들 수 있다고 강조하였다. 그래서 그는 "그러나 그(예술가)는 신경증 환자와 달리 그곳에서 되돌아와 현실에 굳건히 발 디딜 줄 알고 있다. 그의 창조물인 예술 작품들은 꿈과 마찬가지로 타협의 성격을 갖는데, 그것들도 억압의 힘과 공공연하게 갈등을 빚는 것을 피해야 하기 때문이다"[15]라고 하였고, "우리가 레오나르도를 노이로제 환자나 혹은 어색한 표현이긴 하지만 신경병 환자에 포함시킨 적이 없음을 분명히 상기해 두자"[16]고 덧붙였다. 그러나 그는 레오나르도에게 신경증 환자들에게서 흔히 발견할 수 있는 반복강박적인 성향이 많았고, 신경증 환자들의 특성인 자기 억제와 의지 결핍이 많았다고 하면서 신경증의 혐의를 완전히 벗겨내지는 않았다. 그것은 다음과 같은 그의 말에서 분명해진다: "그(레오나르도 다 빈치)의 내부에서는 신경증 환자들에게 나타나는 퇴행으로 밖

---

[14] S. Freud, *Five Lectures on Psycho-Analysis: Leonarso da Vinci and Other Works* (London: Hogarth Press, 1973). 79-80.

[15] S. Freud, 『나의 이력서』, 82.

[16] S. Freud, *Five Lectures on Psycho-Analysis: Leonarso da Vinci and Other Works*, 105.

에는 달리 분류할 수밖에 없는 과정이 완만하게 진행되어 가고 있었던 것이다."[17]

그러면 예술 작품은 어떻게 해서 만들어지는가? 프로이트는 작가가 최근에 경험한 어떤 일이 그의 무의식 속에 담겨 있는 정동적 경험을 불러일으킬 때 예술 작품이 탄생한다고 주장하였다. 예를 들어서 말하자면 레오나르도가 그린 모나리자는 그가 어린 시절 헤어진 어머니의 품에서 몽상적인 눈으로 보았지만 잊어버렸던 미소를 그 무렵 지오콘도 (Giocondo) 부인에게서 보았을 때 형상화되었다는 것이다. 그의 무의식 깊이 있던 어머니와 함께했던 시간과 미소는 지오콘도의 미소를 통해서 모나리자로 분출되었다는 것이다. 그는 그가 그런 미소를 언제, 어디서 보았는지 명확하게 기억하지 못할지도 모른다. 그러나 그것은 언제나 그의 가슴속에 남아 있다가 그때 터져 나왔던 것이다.[18] 그래서 그는 그 다음에 <성모와 아기 예수와 성 안나>에서도 그 미소를 다시 성모와 성 안나의 얼굴에서도 떠오르게 하였다: "그는 그에게 어머니의 행복하고도 관능적인 미소에 대한 추억을 다시 불러일으켜 주었던 여인을 만난 것이고, 이 기억이 소생됨으로써 그는 미소 짓는 여인들을 그리면서 예술 활동 초기에 그를 인도했던 충동을 되찾게 된 것이다."[19]

이렇게 프로이트는 예술 창작의 원천을 유아성욕과 관계되는 정동 (emotion)에서 찾았는데, 프로이트의 제자인 랑크(O. Rank)는 예술가들

---

[17] *Ibid.*, 108.

[18] cf. "현재의 강한 체험은 창조적인 작가에게 어린 시절의 기억에 포함되어 있는 이전의 기억을 다시 일깨우는데, 이렇게 환기된 어린 시절의 기억에서 풀려나온 욕망은 마침내 문학 창조 속에서 그 충족을 얻게 되는 것이다." S. Freud, "Creative Writers and Day-Dreaming," *Jensen's 'Gradiva' and Other Works*, 151.

[19] S. Freud, *Five Lectures on Psycho-Analysis: Leonarso da Vinci and Other Works*, 110.

의 창작활동과 관련된 심리 역동을 다음과 같은 네 가지로 설명하였다. 첫째, 작가의 심리 역동은 꿈꾸는 사람이나 신경증 환자의 그것과 비슷한데 서로 다른 점은 작가는 자신의 신경증을 용납하는 데 반해서, 신경증 환자는 용납하지 못한다. 둘째, 작가는 창작의 근원에 있는 주체하기 힘든 갈등과 고통을 자신의 몸으로 겪으면서 그것을 다른 형태로 표현할 수 있지만, 신경증 환자는 그렇지 못하다. 셋째, 작가는 자신의 문제를 무의식적으로 자가 치유하려는 남성화된 사람인 데 반해서, 신경증 환자는 '여성화한 예술가'이다. 넷째, 작가에게는 자기 속을 스스럼없이 드러내 보이는 자기애적 전시벽(展示癖)이 강하다.[20]

다른 한편 프로이트는 예술 작품의 감상 측면에 대해서도 관심을 기울였다. 그는 예술 감상을 연극 감상의 예를 들면서 설명하였다. 그에 의하면 예술은 본래 신에게 희생제물을 바치는 의식에서 시작된 것이다. 연극은 사람들이 신에게 반항하여 고통을 받다가 속죄하는 마음으로 신에게 희생제물을 바치고, 그들이 과거에 했던 것들을 극적으로 재구성하는 과정에서 생겼다는 것이다. 그때 주인공은 신에게 맞서는 반항자인데, 관객들은 막강한 힘을 가진 신으로부터 고통받지만 위대함을 잃지 않는 그의 모습을 보면서 즐거움을 느낀다. 관객들은 먼저 자신은 고통받지 않는다는 사실에 안도감을 느끼고, 신의 징계 앞에서도 위대함을 잃지 않는 주인공과 자신들을 동일시하면서 감동을 느끼는 것이다.[21] 그래서 프로이트는 아리스토텔레스를 인용하면서 "연극의 목적

---

[20] O. Rank, *Art and Artist*(New York: Agathon Press, 1968), 3-36. 조두영, 『프로이트와 한국문학』, 32-3에서 재인용. 그런 관점에서 조두영은 정신분석학적 관점에서 소설을 분석하려면 첫째, 작품의 주인공이 왜 그런 행동을 하였는지에 초점을 맞춰서 묘사된 문장 속에 나와 있지 않은 심리적 상황을 추리하여 결론 내야 하며 둘째, 작가가 왜 그런 내용을 창작하였는지 연구해야 한다고 주장하였다. 조두영, 『프로이트와 한국문학』, 47.

은 관객의 마음속에 '공포와 연민'을 불러일으켜 '감정을 정화'시키는데 있다"[22]고 주장하였다. 연극을 보면서 사람들은 무의식 속에 있는 '울분을 풀어냄으로써' 감정을 해소한다는 것이다. 그러므로 관객이 연극을 보면서 즐거움을 느끼는 것은 사실에 기초한 것이 아니라 환상에 기초한 것이다. 관객들은 주인공과 동일시하면서도, 고통을 받는 것은 자신이 아니라 다른 사람이라는 사실과 연극 자체가 실제 상황이 아니라 하나의 게임에 불과하다는 생각 때문에 쾌락을 느낀다는 것이다. 그러면서 그들은 그동안 자신 안에 묶어두었던 종교적, 정치적, 사회적, 성적 충동들을 —주인공과 동일시하면서— 아무 거리낌 없이 풀어내게 된다. 사람들이 원시시대부터 지금까지 계속해서 연극을 무대에 올리는 것은 그 때문이다. 그것은 신에 대한 관념이 현저하게 약화된 현대 사회에서도 마찬가지다. 현대인들은 이제 고통의 책임과 투쟁의 대상이 신만이 아니라는 사실을 알고, 인간의 삶에서 불가피한 고통을 직면하면서 또 다른 대상들과 투쟁하는 또 다른 비극의 주인공들을 무대에 올리는 것이다.[23]

2. 〈성모와 아기 예수와 성 안나〉에 대한 정신분석학적 해석

프로이트는 1910년에 발표한 "레오나르도 다 빈치의 유년의 기억"이라는 논문에서 레오나르도의 〈성모와 아기 예수와 성 안나〉와 〈마돈나〉를 분석하면서, 거기에는 레오나르도가 다섯 살 무렵 어머니 카타리

---

21 S. Freud, 『예술과 정신분석』, 정장진 옮김(서울: 열린책들, 1997), 267-8.

22 *Ibid.*, 265.

23 *Ibid.*, 265-7. 프로이트는 사람들이 예술 작품을 통해서 느끼는 쾌락을 사전 쾌락이라고 불렀다. 관객이나 독자가 상상 속에서 육체의 움직임이 수반되지 않고 느끼는 쾌락이기 때문이다. S. Freud, "Creative Writers and Day-Dreaming," *Jensen's 'Gradiva' and Other Works*, 153.

나(Caterina) 곁을 떠날 수밖에 없어서 다 충족되지 못했던 유아성욕과 거기에서 비롯된 동성애적 흔적이 묻어 있다고 주장하였다.[24] 그는 먼저 레오나르도의 개인사를 추적했는데, 그가 레오나르도의 유년 시절에 대해서 찾은 중요한 기록은 두 가지였다. 하나는 1457년 피렌체의 징세 장부이고, 다른 하나는 레오나르도가 과학논문집에 기고한 유년 시절의 기억에 관한 삽화이다. 그 징세 장부에 의하면 레오나르도는 다 빈치 마을의 공증인이었던 아버지 세르 피에로의 다섯 살 난 서자로 등록되어 있다. 그는 본래 아버지 피에로와 농부의 딸이었던 카타리나 사이에서 태어나 처음에는 어머니와 같이 살았지만, 아버지의 본부인 도나 알비에라(Albiera)가 아이를 낳지 못하자 그 무렵 아버지의 집으로 옮겼던 것이다. 거기에는 어머니 카타리나가 다른 남자와 결혼하게 된 것도 영향을 끼쳤을 것이다. 하지만 이러한 레오나르도의 유년 시절의 어머니와의 분리는 그에게 커다란 마음의 상처를 주었을 것임이 틀림없다.

프로이트는 레오나르도의 전기 작가들이 말하는 그의 차분하지 못하고 충동적이며 강박적인 성격과 이상(理想)과 완벽을 추구하려는 성격은 거기에서 비롯된 것이라고 추측하였다. 그것은 그의 제자 가운데 하나가 "(그는) 그림을 그리고 있을 때는 언제나 몸을 떨고 있었던 것 같다. 그러나 시작한 것을 끝내는 경우란 거의 없었는데, 그 정도로 예술을 너무나도 위대한 것으로 여기고 있었다"[25]라는 말에서도 드러난다. 자

---

[24] S. Freud, *Five Lectures on Psycho-Analysis: Leonarso da Vinci and Other Works*, 67. cf. 우리는 여기에서 레오나르도 다 빈치가 그린 <성모와 아기 예수와 성 안나>를 프로이트의 정신분석학적 관점과 융의 분석심리학적 관점에서 비교, 고찰하려고 한다. 그 이유는 두 사람이 서로 다른 작품에 대해서 분석한 것들은 있지만, 같은 작품에 대해서 비교적 길게 분석한 것은 없기 때문이다.

[25] *Ibid.*, 67.

연히 그는 여성들과의 관계를 불편해하고, 두려워하였으며, 성에 대해서도 냉담한 거부의 태도를 보였다. 그에게 성적 억압이 심했던 것이다. 그것은 그가 성교 장면이나 성기를 그리는 것에서도 드러나는데, 프로이트는 그가 남성의 성기는 아주 정교하게 그렸지만, 여성의 성기는 무관심하게 그렸고, 성교 장면 역시 아주 어설프고 야릇하게 그렸다고 평하였다. 그의 성적 억압이 그의 정서 생활과 성생활에서 매우 특이한 반응을 불러일으켰다는 것이다. 그래서 프로이트는 "레오나르도가 사랑에 여인을 안아 본 적이 있었는지는 의심스럽다"[26]라고 하였다.

다음으로 프로이트는 어머니를 어린 시절에 빼앗긴 레오나르도의 상처와 그가 평생에 걸쳐서 가슴에 가지고 살았던 어머니에 대한 그리움을 그가 쓴 『유년 시절의 기억』에서 읽어낸다. 그 기억은 "… 아직 요람에 누워 있을 때 독수리 한 마리가 내게로 내려와 꼬리로 내 입을 열고는 여러 번에 걸쳐 그 꼬리로 내 입술을 쳤던 일이 있었다"[27]는 것인데, 이 그림에서 프로이트는 먼저 독수리 이미지에 주목한다. 왜냐하면 이집트에서 무트(Mout)라고 불리는 독수리는 모성신으로 숭배되었고, 무트는 독일어에서 어머니(Mutter)라는 발음과 유사하기 때문이다. 이집트인들은 독수리에게는 수컷이 없어서 독수리들이 번식할 때는 독수리가 하늘 높이 올라가 자궁을 열고 바람의 힘으로 수태한다는 생각을 가지고 있었는데, 그런 생각은 레오나르도에게 아주 인상을 남겼을 것이다. 왜냐하면 그 역시 아버지 없이 어머니와만 살아서 그로 하여금 그의 어머니와 그를 독수리와 독수리의 새끼로 동일시할 수 있었기 때문이다. 그

---

26 *Ibid.*, 71.

27 *Ibid.*, 82.

래서 프로이트는 그 기억이 사실에 기초한 기억인가 아닌가에 상관없이 그 기억은 어머니가 자신을 품에 안고 젖을 먹이는 장면에 대한 환상이고, 어머니에 대한 강한 집착은 나중에 그를 동성애로 이끌게 되었을 것이라고 주장하였다.[28]

프로이트는 레오나르도가 독수리의 수태에 관한 고대 이집트인들의 관념에 대해서 알고 있었을까 하는 문제를 제기한다. 그러나 그는 곧 중세의 가톨릭 신부(神父)들은 성경에 나오는 예수의 동정녀 탄생을 입증하기 위해서 그 신화를 많이 가르쳤을 것이라고 주장하면서 해결하였다.[29] 그래서 프로이트는 그 그림은 레오나르도가 자신을 단성생식으로 태어난 예수와 동일시하였고, 어머니와 계모였지만 마음씨가 착했던 알비에라를 그린 것이라고 하였다. 그 그림에서 두 여인은 겉으로 보기에는 성모와 성모의 어머니인 성 안나이지만, 사실은 친어머니인 카타리나와 의붓어머니인 알비에라라는 것이다. 왜냐하면 그림에서 성모와 성 안나는 모녀지간이라고 하기에는 나이 차이가 거의 나지 않으며, 두 여인의 얼굴에서는 모나리자에 나오는 지오콘도와 비슷한 미소가 피어오르기 때문이다. 레오나르도는 아들에게 한없는 사랑을 주면서도 언제 아들을 빼앗길지 모르는 불행한 어머니와 자신의 아이를 낳지 못한 채 다른 여인이 낳은 아이를 품고 있는 의붓어머니의 야릇한 미소를 지오콘도에게서 보고서 그 미소를 두 여인의 얼굴에 옮겨 놓았다는 것이다. 어쩌면 그 두 어머니는 레오나르도에게 한편으로는 따뜻했지만, 다른 한편으로는 가혹했던 이 세상의 이미지였는지도 모른다. 그래서 그 미소

---

[28] *Ibid.*, 88.
[29] *Ibid.*, 89-90.

는 무엇이라고 표현하기 어렵게 신비로운 것일 것이다.[30]

한편 프로이트는 레오나르도의 성욕이 자연히 동성에게 향했을 것이라고 추측하면서 그것은 그의 제자들 가운데 미술적으로 뛰어나지 않았던 미소년들이 많았고, 그 가운데 하나는 레오나르도가 죽을 때까지 함께 했던 것에서 확인된다고 주장하였다. 또한 레오나르도의 전기 작가들은 그가 한때 동성애의 혐의를 받아서 몇몇 청년들과 함께 고발당했다가 풀려난 적도 있다고 주장하기도 하였다.[31] 그런데 프로이트는 레오나르도의 그런 동성애적 성향을 그의 유년 시절의 기억을 다른 각도에서 읽으면서 유력한 증거로 제시하였다. 그때 프로이트는 독수리의 꼬리(coda)에 주목하는데, 꼬리는 이탈리아어에서 남성의 성기를 지칭하는 많은 상징 가운데 하나이다. 따라서 독수리가 "내려와 꼬리로 내 입을 열고는 여러 번에 걸쳐서 그 꼬리로 내 입술을 쳤던 일이 있었다"는 것은 구강성교를 연상시키기 때문이다. 레오나르도의 동성애는 구강성교로 이어졌다는 것이다. 그러므로 레오나르도는 <성모와 아기 예수와 성 안나>에서 유아성욕은 물론 억압할 수밖에 없는 동성애적 욕구를 동시에 충족시키는 작업이라고 할 수 있다. 그래서 프로이트는 "이 행위는 젖을 빨기 위해 어머니나 유모의 젖을 입으로 물던 옛날에 우리 모두가 안락함을 느꼈던 어떤 상황이 재가공된 것에 지나지 않는다"[32]라고 말하였다. 레오나르도가 유아 시절 어머니로부터 맛보았던 생생한 즐거움은 그의 신체 기관들 속에 지울 수 없는 자국으로 남았고, 훗날 그것을 여성

---

[30] 프로이트가 예술 작품을 이렇게 보는 것은 그가 꿈에는 현현된 내용과 잠재된 내용이 있으며, 꿈의 진정한 의미는 잠재된 내용에 있다고 하는 독법(讀法)과 같은 것을 알 수 있다. 예술 작품 역시 작가의 성욕을 충족시키기 위한 작업이라는 것이다.

[31] *Ibid.*, 72.

[32] *Ibid.*, 87.

들과의 성관계보다 남성들과의 관계에서 다시 맛보려고 했을 것이라는 말이다.

프로이트는 그의 주장을 입증하기 위해서 그 그림에서 독수리의 형상을 찾는다. 마리아가 입고 있는 옷에 독수리의 모습이 나타난다는 것이다. 즉, 마리아의 허리 부분에 둘러 있는 천은 독수리의 머리 모습이고, 배 부분에 두른 천은 독수리의 날개이며, 그 끝에 꼬리가 있는데 꼬리는 아기의 입술에 닿아 있다. 아기가 성기일 수도 있는 독수리의 꼬리를 물고 있는 것이다. 그 그림에서 독수리를 처음 찾아낸 것은 본래 프로이트가 아니라 그의 친구인 오스카 피스터(O. Pfister)였다. 그러나 프로이트는 피스터의 주장에 적극적으로 동조하면서 그의 주장을 전개하였다: "그의 독수리 환상에 나오는 격렬한 애무는 지극히 자연스러운 것에 지나지 않는다. 버림받은 어머니는 자신이 경험한 모든 애정에 대한 추억과 새로운 애정에 대한 갈망을 모두 모성애로 표현해야 했을 것이다."[33]

레오나르도가 이 그림을 그린 것은 그의 후원자였던 로도비코 스포르차가 밀라노에서 권력을 잃자 레오나르도가 여러 가지 어려움을 겪을 때였다. 자연히 그의 리비도는 퇴행하여 어쩌면 어머니와 헤어지기 전 어머니 품에 안겨 있던 행복한 시절로 돌아가려고 했는지도 모른다. 그러나 현재의 상황이 만만치 않아서 천진난만하게 아름다운 몽상만 할 수는 없었다. 그래서 한편으로는 아들을 품에 안고 행복해하지만, 다른 한편으로는 그 행복을 오래 지킬 수 없었던 어머니의 슬픈 미소를 그릴 수밖에 없었을 것이다. 그래서 프로이트는 "나는 이 부분에서… 예술적

---

[33] *Ibid.*, 91. cf. "그녀는 모든 불행한 어머니들이 그렇듯이 자신의 어린 아들을 남편의 자리에 대신 놓게 되었고, 이 어린 아들을 지나치게 조숙하게 만든 나머지 그의 남성성을 앗아가게 되었다." *Ibid.*, 92.

행위가 어떤 방식을 통해 원초적인 정신적 충동들로 환원되는지 지적해 보고 싶다. 우리는 예술가의 창조 작업 역시 성욕의 우회라는… 사실을 강조하고자 하는 것이다"[34]라고 하였다. 이렇게 볼 때 프로이트의 작품 해석은 철저하게 작가의 '억압된 성욕'을 중심으로 해서 이루어지는 것을 볼 수 있다. 그러나 융은 프로이트의 이와 같은 태도는 너무 물질주의적이고, 환원적인 태도라고 비판하면서 그렇게 될 경우 플라톤이 말한 동굴의 비유도 자궁으로 볼 수 있으며, 거기에서 플라톤의 유아성욕밖에 읽을 수 없게 된다고 주장하였다. 예술 작품을 해석하는 프로이트의 환원적인 방법은 순전히 의학적인 것으로서 그것은 환자를 진찰하는 것에서는 의미 있을지 모르지만, 창조적인 작가의 작품을 해석하는 데는 알맞지 않다는 것이다.[35]

III. 융의 예술론과 작품 해석

1. 원형 체험과 집단적 무의식

예술 작품에 대한 융의 태도와 관점은 프로이트의 그것과 매우 달랐다. 모든 예술 작품에는 작가의 개인적 무의식을 뛰어넘는 집단적인 부

---

[34] *Ibid.*, 121.

[35] C. G. Jung, "On the Relation of Analytical Psychology to Poetry," *The Spirit in Man, Art, and Literature* (Princeton, N.J.: Princeton University Press, 1978), 68. cf. 그러면서 융은 "프로이트의 심리학은 19세기 말 과학적 유물론의 좁은 한계 내에서 움직이며 그것의 철학적 전제에 대해서는 결코 이해하지 못했다"라고 비판하였다. C. G. 융, C. G. 융저작번역위원회 옮김, 『인간과 문화』, 353.

분이 있으며, 그 부분도 고찰해야 한다고 강조하였던 것이다. 그에 의하면 예술 작품의 근원은 영혼인데, 영혼은 인간의 모든 활동의 모체이고 본원이다.[36] 융에 의하면 영혼은 신체와 함께 인간의 생명을 구성하는 하나의 실체(substance)로서 사람들이 세상을 살면서 경험하는 물리적 과정을 일련의 이미지들로 나타내는 정신의 층이다. 그는 19세기 후반부터 '영혼이 없는 심리학'(psychologie sans ame)이 등장하여 물질적인 것들만 강조하면서 영혼에 실체가 있다는 믿음을 밀어내고 있다고 비판하였다. 영혼은 객관적 실재(objective reality)이며 자율적으로 작용하는 생명의 원천인데, 인간의 정신 작용을 단순히 두뇌의 화학 작용의 결과로 보거나 너무 합리적으로 판단하려는 풍조가 만연되어 있기 때문이다.[37] 그런 생각에서 그는 예술 작품의 의미를 굳이 해석하기보다는 예술 작품을 영혼의 표현 그 자체로 보아도 충분할 것이라고 생각하였다. 위대한 예술 작품은 예술가가 어떤 내적 체험을 한 다음 그것을 표현하려는 창조적 충동에 사로잡혀서 그것을 나타낸 것으로만 보아도 무방하다는 것이다. 그러나 굳이 그 작품의 의미를 읽으려고 한다면 예술심리학의 입장에서 그것을 고찰할 수는 있을 것이라고 양보하였다.[38]

그런 입장에서 융은 예술 작품에 작가 개인의 심리학이 반영되어 있고, 작가의 개성이 소재 선정과 구성에 영향을 준다는 프로이트의 발견

---

36 cf. "심혼은 모든 예술 작품의 그리고 모든 학문의 어머니이자 그릇이 아닌가." C. G. 융, C. G. 융저작번역위원회 옮김, 『인간과 문화』(서울: 솔출판사, 2004). 156.

37 cf. "우리는 이제 인간에게 영혼이 있고, 영혼에는 실체가 있으며, 신적 본성이 있어서 불멸하는 것이라는 조상들의 생각을 지적으로 받아들일 수 없게 되었다." C. G. Jung, *Modern Man In Search of a Soul* (New York: Harcourt, 1933), 176.

38 C. G. Jung, "On the Relation of Analytical Psychology to Poetry," *The Spirit in Man, Art, and Literature*, 65.

을 높이 평가하였다. 그러나 모든 예술 작품에는 작가의 개인적인 부분 이외에 예술 자체의 창조적 과정도 작용하기 때문에 그것만 보아서는 부족하다는 입장을 버리지 않았다.[39] 위대한 작품은 작가의 개인적 의지로만 창조되는 것이 아니라 작품 스스로가 작가를 통하여 드러나려는 측면도 무시할 수 없을 만큼 많다는 것이다. 그래서 어떤 작가들은 창작의 순간 그도 모르는 사이에 작품이 쓰여지는 경험을 했다는 고백을 하기도 한다: "궁극적으로 그의 안에서 의지를 행사하는 것은 개인인 그가 아니라 작품이다. 사람으로서 그는 기분과 의지와 자신의 목적들이 있을 수 있지만, 예술가로서 그는 더 높은 의미에서 '인간'이고, 집단인간, 무의식적으로 활동하는 인류 심혼의 운반자이자 형성자이다."[40] 그렇게 볼 때 레오나르도 다 빈치가 <성모와 아기 예수와 성 안나>를 그린 것이 아니라, <성모와 아기 예수와 성 안나>가 다 빈치를 통해서 나온 것이라고 할 수 있을 것이다.[41]

그러면 그때 예술가들에게 작품을 창작하게 하는 것은 무엇인가? 융은 그것은 환상(fantasy)을 통해서 주어지는 근원체험이라고 주장하였다. 환상은 때때로 의식을 뚫고 나와서 사람들을 낯설고 어두운 혼돈 속으로 데려가면서 충격에 빠트리지만, 그것을 진지하게 받아들이면서 창

---

[39] "예술작업은 창작자의 개인적 한계를 벗어나고, 그의 개인적 관심사를 한참 뛰어넘는다." C. G. Jung, "On the Relation of Analytical Psychology to Poetry," *The Spirit in Man, Art, and Literature* (Princeton, N.J.: Princeton University Press, 1978), 71. cf. "어떤 시인이 다루고 있는 자료와 그의 시작(詩作) 태도를 그가 그의 부모와 맺었던 개인적인 관계와 연관시킬 수는 있을 것이다. 그러나 그것을 가지고 그의 시에 대해서 전부 이해할 수는 없을 것이다." *Ibid.*, 67.

[40] C. G. 융, C. G. 융저작번역위원회 옮김, 『인간과 문화』, 174.

[41] 융의 이런 생각은 "생각들은 한 사람의 개인적 삶에 국한되어 있지 않은 원천으로부터 솟아나온다. 우리가 생각을 만드는 것이 아니라, 생각이 우리를 만드는 것이다"에서도 나타난다. C. G. Jung, *Modern Man In Search of a Soul*, 115.

작에 임하는 사람들을 또 다른 세계로 안내한다는 것이다: "(근원체험은) … 마치 인간 이전의 시간들의 심연들에서 또는 인간을 넘어서는 자연의 빛과 어둠의 세계들에서 나오는 것 같고, 인간 본성이 약하고 무지할 때 굴복할 위험이 있는"[42] 체험인데, 그것은 다른 말로 하면 원형체험이다. 원형은 무의식의 깊은 곳에서 사람들을 이끄는데 사람들이 원형체험을 하면 누멘에 사로잡혀서 깊은 정동을 느끼고 혼란스러워하지만, 그것을 표현하려는 강한 역동을 느낀다. 그것이 그들의 영혼의 밑바닥을 강하게 타격했기 때문이다.[43] 그래서 융은 그런 체험을 한 사람은 자신이 한 체험을 이해하고, 표현하기 위해서 신화적 인물들을 불러온다고 주장하였다. 레오나르도 다 빈치에게는 이집트 신화가 다가왔고, 햄릿을 쓸 때 셰익스피어에게는 덴마크 설화가 다가왔다. 그때 그들의 환상에 나타나는 것은 집단적 무의식의 상이다. 한 개인의 체험 영역을 넘어서 인류가 태초부터 체험했던 자료들이 축적되어 있는 선천적 구조의 상인 것이다. 그래서 융은 "작품의 본질은 개인적 특성에 붙어 있지… 않고, 개인적인 것을 벗어나 올라가고 정신과 심장으로부터 인류의 정신과 심장을 위해 말한다는 데 있다"[44]라고 하였다.

융은 사람들에게 원형체험을 하게 하는 무의식의 특성은 보상에 있다고 주장하였다. 무의식은 자아 - 의식이 외부 환경에 적응하느라고 대극의 어느 한 요소만 일방적으로 발달시킬 때, 그와 반대되는 요소를 제

---

42 C. G. 융, C. G. 융저작번역위원회 옮김, 『인간과 문화』, 161.

43 융은 "환상적 소재의 근원 위에는 깊은 어둠이 깔려 있는데, 사람들은 이 어둠에 의도가 있다고 믿고 싶어한다"고 하였다. C. G. 융, C. G. 융저작번역위원회 옮김, 『인간과 문화』, 163.

44 C. G. 융, C. G. 융저작번역위원회 옮김, 『인간과 문화』, 174. cf. 융은 예술 작품에는 심리학적 소설과 비심리학적 소설의 두 종류가 있다고 주장하였다. Ibid., 158-9.

시하면서 정신의 균형을 잡아준다는 것이다. 그때 일방성이 강하면 강할수록 보상의 강도는 더 심해져서 그 순간 나타나는 원형상은 더 원시적이고 기괴한 모습을 보이게 된다. 융은 그런 보상은 두 가지 수준에서 이루어진다고 하였다.[45] 하나는 작가의 개인적 수준이다. 작가가 이 세상을 살면서 정신의 균형에 문제가 생겼을 때 개인적 수준에서 보상을 하는 것이다.[46] 다른 한편, 보상은 집단적 수준에서도 이루어진다. 모든 시대에는 그 나름대로 일방성과 정신적 고통이 있어서 그 구성원들이 집단적으로 고통 받을 때 예술가들은 시대의 고통을 미리 앓고, 그것을 작품을 통하여 표현하는 것이다: "인류의 심혼에서 건져 올리는 위대한 문학을 개인적인 것으로 환원시킨다면 완전히 헛짚는 것이다. 집단적 무의식이 체험 속으로 밀고 들어오고, 시대의식과 결합할 때는 언제나 그 시대 전체와 상관있는 창조행위가 발생한다."[47] 그래서 융은 프로이트처럼 예술 작품을 개인적 수준에서만 환원적으로 보는 것은 너무 편협한 태도라고 비판하였다. 예술 작품에서 작가의 개인적 욕구만 보는 것은 예술작업을 정신질환처럼 취급하는 것이므로 그것을 뛰어넘는 방법으로도 접근해야 한다는 것이다: "예술 창작에 우리가 마치 히스테리 환자의 환상을 분석하려는 듯한 신랄한 방법을 가져다 대는 순간 창조의 번쩍이는 빛은 곧 꺼져버리고 말 것이다."[48] 그래서 융은 예술가들은 그

---

[45] cf. "환상적 체험을 개인적 경험으로 환원시켜버리면 그것을 본래적이 아닌 것으로, 단지 '대리'인 것으로 만들어버린다. 그로써 환상적 내용이 그 '근원성격'을 상실하여 '근원환상'은 증상이 되어버리고, 혼돈은 심혼적 장애로 변질된다." *Ibid.*, 164.

[46] 융은 파우스트에서 괴테의 개인적 보상 가능성을 주장하였다. *Ibid.*, 170. 또한 미국의 에드워드 에딘저는 Edward F. Edinger, *Melville's Moby-Dick: A Jungian Commentary* (New York: New Direction Book, 1978)에서 개인적 보상, 집단적 보상 둘 다에 대해서 분석하고 있다.

[47] C. G. 융, C. G. 융저작번역위원회 옮김, 『인간과 문화』, 170.

[48] C. G. Jung, "On the Relation of Analytical Psychology to Poetry," *The Spirit in Man, Art, and*

가 사는 시대정신을 반영할 수 있다고 주장하였다. 모든 시대는 개인들과 마찬가지로 그 나름대로 독특한 경향들과 태도들을 가지고 있으며, 보상해야 할 것들이 있기 때문이다. 예술가들은 그들이 겪는 개인적인 아픔 속에서 시대의 아픔을 같이 겪고 그것을 극복할 수 있는 원형적 체험을 한다는 것이다.[49]

원형체험을 한 다음 작가는 창조적 충동에 이끌려서 작업을 한다. 작가는 그의 자아 - 의식이나 자유의지를 따라서 창작하는 것이 아니라 무의식에서 올라오는 그 자신도 모르는 어떤 힘에 이끌려 작업을 하는 것이다.[50] 융은 그때 작가들을 움직이게 하는 것을 창조적인 자율적 콤플렉스라고 주장하였다. 창조적인 자율적 콤플렉스는 의식의 일상적 수준을 뛰어넘는 초개인적인 것으로서 강력한 에너지를 가지고 있다. 따라서 그것이 작가의 현실적인 삶의 상황에서 배열되어 나타날 때 작가는 그 힘에 거역할 수 없고 그것이 이끄는 대로 따라가야 한다. 그 힘에 완전히 사로잡히지 않고, 그것을 지각하면서 그 신화적 상들이 드러내려는 것을 해석해야 하는 것이다: "당신은 내가 예술가의 정신 속에서 싹트려고 하는 작품을 자율적 콤플렉스의 작업이라고 하는 것을 기억할 것이

Literature, 69.

[49] cf. C. G. Jung, "On the Relation of Analytical Psychology to Poetry," *The Spirit in Man, Art, and Literature*, 82. 또한 융은 "시대정신은 인간의 이성으로만 설명될 수 있는 것이 아니다. 아무리 허약한 사람일지라도 그의 무의식을 통해서 들어오는 놀랄 만한 암시의 힘으로 무엇인가를 하게 하는 하나의 성향과 정동적 힘이다"라고 하였다. C. G. Jung, *Modern Man In Search of a Soul*, 175.

[50] 그래서 그런 창조적 충동을 따라서 창작을 한 다음 많은 작가들은 한동안 무기력 상태에 빠지기도 한다: "우리는 의식의 일상적 수준을 뛰어넘는 이 초개인적인 실체를 인식해야 한다. 직관적으로만 알 수 있는 이런 생각들이나 내용들의 생경함을 인식해야 하는 것이다." C. G. Jung, "On the Relation of Analytical Psychology to Poetry," *The Spirit in Man, Art, and Literature*, 75.

다. … 그것과 의식과의 연계는 동화(同化)가 아니라 지각(知覺)이다."[51] 집단적 무의식의 원형이 예술가를 완전히 사로잡아서 그의 자아를 동화시키면 예술 작품이 나오지 못하지만, 예술가의 자아가 그것을 지각하고 그 나름대로 해석해서 형상화하면 예술 작품이 탄생할 수 있다는 것이다. 그래서 융은 예술작업은 무의식이 예술가를 마치 숙주(宿主)로 삼아서 무엇인가를 표현하게 하는 작업 같다고 비유하였다.[52]

그러면 창조적인 자율적 콤플렉스의 원천은 무엇인가? 융은 그것은 집단적 무의식이라고 주장하였다. 작가들은 인류가 그동안 살았던 삶의 모든 흔적들, 인류 조상의 역사 속에서 수없이 반복되었던 기쁨과 슬픔의 흔적들이 담겨 있고, 인간의 심리와 운명이 들어 있는 집단적 보고에서 나오는 이미지들을 따라서 작업한다는 것이다. 그것은 수많은 신화와 민담의 모태이고, 생명의 흐름의 원류가 되는 무의식의 깊은 층이다. 그런 의미에서 융은 창조성의 심리학은 본래 여성의 심리학이라고 주장하였다. 창조적 작품들은 정신의 모태가 되는 무의식적 심층들로부터 자라나기 때문이다.[53] 그러나 그것들은 무의식에 있기 때문에 작가의 의식으로 해석되어야 한다. 그렇지 않을 경우 그것이 가지고 있는 원시적인 속성 때문에 해석되지 않은 채로 나오면 너무 기괴하고, 다른 사람

---

51 *Ibid.*, 78.

52 "예술작업의 의미와 개인적 특질은 외적 결정 요인에 달려 있지 않고, 그 자체 안에 내재해 있다. 우리는 예술작업을 마치 예술가를 숙주(宿主)로 사용하는 생물(生物)에 비유할 수 있을 것이다." C. G. Jung, "On the Relation of Analytical Psychology to Poetry," *The Spirit in Man, Art, and Literature,* 72.

53 C. G. 융, C. G. 융저작번역위원회 옮김, 『인간과 문화』(서울: 솔출판사, 2004), 176. cf. "우리가 분석하려는 예술 작품의 원천은… 시인의 개인 무의식이 아니라, 그 원초적 이미지가 인류에게 공통적으로 유전된 무의식의 신화 영역이다." C. G. Jung, "On the Relation of Analytical Psychology to Poetry," *The Spirit in Man, Art, and Literature,* 80.

들은 이해하지도 못하게 된다: "그러나 신화적 형상들 자체는 창조적 환상의 산물이고, 여전히 관념적 언어로 해석되어야 하는 것들이다. … 그것들이 관념적으로 창조될 때에만, 그것들은 그 무의식적 과정들을 과학적으로 이해할 수 있게 한다."[54]

융은 작가들이 창조적인 자율적 콤플렉스의 영향 아래 있을 때, 자네(P. Janet)가 말한 정신병리 상태에서 일반적으로 볼 수 있는 정신 수준의 저하가 일어난다고 주장하였다. 그래서 작가들에게는 갑자기 의식의 흥미와 활동이 감소되고, 무감동 상태에 빠지거나 현실에 제대로 적응하지 못하거나 유아적 측면이 두드러지게 나타나는 경우가 많다. 그러나 엄밀하게 말하면 그것은 병리적인 것이라고 할 수 있는 것은 아니다. 그때 그들에게 무의식의 내용이 활성화되어 의식의 기능들이 잠시 약화된 것이지 정신 전체가 잘못된 것은 아니라는 말이다. 그래서 작가들 가운데서는 그의 창조성에 에너지가 너무 많이 투여되고, 다른 것들에 투여되지 않아서 너무 세상 물정을 모르고 천진난만한 모습을 보이는 경우도 많다.[55] 그런데 그때 그의 부적응은 그에게 도움이 되기도 한다. 그들은 타고난 독특한 성격 때문에 다른 사람들처럼 평범한 삶을 살지 못하고 시대의 아픔을 더 깊이 겪지만, 그가 사는 시대의 일방성과 부적절성을 보상할 수 있는 것들을 더 잘 느끼고 표현할 수 있기 때문이다. "넓은 길을 따라가지 못해서 뒤를 바라보는 사람들은 집단적인 생명 속에서 실연(實演)되기를 기다리는 정신 요소들을 제일 먼저 찾아낼 수 있는 것"[56]이다.

---

54 C. G. Jung, "On the Relation of Analytical Psychology to Poetry,"*The Spirit in Man, Art, and Literature,* 81.

55 *Ibid.,* 79. cf. C. G. 융, C. G. 융저작번역위원회 옮김, 『인간과 문화』(서울: 솔출판사, 2004). 188-9.

56 C. G. Jung, "On the Relation of Analytical Psychology to Poetry," *The Spirit in Man, Art, and*

또한 융과 프로이트의 예술관이 다른 것은 근친상간에 대한 그들의 해석이 다르기 때문이다. 프로이트는 근친상간을 생물학적인 것으로 보았지만, 융은 상징적인 것으로 보았던 것이다. 프로이트는 아이들이 부모에게 가지는 근친상간적 욕망을 부모와의 직접적인 결합에 대한 욕망이라고 했지만, 융은 근친상간적 욕망은 아이들이나 정신질환자들이 부모에게 돌아가 부모로부터 다시 태어나 현재의 고통스러운 상황에서 벗어나려는 욕망으로 보았던 것이다. 현재 그들이 처해 있는 상황이 너무 고통스러워서 새로운 존재로 거듭나려고 하는데, 그때 필요한 것이 부모의 이미지이기 때문이다. 그러므로 융은 근친상간적 욕망을 생물학적인 것으로 읽을 것이 아니라 상징적으로 읽어야 한다고 강조하였다: "근친상간의 욕구가 성교를 목적으로 하는 것이 아니라 다시 아이가 되려는, 즉 부모의 보호막으로 되돌아가서 어머니로부터 다시 태어나기 위해 어머니로 되돌아가려는 독특한 생각에 기초하고 있는 것이다."[57]

마지막으로 예술을 보는 프로이트와 융의 관점 사이에서 중요한 차이는 상징에 대한 두 사람의 견해 차이에서 비롯된다. 프로이트는 꿈이나 환상 등 무의식에서 나오는 상징들을 모두 성적인 것과 관련시켜서 해석했지만, 융은 상징들을 더 넓은 관점에서 보았던 것이다. 그래서 융은 꿈에 나오는 이미지들을 프로이트처럼 길쭉한 것은 모두 남성의 성기, 움푹 들어간 것은 모두 여성의 성기와 연관시켜서 해석할 경우 무의식이 정말 무엇을 말하려고 하는지 알 수 없으므로 신화나 민담에 나오는 상징적 이미지들과 결부시키면서 해석해야 한다고 강조하였다. 그것

Literature, 83.

57 C. G. 융, C. G. 융저작번역위원회 옮김, 『영웅과 어머니원형』(서울: 솔출판사, 2006), 99.

은 예술 작품에서도 마찬가지이다. 작가들이 표현하는 다양한 상징적 이미지들을 모두 성적인 것으로만 볼 경우, 무의식이 말하려는 진정한 의미를 제대로 포착할 수가 없다. 무의식에는 성적인 욕망뿐만 아니라 정신적 욕망, 창조성, 반성(反省)의 욕망 및 여러 가지 정감들이 들어 있으며, 그것들 역시 드러나려고 하기 때문이다. 그래서 융은 예술 작품에 나오는 상징들을 그림자, 영웅, 노현자, 모성 원형 등으로 다양하게 해석하려고 하였다: "(그렇게 될 경우) 플라톤의 동굴의 비유도 자궁으로 볼 수 있으며, 그 비유 역시 플라톤의 유아성욕에서 나온 것이라고 할 수밖에 없다. 그러나 그렇게 될 때 플라톤이 말하려는 진정한 의미는 사라지고 만다."[58]

2. 〈성모와 아기 예수와 성 안나〉에 대한 분석심리학적 해석

융의 이런 관점을 가지고 <성모와 아기 예수와 성 안나>를 보면 프로이트의 해석과는 전혀 다르게 해석된다. 리비도와 상징과 무의식에 대한 그의 생각이 프로이트와 너무 달랐기 때문이다. 여기에서 먼저 말해둘 것은 융이 <성모와 아기 예수와 성 안나>를 본격적으로 분석한 기록은 보이지 않는다는 점이다. 그러나 그가 그의 저작들 여기저기에서 그 작품에 대해서 단편적으로 언급한 것들과 제임스 조이스의『율리시즈』 및 피카소의 작품들에 대해서 고찰한 것들을 종합해서 살펴보면, 프로이트가 그 작품을 정신분석적인 입장에서 길게 해석한 것과 충분히 비교, 고찰할 수 있을 것이라고 생각한다.[59]

---

[58] C. G. Jung, "On the Relation of Analytical Psychology to Poetry," *The Spirit in Man, Art, and Literature*, 70.

융은 조이스의 『율리시즈』와 피카소의 작품들에서 창조적인 자율적 콤플렉스에서 비롯된 '정신 수준의 저하'를 읽었다. 그 작품들은 비현실적이고, 기괴하며, 일상적인 경험 세계와 거의 관계가 없는 것들을 표현하기 때문이다. 『율리시즈』에 대한 융의 다음과 같은 언급은 작가의 정신 수준의 저하를 잘 드러낸다: "그 책에는 앞과 뒤도 없고, 위와 아래도 없다. 아무 곳을 먼저 읽어도 상관이 없다. 나는 그가 두뇌의 활동에는 어느 정도 제한이 있으면서 지각 과정에 국한된 내장적 사고를 하고 있지 않은가 하는 생각이 든다."[60] 그러나 융은 조이스에게서 나타나는 정신 수준의 저하는 인격의 파괴에서 비롯된 것이 아니라 창조적인 자율적 콤플렉스의 분출에서 나온 것이라고 주장하였다. 왜냐하면 위대한 예술가들은 예언자들처럼 그 시대의 문제를 고발하고, 그것들을 뛰어넘으려는 창조적 충동에 사로잡혀 있기 때문이다.[61]

그러면서 융은 의미 있는 것을 무의미한 것으로, 아름다운 것을 추한 것으로 도착시키거나 그와 반대로 어떤 것을 과장함으로써 무의미한 것을 의미 있게 만들고, 추한 것 속에서 도발적인 아름다움을 찾아내는 것

---

59 융이 다 빈치의 <두 성녀와 아기 예수>에 대해서 언급한 것은 1912년에 출판된 『영혼의 변환과 그 상징들』과 1950년 알렌바이의 저서 『유일신론의 기원에 관한 심리학적 연구』의 서문에서이며, 햄릿에 대해서 언급한 것은 『심리학과 연금술』에서 아주 짧게 언급한 것이 있다.

60 C. G. Jung, "Ulysses: A Monologue," *The Spirit in Man, Art, and Literature* (Princeton, N.J.: Princeton University Press, 1978), 111. 융은 또 이렇게도 말한다. "여기에서 숨 막히는 공허는 너무 팽팽해서 터질 지경이었다. 이 절망적인 공허는 이 책 전체를 지배하고 있는 정조(情調)였다. 그 책은 무(無)로부터 시작하고, 무로 끝난다. 모든 것이 무인 것이다." C. G. Jung, "Ulysses: A Monologue," 110.

61 cf. "현대 예술가들은 한 개인의 병적 산물이 아니다. 오히려 우리 시대의 집단적 현상이다. 현대 예술가들은 그들의 개인적 충동을 따르는 것이 아니다. 그들은 의식에서 직접 분출되지 않고 현대인들의 정신에서 집단적으로 분출되는 무의식에서 나오는 집단적 삶을 사는 것이다." C. G. Jung, "Ulysses: A Monologue," 117.

은 예술의 창조적 성취라고 강조하였다. 그리고 그런 현상들은 예술사적으로 볼 때 이그나톤 시대, 초기 기독교 시대, 전기-라파엘 시대, 바로크 시대 등 과거의 지배적 이데올로기가 붕괴되고 새로운 정신이 배태되는 과도기에 으레 나타났던 현상이라고 덧붙였다. 그때 창조적인 예술가들은 시대적 의미를 인과론적 관점에서 설명할 수 없어서 그것과 전혀 다른 방식으로 표현하려고 한다는 것이다. 관객들은 거기에서 불쾌감을 느끼면서도 시선을 떼지 못한다. 그 이유는 그들의 무의식에서 전-시대적 반발이 있지만, 동시에 무엇인가 잡아당기는 것이 있기 때문이다. 그것은 현대 예술에 대한 현대인들의 반응에서도 마찬가지다. 현대인들도 현대 예술에서 몹시 불편한 어떤 것을 느끼지만, 그럼에도 불구하고 거기에서 눈을 떼지 못하는 것이다.[62]

그런 의미에서 창조적 예술가들은 지나간 시대에 절망적으로 매달려 있는 동시대인들에게 그것보다 나은 새 시대를 열어주는 예언자들이다. 그들 역시 다른 사람들처럼 그 시대에 결핍된 것들 때문에 고통받지만, 거기에 감상적으로 붙들리지 않고 진정한 감정을 찾을 수 있는 길을 열어주는 것이다. 대부분의 사람들은 현실에 파묻혀서 앞으로 나아가지 못하는데, 예술가들은 창조적 상상력을 가지고 앞으로 나아가기 때문인 것이다. 그래서 융은 『율리시즈』에서 엘리야가 온다는 암시가 두 번이나 나온다고 하였다.[63] 현대인들이 현상에만 붙들려 있지 말고 예언자가

---

[62] cf. "우리는 우리가 얼마나 중세에 속해 있는지 모르지만, 현대인들은 이제 발육부전으로 된 세계에서 벗어나려고 한다." C. G. Jung, "Ulysses: A Monologue," 119.

[63] "사람들이 전통적인 삶의 상황 속에 살면서 의식의 초탈이 이루어지고, 그 결과 하나님과 가까워지면 ─율리시즈의 바탕이 되고, 율리시즈가 예술적으로 가장 높이 도달한 것인데─ 사람들은 술에 취한 채 매음굴에서 지옥과 같은 고통을 받게 된다." C. G. Jung, "Ulysses: A Monologue," 126.

열어주는 새 세계를 향해서 나아가야 한다는 것이다: "내가 생각하기에 율리시즈에 나타나는 모든 부정적인 것들, 그 냉정함, 기괴함, 통속성, 괴상망측함, 악마적인 것들은 오히려 그 작품을 찬양할 수 있게 하는 긍정적인 특성들이다."[64]

그런 점은 <성모와 아기 예수와 성 안나>에서도 마찬가지이다. 그 작품에는 프로이트가 해석하듯이 다 빈치의 근친상간적인 욕망만 담겨 있지 않고, 그의 개인적인 욕망과 그가 살던 16세기, 즉 중세의 질서가 무너지고 르네상스가 한창 이루어지는 전환기의 문제가 담겨 있기 때문이다. 융은 그 작품에서 '두-어머니'(double mother)의 원형에 주목하였다. 어머니는 아이를 낳는 존재인데, 이 작품에는 어머니가 둘이 등장하기 때문이다. 일반적으로 사람들은 어머니로부터 태어나지만, 나이를 먹으면서 부모에게 의존했던 것에서 벗어나 자기 자신으로 되어야 한다. 부모에 대한 의존이 오래 지속되면 신경증적인 성격으로 되기 때문이다. 그래서 모든 사회에서는 아이들의 분리를 도와주기 위해서 성인식(initiation)을 시행하였고, 교회에서 하는 세례식, 입교식도 그것을 위한 것이다. 그런데 사람들이 어머니로부터 떠나서 새롭게 태어나려면 또 다른 어머니가 필요하다.[65] 육신의 어머니로부터 한 번 태어난 다음 성인(成人)으로, 정신적으로 다시 태어나려면 정신적인 어머니가 있어야 하는 것이다. 그래서 사람들은 사춘기 무렵 "우리 엄마가 진짜 엄마가 아니라 좀 더 멋진 엄마―예를 들어서 말하자면 학교 선생님이나 이모

---

64 C. G. Jung, "Ulysses: A Monologue," 128.

65 "영웅은… 보통 사람처럼 태어나지 않는다. 그렇기 때문에 자주 두-어머니를 갖는다. … 영웅은 자주 버려지고, 그래서 양부모에게 양도된다. 이런 식으로 영웅은 두 어머니를 만난다." C. G. 융, C. G. 융저작번역위원회 옮김, 『영웅과 어머니원형』, 256.

등—였으면 좋겠다"고 생각하는데, 그것은 두-어머니 모티브를 담은 원형에서 나오는 생각이다. 신화나 민담은 이런 재탄생의 주제를 주인공인 영웅이 용이나 괴물을 물리치는 것으로 많이 나타낸다. 그때 영웅이 물리치는 용이나 괴물은 사람들을 유아적 상태에 붙들어두려는 강력한 모성 콤플렉스이고, 그것을 물리치는 영웅은 새롭게 태어나는 존재이다: "두-어머니는 이중 출생에 대한 생각을 시사하고 있다.… 두 어머니에게서 태어난 자는 영웅이다. 첫 번째 출생은 그를 인간으로 만들고, 두 번째 출생은 불멸의 반신으로 만든다."[66]

융은 프로이트가 <성모와 아기 예수와 성 안나>에서 두-어머니를 찾아냈지만, 그것을 너무 개인적인 차원에서 근친상간적 욕망으로만 해석하였다고 비판하였다: "프로이트는… 레오나르도 다 빈치에게서 영웅 신화에 나오는 두-어머니 모티브를 찾아냈다. 그러나 그는 이 모티브를 레오나르도에게 실제로 어머니가 두 명이 있었다는 사실로부터 이끌어 내는 잘못을 저질렀는데, 하나는 그의 진짜 어머니이고, 다른 하나는 그의 계모이다."[67] 프로이트가 <성모와 아기 예수와 성 안나>에 나오는 두 어머니를 너무 구체적인 어머니들로 해석했다는 것이다. 그런데 이런 태도는 프로이트와 융의 근본적인 차이점이다. 프로이트는 모든 상징을 구체적, 물질적, 환원적으로 해석하지만, 융은 상징적, 정신적, 종합적으로 해석하는 것이다. 따라서 두 사람의 해석은 차원과 깊이가 다르게 된다.

그 당시 레오나르도가 처해 있던 상황을 감안하면 이 작품에는 근친

---

66 C. G. 융, C. G. 융저작번역위원회 옮김, 『영웅과 어머니원형』, 257.

67 C. G. Jung, *The Symbolic Life* (Princeton, N.J.: Princeton University Press, 1976), par. 1492.

상간적 욕망뿐만 아니라 재탄생(rebirth)에의 욕망도 담겨 있을 수 있다는 생각이 든다. 왜냐하면 그가 이 그림을 그린 것은 50대 이후 그를 후원하던 스포르차가 실각한 다음인데, 그때 그의 처지는 그가 다섯 살 무렵 어머니에게서 갑자기 분리되어 아버지의 집으로 갔던 것처럼 갑자기 모든 지원이 끊어진 것 같았기 때문이다. 자연히 그의 리비도는 퇴행하여 프로이트가 해석하는 대로 그 옛날 어머니 품에 안겼던 낙원 같은 상황을 몽상했을 수도 있을 것이다. 그러나 융은 한 걸음 더 나아가서 그가 그런 궁핍한 상황에서 유아 시절 어머니 품에서 강제로 분리되어 형성된 성격 때문에 고통받았던 것들과 현재 겪는 고통들을 전반적으로 개선하고 새로운 존재가 되려는 무의식적 욕망도 있을 수 있다고 보았다. 신경증 환자들이 그렇듯이 레오나르도 역시 정신적으로 새롭게 돼서 그가 처해 있는 상황을 극복하고 더 잘 살려는 무의식적 욕망을 느꼈을 것이라는 말이다. 만약에 근친상간적인 욕망만 있었다면 어머니는 하나만 있어도 된다. 그러나 여기에는 또 하나의 어머니가 있다. 즉, 그의 인격을 전체석으로 재형성해서 새로운 존재로 되려는 무의식적 욕구가 또 다른 어머니를 요청했던 것이다.

융은 한 걸음 더 나아가서 그런 레오나르도의 개인적 곤경은 그가 살던 시대의 아픔을 무의식적으로 읽고, 그것도 거기 담을 수 있었을 것이라고 주장하였다. 왜냐하면 그 당시 민중들의 정신에너지는 지리상의 발견으로 너무 외향화되어 신세계로 나아가려는 열기에 가득 찼고, 해외무역의 발달로 물질적인 풍조가 만연되어 있었는데, 그 그림자의 뒤에 가려져서 고통받는 사람들도 많이 있었기 때문이다. 또한 중세가 끝나고 르네상스 시대에 들어서는 시기에 기독교적인 세계관은 낡아버렸지만, 아직 새로운 세계관과 가치관이 나타나지 않아서 새로운 사상의 도래를 열망하는 사람들도 많이 있었을 것이다. 그 당시 많은 르네상스인들의 무의식에는 새로운 시대, 새로운 존재에 대한 욕망이 가득했을 것이라는 말이다. 그래서 레오나르도는 그의 개인적인 고통을 겪으면서 동시에 시대적 열망을 읽었고, 그것은 그런 재탄생을 가능하게 하는 태모상(Great Mother image)으로 형상화되었을 수 있다. 그런데 이런 원형적 주제는 그것이 출현해야 하는 상황이 조성되기만 하면 언제나 떠오른다. 무의식 깊이 담겨 있는 원형은 사람들이 과거 인류의 조상들이 처했던 것과 같은 똑같은 상황에 처하면 그때처럼 행동하도록 무의식에 배열되기 때문이다. "원형의 선험적 현존은 원형이 본능처럼 무의식이 우세해질 때마다 모든 사람들에게 계속해서 신화적 모티브들을 만들어낸다."[68] 그러므로 이 작품에서 프로이트처럼 근친상간적 욕망만 읽을 경우, 그 깊은 의미까지 읽지 못하게 된다.

　예술 작품에서 원형 체험과 원형적 이미지가 중요하다는 주장은 바슐라르에게서도 똑같이 발견된다. 바슐라르 역시 원형은 시적 이미지의 원천이고, 시인들에게 시상(詩想)을 불러일으키는 원상(原床)이라고 주장하기 때문이다. "… 우리 모두가 쓰고 싶은 시들 속에서 어린 시절은 심층심리학의 바로 그 양식으로 진정한 원형처럼 나타난다. … 그러나 이 이미지는 그 원리상 전적으로 우리의 것은 아니다. 그것은 우리의 단순한 추억보다 더 심층적인 뿌리를 갖고 있다."[69] 여기에서 바슐라르가 원형이 "우리의 것은 아니다"라고 한 것은 그가 융이 말한 집단적 무의식 개념을 그대로 받아들였기 때문이다. 그것은 그가 원형은 인간의 심층

[68] C. G. Jung, *The Symbolic Life* (Princeton, N.J.: Princeton University Press, 1976), par. 1488.
[69] *Ibid.*, 159.

에서 발견되는 것으로서 지속성을 가지고 있으며 삶의 진정한 가치를 담고 있는 것으로서 예술가들에게 창조의 원천이 된다고 생각하는 데서도 발견된다. 그래서 그는 "원형은 기억 속에 불변한 채 부동의 모습으로, 몽상 속에 부동의 모습으로 거기 있다. 그래서 우리가 몽상을 통해서 이런 시절이 지닌 원형으로서의 힘을 되살렸을 때, 부성적인 힘과 모성적인 힘의 모든 위대한 원형들은 다시 작용하기 시작한다"[70]고 주장하고 "삶을 지배하는 어떤 삶 속에서, 지속하지 않는 어떤 지속 속에서 산다는 것, 이것이 바로 시인이 우리에게 복원시켜줄 줄 아는 매력이다. 시인은 우리에게… 우주에 대한 그 추억의 본질을 제공한다"[71]고 덧붙였다.

바슐라르는 인간에게는 "합리성의 의식"과 "몽상적 의식" 두 가지가 있는데, 시는 개념을 중심으로 하는 합리성의 의식에서 나오는 것이 아니라 이미지를 중심으로 하는 몽상적 의식에서 나온다고 주장하였다.[72] 몽상적 의식은 합리적 의식이 조금 약화된 채 조는 듯한 상태에서의 의식 작용을 가리키는데, 시는 몽상의 산물이라는 것이다. 바슐라르에 의하면 몽상적 의식의 세계는 "이름 없는 시간" 속에서 "세계는 있는 그대로 뚜렷이 나타나는" 세계이고, 우리 삶의 진실이 담겨 있는 세계이다.[73] 그 세계는 사람들의 의식이 합리적 계산이나 경쟁만 생각하면 다가갈 수 없고, 오직 몽상을 통해서만 다가갈 수 있는 세계이다. 시인들은 사람들에게 그 세계를 열어주는데, 그때 몽상의 주체를 바슐라르는 몽상가의 코기토(cogito)라고 불렀다: "시인이 없다면 우리는 몽상가로서의 우

---

[70] Ibid., 160.

[71] Ibid., 154.

[72] Ibid., 8.

[73] Ibid., 131.

리의 코기토를 도와주는 직접적 보완물을 만날 수 없을 것이다. … 그러나 시인이 대상을 일단 선택하게 되면, 대상 자체가 존재를 바꾼다. 그것은 시적인 것으로 승격된다."[74] 시인들은 보통 사람들이 너무 현실에 매몰되어 그 세계를 망각하고 살 때 시적 이미지를 통해서 그 세계에 대해서 일깨워 주고, 우리 삶의 진실과 우리 삶의 우주적 특성에 대해서 알게 해 준다. 시인은 몽상가이고, 관조하는 주체이며, 세계 창조자이기 때문이다. 그래서 바슐라르는 "우리는 시인 덕분에 그 기원이 우리 내부에 있고, 우리의 바깥에 있는 역동적 힘을 다시 체험한다. 존재한다는 현상이 우리 눈앞에서 몽상의 저 심층에서 일어나고, 시인의 이미지 충동을 수용하는 독자를 빛으로 가득 채운다"[75]라고 주장하였다. 그래서 사람들은 시를 읽을 때 시인이 초대하는 몽상의 세계, 무의식의 세계로 들어가서 같은 원형적 이미지를 체험하고, 때때로 영혼의 울림을 체험한다. 시인들은 그들이 창조한 원형적 세계를 그들이 충분히 소화시킨 다음 아름다운 이미지로 변환시켰기 때문이다. 그 세계는 우리 속에 이미 존재했던 세계이지만, 우리가 세상을 사느라고 무의식화되었지만 시인들이 다시 끌어올려서 다시금 만나게 된 세계이다. 원형의 세계인 것이다. 따라서 영혼의 울림은 깊을 수밖에 없다. 그래서 사람들은 시인들을 통해서 그들이 살 수 있는 새로운 세계를 양도받고, 현실로 복귀할 수 있다. 그러나 그때 그들은 과거의 그가 아니라 새롭게 변환된 존재이다. 왜냐하면 무의식에 들어가서 세례를 받았기 때문이다: "시인은 하나의 존재

---

[74] Ibid., 196. 바슐라르는 사람들은 몽상 속에서 사고를 하며, 사고하는 주체를 몽상가의 코기토(cogito)라고 했는데, 시작(詩作)의 주체는 바로 코기토이다. cf. 또한 바슐라르는 이렇게 말한다: "끊임없이 무의식은 중얼거리며 우리는 그 중얼거림에 귀를 기울일 때 우리 자신의 진실을 듣는다." Ibid., 77.

[75] Ibid., 259.

를 창안했다. … 각각의 창안된 세계를 위해 시인은 창안하는 주체를 탄생시킨다. 그는 그가 창안하는 존재에게 자신의 창조력을 양도한다."[76]

이러한 바슐라르의 시론(詩論)은 융의 생각과 많은 점에서 일치한다. 융이 그의 사상을 심리학적으로 표현했다면 바슐라르는 문학적으로 표현했다는 차이밖에 없는 듯하다. 융 역시 인간에게서 영혼의 존재에 대해서 확신했으며, 그 세계는 끊임없이 여러 양식을 통해서 실현되려고 한다는 것을 확신했기 때문이다. 그래서 그는 자신의 삶 전체는 스스로 실현되려는 무의식의 전개 과정이었다고 주장하였고, 눈앞에 있는 의식에만 붙들려서 그것보다 더 영원하고 근본적인 세계를 인식하지 못하고 사는 사람들을 안타깝게 생각하였다: "영혼(soul)과 연계되어 있는 비물질적인 정신(spirit)이 있으며, 우리의 경험 세계를 뛰어넘는 정신의 세계가 있다."[77] 그런데 많은 사람들, 특히 현대인들은 급변하는 물질적 전개 속에서 그 세계를 망각하거나 무시하면서 사는데, 현대 사회가 메마르고 궁핍한 것은 그 때문이다. 그러나 예술가들은 그들이 가진 특이성 때문에 그 세계를 더 많이 체험하였고, 그 세계의 분출의 통로가 되었다. 그러면서 현대인들에게 그 세계를 받아들이고 그 세계를 누리며 살아야 한다고 초대한다: "'무궁무진한 대상', 이것이 바로 시인의 몽상이 그 객관적인 무기력함에서 벗어나게 해 주는 대상의 기호이다. 시적 몽상은 그것이 결부되는 대상 앞에서 언제나 새롭다."[78]

---

[76] *Ibid.*, 259. cf. "우리에게 그런 존재의 가치들을 드러내기 위해선 아마 시인이 필요할 것이다. … 우리의 내부에서, 여전히 우리의 내부에서, 언제나 우리의 내부에서 어린 시절은 영혼의 상태다." *Ibid.*, 167.

[77] C. G. Jung, *Modern Man In Search of a Soul*, 176.

[78] 몽상의 시학, 200.

IV. 결론: 영혼의 창조적 작업과 예술

진정한 예술은 영혼의 산물로서 사람들이 현실에 매몰되어 삶의 윤기가 없어질 때 삶의 또 다른 측면을 제시하면서 다가온다. 예술 작품은 벽난로 안에서 타닥타닥 타오르는 불꽃처럼 우리 영혼을 하늘로 피어오르게 하거나 이른 봄 얼음 밑을 흐르는 시냇물처럼 영원의 소리를 들려주면서 생명의 흐름을 지속시켜 주는 것이다. 예술은 차가운 합리적 이성에 기반을 둔 자연과학이나 인문과학과 전혀 다른 무의식의 영역에서 이루어지는 정신 현상인 것이다. 그래서 프랑스의 철학자 바슐라르는 시인은 의식이 조는 듯한 몽상 속에서 무의식의 깊은 층에 있는 삶의 진실을 원형적 이미지들을 통해서 드러내고, 사람들은 그것을 자신의 원형 층에서 접촉한다고 하였다. 그때 감상자들에게 영혼의 울림이 일어나고, 그것을 통해서 그의 존재는 근본적으로 변환된다. 삶의 진실과 만났기 때문이다: "시인들이 노래하는 세계는 우리의 무의식 속에 묻혀 있는 아득한 기억을 일깨워 우주의 모든 것과 교감하도록 초대한다."[79] 시인과 독자가 내면에 있는 삶의 근본적인 층에서 만났기 때문이다.

프로이트와 융은 이런 무의식 세계를 20세기 초반 처음으로 개념화했는데 그들이 무의식에 대해서 설명한 방식은 많이 달랐다. 프로이트가 무의식을 평면적으로 보았다면, 융은 복합적으로 보았던 것이다. 프로이트가 인간의 정신 현상을 무의식의 작용을 중심으로 해서 살펴보려고 했다면, 융은 의식과 무의식의 관계를 중심으로 해서 고찰하면서 좀 더 심층적으로 보려고 했던 것이다. 그와 같은 두 사람의 차이에 대해서 융은 "프

---

[79] 몽상의 시학, 271.

로이트와 융-그 차이"라는 논문에서 다음과 같이 정리하였다. 첫째, 프로이트는 삶의 병적인 측면을 지나치게 강조하고 인간을 결점에 비춰서 해석하는 데 반해서 자신은 사람의 내면에 있는 건강하고 건전한 것들에 비추어 보려고 하였다. 둘째, 프로이트는 성욕이 정신의 유일한 추동력이라는 편견에 기초를 두고 있는 데 반해서 자신은 인간의 다른 정신 활동들도 똑같이 중요하다고 주장하였다. 셋째, 프로이트는 종교적이고 철학적인 것에 대해서 비판적인 데 반해서 자신은 그것들의 중요성을 강조하면서 사람들이 정신적인 삶을 재발견할 것을 주장하였다.[80]

우리가 여기에서 주목할 수 있는 것은 인간의 영혼에 대한 두 사람의 입장의 차이이다. 프로이트는 무의식을 의식과의 관계에서만 살펴보면서 기계적으로 설명했다면, 융은 의식과 관계없이 존재하는 또 다른 층의 존재를 주장하며 그 층은 그 나름대로 의지를 가지고 움직인다고 하면서 영혼의 작용을 주장했던 것이다. 그래서 융은 인간에게 본능이 있는 것이 확실하다면 본능과 지속적으로 충돌하는 영혼의 존재 역시 부정할 수 없다고 강조하면서 "우리 현대인들은 정신적인 삶을 재발견해야 하는 필요성에 직면하고 있다. 우리는 우리 자신을 위해서 그것을 다시 체험해야 하는 것이다. 그것만이 우리를 생물학적인 것들에 묶으려는 마법으로부터 벗어나는 유일한 길이다"[81]라고 주장하였다. 융은 정신분석학에서 중요시하는 자아만 가지고서는 인간의 정신 현상을 모두 설명할 수 없고, 그것보다 더 큰 정신적 실체가 작용한다고 강조했던 것이다. 그래서 융은

[80] C. G. Jung, *Modern Man In Search of a Soul*, 119-122. "그의 의견에는 철학적 전제 조건이 외견상 전혀 없다는 것이 특징이다. 그의 이론형성은 틀림없는 진찰실의 특징을 띠고 있다. C. G. 융, C. G. 융저작번역위원회 옮김, 『인간과 문화』, 346.
[81] C. G. Jung, *Modern Man In Search of a Soul*, 122.

프로이트의 이런 태도는 너무 물질주의적이고 환원적인 것이라고 비판하였다: "그러므로 프로이트의 사고체계에서는 충격적이고 비판적인 '…에 불과함'이 울려온다. 무의식이 환자에게 도움을 주는 치유적인 힘에 대한 자유스러운 전망은 어느 곳에서도 열려 있지 않다."[82]

그것은 예술작업에 대한 두 사람의 태도에서도 마찬가지였다. 프로이트는 예술은 자아가 현실에 적응하기 위해서 억압했던 무의식의 성욕을 다른 방식으로 충족시키려는 시도라고 주장했다면, 융은 예술은 영혼의 표출로서 작가들은 자기들도 모르는 창조적인 자율적 콤플렉스에 이끌려서 작업한다고 주장했던 것이다. 위대한 예술 작품은 작가들이 원형 체험을 한 다음 집단적 무의식의 분출 통로가 돼서 무의식이 표출하는 것들을 그대로 드러나게 한다는 것이다. 따라서 예술가들 각기 다른 도구와 이미지를 가지고, 그 한 개인을 넘어서 그가 사는 시대 대중들의 무의식적 욕구까지 표현할 수 있다. 그가 표현하는 집단적 무의식은 객관적 정신(objective psyche)으로서 한 개인을 뛰어넘기 때문이다. 그때 무의식이 표현하려는 것은 무엇인가? 그것은 인간의 삶의 진실이다. 눈앞에 보이는 도구적이고 피상적 삶의 방편이 아니라 생명이 우주에 존재한 이래 여태까지 환경에 적응하면서 발달시켜 온 가장 온전한 삶의 형태를 드러내려고 하는 것이다. 그것이 생명 자체 목적이기 때문이다. 그래서 위대한 예술가들은 언제나 시대의 아픔을 먼저 느끼고, 그 모순을 고발하고, 인류가 나아갈 길을 알려주는 예언자들이다. 비록 그 자신은 현실에 제대로 적응하지 못하여 가난한 삶을 살지라도 시대를 앞서가는 선구자들인 것이다.

---

[82] C. G. 융, C. G. 융저작번역위원회 옮김, 『인간과 문화』, 351. cf. "억압이론은 프로이트가 이 견해를 적절하게 명명했던 것처럼 그의 심리학의 핵심 부분이 되었다." *Ibid.*, 349.

일본 기독교 수용사에 대한 단상
: '기독교주의' 형성과 일본 '국학'의 흐름

서정민
(일본 메이지가쿠인대학 교수, 동 대학 그리스도교연구소 소장)

I. 서문

필자의 학부 시절부터 오랜 세월 스승이신 유동식 선생의 상수(上壽)를 경하하며 그 기쁨을 더하여 나누고자 한다. 선생의 학문적 배경의 한 축은 일본의 종교학, 신학이라고도 할 수 있다. 선생의 최종 학위처가 일본이며 또한 선생의 여러 저작들이 일본에 번역, 소개되어 많은 연구자들에게 영향을 주었다. 일본에서 선생은 아시아를 대표하는 '토착화 신학자'로 널리 알려져 있다.

필자의 유학 시절인 1991년으로 기억된다. 오랜만에 선생이 일본 칸사이(関西)를 방문하여 필자가 공부하던 교토(京都)의 도시사(同志社)대학을 비롯 여러 곳을 동행했다. 특히 코베(神戸) 청구문고(青丘文庫)[1]의

***

* 이 글은 필자가 아시아기독교사학회 창립 10주년 기념학술대회(2021년 11월 13일, 안양대학교, 온라인 zoom 학술회의)에서 발표한 "일본 국학의 흐름과 기독교주의 형성"의 바탕이 되

'한일기독교연구회'[2]에서 선생의 '풍류신학'과 신학적 중점에 대한 특강에 함께 했다. 당시 일본 젊은 연구자들의 뜨거운 반향은 지금도 잊을 수 없다. 당시 동 연구회에는 대표 한석희 이외에 연세대학교 대학원에 유학하며 선생의 지도를 받기도 한 일본학자 구라타 마사히코,[3] 필자 이외에도 연세대학 신과대학 출신으로 역시 선생의 제자인 조재국 선배 등도 적극 참여하고 있을 때이다.

당시 선생은 '한국 풍류'의 역사, 한국인의 문화적인 독특한 아이덴티티를 강조하였고, 그것이 빚어낼 문화 창조성에 주목하였다. 현재 한일관계는 1965년 국교 정상화 이후 최악의 관계라고 회자된다. 그럼에도 불구하고 보통의 일본인들은 일상적으로 한국의 영화와 드라마, 문화 콘텐츠에 매료되어 있고 한국 음식을 즐긴다. 무엇보다 자주 확인하는 일이지만 일본 젊은이들이 BTS를 비롯한 한국 뮤지션의 '케이팝'(K-Pop)에 열광하고 있는 모습은 한일관계의 긍정적 미래이기도 하다. 이러한 현상 속에서 일찍이 선생이 분석하고 예견한 한국 풍류와 문화의 힘을 확인하는 일이 필자만의 감상은 아닐 것이다.

이 글에서는 선생의 '풍류신학'을 연상해 가며 일본이 기독교를 수용

었음을 밝힌다.

1 재일교포 연구자요 사업가인 한석희(韓晳曦, 1919~1998)에 의해 설립된 자료센터 겸 학술기관, 1980~90년대에는 청구문고 안에 '한일기독교사연구회', '조선민족운동사연구회', '재일조선인운동사연구회' 등의 연구학회가 활동을 전개했다. 한석희 선생 이후 청구문고의 귀중 자료는 '코베시립도서관'으로 이관되었다.

2 한석희와 중심 멤버 구라타 마사히코 사후 중단되었다가 필자가 다시 일본에서 연구 활동을 시작한 10여 년 전에 여타 연구 그룹과 제휴, '동아시아그리스도교교류사연구회'로 재발족하여 학회 활동을 재개하였다.

3 藏田雅彦(1947~1997), 아시아기독교 에큐메니컬 활동가로 일하다가 1980년대 후반 한국에 유학, 연세대학교 대학원 신학과에서 수학했다. 일본으로 귀국 후, 오사카(大阪)의 모모야마가쿠인(桃山学院)대학 교수로 재직하며, 한일 간 교류에 공헌했으나, 암 투병 후 1997년 별세했다.

한 역사적 측면을 몇 가지의 예로 추정해 보고자 한다. 기본적으로 일본은 고대부터 종교 수용에서 특별히 배타적인 역사를 기록하지는 않았다. 그러나 가톨릭 수용 이후 그것이 지닌 정치적 위협에 주목하면서 혹독한 '가톨릭 수난기'에 들어갔다. 아시아에서 한국 다음으로 '가톨릭 순교자'를 보유하였고[4], 세계적으로 유명한 수백 년간의 '은둔 가톨릭교도', 즉 '가쿠레 기리시탄[5]의 역사를 창출하였다. 그러나 일본 막부 정권의 가톨릭 박해는 종교적 이유보다는 정치적 이유, 즉 서구 세력에 대한 경계가 중심이 된 것으로 보인다.

그런데 근대 이후 일본의 기독교 수용사를 살피면 정치적 이유뿐만 아니라 종교 혹은 사상으로서의 기독교에 대한 배타적 분위기가 팽배했던 것이 사실이었다. 일본기독교 수용 역사를 탐구할 때 그것이 중요한 의문점이 아닐 수 없었다. 이러한 종교적 배타 기조는 오히려 기독교 수용에 있어 철저한 '일본화', '일본적 기독교'의 형성을 목표로 이행된 측면으로 나타났다. 그래서 이른바 파시즘 절정기의 일본 기독교는 전적으로 '일본적 기독교'에 그 신학적 최종 목표를 두었다. 이러한 시대의 일본기독교를 최근의 일본 신학은 기독교 자체의 정체성도 상실한 기독교로 비판하였다. 이것이 현대 일본 신학이 '토착화신학'을 경계하게 된 반대 측 이유가 되었다고도 볼 수 있다.

필자는 그동안 역사연구가들이 근대 이후 일본 기독교 수용 역사를

---

[4] 로마 교황청에 의해 성인으로 시성된 일본의 순교성인은 26인이다. 대개 한 나라의 가톨릭 순교자 수를 순교성인의 숫자로 대비해서 비교한다고 할 때, 한국 다음이 일본이다.

[5] '隱れキリシタン'(潛伏キリシタン), 일본의 가톨릭 수난기 대개 1500년대 후반 박해가 시작된 이후 금교(禁敎)가 풀린 1873년에 이르기까지 민간에 잠복한 가톨릭 신도 그룹을 의미한다. 이들은 표면적으로는 신도(神道)나 불교를 표방하지만, 대대로 전하는 가톨릭 신앙과 의식을 고수하던 공동체를 의미한다. 큐슈(九州) 지역에 다수 분포하였다.

살필 때 간과했던 부분이 있다고 여긴다. 곧 에도(江戶)시대6 중·후기부터 크게 진작되었던 일본 '국학'(國學)의 흐름을 상정하지 않았다는 점이다. 결국 근대 이후의 정치, 사상, 종교를 설계한 엘리트들 대부분이 일본 '국학'의 영향 기조 안에 있었던 것이다. 그들에 의해 기독교의 선별적 수용, 배타, 제한적 습합 등이 유도된 것이라는 인상이다.

이 글에서는 상대적 사상, 종교 체계로서 일본 근대가 '기독교주의'를 채용한 측면 그리고 그 배경이 되는 일본 '국학'의 흐름을 살피고자한다. 이는 어디까지나 논증의 전(前) 단계로서의 배경 이해가 중심이된 연구적 단상이다.

II. '기독교주의'라는 말의 사용과 관련하여

'기독교주의'(基督教主義)라는 말은 한국에서는 사용하지 않는다. 근대 사상사에서 아주 드물게 '기독주의'(基督主義)라는 말이 등장하기도 했으나 스쳐 지나가는 정도로 보인다. 같은 한자 언어권인 중국에서도 '기독교주의'는 정착된 용어가 아니다.

'기독교주의'라는 말을 역으로 영어 번역을 하면 '크리스처니즘'(Christianism)이 되는데, 이는 영어에서도 거의 쓰지 않거나 한정된 의미 혹은 일부 부정적인 용어로 사용하는 것으로 안다. 물론 그들은 기독교를 부를 때 '크리스처니티'(Christianity)를 당연시한다.

---

6 도쿠가와 이에야스(德川家康)가 실권을 장악한 1603년부터 에도(현재의 도쿄)에 막부를 설치하고, 일본 전토를 실권적으로 통치한 시기이다. '메이지유신'(明治維新)으로 막부 정권이 무너지는 1868년까지의 시대를 의미한다.

　그러나 서구 언어권에서 동양 종교 명칭을 번역할 때는 여지 없이 '이즘'(-ism)을 붙였다. 예를 들어 세계 종교인 '불교'(Buddhism), '유교'(Confucianism)는 물론, '힌두교'(Hinduism), '도교'(Taoism), '신도'(Shintoism), '무교'(Shamanism) 등등이 모두 다이다. 이를 용어 표현 자체에만 기대어 조금 거칠게 말하면 기독교의 종교적 절대성에 비춘 동양 종교에 대한 상대화를 의미한다.

　이렇게 보면 일본에서 빈번히 사용하는 '기독교주의'는 역시 반대로 이를 기독교에 적용한 상대화 개념의 용어라고도 할 수 있다. 일본의 역사, 문화, 종교 인식의 범주에서 기독교는 철저히 상대화된 하나의 종교 사상에 지나지 않는다. 서구 기독교권에서 동양 종교를 보는 시야와 동일하다. 이런 측면에서도 근대 일본은 철저히 서구와 대등한 관점을 가지려는 노력에 몰두한 것을 발견한다.

모토오리 노리나가(本居宣長, 1730~1801)   우에다 아키나리(上田秋成, 1734~1809)

III. 일본 '국학'의 흐름 이해

시마다 사이시[7]의 논거에 의지하며 에도 중기부터 발흥한 일본의 국학 사상의 흐름을 간단히 이해해 보고자 한다.

에도 시대 중기 일본 '신도'를 재흥하여 일본 사상, 종교의 정체성을 새롭게 확립하고자 하는 일련의 사상사적 흐름을 '국학'이라고 부른다. 그 중심에 국학자 모토오리 노리나가[8]가 있다. 그는 '천조대신'(天照大神)을 중심에 둔 고대 일본 종교가 세계 으뜸의 차원과 수준을 지닌 것으로

---

7 嶋田彩司(1959~), 일본 문학자, 메이지가쿠인대학(明治学院大学) 교수, 에도시대 후기 일본 '국학' 연구자.

8 本居宣長(1730~1801), 에도 시대 국학자, 의사.

주장했다.

이에 대해 모토오리 노리나가의 논리를 반대한 국학자가 있다. 우에다 아키나리[9]이다. 그는 한 마디로 일본은 일본 나름의 세계적 신론(神論)과 종교관을 지니고 있으나 다른 나라, 다른 지역의 문화, 종교 역시 그들 나름의 높은 수준을 지닌 사상 체계임을 강조한 것이다. 즉, 국수적, 절대적 우위 주장을 부정하고 상대적 가치관을 설파하였다. 그러나 당시 일본의 사상 흐름에서 우에다 아키나리의 논리는 소수로 배척되는 상황이었다.

그 후 모토오리 노리나가의 후계자를 자처한 히라타 아츠다네[10]가 등장한다. 그는 모토오리 노리나가의 모순을 어느 정도 간파하고 그것을 극복하는 논리를 폈다. 즉, 불교와 유교 등 세계적 종교 사상이 모두 일본의 고대 신도와 천황 중심의 국가신도의 영향을 받아 형성된 것이라는 논리이다. 즉, 세계적 고등 종교와 사상의 원류는 모두 일본의 고대 신도로부터 시원 된 것이라는 억지 논리였다.

물론 이는 시공(時空)의 차원 모두 각 종교 간 발생 기원의 연결 구도에서부터 모순된 논리의 독선이었다. 그러나 히라타 아츠다네 이후의 일본 국학의 주류 그리고 그것을 바탕으로 형성된 근대 일본의 국가 신도, 천황제 이데올로기는 거의 그의 논의를 바탕으로 삼았다. 이와

히라타 아츠다네(平田篤胤, 1776~1843)

---

9 上田秋成(1734~1809), 에도 후기 국학자, 문필가.
10 平田篤胤(1776~1843), 에도 후기 국학자, 사상가, 의사.

같은 일본 국학의 흐름과 메이지(明治) 시대 전후의 기독교 수용은 불가분의 관계를 지니고 있다.[11]

IV. 결코 '탈아입구'(脫亞入歐)할 수 없었던 '화혼양재'(和魂洋才)의 근대 일본

메이지유신 이후 일본은 근대화에 급히 가담했다. 모델은 서구 국가였다. 그 속도는 가히 전광석화(電光石火)와 같았다. 사회와 산업 구조, 제도적 시스템, 기간 인프라뿐만 아니라 교육, 법률, 대체적인 가치관마저 모두 수용했다. 서구 근대문명도 나라별, 지역별 차이가 있었으나 일본의 이행 과정은 종합, 혼용, 편의에 따라 급급 채용해 나갔다. 1860년대 말부터 1890년대에 이르는 일본의 근대화 과정 속도는 때로 1970~90년대 한국 경제성장 지표 속도와 아시아 양대 '하이 스피드'로 회자될 정도로 빨랐다.

그러나 서구형 모델의 일본 근대화 과정에서 복병은 기독교였다. 통째로 서구형 근대국가 유형을 베끼기 위해서는 그 내재로서의 기독교도 당연히 가져와야 했다. 그런데 그렇게 할 수 없는 두 가지의 큰 이유가 나름 있었다.

첫째, 일본은 가톨릭 국가인 스페인과 포르투갈의 초기 제국주의에 경계하여 정치 외교적 쇄국의 길로 들어섰고, 그 이유로 비교적 넓게 퍼졌던 가톨릭 기독교도를 철저히 박해하였다. 즉, 기독교에 대한 정치적 콤플렉스가 있었다. 기독교를 수용하면 언젠간 기독교 국가로부터의 예

---

11 일본 국학의 사상 흐름에 대한 내용은 "시마다 사이시 교수 강의안"(메이지가쿠인대학 그리스도교연구소 아시아신학세미나, 2019년 11월 8일 강의) 내용에서 주로 참고함.

속을 피할 수 없고, 그것을 이겨내고 스스로 주체적으로 기독교를 수용한다 해도 일본으로서 결코 받아들일 수 없는 이류 기독교 수용국이 될 것이라는 노파심이었다.

둘째, 이미 메이지 시대 이전, 에도 중기부터 형성된 국학 사상의 견제였다. 사실 논리적 합리성은 결여된 것이지만 앞서 국학자 히라타 아츠타네의 국학 사상, 즉 일본 고래의 종교 사상이 절대적 우위의 것이고, 세계의 고등 종교 사상들은 모두 그 영향하에 형성된 것이라는 절대성, 국수성(国粹性)이 근대 사상사 흐름의 주류를 이루고 있었기 때문이다.

그래서 가시적 문명화는 서구의 것을 모형으로 하고, 빠른 속도로 진전해 나가더라도 그 문명의 혼(魂) 곧 내재는 일본의 것을 바탕에 두지 않으면 안 된다는 결연한 의지였다. 이는 모든 종교, 사상에 대한 상대적 용인, 부분적 수용을 의미하는 것이다. 기독교에 대한 인식도 철저히 그와 같았다.

V. 일본 지식인들의 기독교 수용과 선교 방법

프로테스탄트로 한정하면 확실히 초기 기독교 수용계층은 엘리트 무사 계급이 중심이다. 내부 정변에서 천황 중심 세력이 아닌 막부 지지 대열에 섰던 지역이나 가문 출신이 다수이다. 당시 구도상 정치적으로는 소외세력이다. 그들의 기독교 선택은 국제적 채널이나 근대화 추진력 확보 그리고 가능성의 하나로 스스로의 정치적 입지 변화에도 의도가 있었다. 그러나 그들 중 다수의 기독교나 외래 사상에 대한 인식은 역시 주류 국학 전승의 사상 흐름의 대오에서 크게 벗어나지 않았다.

즉, 일본 지식인의 기독교 입신, 개종의 특징은 자신의 것을 다 버리고 새로운 것으로 채우는 방식보다는 자신이 가진 것 위에 한 가지를 더하는 형태에 가까웠다. 기독교를 상대화시켜 여러 가지 중의 한 가지 좋은 것으로 인식하는 오리엔테이션이 된 상황이었다.

메이지(明治) 일왕(1852~1912)

한편 이러한 기독교 수용방식은 교육을 통한 기독교 영역 구축과 깊이 연관되어 나타났다. 우선 일본의 프로테스탄트 선교 방법은 '투 포인트 메소드'(two point method)이다. 이는 한국선교에서 뚜렷하고, 중국선교에서도 대체로 드러나는 '트라이앵글 메소드'(triangle method)와 비교되는 부분이다. 즉, 병원, 학교, 교회의 삼각 꼭짓점 방식에서 일본의 경우에는 병원이 빠진다. 그 배경으로는, 앞서서 근대화 체제를 갖추어 나간 일본 정부는 우선 의료 부분에서 국가관리, 공공체제 도입을 서둘렀다. 이에 법률적으로도, 사회 인식 부분에서도 선교 영역에서 의료활동을 시행하기에는 여러 장벽이 생기게 되었다. 따라서 서구, 특히 미국의 프로테스탄트 의료선교사들이 일본에서는 의료선교 영역을 대부분 포기하는 행로를 밟았다. 대표적 사례로 필자가 재직하고 있는 일본 최고(最古)의 기독교계 학교, '메이지가쿠인대학'을 세운 프로테스탄트 첫 선교사인 헤본[12]도 스스로가 의료

---

12 J.C. Hepburn(1815~1911), 미국 북장로회 일본 선교사, 의사, 미국 펜실베니아 출생, 중국 선교사로 일한 경험이 있고, 1859년 일본 프로테스탄트 최초 선교사로 요코하마(橫浜)에 도착했다. 1892년 미국으로 돌아가기까지 메이지가쿠인의 설립 이외에도 일본어 성서번

선교사이지만, 일본에서는 교육선교사, 성서 번역자의 역할이 중심이 되었다. 그 결과 현재도 일본 사립대학 교육의 다수를 차지하는 기독교계 대학에 의과대학이나 대학병원이 설치된 곳은 전무한 현상으로 나타났다. 이는 선교의 효과, 성과의 부분에 관련된 것 이외에도 교육으로 집중된 기독교가 사상적 가치, 지식이나 인식의 상대적 가치로서의 기독교를 수용하는 전반적인 특성과도 연결되는 측면을 보인다. 이는 다음에서 논할 '기독교주의' 형성과도 일정 부분 통한다.

VI. '일본적 기독교'의 서로 다른 두 가지 논리

근대 일본에서 기독교는 배제의 대상이었다. 기독교인이 되는 길은 금교정책 해제 이후에도 용이하지는 않았다. 헌법, 법률로 종교의 자유가 보장되었지만, 늘 기독교인에게는 '비국민'이라는 꼬리표가 붙기 일쑤였다.

여기에 소수 세력에 불과한 기독교인들은 더욱 충성된 정체성, 심지어 국가주의나 주류세력에 편승하기 위한 각고의 노력을 해 나갔다. 그 대표적인 발현으로 '일본적 기독교'로의 목표 설정이었다.

교회의 제도나 신학적 사고 모두에서 일본화 과정에 진력하는 분위기였다. 이는 특히 일본 정치 체제가 파시즘 절정기에 이르면서 더욱 가중되었고, 오히려 일본화를 위해 기독교 고유의 전승이나 정체성을 상실하는 위기에까지 이르렀다. 그런데 그 일본화 논리의 근간은 대부분

역, 사전편찬, 교회설립, 선교기반 구축 등의 많은 공적을 남겼다.

기독교를 상대화시키는 과정이었다. 오히려 '천황제 이데올로기'나 당시 '국가신도'로 구분된 일본의 전통 가치를 절대화시켜 나가는 과정이었다.

여기에서 이미 앞서 논의한 일본 국학 전승의 논의와도 유사한 측면이 나타난다. 즉, 대부분의 '일본 기독교론자'들의 입장은 국학 사상 흐름에 있어 모토오리 노리나가나 적어도 그의 후계를 자처한 히라타 아츠다네의 논리를 보는 듯하다. 즉, '일본적 기독교'가 모든 기독교 사상 중에 절대적 우위이며 추구되어야 할 궁극적 단계의 기독교라는 입장을 고수하였다.

그러나 같은 '일본적 기독교'라는 용어로 집약되면서도 국학 사상사의 우에다 아키나리와 같은 인물도 등장했다. 우치무라 간죠[13]이다. 그의 '일본적 기독교'는 상대적 개념의 그것이다. '일본적 기독교'가 나름

우치무라 간죠(內村鑑三, 1861~1930)

일본 프로테스탄트 첫 선교사, 헤본
(J.C. Hepburn, 1815~1911)

---

13 內村鑑三(1861~1930), 일본의 무교회주의 계통의 신학자, 한국의 최태용, 김교신, 함석헌 등이 그의 제자이다.

의 소중한 차원의 가치가 있는 것과 똑같이 '한국의 기독교'도, '미국의 기독교'도 의의가 깊다는 차원을 논의하였다. 우치무라 간죠에게서 출중한 김교신이나 함석헌, 최태용과 같은 한국인 제자들이 나오고, 그들에게서 이른바 '조선적 기독교', '조선산 기독교'가 탄생한 것도 이러한 연유이다.

VII. 결론: '기독교주의'를 기반으로 한 일본의 기독교 교육

신사참배 수난의 광풍이 몰아칠 때 한국의 기독교계 학교에는 크게 두 가지 논리가 회자되었다. '숭실학교'를 비롯한 다수의 장로교계 학교는 기독교 신앙의 본질이 심각히 훼손되는 상황에서 기독교 교육은 의미가 없다는 논의에 입각했다. 이것이 폐교를 불사하는 '항쟁파'였다. 그러나 한편에서 감리교계가 중심이 된 논리는 비록 일정 부분 기독교의 본의가 유보되는 상황이 발생한다고 하더라도 근본적인 기초로서의 기독교 정신을 바탕으로 실시되는 세속교육 기관이 존재하는 자체가 기독교 정신과 사상의 확장, 전파에 유익할 것이라는 논의이다. 즉, 신사 참배를 실시하더라도 기독교 학교를 존치해야 한다는 '존치파'이다. 그 중심 관점에 따라서 그렇게 서로 다른 주장도 가능하고, 아직도 일부 논쟁의 여지는 있을 것이다.

일본의 기독교 교육, 특히 기독교계 학교 교육은 전적으로 앞서 논의에서 보면 후자의 편에 서 있다. 물론 일본 역시 전쟁 시기, 특히 파시즘 절정기에 기독교 학교 정체성을 두고 같은 고민의 흔적을 보이기도 했다. 그러나 대다수의 기독교 학교는 폐교의 길과는 거리가 멀었다.

그러한 논리는 현재의 경우에서도 다수 확인할 수 있다. 우선 일본의 기독교계 학교를 공식적으로 '기독교주의 학교'라고 부른다. 물론 '기독교주의 학교'에서 기독교 과목의 교육, 채플, 기독교 실천 활동을 성실히 수행하는 것은 물론이다. 그런데 '기독교주의 학교'의 진정한 목표는 '기독교 선교'라기보다는 '기독교주의'의 확산에 있다. 그렇기 때문에 이 교육의 실행 과정과 교육의 주체자 역시 '기독교인에 의한 기독교 교육'이라기보다는 '기독교주의자에 의한 기독교 교육'이다. 모든 기독교주의 학교의 구성원, 즉 학생, 교원, 직원, 임원은 극소수의 '기독교인'과 대다수의 '기독교주의자'로 이루어져 있다.

그럼 구체적으로 기독교주의의 확산과 구현은 어떤 맥락과 내용을 지닌 것일까?

종교 신념을 가르치고 전파하는 방식에는 적어도 세 가지의 유형이 있다고 생각한다. 첫째는 신앙, 신념을 가르치고 마침내는 신앙에까지 이르게 하는 목표와 교육 내용이 있을 것이다. 둘째는 종교의 가치관, 사상, 가르침의 전승, 선한 이데올로기를 가르쳐 신앙으로서의 결단이나 선택 여부를 떠나 생애의 지표, 삶의 가치, 지식의 적용 방향에 있어 지침이 되도록 하는 교육이 있을 것이다. 그리고 셋째는 단순히 종교를 지식 체계로 정리하여, 앎

일본 최고(最古)의 '기독교주의' 대학인
메이지가쿠인대학(明治学院大学)

곧 지적 이해의 지평을 넓혀 주는 교육이 있을 것이다.

일본의 '기독교주의'의 확장, 교육은 철저히 앞서 세 가지 영역 중 두 번째에 해당한다. 그리고 그런 면에서 일본에는, 기독교인은 극소수이지만 기독교주의 교육에 힘입은 '기독교주의자'는 다수에 가깝다.

이는 결코 이것이 바른 방식인지, 옳은 선택인지의 여부를 모두 떠난 '일본기독교주의' 현상을 있는 그대로 보는 시야(視野)에서의 논의이다. 따라서 현재의 일본기독교는 '토착화'보다는 '상대화'의 과정에 더욱 가깝다고 볼 수 있다.

예수의 광야 생활이 보여주는 하나님 나라
: 알레산드로 본비치노의 마가복음서 해석과 관련하여*

이상목

(평택대학교 연구교수)

I. 들어가는 말

소금 유동식 선생님께 배운 학부 시절의 기억은 아직도 생생하다. 백발이 성성한 노학자가 이제 막 신학의 길로 들어선 풋내기 신학도들에게 부드러운 미소와 고요한 음성으로 전하신 가르침은 이후 신학적 사고에 많은 영향을 남겼다. 필자도 그러한 영향을 받은 신학도이다. 이제 선생님의 상수(上壽)를 경하하는 문집에 부족한 글이나마 실을 수 있어 감사한 마음이다. 선생님의 강의를 경청하던 20살 청년 시절의 연세대학교 신학관 교실 풍경을 떠올리며 선생님을 향한 감사와 존경의 인사를 드린다.

어린 신학도였던 필자에게 '한 멋진 삶'으로 요약되는 선생님의 가르

---

* 본 글은 다음의 논문을 수정, 보완하였다. 이상목, "예수의 광야 생활과 피조물의 평화," 『평화의 신학』(서울: 동연, 2019), 351-372.

침은 유불선(儒佛仙) 삼교를 아우르는 한국 종교 사상의 고갱이를 밝혀주었다. 삼교회통의 사상은 한민족의 사상 속에 면면히 흐르는 전통이다. '한 멋진 삶'은 또한 기독교 신학이 추구하는 진선미를 아우르는 해석학적 시야를 열어주었다. 그것은 기독교 전통과 대화할 수 있는 사상적 기초가 되었고, 하나님의 창조와 예수의 삶 속에서 발견되는 하나님 나라의 모습을 이해할 수 있는 사상적 자양분이 되었다. 일찍이 선생님은 하나님의 창조를 하나님과 피조물이 함께하는 아름다움이라 설명하셨다. 이러한 동거의 미학은 실낙원을 계기로 상실되었으나 그리스도 예수의 탄생을 통해 다시금 현세에서 경험되었다. 선생님은 "예수로 말미암아 하나님이 우리와 함께 계신 하나님의 나라가 실현된 것이다"[1]라고 설명하셨다. 로고스의 성육신은 예수 안에서 하나님과 인간의 통합을 의미한다. 그리스도 예수는 '한 멋진 삶'을 보여주는 역사적 사건으로서 모든 인류에게 하나님과 함께하는 '한 멋진 삶'을 가능하게 하였다.

본 논문은 유동식 선생님의 가르침을 토대로 예수의 광야 생활이 지닌 신학적인 의미를 살펴보고자 한다. 마가복음서가 전하는 예수의 광야 생활은 마태와 누가의 복음서와는 다른 신학적 지평을 보여준다. 선악의 대결 및 악의 패배 그리고 예수의 승리와 신적인 위대함을 전하려는 마태와 누가의 신학과는 달리, 마가는 예수의 광야 생활을 전하면서 하나님 나라를 경험하는 사건으로 기록한다. 곧 예수의 광야 생활은 하나님 나라의 도래를 미리 경험하는 사건이라는 신학적 중요성을 지닌다. 마가는 예수의 광야 생활 보도를 통해 하나님 나라의 평화와 공존을 보여준다. 그것은 하나님과 피조물이 함께하는 평화의 아름다움을 표현

---

1 유동식, 『소금산조 - 제3시대와 요한복음』 (소금 유동식 전집 증보 4; 서울: 한들출판사, 2018), 187.

한다.

평화는 기독교 성서의 중요한 사상적 전통을 형성하였다. 구약의 샬롬은 온전함과 풍성함을 뜻하는 용어이다. 그것은 하나님과 인간 사이 그리고 인간 상호 간의 평화로운 관계를 의미하였다. 이러한 사상적 전통은 신약성서로 이어진다. 초기 교회는 예수 그리스도를 통한 죄 사함이 하나님과 인간의 화해와 관계 회복을 가능하게 한다고 이해하였다. 가령 바울은 하나님께서 '그리스도로 말미암아 우리를 자기와 화목(또는 화해)하게 하셨다'고 진술하고 이러한 신학적 이해 위에 크리스천의 직분을 '화목/화해하게 하는 것'이라 설파하였다(고후 5:18). 바울에 따르면 크리스천들은 하나님과의 화해를 경험하고 나아가 인간을 하나님과 화해하도록 하는 직분을 수행하도록 부름을 받았다. 이러한 직분은 기독교 복음을 전파하는 것으로 이해되었다. '화해의 말씀'(고후 5:19)은 그리스도를 통한 화목을 선포하는 말씀을 뜻하는 것으로 볼 수 있고, 바울이 말하는 '우리의 직분'(고후 5:18)은 복음을 전파하는 역할을 의미하기 때문이다. 하지만 고린도후서 5장의 '화해'를 좁은 의미에서의 기독교 선교 또는 기독교 신앙 전파의 측면으로만 본다면, 그것은 화해에 관한 제한적인 이해에 그칠 것이다. 바울은 그리스도를 통한 우주적인 화해를 확신한다. 그리스도의 영(또는 하나님의 영)을 받은 자들은 '하나님의 아들들'이 되고, '피조물'은 하나님의 아들들이 나타나기를 고대한다(롬 8:9-22 참고). 크리스천들에게 주어진 '화목/화해의 직분'은 하나님과의 수직적인 관계뿐만 아니라 사람들 사이 그리고 사람과 타 피조물과의 수평적 관계 회복을 위한 것이다. 다시 말해 바울이 설파하는 화해는 창조의 본뜻이 회복되는 우주적인 사건이다.

바울이 말한 화해신학의 근거는 예수 그리스도의 지상 활동에서 발견된다. 예수가 선포한 하나님의 나라는 하나님과 인간의 화해를 전제로 한다. 화해 없는 하나님의 통치는 징계와 심판에 머문다. 예수는 자신의 피 흘림을 통해 하나님과 인간의 화목을 위한 새 언약을 세운다. 그는 공적 활동(또는 공생애)을 시작하면서 하나님 나라가 가까이 왔음을 선포한다(막 1:15). 문자적으로 하나님 나라는 '하나님의 왕국'이다. 하나님이 왕으로서 다스리는 곳, 하나님의 통치가 실현되는 곳이다. 하지만 하나님 나라는 아직 도래하지 않았다. 예수는 그것이 '가까이 왔다'고 선포할 뿐이다. 하나님 나라는 사람들이 경험할 수 있을 만큼 근접하였지만, 아직 완전히 실현되지 않았다. 크리스천들은 지금도 하나님 나라의 완전한 도래를 기다린다. 그렇다면 예수가 말한 하나님의 나라는 어떠한 모습인가? 하나님의 통치가 완전히 실현된 시대의 모습은 어떠한가? 신약 복음서들은 이러한 질문에 무엇이라 답하는가? 복음서의 예수는 악한 영을 축출하고 병든 자를 고치며 기적을 행하고 하나님의 말씀을 가르친다. 하지만 그는 하나님 나라가 어떠한 모습인지를 구체적으로 설명하지 않는다. 적어도 복음서들이 기억하는 예수의 가르침은 그러하다. 우리는 하나님의 나라를 어떻게 이해할 수 있을까?

마가복음서는 예수가 선포한 하나님 나라의 실마리를 보여준다. 예수는 세례 요한에 세례받기 전 40일 동안 광야에서 머무른다. 마태, 마가, 누가의 세 복음서는 예수의 광야 생활 40일을 비슷하면서도 상이하게 기록한다. 특히 마태와 누가의 기록은 매우 유사하지만, 마가의 기록은 이들 두 복음서와는 여러 면에서 다르다. 16세기 이탈리아 화가 알레산드로 본비치노(Alessandro Bonvicino, c. 1498~1554)는 마가가 전하는 예수의 광야 생활을 풍부한 상상력으로 해석하였다. 본 연구는 본비치노의 작품을 통해 마가복음서의 예수가 선포한 하나님 나라의 모습을 규명

하고 그것이 지닌 함의를 평화와 관련하여 고찰한다. 이를 위해 먼저 공
관복음서들(마태, 마가, 누가)의 기록을 비교 분석하고 예수의 광야 40일
에 관한 여러 회화 작품을 본비치노의 그림과 비교하여 살펴봄으로써
예수의 광야에 관한 본비치노의 신학적 이해를 드러낼 것이다.

II. 마태복음서와 누가복음서가 전하는 예수의 광야 생활

예수의 공적 활동은 세례 요한으로부터 세례받고 광야에서 40일 동안
지내는 것으로 시작된다. 예수는 세례 현장에서 두 가지 신적인 계시를
체험한다. 우선, 세례받고 물 위로 올라오는 예수 위로 성령이 비둘기와
같이 내려온다(막 1:10-11; 마 3:16; 눅 3:22). 둘째, 성령이 임한 후 하늘로부터
소리가 나서 예수에게 "너는 내 사랑하는 아들이라 내가 너를 기뻐하노
라"고 말한다(막 1:11; 마 3:17; 눅 3:22). 마태복음서의 표현은 다른 두 복음서
와는 다소 다르지만, 그 차이는 크지 않다. 예수는 세례 후 성령을 받고
하나님의 아들임을 인정받는다. 성령의 임재와 하늘의 음성은 예수뿐만
아니라 그의 주변에 있던 사람들을 위한 계시였다. 복음서 저자들은 예수
에게 일어난 두 이적을 통해서 자신의 독자들에게 예수의 메시아 신분을
확증하려 하였다. 각 복음서의 본문은 이러한 신학적 관심을 반영한다.
예수는 세례와 광야 생활을 마친 후 자신의 메시지를 대중에서 선포
한다. 마가와 마태의 복음서는 그 내용이 대동소이하지만, 누가의 보도
는 많은 차이점을 보인다. 우선 마가복음서의 예수는 갈릴리에서 하나
님의 복음을 전파하여 "하나님의 나라가 가까이 왔으니 회개하고 복음
을 믿으라"고 선포한다(1:14-15). 마태의 기록은 마가의 보도와 유사하

다. 마태복음서의 예수는 갈릴리 지역 가버나움에서 "회개하라 천국이 가까이 왔느니라"고 선포한다(4:17). 마태의 '천국'은 마가의 '하나님의 나라'와 같은 의미를 지닌다. 양자 모두 하나님의 통치가 실현되는 곳을 뜻한다. 다음으로 누가복음서의 예수는 하나님 나라의 접근을 선포하지 않는다. 그는 나사렛의 회당에서 이사야의 예언을 읽고 그것이 지금 실현되었다고 회당 안의 사람들에게 선언한다. 예수가 낭독한 이사야 본문은 하나님이 보낸 메시아의 활동을 예언한 부분이다. 이사야의 예언을 통해 예수는 자신이 은혜의 해를 전파하기 위해 하나님이 보낸 자라고 공개적으로 선언한다. 마가와 마태는 임박한 하나님 나라를 예수의 첫 선포로 기록하는 반면 누가는 메시아 신분과 그 역할이 예수의 첫 메시지였다고 전한다.

공관복음서들이 전하는 예수의 첫 일성은 각 복음서의 예수 이해를 담은 중요한 기록이다. 이들 복음서는 예수의 첫 선포를 서로 다른 문맥에 배치한다. 즉, 마가와 마태 그리고 누가는 예수의 광야 장면을 그의 첫 메시지 단락 직전에 배치한다. 이러한 구성은 예수의 메시지에 대한 각 복음서 저자들의 이해를 반영한다. 광야 생활 단락을 배경으로 예수의 첫 선포를 이해한다면, 각 복음서 본문이 지닌 의미를 새롭게 포착할 수 있다. 본 논문은 연구의 목적상 마가와 마태의 본문에 논의를 집중한다. 누가의 기록은 그 내용 면에서 마태의 본문과 크게 다르지 않다. 누가의 본문은 마가복음서 기록의 독특함을 드러내기 위해 제한적으로 살펴볼 것이다.

1. 마태와 누가의 기록

마태복음서는 예수의 광야 생활에 관한 대중적 이해에 가장 큰 영향을 미쳤다. 마태는 예수의 40일 광야 생활 중에 일어난 사건을 마귀의 시험을 중심으로 상세히 기록한다(마 4:1-11). 그는 광야 장면을 시작하면서 예수가 광야에 간 경위와 목적을 밝힌다. 예수는 성령에 이끌려서 광야로 갔고, 그것은 마귀에게서 시험을 받기 위한 것이었다. 성령이 임하고 하늘의 목소리를 통해 하나님의 아들임을 인정받은 예수는 이제 그의 메시아 신분과 자격을 입증하는 단계로 접어들었다. 예수는 광야에 들어가 40일간 금식한다. 예수가 부분적으로 음식을 섭취하였는지 아니면 음식 섭취를 완전히 중단하였는지는 알 수 없다. 다만 40일간 생존하기 위해 최소한 물을 마셨을 것이라 짐작할 수 있다. 이러한 극도의 절제로 인해 예수는 굶주리게 되었다. 마귀는 바로 이때 예수에게 접근하여 그를 세 번 유혹한다. 첫 시험에서 마귀는 굶주린 예수에게 돌들을 떡덩이로 만들어 하나님의 아들임을 입증하라고 요구한다. 예수는 사람이 떡으로만 살지 않고 하나님의 말씀으로 산다고 대답한다. 둘째 시험에서 마귀는 예수를 성전 꼭대기에 세운 후 다음과 같이 말한다. "만약 네가 하나님의 아들이라면 하나님 천사들을 시켜 너를 보호할 것이니 성전 꼭대기에서 뛰어내려 네가 하나님의 아들임을 보여라." 예수는 하나님을 시험하지 말라고 답변한다. 마지막으로 시험하는 자는 예수를 높은 산으로 데리고 가서 천하의 모든 영광을 보여주고 자기에게 절하면 그 모든 것을 주겠다고 유혹한다. 예수는 사탄에게 물러가라고 명령하면서 하나님에게만 경배해야 한다고 말한다. 예수의 답변 후 마귀는 떠나고 천사들이 나아와서 예수를 수종한다.

누가복음서는 마태의 보도와 크게 다르지 않은 예수의 광야 장면을 기록한다(눅 4:1-13). 예수는 성령에 이끌려 광야에서 지내며 40일 동안 금식한 후 주린 상태에서 마귀에게 세 가지 시험을 받는다. 다만 시험의 순서가 마태의 기록과는 다르다. 첫 시험은 돌들을 떡으로 만들라는 것으로서 마태의 기록과 같지만, 나머지 두 시험은 마태의 본문과 내용은 같고 순서는 다르다. 이 세 시험들에 대한 예수의 답변은 마태의 기록과 매우 유사하다. 단지 첫 시험에 대한 대답에서 하나님의 입으로부터 나오는 말씀으로 살 것이라는 내용이 빠지고, 마태복음서에도 기록된 "사람이 떡으로만 살 것이 아니라"는 답변만이 기록될 뿐이다. 마태의 본문과 비교하면 누가의 보도는 한 가지 흥미로운 차이점을 보인다. 누가는 마귀가 모든 시험을 마친 후에 "(예수를) 얼마 동안 떠나니라"라고 적는다. 반면 마태는 "마귀가 예수를 떠나고 천사들이 예수를 수종하였다"고 기록한다. 개역개정 성경의 '얼마 동안'은 헬라어 표현 '적절한 때까지'를 의역한 것으로 보인다. 누가에 따르면 마귀가 떠난 것은 정해진 기간에 한정된 것이고 적당한 때가 오면 다시 예수에게 와서 자신의 계략을 실행할 것이다.

마태와 누가가 전하는 예수의 광야 생활은 마귀의 세 가지 시험과 예수의 성공적인 대응에 관심을 집중한다. 마귀는 반복하여 "네가 하나님의 아들이거든"이라 말하며 예수를 유혹한다. 예수가 진정한 하나님의 아들이라면 기적을 베풀어 그것을 입증하라고 부추긴다. 이러한 점을 주목하면 시험 단락의 수사적 목적은 하나님 아들이라는 예수의 특별한 신분을 증명하는 것이라 이해할 수 있다. 단, 그 입증 방법은 마귀의 말과 같이 이적을 일으키는 것이 아니라 그의 유혹을 따르지 않는 것이었다. 마태와 누가는 예수가 성공적으로 시험을 통과하였고 자신이 하나님의 아들임 보여주었다고 기록한다.

2. 모자이크 〈그리스도의 유혹들〉

예수의 광야 생활에 대한 마태의 기록이 전하는 신학적 메시지는 다음의 모자이크 작품에서 확장되어 해석된다. [그림 1]은 <그리스도의 유혹들>(The Temptations of Christ)이라 불리는 작품으로 마태의 기록을 바탕으로 예수의 시험 장면을 묘사한다. 이 작품은 베니스의 성 마르코 바실리카에 남아 있는 12세기 유물이다. <그리스도의 유혹들>은 마태의 기록에 관한 작가의 해석을 담는데, 마태의 본문이 말하지 않는 내용을 작가의 해석학적 상상력으로 채워 넣는다. 이 모자이크 작품은 예수의 세 시험을 한 면에 연속하여 묘사한다. 관람하는 사람은 예수의 시험 장면들을 한눈에 보고 이해할 수 있다. 예수의 승리에 초점을 맞춘 <그리스도의 유혹들>은 마태의 신학적 관심을 반영한다. 우선 예수의 피부는 밝은색인 데 반해 사탄은 어두운색으로 표현되어 명암의 대조를 통한 선악의 대립을 강조한다. 이러한 색조의 효과는 천사와 사탄의 관계에도 적용된다. 천사는 예수와 같은 색조의 피부색을 가진다.

둘째, 사탄은 천사와 같이 날개를 지닌 존재로 묘사된다. 이는 사탄이 본래 천사였으나 타락하였다는 구약성서 전통을 반영한다(사 14:12 참고). 천사는 셋인데, 이는 마태의 본문에서는 발견되지 않는 내용이다. 아마도 세 가지 시험을 통해 사탄이 세 번 등장하는 것에 맞추어 세 천사들을 그려 넣었을 것이다. 천사들의 머리 주변에는 후광이 비친다. 이는 거룩함을 나타내는 회화적 장치이다. 반면 사탄의 머리에는 후광이 아닌 관(冠)이 씌워져 있다. 그 관은 매우 작은데 사탄의 작은 신체와 연관

[그림 1] 작자 미상, <그리스도의 유혹들>, 12세기 모자이크, 성 마르코 바실리카, 베니스

된 크기이다. 사탄의 관은 그가 지닌 능력이나 권세를 뜻한다. 사탄은 예수를 시험할 수 있을 정도의 능력을 지녔으며, 자신을 따르는 자들을 지배할 수 있는 권세를 가졌다.

셋째, 예수와 사탄의 신체 차이는 매우 큰 것으로 표현된다. 이것은 복음서 본문에는 없는 내용을 신학적인 해석을 통해 보충하여 그려낸 것이다. 첫 시험 장면에서 사탄의 신장은 앉아 있는 예수의 허리 정도에 미친다. 연이은 두 장면에선 사탄의 키가 서 있는 예수의 대퇴부 높이 정도이다. 신장 이외에 전체적인 체격을 비교하면 사탄은 예수보다 매우 왜소하게 묘사된다. 예수는 시험을 받고 있지만, 우월한 높이에서 사탄을 내려다본다. 반면 사탄은 예수를 올려다보며 그를 유혹하려 노력한다. 이러한 시선의 높이 차이는 예수에 대한 사탄의 시험이 애당초 성공할 수 없음을 나타낸다. '우러러봄'이 지닌 의미론적 범위는 단순한 높낮이의 차이를 넘어 지위와 신분의 차이를 포함한다. 사탄은 예수를 우러러볼 수밖에 없는 존재이다.

넷째, 작품 속 등장인물들의 복색은 마태복음서 기록에 대한 작가의 신학적 이해를 담는다. 등장인물들은 모두 토가(toga)와 같은 겉옷을 입었다. 토가는 한쪽 어깨에 걸쳐 몸을 둘러 감싸는 옷이다. 그것은 로마의 복식이며 모든 남성 시민들이 착용하였던 옷차림이다. 등장인물들의 옷은 12세기 작품이 이해한 1세기 초의 문화상을 보여준다. 예수와 천사는 겉옷 외에도 그 안에 원피스, 드레스를 입었다. 그것은 튜닉(tunic)이라 불리는데, 토가 안에 입던 옷이다. 원래 튜닉에는 소매가 없었으나 시간이 지나면서 소매를 달아 입는 것으로 변형되었다. 위의 모자이크 작품은 후대의 복식이 반영된 그림을 보여준다. 예수 및 천사들과는 달리 사탄은 튜닉을 입지 않았다. 토가가 한쪽 어깨에만 걸치는 옷이기 때문에 다른 쪽 어깨와 팔은 토가 밖으로 나온다. 예수와 천사는 튜닉을 입었기에 토가가 가리지 않는 부분의 어깨와 팔이 노출되지 않는다. 사탄은 튜닉이 없어 한쪽 어깨와 팔이 노출된다. 예수와 천사들의 토가와 튜닉은 발목 정도까지 내려오는 반면 사탄의 토가는 무릎 정도로 짧고, 오른쪽 다리는 대퇴부까지 노출된다. 또한 예수와 천사들은 샌들을 신고 있는데 반해 사탄은 맨발이다. 이러한 차림새의 차이는 양자의 신분 차이를 시각화한다. 예수와 천사의 고귀함은 사탄의 천함과 대조된다. 물론 예수와 천사들도 그 차이가 있다. 가령 예수의 후광과 천사의 후광은 다르게 표현되어 양자의 격차를 나타낸다.

마지막으로 세 시험이 끝난 다음의 장면은 예수를 쳐다보며 손을 내밀고 있는 천사와 바닥에 쓰러져 있는 사탄을 묘사한다. 천사는 승리한 예수를 수종하는 반면 사탄은 겉옷이 벗겨진 채 알몸으로 바닥에 쓰러져 있다. 사탄의 머리에 있던 관도 벗겨져 쓰러진 사탄 옆에 뒹군다. 사탄은 예수를 유혹하여 시험에 빠뜨리려 했지만 실패하였고, 오히려 자신이 가지고 있던 작은 권세마저 빼앗기고 벌거벗겨져 수치를 당한다.

마태가 그리는 예수의 광야 생활은 대결과 승리의 장이다. 이러한 점에서 누가의 기록도 마태와 동일한 신학적 관심을 표현한다. 마태와 누가의 보도를 따르면 40일 동안 금식하여 약해진 예수는 인간의 가장 기본적인 욕구와 욕망을 자극하는 마귀의 시험에 맞서 그것을 이긴다. 예수와 마귀가 주고받은 대화는 하나님에 대한 예수의 신실함을 보여준다. 마귀는 반복하여 "네가 하나님의 아들이거든"이라 말하여 예수를 유혹한다. 예수가 진정한 하나님의 아들이라면 기적을 베풀어 그것을 입증하라고 부추긴다. 이러한 점을 주목하면 시험 단락의 수사적 목적은 하나님 아들이라는 예수의 특별한 신분을 증명하는 것이라 이해할 수 있다. 마태와 누가는 예수가 성공적으로 시험을 통과하였고 자신이 하나님의 아들임을 보여주었다. 예수는 시험을 통과하여 하나님의 아들로서 자신이 지닌 그리스도의 자격을 입증한다. 광야 장면은 예수를 중심으로 움직인다. 모든 초점은 예수에게 주어지고, 마귀와 천사는 예수를 드러내기 위한 조연에 머무른다. 예수의 공적 활동은 그러한 광야 생활 후에 본격적으로 시작된다.

3. 마가복음서가 전하는 광야의 예수

예수의 광야 생활에 관한 마가복음서의 기록은 앞서 살펴본 두 복음서의 보도와 매우 다르다. 우선 동일한 점을 먼저 살펴보면, 마가의 예수도 마태와 누가의 경우와 같이 성령에 이끌리어 광야로 들어간다. 물론 복음서들 사이에 세부적인 표현이 다르고 그에 따라 상이한 본문 해석이 가능하지만, 본 논문은 연구 목적에 따라 보다 전체적인 그림에 집중한다. 성령에 이끌려 광야로 간 예수는 40일 동안 그곳에 머문다. 40일이란 기간은 마태와 누가의 본문에서도 동일하다. 마가의 예수도 사탄의 시험을 겪었고 천사들의 수종을 받았다. 다음으로 차이점을 살펴보면, 광야의 예수에 대한 마가의 기록은 매우 간결하다. 마태가 11절 그리고 누가가 13절에 걸쳐 예수의 광야 생활을 기록하는 반면, 마가의 기록은 단두 절(1:12-13)에 그친다. 그중 12절은 성령이 예수를 광야로 내몰았다고만 기록한다. 40일 광야 생활을 본격적으로 묘사하는 것은 13절 한 절에 그친다. 이러한 보도의 간결성은 본문 해석을 어렵게 만들 수 있다. 주어지는 정보가 매우 제한적이라 해석의 근거를 확보하기 어렵기 때문이다. 하지만 간결한 보도는 오히려 해석학적 상상력이 발휘될 수 있는 공간을 제공하기도 한다. 마가의 본문이 그러한 경우인데, 마가가 전하는 예수의 광야 생활은 간결한 반면 여러 신학적 해석을 가능하게 하는 풍부한 상상의 토양을 제공한다. 예수가 선포한 하나님 나라는 그의 광야 40일을 기록한 마가의 본문에서 그 단초가 발견된다. 적은 양의 문자 정보와 더불어 해석자의 상상력을 더해 예수가 전한 '하나님 나라'를 이해할 수 있다.

마가의 본문은 간결하지만 전하는 정보는 매우 흥미롭다. 마가가 전하는 내용은 다음과 같다. 첫째, 마가의 예수는 광야에서 금식하지 않았다. 마가복음서는 예수의 금식을 언급하지 않는다. 물론 마가는 예수가 음식물을 섭취했다고 보도하지도 않는다. 대부분의 성서 독자들은 예수의 광야 생활을 예수의 금식 기간으로 이해한다. 예수의 금식에 대한 마가의 침묵을 예수의 금식을 전제하는 것으로 보는 해석은 타당하지 않다. 그것은 마가의 기록을 마태와 누가의 본문에 비추어 해석하는 것이기 때문이다. 마가의 본문을 이해하기 위해서는 먼저 마가의 보도를 면밀히 살펴야 한다. 마가는 기원후 70년 어간에 작성되었고, 마태와 누가는 90년대에 기록되었을 것으로 추정된다. 대다수의 신약 학자들은 이러한 연대 추정에 동의하거나 크게 벗어나지 않는 시대를 복음서 작성 시기로 상정한다. 그렇다면 마가복음서가 마태와 누가의 복음서보다 먼저 기록된 것이다. 이러한 시간 순서는 마태와 누가의 정보를 가지고 마가복음서 본문의 여백을 채우는 것이 타당하지 않음을 보여준다.

둘째, 마가는 예수가 받은 시험의 내용을 밝히지 않는다. 그 시험이 세 가지였는지도 분명하지 않다. 마가는 단순히 "(예수가) 사탄에게 시험을 받으시며"라고 기록한다. 마가복음서가 예수가 겪은 시험의 내용에 관해 함구하는 것은 마가가 예수의 금식에 대해 침묵하는 것과 관련된다. 예수가 금식하지 않았다면 그는 굶주리지 않았고 빵 등의 원초적 욕구를 자극하는 시험에서 마태와 누가복음서의 예수와는 다르게 보다 유리한 위치에 있었다고 볼 수 있다. 혹자는 예수의 시험에 관한 정보는 1세기 교회에 널리 알려졌으며 마가는 그러한 이유로 예수의 광야 생활을 매우 간략하게 보도한다고 주장할 수 있다. 또한 마태와 누가의 본문에 비추어 마가의 기록을 이해하는 것이 타당할 뿐만 아니라 필요하다고 말할 수 있다. 하지만 그러한 추정은 근거가 빈약하다. 애초에 마가가 마태와 누가와 같은 정보를 가지고 있었는지는 불분명하다. 설령 마가가 그러한 정보를 가지고 있었더라고 그것을 사용하지 않은 것은 마가의 관심이 마태나 마가와는 전혀 다른 곳에 있음을 반증한다. 마가의 본문은 마가 자신의 신학적 관심을 반영하며, 그것은 마가의 간결한 표현 속에 녹아 있다.

셋째, 마가의 예수는 광야에서 들짐승들과 함께 있다. 들짐승은 마태와 누가의 기록에서는 등장하지 않는다. 들짐승의 등장에 관해 여러 학자들의 논란이 있었고, 그것은 지금도 이어진다. 어떤 학자들은 들짐 승이 예수가 직면한 광야의 위험을 상징한다고 주장한다. 성령에 의해 광야로 내몰린 예수는 그곳에서 여러 위험에 직면하는데 특히 광야의 짐승들은 예수의 안전을 위협할 수 있는 존재라고 설명한다. 이것은 구 약성서에서 들짐승들이 위협적인 존재로 등장한다는 점을 주목한 해석 이다. 하지만 마가의 들짐승들을 위협적인 존재로 볼 근거는 마가의 본 문 안에서 발견되지 않는다. 마가는 "(예수가) 들짐승들과 함께 계시니 천사들이 수종들더라"고 쓴다. 다시 말해 마가는 들짐승들과 천사들이 동시에 예수와 함께 있었던 것으로 기록한다. 그렇다면 들짐승들이 천 사와는 대조적으로 예수를 위협했다고 볼 근거는 찾을 수 없다. 예수는 자신을 수종하는 천사들 그리고 들짐승들과 함께 있었으며, 들짐승들은 예수를 위협하는 존재가 아니었다.

넷째, 마태와 누가는 광야의 장면을 일련의 시간 순서대로 기록한 다. 곧 예수는 광야로 가서 세 가지 시험을 이긴다. 마태복음서에는 시험 후에 예수를 수종하는 천사들이 등장한다. 누가는 시험 후 사탄이 한시 적으로 예수를 떠났다고 기록한다. 하지만 마가는 시험과 들짐승 그리 고 천사의 등장을 시간 순서에 따른 사건으로 기록하지 않는다. 마가는 미완료라는 헬라어 동사 시제를 사용하는데, 간략히 설명하면 미완료는 과거에 계속되는 행동을 나타낸다. 마가의 표현을 주목하면 예수는 40 일 동안 광야에 있으면서 사탄의 시험을 받고 있었고 동물들과 함께 하 고 있었으며 천사들은 그를 수종하고 있었다. 이것은 시간 순서를 염두 에 두지 않은 표현이라 볼 수 있다. 마가는 광야 공간을 평면적으로 표현 한 것으로 보인다. 곧 그는 시간 순서에 따른 사건의 진행에 관심을 두기 보다 예수의 광야 생활 속에 있었던 일들과 그것의 의미를 평면적로 묘사한 것으로 보인다.

마가는 마태와 누가와 같이 예수를 중심으로 광야 장면을 보도한다. 하지만 그 표현의 방법이나 집중의 정도는 마가의 기록에서 현저하게 약화된다. 마가의 본문에는 예수와 사탄의 대화 곧 시험의 과정과 내용이 생략된다. 더욱이 마가는 예수가 시험을 이겼다고 명시하지 않는다. 예수의 승리는 이미 전제된 것처럼 보인다. 이러한 점들은 시험의 극적인 과정이나 시험을 이긴 예수의 능력, 메시아 자격 등에 청자·독자의 주의가 과도하게 집중하는 것을 막는 역할을 한다. 마가의 보도는 예수와 사탄의 대결 및 예수의 승리를 전하는 것을 목적으로 하지 않았다.

여러 주석가들은 마가가 전하는 예수의 광야 경험을 창세기 에덴 모티프와 연관시켜 설명한다.[2] 그들은 마가의 광야 장면이 예수와 동물들의 평화로운 동거를 나타내는 것으로 이해한다. 나아가 마가의 예수는 광야 생활을 통해 에덴의 평화를 회복하는 것으로 해석한다. 이러한 본문 이해는 예레미아스가 주창한 이래 아직까지 여러 학자들의 지지를 받는다. 물론 이러한 해석에 대해 많은 연구자들이 비판과 반론을 제기하였다. 그들은 마가복음서 속 예수의 광야 생활을 평화적인 장면으로 이해하는 것이 타당하지 않다고 주장한다. 가령 마가의 본문에 등장하는 들짐승은 여러 유대 문헌에서 위협을 상징하며, 예수가 머문 광야도 시험의 장소로서 위험의 장소라 설명한다.[3] 하지만 이러한 해석은 '들짐승'이 모든 문헌에서 한 가지 의미만을 지니는 것으로 보는 오류에 빠진다. 예를 들면 아담의 타락 전 들짐승은 하나님의 창조 질서 속에 있었다.

---

2 가령, Joel Marcus, *Mark 1-8*: a new translation with introduction and commentary (New York: Doubleday, 2000).

3 Adela Yarbro Collins, *Mark* (Hermeneia: Minneapolis: Fortress, 2007), 151-153.

다만 뱀이 들짐승 중 간교하였고 시험하는 자로 등장한다. 따라서 예수가 광야에서 에덴의 평화를 회복하였다면, 광야의 들짐승들을 위협의 상징으로 볼 필요가 없다. 또한 창세기뿐만 아니라 그에 영향을 받은 유대교 문헌(가령, *Adam and Eve*)을 주목한다면 마가가 기록한 예수의 광야 장면을 에덴 모티프로 읽는 것은 설득력 있는 해석 방법이라 할 수 있다.

III. 알레산드로 본비치노의 <광야의 그리스도>

마가의 보도가 지닌 예수의 광야 생활에 관한 새로운 이해의 가능성은 이미 수 세기 전에 예술의 형태로 구체화되었다. 마가의 간결한 기록은 예술적 영감을 불러일으켜 미술 작품을 통해 이미 그 모습을 드러냈었다. 16세기 초(ca. 1515~1520) 작품인 <광야의 그리스도>(Christ in the Wilderness)는 마가의 광야 장면에 대한 창조적인 해석을 보여준다. 이 작품은 이탈리아 화가 본비치노(Alessandro Bonvicino, c. 1498~1554)가 그린 회화이다. 작가는 브레시아의 모레토(Moretto da Brescia)로도 많이 알려졌는데, 그 뜻은 '브레시아의 무어인'이다. 이는 작가의 인종적 정체성 그리고 지리적 활동 영역을 알려준다. 그는 무어인으로서 브레시아를 중심으로 활동한 화가였다.

본비치노의 작품 <광야의 그리스도>는 마태와 누가의 본문을 중심으로 예수의 광야 생활을 표현한 미술 작품들과는 전혀 다른 모습의 광야 장면을 보여준다. 앞서 살펴보았던 모자이크 작품 <그리스도의 유혹들>은 예수가 겪은 시험들과 승리를 한 화면에 묘사한다. 이와는 달리 예수의 시험 과정과 그 내용을 생략하고 예수의 승리에 집중한 작품을 보자. [그림 2]는 슈베르트(Jan Swerts)의 <사탄을 내쫓는 그리스도>(Christ drives away Satan)이다. 이 그림은 19세기 작품으로 안트워프(Antwerp)의 성 조지 성당 내부의 벽화이다.

슈베르트의 작품은 예수가 광야에서 사탄의 시험을 이긴 후 사탄을 내어 쫓는 장면을 묘사하였다. 사탄은 예수의 권위에 눌러 놀람과 두려움 가득한 얼굴로 밀려난다. 그의 손에 들린 규(珪)와 관은 사탄의 권세를 나타내지만, 그것은 이미 예수 앞에서 무력하게 되었다. 화면 좌측의 세 천사는 승리한 예수를 수종한다기보다 그에게 경배하는 모습이다. 예수의 얼굴은 단호한 표정이다. 그는 붉은 천으로 전신을 감쌌다. 붉은색은 예수의 특별한 지위와 권세를 나타낸다. 벼랑 끝에 내몰린 사탄은 이제 종말을 맞을 것이다. 슈베르트의 그림은 예수의 메시아 지위와 능력에

[그림 2] 얀 슈베르트, <사탄을 내쫓는 그리스도>, 19세기, 성 조지 성당, 안트워프

집중하는 마태와 누가의 기록을 시각화한다. 슈베르트의 작품과는 달리 본비치노의 그림은 마가복음서의 독특한 광야 장면을 신학화하여 묘사한다. [그림 3]은 본비치노의 <광야의 그리스도>이다. 이 작품은 광야의 분위기를 대결과 승리가 아닌 여유와 평화로움으로 묘사한다. 첫째, <광야의 그리스도>는 사탄의 존재나 그의 시험을 보여주지 않는다. 화면 왼쪽 상단에 있는 두 얼굴은 복원과정에서 엑스레이 촬영으로 밝혀낸 모습이다. 이 두 얼굴은 그 형태가 명확하지 않고 몸의 모습도 잘 보이지 않는다. 왼쪽 상단의 두 얼굴 중 아래에 있는 얼굴 옆으로 날개와 같은 것이 보인다. 날개는 천사와 사탄 모두에게서 발견된다. 이를 고려하면 왼쪽의 두 얼굴은 사탄의 것으로 해석할 가능성도 있다. 물론 이러한 해석에 반론을 제기할 수 있다. 혹자는 한 장면에서 사탄이 복수의 인물로

[그림 3] 알레산드로 본비치노, <광야의 그리스도> (약 1515-1520)

표현되는 것은 어색하다고 지적할 수 있다. 또한 왼쪽 얼굴들은 오른쪽 천사들의 얼굴과 유사한 형태를 띤다고 말할 수 있다. 둥근 얼굴과 코 그리고 작은 입고 동그란 눈 등을 주목하면 왼쪽 얼굴들도 천사들이라고 주장할 수도 있다. 하지만 왼쪽 두 얼굴을 사탄과 그의 하수인인 타락한 천사라고 본다면, 그것들이 악을 상징한다고 볼 수 있다. 이러한 해석과 관련하여 왼쪽 얼굴들의 방향도 중요하다. 오른쪽 천사 중 하나는 하늘을 올려다보며 손을 모으고 있고, 다른 한 천사는 예수를 바라보며 그를 향해 몸을 기울인 채로 손을 모이고 있다. 반면 왼쪽의 얼굴들은 예수 또는 하늘과 반대 방향으로 얼굴을 향하고 있다. 위쪽 얼굴의 시선은 아래를 향하고 있고, 다른 얼굴은 위를 향하지만, 여전히 예수의 방향과는 다르다. 이러한 점을 주목하면 왼쪽 두 얼굴들은 오른쪽 천사들과는 다른 존재로 볼 수 있다. 그렇다면 왼쪽 두 인물은 광야의 시험을 암시하기 위해 작가가 배치한 것일 수 있다. 하지만 시험에 관한 암시가 있더라도 그것은 매우 제한적이다. 작품의 전체적인 분위기는 여전히 평안과 여유로움이다.

둘째, 본비치노의 작품 속 예수는 금식하지 않는다. 예수의 얼굴이나 분위기는 오랜 기간 금식하고 굶주린 모습이 아니다. 그의 얼굴은 여유롭게 한 곳을 응시한다. 예수의 손과 발의 위치는 그가 편안하게 앉아 있음을 보여준다. 또한 그림 중앙에 있는 나무들은 예수가 금식하지 않았음을 암시하는 작가의 장치이다. 그 나무들은 너도밤나무로서 신적인 의미를 담았다. 너도밤나무는 고대 로마 문화에서 주피터에게 드려진 신성한 식물이었으며, 기독교 시대에는 그리스도를 상징하기도 하였다. 너도밤나무의 헬라어 이름은 '먹다'를 뜻하는 헬라어 동사에서 파생되었다. 그것은 너도밤나무의 열매가 고행자들의 양식이 되었기 때문이다. 본비치노의 그림 속 너도밤나무는 예수가 광야에서 고행하였음을 암시한다.[4] 하지만 그 고행은 '금식'이 아니었다. 너도밤나무는 예수가 광야 40일 동안 의지했던 양식 공급원이었다. 광야에서 풍족한 섭생은 불가능했지만, 마가의 예수는 마태와 누가의 경우와는 달리 금식하지 않았고 따라서 굶주리지 않았을 것이다. 본비치노는 마가복음서 본문에서 금식이 가져다주는 가혹한 인내나 처절한 고독과 같은 분위기를 읽어내지 않았다. 작가의 눈에 그러한 분위기는 타당한 본문 이해가 아니었을 것이다.

이반 크람스코이(Ivan Kramskoi)의 1872년 작품 <광야의 그리스도>(Christ in the desert, 그림 4)는 광야의 예수에 관해 본비치노의 작품과는 매우 다른 이해를 보여준다. 이 두 작품을 비교하면 마가복음서가 담은 예수의 광야 생활이 지닌 이미지를 잘 포착할 수 있다. 크람스코이의 그림은 광야에서 금식하며 고독하게 앉아 있는 그리스도를 표현한다. 그의 얼굴은 광대뼈가 드러날 정도로 메말랐고 두 손과 발은 뼈마디가 드러날 정도로 야위었다. 두 눈은 깊게 패였고 처절한 고독과 깊은 상념을 보여준다. 그리스도 주변은 흙 한 줌 없는 곳으로 온통 돌들뿐이다. 언제라도 돌먼지가 날릴 것 같은 황량한 풍경이다.

본비치노의 작품 [그림 3]은 크람스코이의 그림과 달리 다양한 동물들의 공존을 보여준다. 그 동물들은 땅에 사는 짐승들과 하늘을 나는 새들이다. 작가는 그림 속 동물들이 실제로 유대 지역에 서식하는 동물인

---

[4] 너도밤나무에 관해서는 다음을 참고하였다. Meagher, Jennifer, "Botanical Imagery in European Painting," In *Heilbrunn Timeline of Art History*, New York: The Metropolitan Museum of Art, 2000. http://www.metmuseum.org/toah/hd/bota/hd_bota.htm (August 2007). 2019년 3월 4일 접속.

[그림 4] 이반 크람스코이, <광야의 그리스도>, 1872

가에는 관심을 기울이지 않는다. 그는 상상의 나래를 펴 다양한 새들과 들짐승들이 예수 주변에 함께 어울려 있는 것에 관심을 집중한다. 작품에서 예수는 화면의 중심을 차지하지 않는다. 약간 오른쪽으로 치우친 위치에 앉아 동물들이나 그 너머의 장면을 응시하는 듯하다. 예수를 수종하는 천사도 화면의 상단부에 등장한다. 예수의 발아래 등장하는 뱀과 그 오른편의 사자는 이사야의 비전(사 11:6-9 참고)을 반영한다. 이사야는 사자와 어린양 그리고 뱀과 어린아이들이 함께 공존하는 세계를 예언하였다(사 11:7, 8). 그 세계는 상함과 해함이 없는 세상이다. 그것은 생명의 희생을 통해서 유지되는 자연 질서가 질적으로 변하는 때이다. 그림의 중앙은 여러 들짐승들의 평화로운 공존을 드러낸다. 동물들은 예수를 향해 경배한다. 땅의 짐승들은 앞다리를 굽히거나 땅에 배를 대고 엎드려 예수에게 경배한다. 새들도 예수를 향해 고개를 숙인다. 본비치노가 그리는 광야는 하나님의 아들이라는 예수의 신분이 드러나는 동시에 평화와 공존이 실현되는 곳이다. 그것은 이사야와 같은 고대의 예언자들이 보았던 미래의 실현이다. 본비치노는 마가 본문의 독특함을 시각화하여 평화와 공존의 신학을 드러낸다. 작가는 마가복음서 본문의 여백을 신학적 그리고 예술적 상상력으로 채웠다.

IV. 나가는 말

마가복음서의 예수는 "하나님 나라가 가까이 왔다"고 외친다. 예수는 자신의 공생애를 시작하면서 임박한 하나님 나라를 선포한다. 하나님의 통치가 이루어지는 그 나라는 예수의 공생애와 함께 가깝게 다가왔다. 마가는 예수가 선포한 하나님 나라의 모습을 이해할 수 있는 단초를 예수의 광야 장면에서 제공한다. 예수의 광야 40일에 관한 마가의 본문은 마태와 누가의 기록에 비해 매우 간결하다. 마가는 예수의 하나님 나라가 어떠한 모습인지 알 수 있는 내용들을 그 간결한 구절에 집어넣는다. 그는 마태와 누가와는 달리 들짐승들과 천사들이 예수 주변에서 평화롭게 공존하는 화해의 모습을 행간에 그린다. 독자들의 상상력은 마가의 여백을 통해 그리스도의 평화를 본다. 알레산드로 본비치노의 <광야의 그리스도>는 마가의 본문을 통해 평화와 공존을 드러내는 해석을 시각화하였다. 본비치노는 구약의 예언자 전통 속에서 마가의 본문을 해석하였다. 그의 상상력은 예언자가 꿈꾼 하나님의 때를 예수의 광야 생활로 실현시켰다. 복음서 저자 마가의 관심은 임박한 하나님 나라에 관한 예수의 선포였다. 마가는 광야의 예수를 시험을 이기고 사탄을 물리치는 승리자로 묘사하는 데 관심을 기울이지 않는다. 사탄에 대한 예수의 승리는 이미 전제되어 있다. 마가는 예수의 광야 장면을 통해 예수가 선포할 하나님 나라의 모습을 드러낸다. 피조물들은 예수 그리스도 옆에서 하나님과의 평화로운 공존을 경험한다. 하나님의 아들 예수와 천사들은 광야의 생명들과 하나님이 함께 함을 상징한다. 그리스도를 통한 용서와 화해는 서로 용납하기를 권하는 기독교의 윤리가 된다. 자신의 목숨을 버려 화해를 이룬 그리스도의 윤리는 기독교가 평화와 공존의 종교가 되도록 촉구한다.

하나님의 나라를 하나님과 피조물이 함께하는 아름다움의 자리라고 이해한 유동식 선생님의 해석은 예수의 광야 장면을 통해 마가가 전하고자 했던 신학적 핵심과 상통한다. 특히 마가가 기록한 공존의 미학, 평화의 미학을 포착한 본비치노의 작품은 마가복음서의 신학적 메시지를 포착하였다. 그의 <광야의 그리스도>는 마가복음서 독자들의 신학적 상상력을 자극하여 더욱 자유로운 신학적 사고를 가능하게 한다. 마가의 본문과 본비치노의 작품이 보여주는 예수의 광야는 하나님과 피조물이 함께 하는 아름다움의 자리였다. 이는 '한 멋진 삶'이 추구하는 하늘과 땅의 모든 것을 아우르고 소통하는 자리이기도 하다. 이러한 점에서 예수는 '한 멋진 삶'을 실현한 그리스도이며 모든 이들을 하나님 나라로 이끄는 하나님의 아들이다. 예수를 따르는 모든 이는 그의 모범을 따라 하나님 그리고 다른 피조물들과 함께 하는 아름다움의 장으로 나아가야 할 것이다.

(*가나다순)

김성민 ｜ 분석심리학과 예술: 프로이트와 융의 태도의 차이

유동식.『한국 무교의 역사와 구조』. 서울: 연세대출판부, 1989.

_____.『종교와 예술의 뒤안길에서』. 서울: 한들출판사, 2002.

_____.『풍류도와 예술신학』. 서울: 한들출판사, 2006.

조두영.『프로이트와 한국문학』. 서울: 일조각, 1999.

Edinger, Edward F. *Melville's Moby-Dick: A Jungian Commentary*. New York: New Direction Book, 1978.

Freud, S. "Creative Writers and Day-Dreaming," *Jensen's 'Gradiva' and Other Works*. London: Hogarth Press, 1973. GW. IX.

_____. *Five Lectures on Psycho-Analysis: Leonarso da Vinci and Other Works*. London: Hogarth Press, 1973. GW. XI.

_____. *Five Lectures on Psycho-Analysis: Leonarso da Vinci and Other Works*. London: Hogarth Press, 1973.

_____.『예술과 정신분석』, 정장진 옮김. 서울: 열린책들, 1997.

_____.『나의 이력서』, 한승완 옮김. 서울: 열린책들, 1998.

Jung, C. G. *Modern Man In Search of a Soul*. New York: Harcourt, 1933.

_____. *Types Psychologiques*. Paris: Buchet-Chastel, 1967.

_____. *Ma Vie: Souvenirs Reves et Pensee*. Paris: Gallimard, 1973.

_____. *The Symbolic Life*. Princeton, N.J.: Princeton University Press, 1976.

_____.『인간과 문화』. C. G. 융저작번역위원회 옮김. 서울: 솔출판사, 2004.

_____.『상징과 리비도』. C. G. 융저작번역위원회 옮김. 서울: 솔출판사, 2005.

_____.『영웅과 어머니원형』. C. G. 융저작번역위원회 옮김. 서울: 솔출판사, 2006.

_____. "On the Relation of Analytical Psychology to Poetry," *The Spirit in Man, Art, and Literature*. Princeton, N.J.: Princeton University Press, 1978.

_____. "Ulysses: A Monologue," *The Spirit in Man, Art, and Literature*. Princeton, N.J.: Princeton University Press, 1978.

Rank, O. *Art and Artist*. New York: Agathon Press, 1968.

Stevens, Anthony. *Jung: L'Oeuvre-Vie*. Paris: Edition du Felin, 1994.

박신배 ｜ 풍류신학과 태극신학 - 성서신학의 관점에서

고광필. 『고전 속에 비친 하나님과 나』. 광주: 광신대학교출판부, 1997.

김교신. "신약성서 개요." 노평구 편, 『김교신 전집』 3권. 서울: 부·키, 2001.

김경재. "유동식의 문화신학에서 삼태극적 구조론의 의미." 『유동식의 풍류신학』 문화와 신학 1권. 서울: 한국문화신학회, 2007.

김상근. "1980년대의 풍류신학과 21세기 선교신학." 『유동식의 풍류신학』 문화와 신학 1권. 서울: 한국문화신학회, 2007.

박신배. "풍류신학과 성서." 『태극신학과 한국문화』. 서울: 동연, 2009.

_____. "한국문화적 성서 해석 방법론." 『태극신학과 한국문화』. 서울: 동연, 2009.

_____. "태극신학, 한국신학의 새로운 모색." 『태극신학과 한국문화』. 서울: 동연, 2009.

_____. "토착화신학과 성서: 태극신학의 관점." 『영성과 신학』 (청파 김광식 교수 고희기념 논총). 서울: 강남 출판사, 2009.

_____. "구약의 평화와 샬롬신학." 『평화학』. 서울: 프라미스 키퍼스, 2011.

박호용. 『조선의 최후와 하나님의 최선: 아빠가 아들에게 들려주는 한일근대사』. 서울: 통전치유, 2021

유동식. "성서학: 택함받은 나그네들에게, 예수의 근본 문제, 요한서신, 예수·바울·요한." 『소금 유동식 전집』 1권. 서울: 한들출판사, 2009.

_____. "한국 종교가 제시한 이상과 과제: 한국의 마음과 종교." 『소금 유동식 전집』 2권. 서울: 한들출판사, 2009.

_____. "전통문화와 복음의 토착화." 『소금 유동식 전집』 2권. 서울: 한들출판사, 2009.

_____. "복음의 토착화와 선교적 과제." 『소금 유동식 전집』 2권. 서울: 한들출판사, 2009.

_____. "복음의 한국적 이해." 『소금 유동식 전집』 2권. 서울: 한들출판사, 2009.

_____. "복음의 한국적 이해." 『소금 유동식 전집』 2권. 서울: 한들출판사, 2009.

_____. "복음의 입장에서 본 한국 종교의 위치와 의미." 『소금 유동식 전집』 2권. 서울: 한들출판사, 2009.

_____. "풍류도와 신앙의 예술." 『소금 유동식 전집』 8권 (풍류신학 2, 풍류도와 한국의 사상, 산화가). 서울: 한들출판사, 2009.

_____. "우주의 신비와 종교." 『소금 유동식 전집 8권』. 서울: 한들출판사, 2009.

_____. "한국 무교의 역사와 구조." 『소금 유동식 전집』 3권 (종교학, 한국 무교의 역사와 구조, 그 외 논문). 서울: 한들출판사, 2009.

_____. "민간신앙으로서의 무교." 『소금 유동식 전집』 3권(종교학, 한국 무교의 역사와 구조, 그 외 논문). 서울: 한들출판사, 2009.

_____. "한국신학으로서의 종교 · 우주적 신학형성의 과제"(신학사, 한국신학의 광맥, 그 외 논문). 『소금 유동식전집』 4권. 서울: 한들출판사, 2009.

_____. "한국인과 요한복음." 『소금 유동식 전집』 7권, 서울: 한들출판사, 2009.

_____. "소금선생 노트 중에서." (교회사 2, 재일본 한국기독교청년사, 한국 그리스도교(일어). 『소금 유동식전집』 6권. 서울: 한들출판사, 2009.

_____. "풍류신학의 여로." 『소금 유동식 전집』 10권(소금과 그의 신학, 종교와 예술의 뒤안길에서, 한국문화와 풍류신학, 소금신학에 대한 연구 논문). 서울: 한들출판사, 2009.

_____. "십자가와 복음원리." 풍류도와 요한복음(유동식 신학수첩 2). 『소금 유동식 전집』 9권(풍류신학 3, 영혼의 노래, 풍류도와 예술신학, 풍류도와 요한복음, 한국문화와 기독교, 봄 여름 가을 겨울). 서울: 한들출판사, 2009.

_____. "하와이 이민과 교회창립, 조국상실과 한인감리교회." (교회사1, 하와이의 한인과 교회) 『소금 유동식 전집』 6권. 서울: 한들출판사, 2009.

Tongsik Ryu. "Man in Nature: An Organic View." 『소금 유동식 전집』 3권(종교학, 한국 무교의 역사와 구조, 그 외 논문). 서울: 한들출판사, 2009.

사토 잇사이, 노만수 역. 『언지록』. 서울: 알렙, 2012.

은준관. 『교육신학』. 서울: 기독교서회, 1997.

천병석. "동양적 사유와 토착화신학." 『영성과 신학』 (청파 김광식 교수 고희기념 논총). 서울: 강남출판사, 2009.

필립 얀시, 김동완, 이주엽 역. 『내가 알지 못했던 예수』. 서울: 요단, 2003.

한스 큉, 이양호, 이명권 역. 『위대한 그리스도교 사상가들』. 서울: 크리스천 헤럴드, 2006.

한태동. 『사유의 흐름』. 서울: 연세대학교출판부, 2003.

_____.『성서로 본 신학』. 서울: 연세대학교출판부, 2003.

박일준 ǀ 포스트-팬데믹 시대에 풍류를 돌아보다
: 코로나 블루 시대, '흥'의 신학으로서 풍류신학

리더, 존(John Reeder) / 김명남 역.『도시, 인류 최후의 고향』(Cities). 서울: 지호, 2006.

반기웅. "한국사회 잠식한 '코로나 블루'," 「경향신문」 2020년 3월 28일, https://news.v.
daum.net/v/20200328132426125;

베라르디, 프랑코 '비포'(Franco Berardi 'Bifo') / 강서진 역.『미래 이후』(After the
Future). 서울: 난장, 2013.

_____ / 정유리 역.『프레카리아트를 위한 랩소디: 기호자본주의의 불안정성과 정
신노동의 정신병리』(Precarios Rhapsody: Semiocapitalism and the Pathologies of
the Post-Alpha Generation). 서울: 도서출판 난장, 2013.

신은경.『풍류: 동아시아 미학의 근원』. 서울: 보고사, 1999.

심광현.『흥한민국: 변화된 미래를 위한 오래된 전통』. 서울: 현실문화연구, 2005.

유동식.『풍류도와 한국신학』,『풍류신학 1: 소금 유동식 전집 제7권』. 서울: 한들출
판사, 2009.

_____.『풍류도와 한국의 종교사상』,『소금 유동식 전집 제8권: 풍류신학 II』. 서울:
한들출판사, 2009.

_____.『풍류신학으로의 여로』,『풍류신학 1: 소금 유동식 전집 제7권』. 서울: 한들
출판사, 2009.

이미지. "코로나만큼 무서운 '코로나 블루'," 「동아일보」 2020년 7월 9일.
https://news.v.daum.net/v/20200709030123161.

이용범. "동북아시아 e스포츠 현황에 대한 기초연구 1: 정동(affect)의 실각, 한국 e스
포츠 10년사," 「한국게임학회 논문지」 20권 2호 (2020.04): 61-74.

임선영. "억만장자 '외롭다' 극단 선택, 코로나에 '집단우울'도 번진다," 「중앙일보」
2020년 6월 27일자. https://news.v.daum.net/v/20200627050044868.

Damasio, Antonio. Looking for Spinoza: Joy, Sorrow, and the Feeling Brain. Orlando, FL:
Harcourt Books, 2003.

_____. *The Feeling of What Happens: Body and Emotion in the Making of Consciousness.* Orlando, FL: Harcourt, Inc., 1999.

_____. *The Strange Order of Things: Life, Feeling, and the Making of Cultures.* New York: Vintage Books, 2018.

Duara, Prasenjit. "Asia Redux: Conceptualizing a Region for Our Times." *The Journal of Asian Studies.* Vol. 69, No. 4 (November, 2010): 963-983.

박종현 ┃ 풍류(風流)신학의 한국기독교사에서 의의

변찬린.『성경의 원리』. 서울: 신학사상사, 2019.

신은경.『풍류 - 동아시아 미학의 근원』. 서울: 보고사, 1999.

에드워드 사이드. 박홍규 옮김.『오리엔탈리즘』. 서울: 교보문고, 2015.

유동식. "풍류신학,"「한국문화신학회 논문집」. 서울: 한국문화신학회, 제9집, 2006.

_____. "풍류신학,"「신학사상」. 제41집, 1983년 6월.

_____. "화랑과 풍류도,"「새가정」. 1999년 2월호.

이야나가 노부미 지음. 김승철 옮김.『환상의 동양 - 오리엔탈리즘의 계보』. 서울: 동연, 2019.

이호재. "변찬린의 풍류사상에 대한 종교적 이해,"「한국종교」. 제45집, 2019년 2월.

서정민 ┃ 일본 기독교 수용사에 대한 단상
: '기독교주의' 형성과 일본 '국학'의 흐름

서정민. "종교와 무종교, 그리스도교와 타종교의 접경에 선 일본의 '그리스도교주의'"(Japanese Christianity in-between Religious/Non- Religious Contact Space), 중앙대학교, 한국외국어대학교 제1회 RCCZ국제학술대회, 2018년 11월 9-10일, 중앙대학교, 발제 논문.

_____. "일본 프로테스탄트 신학교육의 역사와 현재고,"「한국신학논총」. 한국신학교육연구원/전국신학대학협의회, 제16호, 2017년 12월.

徐正敏. 「日本プロテスタントの神学教育の歴史と現在─韓国との比較の観点から
　　　─」(The history and current state of Japanese Protestant theological education: A
　　　comparison Korea), 明治学院大学教養教育センター紀要『カルチュール』13
　　　巻1号, 2019年 3月.

嶋田彩司.「国学とキリスト教─松山高吉の場合」(A research for Matsuyama Takayoshi),
　　　明治学院大学キリスト教研究所『紀要』(The Bulletin of Institute for Christian
　　　Studies Meijigakuin University) 第52号, 2020年 2月.

손원영 ┃ 다문화 교육을 위한 풍류도 모델

강상중.『오리엔탈리즘을 넘어서』. 이경덕 역. 서울:이산, 1999.

권진관. "예수와 수운의 정의 사상 비교: 정의 사상을 통한 두 이야기의 합류,"「신학
　　　사상」. 제168호(2015), 70-104.

김광식. "유동식 신학의 형성과정과 전개,"『韓國宗教와 韓國神學: 소석 유동식 박
　　　사 고희기념 논문집』. 천안: 한국신학연구소, 1993.

김범부.『화랑외사』(3판). 서울: 이문출판사, 1981.

_____. 김정근 풀어씀.『풍류정신의 사람, 김범부의 생각을 찾아서』. 서울: 한울아
　　　카데미, 2013.

김부식.『三國史記』. 이강래 역. 서울: 한길사, 1998.

김부찬. "화랑도(花郎徒)의 체육철학으로서 풍류도(風流道),"「한국스포츠 리서치」.
　　　제16권 3호(2005).

김상일.『동학과 신서학』. 서울: 지식산업사, 2000.

_____.『수운과 화이트헤드』. 서울: 지식산업사, 2001.

김용해. "서학 천주교에 대한 유교적 조선의 대응과 동학의 탄생,"『동서양의 만남
　　　과 인문학적 신문명의 모색: 동학/천도교의 '전일적(全一的) 주체성'을 중
　　　심으로』. 인문학적 성찰연구팀, 서강대학교, 2018. 8. 22.

김지윤, 강충구, 이의철. "닫힌 대한민국: 한국인의 다문화 인식과 정책,"『이슈브리
　　　프』. 아산정책연구원, 2014.2.http://www.asaninst.org/contents/닫힌-대한민
　　　국-한국인의-다문화-인식과-정책/(2019. 2. 10.검색).

김청봉. "동북아시아 공동체 형성을 위한 기독교 평화 교육,"「신학사상」. 제171호

(2015), 248-294.

김태창 & 야규 마코토. "'공공(公共)하는 철학'으로서의 한사상: 원효, 수운, 범부를 생각한다," 『한국사상의 원류: 동학과 동방학』. 동리목월문학심포지엄, 2011.

김태창 구술 & 야규마코토 기록. 『일본에서 일본인들에게 들려준 한삶과 한마음과 한얼의 공공철학이야기』. 정지욱 역. 서울: 모시는사람들, 2012.

문제민 & 정기호. "화랑체육에서 유희의 역할과 의미," 『한국체육학회지』. 40:3(2001), 287-295.

민주식. "풍류(風流) 사상의 미학적 의의," 『미학 예술학연구』 12. 한국미학예술학회, 2000.

_____. "풍류도의 미학사상," 「미학」. 제11집 (1986): 3-25.

박맹수. 『생명의 눈으로 보는 동학』. 서울: 모시는사람들, 2014.

배문규. "고등학교 교과서 『윤리와 사상』에 나타난 풍류도(風流道) 서술 내용 개선 연구," 『윤리교육연구』. 제49집. 한국윤리교육학회, 2018.

변찬린. "僊(仙)攷: 風流道와 甑山思想." 『증산사상연구논문집』. 제5집(1979), 179-212.

_____. 『聖經의 原理』(상). 서울: 문암사, 1979.

_____. 『聖經의 原理』(中). 서울: 영일문화사, 1980.

_____. 『聖經의 原理』(下). 서울: 도서출판 가나안, 1982.

성해영. 『수운 최제우의 종교체험과 신비주의』. 서울: 서울대학교출판부, 2017.

손원영. "풍류도의 영성과 기독교교육의 새 방향," 『문화와 신학: 유동식의 풍류신학』. Vol.1 (2007), 197-198.

_____. 『한국문화와 영성의 기독교교육』. 서울: 대한기독교서회, 2009.

신은경. 『風流: 동아시아 美學의 근원』. 서울: 보고사, 1999.

신재홍. "花郎世紀에 나타난 화랑의 이념과 향가," 「겨레어문학회지」. 34(2005), 197-236.

신채호. "朝鮮上古文化史," 신채호기념사업회편. 『단제신채호전집(상)』. 1987.

양근석. "한민족의 풍류도와 화랑사상연구," 「한국국민윤리학회지」. 38(1998), 79-96.

양언석. "화랑도의 풍류세계 고찰," 「한국국어교육학회지」. 72(2006), 559-592.

유동식. "그리스도교와 한국인의 세계: 정대위신학의 풍류도적 번안," 『신학연구』. 제28집. 한신대학교 한신신학연구소, 1987.

_____. "長空과 風流道," 『風流道와 韓國神學』. 서울: 전망사, 1992.

_____. "화랑과 풍류도," 『새가정』. 1992년 2월호.

_____.『종교와 예술의 뒤안길에서』. 서울: 한들출판사, 2002.

_____.『풍류도와 예술신학』. 서울: 한들출판사, 2006.

_____.『韓國 巫敎의 歷史와 構造』. 서울: 연세대학교출판부, 1975.

_____.『한국종교와 기독교』. 서울: 대한기독교서회, 1969.

_____. "風流道와 基督敎: 韓國神學 序說," 「神學論壇」. 제16집. 연세대학교 신과
　　　대학, 1982, 343-351.

이돈화.『천도교창건사』. 천도교중앙종리원. 소화8년(영인본). 서울: 경인문화사,
　　　1982.

이완범. "21세기 세계화 시대 한국의 열린 민족주의와 동북아시아 평화," 「국제평
　　　화」. 3권 2호. 2006.

이진수.『신라 화랑의 체육사상연구』. 서울: 서울: 보경사, 1993.

이태우. "일제 강점기 한국철학자 연구(1): 범부 김정설의 풍류도론," 「인문과학연
　　　구」. 제12집(2009).

이호재.『흔 붉변찬린: 한국종교사상가』. 서울: 도서출판문사철, 2017.

정종성. "동학운동의 관점에서 살펴본 누가의 청지기 비유의 공공행복 원리 연구,"
　　　「신학사상」. 제167호(2014), 71-115.

정중호. "하나님의 이동성과 이스라엘의 다문화 사회," 「신학사상」. 제171호(2015),
　　　7-42.

조대현. "東學과 風流道의 關係," 「東學研究」. 제4집. 한국동학학회, 1999.

조성환. "개벽과 개화: 근대 한국사상사를 어떻게 볼 것인가?" 『근대한국종교의 토
　　　착적 근대화 운동: 한국의 근대를 다시 묻는다』. 제38회 원불교사상연구 한
　　　일공동학술대회자료집, 원광대학교 원불교사상연구원, 2018. 8. 15-16.

趙鏞一. "孤雲에서 찾아 본 水雲의 思想的 系譜-韓國 近代化의 指導理念과 東學思
　　　想 研究를 위한 一試攷," 「韓國思想」. 제9집. 한국사상연구회, 1968.

조준호. "화랑의 풍류활동 고찰을 통한 여가 역사의 이해," 「한국여가레크리에이션
　　　학회지」. 31:1(2007), 249-263.

崔東熙. "宗敎와 民族主義: 東學을 중심으로," 「韓國思想」. 제9집. 한국사상연구회,
　　　1968.

최제우. "東經大全," 『동학사상자료집1』. 서울: 아세아문화사, 1979.

최종성.『동학의 테오프락시: 초기동학 및 후기동학의 사상과 의례』. 서울: 민속원,
　　　2009.

통계청. 「2017년 다문화 인구동태 통계」. 2018. 11. 22. 보도자료.

Aderson, David A. *Multicultual Ministry*. Grand Rapids: Zondervan, 2004.

Castles, Stephen. & Miller, Mark J. *The Age of Migration: International Population Movements in the Modern World*, 4th ed. New York: Guilford Press, 1998.

Conde-Frazier, Elizabeth. Kang, S. Steve. Parrett, Gary A. *A Many Colored Kingdom: Multicultural Dynamics for Spiritual Formation*. Grand Rapids: Baker Academic, 2004.

Thompson, Norma H. Ed. *Religious Pluralism and Religious Education*. Birmingham: Religious Education Press, 1988.

이명권 ∣ 유동식의 풍류신학(風流神學)과 노자의 도(道)

유동식.『소금 유동식 전집』. 제7권, 풍류신학 I(서울: 한들출판사, 2009).

_____.『소금 유동식 전집』. 제9권 풍류신학 III(서울: 한들출판사, 2009).

이명권. "유동식의 풍류신학,"「문화와 신학」2007 Vol.01(서울: 크리스천헤럴드, 2007).

_____.『노자왈 예수 가라사대』상권(서울: 열린서원, 2017).

李命權.「老子和世界聖賢們的對話」-以老子的道這一槪念爲中心(中國 吉林大學校, 2015).

_____.『韓中風流槪念比較硏究』-以崔致遠和杜甫的"風流"爲中心(中國 吉林師範大學校 碩士學位論文, 2011).

羅義俊.『老子』(上海:上海古籍出版社, 2012).

(宋) 林希逸.『老子鬳齋口義』(上海: 華東師範大學出版社, 2009).

楊義.『老子還原』(北京: 中華書局, 2011).

王弼.『老子道德注』(北京: 中華書局, 2014).

陣劍 譯注.『老子』(上海: 上海古籍出版社, 2016).

陳鼓應.『老子註釋及評介』(北京: 中華書局, 1984).

湯漳平. 王朝華 譯註,『老子』(北京: 中華書局, 2014).

[漢] 河上公.『道德經集釋』(北京: 中國書店, 2015).

김상일. 『세계철학과 한·일과 다의 문제로 본 동서철학의 비교』. 서울: 전망사, 1989, 209.

_____. 『한철학』. 서울: 지식산업사, 1983.

김주미. 『한민족과 해 속의 삼족오』. 서울: 학연문화사, 2010.

"대한민국건국강령," http://www.gcomin.co.kr/static/426/F425392.html.

廖名春·康學偉·梁韋弦 / 심경호 역. 『주역철학사』. 서울: 예문서원, 1998.

박종홍. 『일반논리학』. 서울: 박영사, 1975.

『세종실록』.

오소미. "옛 그림에서 찾는 전통조경," 「문화유산채널」 2012. 01. 06.

우실하. "「천부경」, 「삼일신고」의 수리체계와 '3수 분화의 세계관, 1-3-9-81," 「선도문화」 1, 2006.

_____. "3수분화의 세계관과 홍익인간의 이념," 「홍익인간 이념과 21세기 한국」. 단군학회 홍익인간 교육이념 제정 50주년 기념학술대회 자료집 1.

_____. 『전통문화의 구성원리』. 서울: 솔, 1999.

유동식. 『풍류도와 한국의 종교사상』. 서울: 연세대학교출판부, 1999.

_____. 『한국 무교의 역사와 구조』. 서울: 연세대학교출판부, 1975.

이규태. 『우리의 집 이야기』. 서울: 기린원, 1991.

이남영. "단군신화와 한국인의 사유," 「한국사상」 13집, 1975.

이은봉. 『중국고대사사의 원형을 찾아서』. 서울: 소나무, 2003.

임승국 역주. 『한단고기』. 서울: 정신세계사, 1987.

증산도도전편찬위원회 편. 『도전』(道典). 서울: 대원출판사, 1992.

최미현, "태극문양의 조형적 구조에 관한 연구," 조선대학교 대학원 석사학위논문, 1994.

허호익. 『단군신화와 기독교- 단군신화의 문화전승사적 이해와 천지인신학 서설』. 서울: 대한기독교서회, 2003.

_____. 『한국문화와 천지인 조화론』. 서울: 동연, 2020.

_____. 『천지인신학- 한국신학의 새로운 모색』. 서울: 동연, 2020.

Arnhein, Rudolf / 이재은 역. 『예술심리학』. 서울: 이화여대출판부, 1984.

Helmut, W. "Heaven, Earth, and Man in the Book of Change," *Seven Eranos Lectures*.

Publications on Asia of the School of International Studies, 1977. No.28.

Hirschberger, J. 『서양철학사 상권』. 서울: 이문문화사, 1987.

Kapra, F. / 이성범 역. 『현대문리학과 동양사상』. 서울: 범양사, 1982.

Störig, H. J. / 임석진 역. 『서양철학사』. 왜관: 분도출판사, 1989.

Whitehead, A. N. *Process and Reality: An Essay in Cosmology*. Cambridge University Press: Corrected edition, New York: The Free Press, 1978.